Paul Drews

Arbeiten zur Praktischen Theologie

Herausgegeben von
Alexander Deeg, Wilfried Engemann, Christian Grethlein,
Jan Hermelink und Marcell Saß

Band 60

Von 1977 bis 1981 Theologische Mitarbeiterin der Ev. Frauenarbeit in Baden und von 1981 bis 2000 theologische Leiterin, Leiterin des Projekts »Neue Familien und ihre soziale Zukunft« beim Diakonischen Werk in Baden, Mitarbeiterin am Diakoniewissenschaftlichen Institut der Universität Heidelberg, von 2003 bis 2010 Religionslehrerin an der IGH Heidelberg, von 2003 bis 2014 Lehrbeauftragte an der Pädagogischen Hochschule Heidelberg.

Reutemann, Ingrid, geb. 1950 in Karlsruhe, Studium der Sozialen Arbeit an der EH Freiburg, Masterstudiengang Supervision an der EH Freiburg, Abteilungsleitung Familie, Arbeit und Soziales im Diakonischen Werk Baden, Referentin für Soziale Arbeit, Referentin für Frauenthemen in der Diakonie, Supervisorin M.A.

Schelb, Sonja, geb. 1986, Stud. Theol. (Abschlussziel Kirchliches Examen, Evangelische Landeskirche in Baden), Freiburg.

Schwach, Diana, M.A., geb. 1982, Beauftragte für Gleichstellung und Chancengerechtigkeit der Evangelischen Landeskirche in Baden, Studentin der Theologie an der Universität Marburg, Mitglied im Landesausschuss der Evangelischen Frauen in Baden, Mitgründerin der Initiative Frauenmahl.

Schwaetzer, Irmgard, Dr., geb. 1942, Bundesministerin a. D., Pharmazeutin und Politikerin, seit 2013 Präses der Synode der Evangelischen Kirche in Deutschland.

Übel, Brigitte, Dr., geb. 1961, Studium der Mittleren und Neueren Geschichte / klassische Archäologie, akademische Mitarbeiterin an der Pädagogischen Hochschule Karlsruhe, Arbeitsschwerpunkte: 19. und 20. Jh. u. a. Geschichte der Fürsorge/Medizingeschichte/Gender/Archiv- und Museumspädagogik.

Ulrichs, Hans-Georg, Dr. phil., geb. 1966 in Ostfriesland, Studium der evangelischen Theologie, Pfarrer der badischen Landeskirche, 2005/2006 WM-Pfarrer der EKD, 2009/2010 Professorenvertreter an der EFH Bochum, seit 2010 Hochschulpfarrer in Heidelberg, Mitglied des Moderamens des Reformierten Bundes, Schatzmeister der Gesellschaft für die Geschichte des reformierten Protestantismus e.V.

Wennemuth, Udo, Dr., Kirchenrat, geb. 1955, Studium der Geschichte, Germanistik, Geographie und Musikwissenschaft, Abteilungsleiter Archiv, Bibliothek und Registratur im Evang. Oberkirchenrat Karlsruhe, Geschäftsführer des Vereins für badische Kirchengeschichte, Mitglied der Verbandsleitung des Verbandes kirchlicher Archive, Leiter der Fachgruppe kirchliche Archive im VdA, Mitglied der Altbestandskommission in der Arbeitsgem. kirchlicher Bibliotheken, ord. Mitgl. der Kommission für geschichtliche Landeskunde in Baden-Württemberg, Herausgeber des Jahrbuchs für badische Kirchen- und Religionsgeschichte.

Vorwort

›Paul Drews? – der sagt mir *gar* nichts!‹ Das war wohl die häufigste Reaktion, wann immer ich von meinem Dissertationsthema berichtet habe. Zugegebenermaßen dachte auch ich so, bevor mich mein wissenschaftlicher Betreuer Prof. Dr. Andreas Kubik glücklicherweise mit Paul Drews bekannt machte. Nachdem ich die ersten Schriften gelesen hatte, war auch ich von der Idee entflammt Drews' empirischer Theologie die Aufmerksamkeit zu teilwerden zu lassen, die ihr der Sache nach gebührt. Schließlich ist die nun veröffentlichte Arbeit in diesem Geist entstanden.

Viele Menschen haben zum Gelingen des Promotionsprojektes beigetragen, weshalb ich einigen von ihnen nun endlich meinen unendlichen Dank aussprechen möchte. Dazu zählt in erster Linie Prof. Dr. Andreas Kubik, der den gesamten Forschungsprozess initiierte, geradezu hingebungsvoll betreute und das Erstgutachten verfasste. Ebenso gilt mein Dank auch Prof. Dr. Thomas Klie, der nicht nur den wertvollen Kontakt zu meinem späteren wissenschaftlichen Betreuer herstellte, sondern sich auch für Drews und seine Ideen begeistern lies. Dafür und für die Anfertigung des Zweitgutachtens bin ich ihm sehr dankbar. Durch ein Stipendium der Landesgraduiertenförderung des Landes Mecklenburg-Vorpommern konnte die Finanzierung des Promotionsprojektes dankenswerter Weise sichergestellt werden. Letzten Endes auch durch die zahlreichen Gutachten der beiden Erstgenannten, die sich engagiert für die Realisierung der Arbeit ausgesprochen haben. Viele Anregungen und Ideen erhielt ich auch durch den gewinnbringenden Austausch mit dem praktisch-theologischen Doktorandenkolloquium der Universität Rostock, das sich im Spannungsfeld von empirischer Feldforschung und Sepulkralkultur dennoch bemerkenswert gut auf ihren ›forschungsgeschichtlichen Exoten‹ einlassen konnte.

Ein großes Dankeschön gilt auch Doreen Winter, die mit enormer Sorgfalt kurz vor Abgabe der Dissertation im April 2013 das mühselige Korrekturlesen der Arbeit übernommen hat.

Sehr dankbar bin ich den Herausgebern Prof. Dr. Wilfried Engemann, Prof. Dr. Christian Grethlein und Prof. Dr. Jan Hermelink für die Aufnahme meiner Arbeit in der Reihe ›Arbeiten zur Praktischen Theologie‹. Im Besonderen danke ich Prof. Dr. Jan Hermelink für seine umsichtige und geduldige Unterstützung der Revisionsarbeit. Hilfe bekam ich zudem von Carolin Piotraschke, die mir einen großen Freundschaftsdienst erwies, indem sie mich bei den finalen inhaltlichen Korrekturarbeiten tatkräftig unterstützte. Dafür gilt auch ihr mein herzlichster Dank.

Zu Dank verpflichtet bin ich auch den Evangelisch-Lutherischen Landeskirchen Sachsens und Norddeutschlands sowie der EKD und UEK für ihre gewährten Druckkostenzuschüsse.

Nicht zuletzt bin ich meinem Lebensgefährten Ronny Brinkmann unendlich dankbar dafür, dass er mich und mein Chaos in den intensiven Zeiten der Promotion gleichmütig ertragen hat und zu jeder Zeit an einen erfolgreichen Abschluss des Projektes glaubte, besonders dann, wenn ich es nicht konnte. Das hat mich ungemein motiviert, so dass er am Ende doch Recht behalten sollte.

Rostock im Herbst 2015

Inhalt

I. Einleitung

»Wie muss eine Praktische Theologie beschaffen sein, die *Gelebte Religion* erforschen kann? Sie muss ›empirisch‹ orientiert sein, lautet die erste, simplifizierte Antwort.«[1]

Die Vorgehensweise einer an gelebter Religion[2] interessierten Praktischen Theologie ist damit vorgezeichnet. Dieser Arbeitsanleitung geht allerdings die Frage nach dem theologischen Sachproblem empirischer Religionsforschung voraus. Worin besteht überhaupt die theologische Notwendigkeit für die Erforschung gelebter Religion? Seinen Anfang nimmt das Nachdenken über spätmoderne Religiosität bei der Wahrnehmung eines scheinbar permanenten Rückgangs an Kirchlichkeit. Der offensichtliche Mitgliederschwund wird dabei entweder als Symptom einer sich zeitigenden gesamtgesellschaftlichen Säkularisierung oder als Phänomen eines »veränderten Typus' praktizierter Kirchenmitgliedschaft«[3] interpretiert. Gleich welcher Lesart der Vorzug gegeben werden soll, sie muss empirisch belegt werden können. Dabei sind für eine empirisch orientierte Theologie einige Grundvoraussetzungen konstitutiv. Die Betrachtung ihres Untersuchungsgegenstandes ist wertfrei und respektvoll. Dem pluralistischen und mehrdimensionalen In- und Nebeneinander kirchlicher und privatreligiöser Formen als Gestaltungsmodi gelebter Religion steht sie offen gegenüber, da sie die religiöse Selbstbestimmung der Individuen anerkennt und schätzt. Als Konsequenz daraus ergibt sich, dass es für ihre Erforschung unumgänglich ist, Aussagen über gesellschaftliche Wirklichkeit, die einer kulturpessimistischen oder dogmatischen Wahrnehmung entspringen, durch *empirisches* und interdisziplinäres Vorgehen, welches sozialwissenschaftlich fundiert und theologisch reflektiert ist, zu ersetzen. Dahinter deutet sich jedoch noch eine andere Dimension an: Es geht um die Rolle des Christentums in der Kultur. Wenn das Christentum als gesellschaftlicher Prägefaktor weiterhin plausibel sein will, müssen die veränderten

---

1 Astrid Dinter/Hans-Günther Heimbrock/Kerstin Söderblom [Hrsg.], Einführung in die empirische Theologie, Göttingen 2007, Vorwort.

2 Vgl. Johannes Hanselmann/Dietrich Rössler, Gelebte Religion. Fragen an wissenschaftliche Theologie und kirchenleitendes Handeln, München 1978, 9–27 sowie Wilhelm Gräb, Lebensgeschichten, Lebensentwürfe, Sinndeutungen. Eine Praktische Theologie gelebter Religion, Gütersloh 1998, 48–61

3 Gerald Kretzschmar, Distanzierte Kirchlichkeit. Eine Analyse ihrer Wahrnehmung, Neukirchen-Vluyn 2001, 3.

›Spielbedingungen‹ als kirchliche und theologische Herausforderung spätmoderner Lebensvollzüge bekannt sein.

Dieser Aufgabe kommt die heutige Praktische Theologie auf der Forschungsebene im besonderen Maße nach.[4] Seit den 1960er Jahren ist der Entwicklung einer empirisch orientierten Theologie – bedingt durch die damalige theologiegeschichtliche Großwetterlage – kontinuierlich vorgearbeitet worden, sodass für dieses Phänomen in der Praktischen Theologie der Begriff der *empirischen Wendung*[5] geprägt wurde.[6] Dieser Terminus impliziert in gewisser Weise eine erste empirische Zäsur innerhalb der Praktischen Theologie.

Damit wird man jedoch in keiner Weise dem Umstand gerecht, dass bereits um 1900 ein empirisch-theologischer Paradigmenwechsel die Forschung erfasste. Dieser verbindet sich vor allem mit dem Namen Paul Drews (1858–1912), welcher seinerzeit das theologisch anerkannteste Programm vorlegte. Ein vergleichbares Reflexionsniveau hat sich die praktische Theologie nach dem Abbruch empirisch-theologischer Fragestellungen während der Vorherrschaft der ›dialektischen Theologie‹ (ca. 1920–1965) erst wieder mühsam erarbeiten müssen. Obwohl diese wissenschaftsgeschichtliche Verkürzung allgemein anerkannt zu sein scheint, ist eine Aufarbeitung der empirischen Tradition praktisch-theologischen Arbeitens noch nicht erfolgt. In der neueren praktisch-theologischen Literatur wird Paul Drews zwar erwähnt, aber hinsichtlich seiner empirisch-theologischen Programmatik kaum ausgeführt.[7]

Die vorliegende Arbeit ist dieser wissenschaftsgeschichtlichen Erhellung der empirischen Theologie Drews' im Kontext der damaligen Religionsforschung verpflichtet.

Aber auch aus Sachgesichtspunkten der Praktischen Theologie lohnt sich eine eingehende Beschäftigung mit Paul Drews: Er hat den theologischen Stellenwert von Empirie anerkannt und das sich daraus ergebende Implikationsgeflecht in vorbildlicher Weise reflektiert. Mittels seiner theoretisch ausgearbeiteten und praktisch erprobten empirischen Theologie[8], die sich um die Religiöse Volkskunde, Religiöse Psychologie und Evangelische Kirchenkunde herum gruppiert, hat Drews die konkrete Gestalt einer empirisch ausgerichteten Praktischen Theologie präfiguriert. Ziel dieser Arbeit soll es deshalb sein,

---

4 In den letzten Jahren ist eine Vielzahl an empirischen Qualifikationsarbeiten der praktischen Theologie erschienen, die hier aber nicht weiter aufgeführt werden sollen.

5 Der Begriff empirische Wendung wurde zunächst im religionspädagogischen Kontext geprägt und geht auf Klaus Wegenast zurück, vgl. Klaus Wegenast, Die empirische Wendung in der Religionspädagogik, in EvErz 20, 1968, 111–125.

6 Vgl. Dinter/Heimbrock/Söderblom [Hrsg.], a.a.O., 32.

7 Vgl. Michael Meyer-Blanck/Birgit Weyel, Studien- und Arbeitsbuch Praktische Theologie, Göttingen 2008, 46, so auch Christian Grethlein, Praktische Theologie, Berlin/Boston 2012, 42f.

8 Als Beleg dafür, dass es sich bei Drews Anliegen, wie es hier thetisch vorausgesetzt wird, um eine empirische Theologie handelt, dient die gesamte Arbeit, besonders Kapitel VI, 210–213.

ihn aus sachlogischer Perspektive als einen wertvollen Gesprächspartner für die heutige empirisch arbeitende Theologie zu präsentieren.

Eine Theologie, die Empirie zu ihrem Proprium ernennt, muss auch studien- und wissensorganisatorisch zu Konsequenzen führen. Diese Verbindung hat Drews seinerzeit erkannt und deshalb sein empirisches Anliegen in einem Studienreformprogramm umgesetzt. Eine Theologie, die ihren Gegenstand in der Hinwendung zur religiösen Gegenwart findet, bedarf nach Drews eines neuen Zuschnitts. Diese Forderung betrifft in besonderem Maße die Praktische Theologie, die für die Erforschung gelebter Religion nicht nur auf ihre hauseigenen Disziplinen zurückgreifen darf, sondern auch reichlich interdisziplinäre Anleihen bei den Humanwissenschaften und anderen machen muss. Hierbei liefert Drews auch wertvolle Impulse für die heutige Praktische Theologie, deren Orientierung an der Empirie zumindest auf der Forschungsebene angekommen ist. Dass diese empirische Ausrichtung aber kaum Konsequenzen auf den Studienbetrieb zeitigt, ist ein Indikator dafür, dass Drews' Forderung – etwa 100 Jahre später – immer noch nicht abgegolten ist. Enzyklopädische Fragestellungen – eine umfassende Untersuchung der empirischen Theologie vom Typ Drews wird es zeigen – gehören wieder nach ganz oben auf die Tagesordnung des theologischen Lehrbetriebs.

1. Zur Vita und theologischen Position Paul Drews'

Paul Gottfried Drews wurde am 8. Mai 1858 im erzgebirgischen Eibenstock als Sohn einer Kaufmannsfamilie geboren.[9] Die geschäftlichen Geschicke des Vaters führen die Familie Drews 1870 nach Leipzig, wo die Teppich- und Gardinenhandlung des Vaters, August Drews, floriert. Die restliche Schulzeit verbringt Drews auf der Thomasschule, wo er sich als eifriger und interessierter Schüler freiwillig mit Privatunterricht verdient macht. Nach dem Abitur schreibt sich Drews zum Sommersemester 1878 an der Universität Leipzig ein und nimmt sein Theologiestudium auf. Drews integriert sich dort in das von Adolf Harnack betreute Privatissimum, die *Theologische Mittwochsgesellschaft*. Neben der Gelegenheit sich eingehender mit seinem bevorzugten Interessengebiet der Kirchengeschichte zu befassen, eröffnet ihm dieser Kreis die Be-

[9] Den umfangreichsten Einblick in die Biografie Drews' bietet Wolfgang Rudolph, Paul Drews – der ›Vater der evangelischen Kirchenkunde und religiösen Volkskunde‹, Leipzig 1968, 6–22. Seine Darstellung dient hier als primärer Bezugspunkt. Darüber hinaus verweist Rudolph auch auf Ernst v. Dobschütz, Paul Drews, in: Biographisches Jahrbuch und Deutscher Nekrolog XVII (1915), 64–69; Friedrich Loofs, Paul Drews, in: Das Pfarrhaus 28, 1912, 163–165; Karl Eger, Paul Drews' theologische Arbeit, in: ThStKr 90, 1917, 1–30, 1; Franz Lau, Paul Drews, in: Neue Deutsche Biographie 4 (1959), 118f. Kurze Einblicke über Leben und Werk Drews' geben außerdem Friedrich Wilhelm Bautz, Paul Drews, in: Biographisch-Bibliographisches Kirchenlexikon 1 (1990²), 1382 sowie Udo Tworuschka, Religionswissenschaft, Wegbereiter und Klassiker, Köln/Weimar/Wien 2011, 81–83.

kanntschaft mit seinen späteren Freunden Wilhelm Bornemann (1858–1946), Friedrich Loofs (1858–1928), Martin Rade (1857–1940) und anderen. Im Sommersemester 1879 wechselt Drews seinen Studienort und studiert fortan in Göttingen. Hier hört er bei Albrecht Ritschl (1822–1889) und Hermann Lotze (1817–1881). Ein Jahr später kehrt Drews nach Leipzig zurück, um 1881 das erste Staatsexamen abzulegen. Die Vorarbeiten zu seiner Promotionsschrift *Petrus Canisius, der erste deutsche Jesuit* laufen parallel zu Drews' Tätigkeit als Hauslehrer in Franken. Betreut durch das Predigerkolleg St. Pauli in Leipzig, dessen Besuch nicht obligatorisch, sondern eher eine Auszeichnung war, legt Drews 1883 das zweite theologische Examen in Dresden ab. Im selben Jahr folgt seine Promotion.

Drews übernimmt daraufhin das Pfarramt im sächsischen Burkau, dem Ort, der seine Vorstellung vom bäuerlichen Leben seit jeher prägt und erste volkskundliche Gedanken anschiebt. In dieser Zeit ist er nach wie vor eng verbunden mit den Studienfreunden Rade (auch er bekleidet ein Pfarramt im benachbarten Schönbach), Loofs und Bornemann. Die Gründung der *Christlichen Welt*[10] 1886 kann als Ergebnis dieser fruchtbaren Verbindung gesehen werden. Das Amt des Archidiakonus an St. Lukas in Dresden übernimmt Drews 1889. Im selben Jahr heiratet er Elisabeth Kühn. Während seiner Zeit in Dresden widmet sich Drews vor allem Fragestellungen, die im Kontext der so genannten *sozialen Frage* Kirche und Theologie beschäftigen.

Am *Apostolikumsstreit* 1892 ist auch Drews beteiligt, er schlägt sich per Unterschrift auf die Seite der Verfechter der Lehrfreiheit. Dieses Dokument evoziert besondere Empörung in den Reihen der ›Positiven‹. Drews' Chancen auf eine Karriere innerhalb der sächsischen Landeskirche scheinen damit verspielt, weshalb er fortan auf die Berufung in ein akademisches Lehramt hofft. Diesem Wunsch wird 1894 entsprochen, Drews folgt dem Ruf als außerordentlicher Professor für Praktische Theologie an die Universität Jena. In dieser schriftstellerisch sehr produktiven Zeit bringt Drews Disputationen Martin Luthers heraus[11] und setzt den Gedanken einer empirischen Theologie mit dem Aufsatz *Dogmatik oder religiöse Psychologie*?[12] frei. Eine ordentliche Professur führt ihn 1901 schließlich nach Gießen, wo die folgenden Jahre den Höhepunkt seiner Schaffenszeit darstellen. Zum einen ist er am Ausbau des Predigerseminars in Friedberg maßgeblich beteiligt. Hierin realisiert sich Drews' Wunsch, dass die Ausbildung zum Pfarrberuf sinnvoll zwischen Universität und Predigerseminar verteilt werden sollte. Zum anderen wird er als Lehrender von den Studierenden Gießens und Umgebung hochgeschätzt. Seine Ideen einer Religiösen Volkskunde werden außerdem in Gießen durch die

---

[10] Das erste Exemplar erscheint am 21. November 1886 zunächst unter dem Titel *Evangelisch-Lutherisches Gemeindeblatt für die gebildeten Glieder der evangelischen Kirchen.*

[11] PAUL DREWS [Hrsg.], Disputationen Martin Luthers 1535–1545 an der Universität Wittenberg gehalten, Göttingen 1895/1896.

[12] PAUL DREWS, Dogmatik oder religiöse Psychologie?, in: ZThK 8, 1898, 134–151.

dort kursierende Volkskunde bereichert. Die unter anderem von ihm herausgegeben *Hessischen Blätter für Volkskunde* und sein weiterentwickeltes volkskundliches Programm zeugen von dieser Verbindung. Außerdem macht er sich auf dem Gebiet der Liturgik[13] verdient und arbeitet der *Realenzyklopädie für protestantische Theologie und Kirche* in der dritten Auflage mit verschiedenen Artikeln zu.[14] Die Verleihung des Ehrendoktortitels durch die Hallenser Universität ergeht 1896 an Drews aufgrund seiner Herausgebertätigkeit bei der Luther Disputation.[15] Im Sommersemester 1908 wird Drews schließlich nach Halle berufen. Hier verschlechtert sich sein gesundheitlicher Zustand zunehmend, wodurch seine publizistische Tätigkeit stark eingeschränkt wird. Der Aufsatz zur Studienreform *Das Problem der praktischen Theologie*[16] ist sein letzter Beitrag. Seiner Lehrtätigkeit kommt Drews noch bis Anfang des Jahres 1912 nach, bevor er am 1. August 1912 seinem Darmkrebsleiden erliegt.[17]

Die theologische Verortung Drews' ist mitunter nicht ganz eindeutig. Der ›moderne Theologe‹ Drews kann per Biografie im weitesten Sinne als Ritschlianer verstanden werden. Nach eigener Aussage Drews'[18] teilt er mit Albrecht Ritschl sein Verständnis für den reformatorischen Glauben, seine Anknüpfung an die Heilige Schrift, Luther und die Väter sowie seine Auffassung von der Kirche als Volkskirche.[19] Darüber hinaus dürfte Drews' besonderes Interesse an der Reformationsgeschichte durch Ritschl angeregt worden sein.[20] Außerdem teilt Drews Ritschls theologische Auffassung vom *Reich*

---

13 PAUL DREWS, Studien zur Geschichte des Gottesdienstes und des gottesdienstlichen Lebens, 4 Bde., Tübingen 1902–1910.

14 PAUL DREWS, Art. Epiklese, in: RE V (1898³), 409–414; Ders., Art. Eucharistie, in: RE V (1898³), 560–572; Ders., Art. Kirchenlied II., lateinisches im Mittelalter, in: RE X (1901³), 409–419; Ders., Art. Litanei, in: RE XI (1902³), 524–536; Ders., Art. Liturgische Formeln, in: RE XI (1902³), 545–557; Ders., Art. Messe, 2. liturgisch, in: RE XII (1903³), 687–723; Ders., Art. Mette, in: RE XIII (1903³), 33–35; Ders., Art. Offene Schuld, in: RE XIV (1904³), 347–349; Ders., Art. Ordo Romanus, in: RE XIV (1904³), 426–428; Ders., Art. Passah, altkirchlich, liturgisch, in: RE XIV (1904³), 734–750; Ders., Art. Plenarien, in: RE XV (1904³), 486; Ders., Art. Reformoffizien, in: RE XVI (1905³), 558f.; Ders., Art. Rituale Romanum, in: RE XVII (1906³), 45f.; Ders., Art. Taufe III. Liturgischer Vollzug, in: RE XIX (1907³), 414–428; Ders., Art. Trishagion, in: RE XX (1908³), 125–129; Ders., Art. Woche, große, in: RE XXI (1908³), 414–428.

15 Vgl. EGER (1917), a.a.O., 1.

16 PAUL DREWS, Das Problem der praktischen Theologie, Zugleich ein Beitrag zur Reform des theologischen Studiums, Tübingen 1910.

17 Vgl. Rudolph, a.a.O., 6–22.

18 So berichtet Friedrich Loofs und beruft sich dabei auf einen Briefwechsel während der gemeinsamen Studienzeit, vgl. Loofs, a.a.O., 163.

19 Vgl. RUDOLPH, a.a.O., 9. Zur Theologie Ritschls vgl. MATTHIAS NEUGEBAUER, Lotze und Ritschl. Reich-Gottes-Theologie zwischen nach idealistischer Philosophie und neuzeitlichem Positivismus, Frankfurt/M 2002.

20 Vgl. EGER (1917), a.a.O., 3.

Gottes.[21] Hiervon zeugt vor allem seine Vorstellung von einem ethischen Christentum, das die Verwirklichung des Reiches Gottes bewirken kann.[22] Über diese biografischen Bezüge hinaus erweist sich der Dogmatiker und Ritschl-Schüler Wilhelm Herrmann (1846–1922)[23] und die von ihm entwickelte Erlebnistheologie für Drews als zentral.[24]

Aus der bewussten Anknüpfung an die Theologie der Aufklärung erwächst Drews' kritische Haltung gegenüber dem Pietismus.[25] Die im 19. Jahrhundert intensiv besprochene historische Bibelkritik wird von Drews befürwortet, wobei er die Höchstgeltung des Evangeliums nicht in Frage stellt.[26] Im Grunde vertritt Drews eine Art lutherische Kulturtheologie, die mit dem Terminus *Kulturprotestantismus nolens volens* beschrieben werden kann.[27] Das Christentum als Leitkultur birgt für Drews das Potenzial in sich, gesellschaftliche Integration zu ermöglichen. Diese ist dringend notwendig geworden, da die unsolidarischen und menschenfeindlichen Lebens- und Arbeitsbedingungen des Frühkapitalismus' die moderne Industriegesellschaft bedrohen. Im Zuge dessen hat auch das Christentum für einen Großteil der Menschen an Plausibilität verloren. Drews' Theologie muss deshalb immer vor dem Hintergrund einer ausgeprägten Krisenwahrnehmung seiner Zeit verstanden werden.[28]

---

[21] »Die sittliche Aufgabe des Reiches Gottes wird nur dann als die allgemeinste Aufgabe in der christlichen Gemeinde gelöst, wenn das Handeln aus der Liebe gegen den Nächsten der letzte Beweggrund des Handelns ist, welches man in den natürlich bedingten sittlichen Gemeinschaften engeren Umfanges (Ehe, Familie, bürgerliche Gesellschaft, nationaler Staat) nach den auf jeder Stufe derselben geltenden besonderen Grundsätzen ausübt.« (Albrecht Ritschl, Unterricht in der christlichen Religion, Bonn 1875, §27, 55).

[22] Vgl. Paul Drews, Moderne Theologie und Reichgottesarbeit. Auseinandersetzung mit Karl Barth, in: ZThK 19, 1909, 475–479.

[23] Vgl. Paul Drews, Wie werde ich des Glaubens gewiß?, in: CW 4, 1890, 925f.; 949–951; 971–974; 996–999; 1020–1023.

[24] Über Wilhelm Herrmann und seine Erlebnistheologie in Drews'scher Interpretation informiert Joachim Weinhardt, Wilhelm Herrmanns Stellung in der Ritschlschen Schule, Tübingen 1996, 247–294, zu Drews 293f.

[25] Vgl. Rudolph, a.a.O., 18.

[26] Theologische Betätigung muss für Drews die Voraussetzung erfüllen, dass »sie den Glauben an den ewigen Wert des Evangeliums hat, der nicht zu zerbrechen, aber auch nicht zu stützen ist durch irgendwelche menschlichen Gedanken.« (MTR, 478).

[27] Vgl. Friedrich Wilhelm Graf, Kulturprotestantismus, Zur Begriffsgeschichte einer theologischen Chiffre, in: Hans Martin Müller [Hrsg.], Kulturprotestantismus, Gütersloh 1992, 21–77.

[28] Siehe Kapitel II, 20-50.

2. ZUR FORSCHUNGSLAGE

Die überschaubare Literaturlage zu Drews kann im Wesentlichen mit folgenden einschlägigen Publikationen wiedergegeben werden.

Die Darstellung *Paul Drews' theologische Arbeit* des früheren Drews-Schülers *Karl Eger* (1864–1945) ist die zeitlich dichteste Rekonstruktion des theologischen Wirkens Drews' und trägt folglich den Charakter eines persönlichen Nachrufs.[29] Dabei verhandelt Eger alle theologischen Wirkungsbereiche Drews', daher auch die reformationshistorischen und liturgiegeschichtlichen Aspekte. Die empirische Theologie Drews' kommt dabei auch zur Darstellung, jedoch in kurzer, einführender Weise und nicht in dem Umfang, wie es der Sache nach notwendig wäre.

Hieran knüpft *Wolfgang Rudolph* mit seiner Dissertationsschrift *Paul Drews – der »Vater der evangelischen Kirchenkunde und religiösen Volkskunde«* an, die Drews in Hinblick auf die Entwicklung seiner Evangelischen Kirchenkunde in den Fokus stellt. In sorgfältiger Archivarbeit erstellt Rudolph eine ausführliche Biografie und wartet mit wertvollen Hinweisen zur Drews-Rezeption in der ersten Hälfte des 20. Jahrhunderts auf. Der bereits im Titel angedeutete empirisch-theologische Schwerpunkt verlagert sich im Werk selbst jedoch lediglich auf eine eindringliche Behandlung der Kirchenkunde und deren Vorläufer in der ›kirchlichen Statistik‹. Damit ist der eigentliche Aktionsradius des Drews'schen Programms aber erheblich eingegrenzt.

Anders verhält es sich mit *Volker Drehsens* Ausführungen *Neuzeitliche Konstitutionsbedingungen der Praktischen Theologie.*[30] Sie können als bedeutendste Äußerungen zu Drews gelten und werden der vorliegenden Arbeit samt den darin aufgeworfenen Fragekomplexen deshalb als wichtige Bezugspunkte dienen. Drehsens Beschäftigung mit Drews' empirischem Programm findet im Kontext der wissenschaftssystematischen Erhellung praktisch-theologischer Konstitutionsbedingungen statt. Sachgemäß verbindet sich die Darstellung deshalb mit den eigenen Anliegen Drehsens, wobei wiederum andere wichtige Aspekte – so zum Beispiel die Frage nach den empirisch-theologischen Methoden – nicht ausgeführt werden.

Christian Grethlein verfolgt mit seiner Anknüpfung an Drews vor dem Hintergrund der Erfahrungen, die mit dem Ende der DDR einhergehen, ein anderes Erkenntnisinteresse.[31] Das Drews'sche Programm erfährt in *Eine praktisch-theologische Erinnerung an Paul Drews* eine Aktualisierung, wobei Grethlein dessen Bedeutsamkeit für die kirchliche Gegenwart vor dem Hintergrund

---

29 EGER, a.a.O.

30 VOLKER DREHSEN, Neuzeitliche Konstitutionsbedingungen der Praktischen Theologie. Aspekte der theologischen Wende zur sozialkulturellen Lebenswelt christlicher Religion, 2Bde., Gütersloh 1988, Bd. 1, 349–513, Bd. 2, 285–448.

31 CHRISTIAN GRETHLEIN, »Die Praktische Theologie lechzt nach Tatsachen ...«. Eine praktisch-theologische Erinnerung an Paul Drews, in: UDO SCHNELLE [Hrsg.], Reformation und Neuzeit. 300 Jahre Theologie in Halle, Berlin/New York 1994, 377–395.

religiöser Umbruchserfahrungen plausibel machen kann. Die theoretischen Bezüge dieses Konzepts selbst erhellt er jedoch kaum.

Des Weiteren sei an dieser Stelle auf die Arbeiten *Johannes Schillings* und *Astrid Reglitz'* verwiesen, deren Besonderheit darin zu sehen ist, dass ihnen keine praktisch-theologische Sichtweise zu eigen ist. Schilling untersucht Drews' theologische Arbeit besonders in kirchenhistorischer Absicht, wobei dessen empirisches Anliegen sachgemäß hinter einer liturgie- und reformationsgeschichtlichen Würdigung Drews' zurückstecken muss.[32] Reglitz wählt für ihre Darstellung eine systematisch-theologische Zugangsweise.[33] Drews' Religiöse Volkskunde wird hier als historisches Diskursfeld einer exemplarischen Debatte zur Glaubenspraxis erörtert. Dabei wählt Reglitz einen diskursanalytischen Zugriff auf die Religiöse Volkskunde, wobei sie biografische Ausführungen und die Entstehungsbedingungen der empirischen Theologie Drews' bewusst ausspart. Ihre Ausführungen berühren zwar wesentliche Themenkomplexe des empirischen Programms Drews', deren umfängliche Erklärung erfolgt aber, aufgrund des anders gelagerten Forschungsinteresses Reglitz', nicht.

Aus diesem Überblick geht hervor, dass die bisherige Forschung die Bedeutung Drews' für die Theologie, besonders für die Praktische Theologie, anerkennt. Darüber hinaus ergeben sich allerdings noch offene Fragen. Unklar bleibt, worin zunächst die Initialzündung für Drews' empirisch orientierte Theologie zu sehen ist. Ferner ist die Verbindung von Drews' eigentlichen sozialreformatorischen Anliegen zu seinem empirischen Programm der Praktischen Theologie undurchsichtig. Drews' empirische Grundlagen – Religiöse Volkskunde, Religiöse Psychologie und Evangelische Kirchenkunde – sind zwar in der bisherigen Forschungsliteratur recht ausführlich erörtert worden, die Funktionsbestimmung der Religiösen Psychologie und die Relationen der einzelnen Disziplinen untereinander sind dabei aber außen vor gelassen worden. Ein regelrechtes Forschungsdesiderat stellt die Reflexion der empirischen Theologie vom Typ Drews in methodischer Hinsicht dar. Drews hat die Praktische Theologie seit jeher als Ort seines empirischen Programms bestimmt. Letztendlich ist die Verflochtenheit seines daraus resultierenden Studienreformprogramms mit dem damaligen Diskurs zur praktisch-theologischen Wissensorganisation in der bisherigen Forschung noch nicht ausreichend reflektiert worden.

Diese offenen Forschungsfragen rechtfertigen eine neuerliche Beschäftigung mit Paul Drews' Programm einer empirischen Theologie. Aus ihnen ergibt sich für diese Arbeit folgender Aufbau.

---

32 JOHANNES SCHILLING, Paul Drews und seine Konzeption einer Kirchenkunde, in: JOACHIM MEHLHAUSEN [Hrsg.], Pluralismus und Identität, Gütersloh 1995, 413–425.

33 ASTRID REGLITZ, Erklären und Deuten. Glaubenspraxis in Diskursanalytischer und systematisch-theologischer Perspektive, Leipzig 2011, 67–157.

3. ZUM AUFBAU DER ARBEIT

Drews' Wahrnehmung der sozialen Frage seiner Zeit leitet sein empirisches Programm ein. Das Beweisziel des zweiten Kapitels ist darin zu sehen, die Verbindungslinien zwischen dieser persönlichen Ausgangserfahrung der sozialen Frage und den Problem- und Fragestellungen einer empirisch orientierten Theologie sichtbar zu machen. Hierfür soll eine textimmanente Zugangsweise gewählt werden. Drews' empirische Theologie - so viel sei vorweggenommen - ist einem hermeneutischen Grundanliegen verpflichtet, so die Quintessenz des zweiten Kapitels, welches in Hinblick auf die Kohärenz der Arbeit eine Scharnierfunktion ausübt. *Verstehen* ist die Prämisse eines wirkungsvollen pastoralen Handelns vor dem Hintergrund der modernen Lebensbedingungen und den daraus erwachsenen sozialen Krisensymptomen. Ein bei Drews unausgeführter Verstehensbegriff, der deshalb synchron rekonstruiert werden muss, macht deutlich, inwiefern empirisches Wissen Verstehen ermöglicht. Religiöse Volkskunde, Religiöse Psychologie und Evangelische Kirchenkunde stellen sich dabei als diejenigen empirischen Grundlagen dar, die als praktisch-theologische Disziplinen das wissenschaftliche Reflexionsniveau empirischer Wissensbestände garantieren. Aufbau, Funktion und Relationen dieser empirischen Grundlagen werden unter Rückgriff auf konzeptionelle Äußerungen Drews' und auf die Entstehungszusammenhänge volks- und kirchenkundlicher Traditionen im vierten Kapitel verhandelt. Die Frage nach dem wissenschaftlichen Methodeninventar Drews' wird im fünften Kapitel aufgeworfen. Dabei dient vor allem die materiale empirische Theologie Drews' als Referenzpunkt. Die Möglichkeiten der damaligen Sozialwissenschaft stecken abschließend den Rahmen ab, der für die sich anschließende Reflexion der Drews'schen Methodik konstitutiv ist. Das sechste und letzte Kapitel befasst sich mit dem empirischen Zuschnitt der Praktischen Theologie. Mit den ersten konzeptionellen Äußerungen zur Sache wird dieser nämlich angedeutet und in Drews' Studienreformprogramm letztmalig pointiert dargestellt. Eine Zusammenfassung der Erkenntnisse und die daraus entstehenden Impulse für die heutige Praktische Theologie erfolgt letztlich im Schlusskapitel dieser Arbeit.

II. Die Ausgangserfahrung der sozialen Frage

Drews' Idee einer empirischen Theologie entspringt nicht unmittelbar dem Bedürfnis, die praktische Theologie seiner Zeit zu revolutionieren, sondern nimmt ihren Anfang in ganz anderen Entstehungszusammenhängen. Zunächst muss man sich vor Augen halten, dass sich Drews vornehmlich als Kirchenhistoriker verstand und sich auch auf diesem Gebiet verdient gemacht hatte.[34] Seine spätere Hinwendung zum religiösen Leben der Gegenwart beruht auf einer besonderen Ausgangserfahrung: die der so genannten *sozialen Frage*.

Der Terminus *soziale Frage* wird in der Forschung verwendet, um den gesellschaftlichen Problemkomplex zu beschreiben, dessen man sich seit den 1840er Jahren gewahr wurde. Dabei zeitigte die Wirtschaftsform des Frühkapitalismus' eine massenhafte Armut breiter Bevölkerungskreise im Zeitalter der Industrialisierung, derer man weder durch staatlich-paternalistische noch durch kirchlich-karitative Bemühungen Herr werden konnte. Diese neue Intensität der Armut wurde von mehreren Entwicklungen begünstigt und geschürt. Durch den enormen Bevölkerungsanstieg, die dadurch bedingten Nahrungsengpässe und die Auflösung der ständischen Gesellschaft, welche die Aufhebung von Heiratsverboten und Berufsbeschränkungen mit sich brachte, wurde der Pauperismus vorangetrieben. Die soziale Frage gelangte somit seit den 1840er Jahren immer stärker in den Blick der öffentlichen Wahrnehmung. Ihre Lösung wurde von verschiedenen politischen Strömungen und gesellschaftlichen Gruppen kontrovers diskutiert. So wurde sie auch zum Tagesordnungspunkt in kirchlichen Kreisen und ein fester Bestandteil im Problembewusstsein vieler protestantischer Theologen[35] – so auch bei Drews.

---

[34] Vgl. Paul Drews, Willibald Pirkheimers Stellung zur Reformation. Ein Beitrag zur Beurteilung des Verhältnisses zwischen Humanismus und Reformation, Leipzig 1887; Ders., Humanismus und Reformation. Vortrag auf der Meißner Konferenz in Zwickau, gehalten den 22. Juni 1887, Leipzig 1887; Ders., Petrus Canisius, der erste deutsche Jesuit, Halle 1892; Ders. [Hrsg.], Disputationen Martin Luthers 1535–1545 an der Universität Wittenberg gehalten, Göttingen 1895/1896.

[35] Vgl. Thomas Nipperdey, Deutsche Geschichte 1866–1918. 1. Bd., Arbeitswelt und Bürgergeist, München 1994, 335; Norbert Friedrich, Art. Soziale Frage, in: Martin Honecker et al. [Hrsg.], Evangelisches Soziallexikon, Neuausgabe, Stuttgart/ Berlin/Köln 2001, 1428–1432, hier: 1428f.; Erkki Ilmari Kouri, Der deutsche Protestan-

Mit dem nachfolgenden Zitat zur sozialen Frage gibt der Historiker Thomas Nipperdey ziemlich treffend das wieder, was Drews dazu bewegt haben dürfte, seinen Blick von der Vergangenheit auch auf die gesellschaftliche Gegenwart zu richten:

> »Die Notlage der Arbeiter und der arbeitenden Klassen, ja ihr Elend, ihre Arbeits- wie Lebensbedingungen und ihr ›moralisch‹-psychischer Zustand, ihr Herausfallen aus der traditionellen wie der bürgerlichen Welt und der Zerfall der modernen Gesellschaft in zwei antagonistische Klassen, das wurde von den aufmerksamen Beobachtern der altetablierten wie der neuen bürgerlichen Welt als ein Hauptproblem der Zeit empfunden. Das war die ›soziale Frage‹.«[36]

Als solch ›aufmerksamer Beobachter‹ kann Drews betrachtet werden und auf dieser Grundlage sind seine Äußerungen zur sozialen Frage auch aufzufassen. Seine Ansichten zu diesem Problemkomplex sind in den programmatischen Schriften, die seit 1887 den evangelisch-sozialen Diskurs bereichern, enthalten. Das Erscheinen des Aufsatzes *Dogmatik oder religiöse Psychologie* 1898 stellt hierbei eine Zäsur dar. Er begrenzt die zu untersuchende Textgrundlage auf die Veröffentlichungen der Jahre 1887–1898, da dieser Aufsatz als erster Vorstoß in Richtung empirisch orientierte Forschung verstanden werden kann und somit den Zeitraum der Vorarbeiten, für den hier verhandelten Zusammenhang, abschließt. Dabei bildet Drews' frühe Hauptschrift *Mehr Herz fürs Volk*, in der er seine Überlegungen zur Lösung der sozialen Frage ausdrücklich als »auch ein soziales Programm«[37] definiert, den Grundstein seiner sozialreformatorischen Überlegungen. Ergänzend treten die verschiedenen Beiträge in der Christlichen Welt: *Mehr Liebe unserem Volke, Unser geselliger Verkehr* (1888), *Mehr Achtung unserem Volke, Ehre geht selbst dem armen Manne über Brot* (1890), *Zum sozialen Frieden, Können soziale Zustände ein Hindernis christlicher Charakterentwicklung sein?, Für und wider Naumann* und *Johann Hinrich Wichern und die christlich soziale Bewegung*[38] hinzu. Die von Martin Rade (1857–1940) erstmals 1886/1887 herausgegebene Zeitschrift Die Christliche Welt nimmt bei der Verbreitung evangelisch-sozialer Gedanken

---

tismus und die soziale Frage 1870–1919. Zur Sozialpolitik im Bildungsbürgertum, Berlin/New York 1984, 47.

36 Nipperdey (1994), a.a.O., 335.

37 Paul Drews, Mehr Herz fürs Volk!, Leipzig 1891, 3.

38 Vgl. Paul Drews, Mehr Liebe unserm Volke!, in: CW 1, 1887, 36f.; Ders., Unser geselliger Verkehr, in CW 2, 1888, 324f.; Ders., Mehr Achtung unserm Volke!, in: CW 2, 1888, 142f.; Ders., »Ehre geht selbst dem armen Manne über Brot«, Besprechung von J. Post, Musterstätten persönlicher Fürsorge von Arbeitgebern für ihre Geschäftsangehörigen, Bd.1, Die Kinder und jugendlichen Arbeiter 1889, in: CW 4, 1890, 66–70; Ders., Zum sozialen Frieden, Zum gleichnamigen Buch von Schulze-Gävernitz, in: CW 5, 1891, 733--737, 762–765, 786–789, 812--815; Ders., Können soziale Zustände ein Hindernis christlicher Charakterentwicklung sein?, in: CW 8, 1894, 8–13; Ders., Für und Wider Naumann, in: CW 8, 1894, 467–472; Ders., Johann Hinrich Wichern und die christlich-soziale Bewegung, in: CW 10, 1896, 654–659.

eine entscheidende Rolle ein.[39] Bei den darin veröffentlichten Beiträgen von Drews handelt es sich um Besprechungen beziehungsweise Empfehlungen evangelisch-sozialer Literatur. Indem Drews die darin gebotenen Vorschläge zum Umgang mit der sozialen Frage abwägt, gewinnt seine eigene Position an Kontur. Diese artikuliert er dann in aller Deutlichkeit in seiner Schrift *Mehr Herz fürs Volk*. Die Analyse dieser Beiträge wird Aufschluss darüber geben, wie sich die soziale Frage für Drews darstellt und wie seiner Meinung nach von kirchlich-theologischer Seite damit umgegangen werden sollte.

Bevor nun aber die programmatischen Schriften Drews' direkt betrachtet werden, muss zunächst geprüft werden, welche Erkenntnisse zur Sache durch die bisherige Forschungsliteratur zu Drews bereits zur Verfügung stehen.

Der ehemalige Drews Schüler Karl Eger nimmt in seinen Ausführungen direkt Bezug auf Drews Schriften zur sozialen Frage. Das Anliegen der Drews'schen Hauptschrift *Mehr Herz fürs Volk* bringt Eger auf die Formel: lieben, um zu verstehen. Anschließend ordnet Eger Drews in das protestantische Spektrum ein, welches sich angesichts der unterschiedlichen Haltungen zur sozialen Frage eröffnete. Demnach ist Drews in die Gruppe der jüngeren Christlich-Sozialen, deren prominentester Vertreter Friedrich Naumann (1860–1919) ist, einzuordnen. Die spätere von Naumann initiierte Parteigründung der National-Sozialen vollzieht Drews jedoch nicht mit. Eger schließt seine Äußerungen zur Sache mit folgender Erkenntnis ab:

> »Was er [Drews] in den Jahren seiner pfarramtlichen Tätigkeit an Verständnis und Interesse für die gegenwärtigen religiös-sittlichen Zustände und Verhältnisse, nicht bloß des vierten Standes, gewonnen und bewährt hatte, bestärkt später den akademischen Lehrer der praktischen Theologie in der Erkenntnis, daß die Kenntnis der Zustände und Bedürfnisse der Menschen der Gegenwart ein unentbehrliches Stück der beruflichen Vorbildung für den evangelischen Pfarrer von heute ist.«[40]

Mit dieser Aussage ist angedeutet, dass für Drews eine Auseinandersetzung mit der sozialen Frage gewissermaßen als Ouvertüre seiner empirischen Theologie zu gelten hat. Wie sich dieser Übergang von einem sozialreformatorischen Anliegen hin zu einem praktisch-theologischen *en detail* vollzieht, bleibt dennoch unklar.

In seiner Dissertationsschrift Paul Drews – Der *»Vater der evangelischen Kirchenkunde und religiösen Volkskunde«* stellt Wolfgang Rudolph gleich eingangs klar, dass Drews' Beschäftigung mit der sozialen Frage seiner Zeit in einer eigenständigen Arbeit behandelt werden könnte. Da die Verweisungszusammenhänge dieses Themenkomplexes so weitläufig sind, würden sie den Rahmen seiner Qualifikationsschrift sprengen.[41] Des Weiteren stellt Rudolph

---

[39] Zum Exkurs: Die soziale Frage in protestantischen Zeitschriften, vornehmlich in Rades »Christlicher Welt« vgl. Kouri, a.a.O., 147–154.

[40] Eger, Paul Drews, 9.

[41] Vgl. Rudolph, Paul Drews, 3f.

aber auch heraus, dass Drews durch seine stetigen Veröffentlichungen zur Sache in der *Christlichen Welt* an Bekanntheit gewonnen hat und gerade in seiner Tätigkeit als Prediger bei seiner heterogenen Leser- und Hörerschaft hochgeschätzt wurde.[42]

Volker Drehsen thematisiert in seinem *opus magnum* die Thematik um Drews und die soziale Frage nicht explizit. Er stellt aber heraus, dass Drews von einer wechselseitigen Verschränkung von Religion und Gesellschaft ausgeht. Hierzu schreibt Drehsen:

> »Auf dieser Einsicht gründet P. Drews seine Entkirchlichungsthese, in der die Gründe wachsender Unkirchlichkeit auf die Pointe gebracht werden, daß es sich hierbei weniger um zunehmende Glaubenslosigkeit als vielmehr um die Folgen einer globalen Veränderung der sozialkulturellen Strukturen handelt.«[43]

Wir haben nun gesehen, dass die soziale Frage als Ausgangserfahrung und Entdeckungszusammenhang von Drews' späterem empirisch-theologischen Anliegen in der Forschungsliteratur allgemein anerkannt ist. Dabei werden die Zwischenschritte dieser Entwicklung nicht ausdrücklich beschrieben.

Diese Leerstelle gilt es zu füllen. Hierfür muss zunächst textimmanent erhoben werden, inwiefern sich für Drews die soziale Frage als theologisches Schlüsselproblem darstellt und in welchem Maße Kirche und Christentum hier Abhilfe schaffen können. Im Anschluss daran wird das politische und kirchliche Spektrum mit seinen Haltungen zur sozialen Frage zur Darstellung kommen, in welches Drews eingeordnet werden soll. Vor dem Hintergrund der verschiedenen Handlungsmöglichkeiten soll Drews' Umgang mit der sozialen Frage beurteilt werden. Dabei gilt es zu prüfen, inwiefern Drews einen Sonderweg einschlägt, der ihn – so die These dieser Arbeit – letztendlich bei der Etablierung einer empirisch-orientierten Theologie ankommen lässt.

1. Drews und die soziale Frage seiner Zeit

Zunächst ist noch unklar, wie Drews die soziale Frage seiner Zeit überhaupt wahrgenommen hat. Mit dem Terminus *soziale Frage* wird nämlich ein wirtschaftlich bedingter, sozialer Problemkomplex bezeichnet. Dabei ist es nicht selbst evident, inwiefern die soziale Frage für Drews ein theologisches Schlüsselproblem war. Es muss also untersucht werden, welche eigentümliche Auffassung von der sozialen Frage Drews' teilte und welche Konsequenzen für den Umgang mit ihren Phänomenen daraus erwachsen. Zur Klärung dieser Fragen muss zunächst die Untersuchung derjenigen Erscheinungen, die Drews explizit unter dem Begriff soziale Frage subsumiert, erfolgen. Ein erster Hinweis ist mit folgendem Zitat gegeben:

---

42 Vgl. RUDOLPH, a.a.O., 14.

43 DREHSEN, Neuzeitliche Konstitutionsbedingungen, Bd. 2, 411.

»Denn die ›Armennot‹ ist heute nicht nur ein stiller Kummer, der an dem Herzen der Völker zehrt, sie ist zur brennenden, hitzigen Krankheit geworden, zum Schreckbild der Zukunft, zur sozialen Frage.«[44]

Aus diesem Zitat geht hervor, dass Drews das Massenelend großer Teile der Bevölkerung als gesamtgesellschaftliches Phänomen, als *soziale Frage*, wahrnimmt. Auch wenn Drews die große materielle Not breiter Bevölkerungskreise durchaus anerkennt, zeigt er vor allem ein gesteigertes Problembewusstsein dahingehend, »daß Millionen unserer Brüder teils materiell, vor allem aber moralisch leiden.«[45] Das Resultat dieser moralischen Not zeigt sich für Drews in einer Reihe von Fehlentwicklungen im Verhalten und Empfinden des Volks, die er unter dem Begriff »Sünde« zusammenfasst. Eine Auflistung und Beschreibung derjenigen Phänomene, die Drews als »Sünde« kategorisiert, findet man in seiner Hauptschrift *Mehr Herz fürs Volk*. Weiter heißt es dort: »Fassen wir jetzt einmal die Sünden, die Klassensünden unseres Volkes ins Auge!«[46] Die Verwendung des Begriffes *Klassensünde* weist darauf hin, dass Drews Fehlentwicklungen in der moralischen Haltung einer ganzen Bevölkerungsgruppe ausmacht und sie nicht nur bei einigen wenigen Individuen diagnostiziert. Das daraus resultierende anstößige Verhalten ist somit ein schichtspezifisches und kein individuelles Problem. Drews geht davon aus, dass gesamtgesellschaftliche Bedingungen eine ganze Bevölkerungsgruppe, namentlich die Arbeiter, daran hindern, ein ethisch korrektes Leben zu führen. Um die Haltbarkeit dieser These zu prüfen, muss zunächst untersucht werden, worin Drews die »Sünden des Volkes« respektive *Klassensünden* und ihre Kausalität sieht.

Drews' Missfallen hinsichtlich der fehlenden Integrität der Bevölkerung seiner Zeit stellt er pointiert in drei Punkten dar:

A. »So lange wir kein lebendiges *Familienleben* in unserem Volke haben, so lange hoffen wir umsonst und predigen wir vergebens sittliche Hebung.«[47]
Die Familie als Quelle für »Zucht, Ordnung und edle Freude«[48] versiegt, da fehlende Sonntagsruhe und unmenschliche Arbeitszeiten gelingendes Familienleben verhindern würden. Auch weil sich Frauen aufgrund einer Tätigkeit in Vollzeit nicht mehr ausschließlich ihren Pflichten als Mutter widmen können, würde das Familienleben nachhaltig geschädigt.

B. »Ein Krebsschaden unsers Volkes ist die *Genußsucht*.«[49]
Die Genußsucht ist für Drews eine logische Konsequenz, die aus der »Glaubenslosigkeit unsrer niederen Bevölkerung«[50] und der damit verbundenen Orientierung auf das Hier und Jetzt folgt. Aufgrund der schweren körperlichen

---

44 MLV, 36.
45 MHV, 11.
46 MHV, 27.
47 MHV, 27.
48 MHV, 28.
49 Ebd.
50 Ebd.

Belastung, die mit der Fabrikarbeit einhergeht, partizipieren die Arbeiter eher an den sinnlichen Genüssen des alltäglichen Lebens. Qualitative, geistliche Genüsse, zum Beispiel in Form von erbaulicher Literatur oder gemeinsam verbrachter Zeit in der Familie, gehören gängigerweise nicht zum Repertoire möglicher Erholungsressourcen eines Arbeiters. Drews wagt allerdings auch einen empathischen Blick in das private Leben eines Arbeiters und kommt zu der Erkenntnis, dass die wenige Freizeit nicht ausreiche, um sich zu Hause, im Kreise der Familie zu regenerieren, zumal oft durch fehlende finanzielle Mittel nicht einmal ein annehmliches Zuhause geschaffen werden könne. Von diesem Gesichtspunkt aus - so gesteht es auch Drews den Arbeitern zu - sei es nahe liegend, auf eine hedonistische Freizeitgestaltung zurückzugreifen.[51] Diese *Vergnügungssucht* werde gefördert durch das reichhaltige Freizeitangebot der Großstädte und die damit verbundenen sinnlichen Versuchungen. Alkoholismus und Verschuldung ergeben sich demnach aus dem gesteigerten Konsum der zweifelhaften Freizeitangebote.

C. »Aber es kommt ferner hinzu *Mangel an Erkenntnis.*«[52]
Dem Volk fehlt grundsätzlich das Bewusstsein für die Ausmaße des eigenen Handelns. Die Arbeiter wissen nicht, wie sehr sie ihrer Gesundheit durch den Alkoholkonsum schaden. Auch eine Einweisung in die Wirtschaftslehre könnte sie nicht zu einem sparsameren Umgang mit dem wenigen Geld animieren. Diesem Tun wider besseren Wissens kann nach Ansicht Drews' nur durch die Gebildeten Einhalt geboten werden, indem sie sich selbst vorbildhaft in ihrem Konsum einschränken und dem Volk bessere Gestaltungsmöglichkeiten der freien Zeit vorleben.[53]

Wie ist nun diese Einschätzung Drews' in Hinblick auf die Auswirkungen der sozialen Frage zu verstehen Bei seiner Betrachtung der gegenwärtigen Krisenerscheinungen beginnt Drews bei der Familie. Die Familie als wichtige ethische Sozialisationsinstanz kann durch die neuen Lebensbedingungen der modernen Industriearbeit ihrer Aufgabe nicht gerecht werden, da traditionelle Familienstrukturen nicht mehr existent sind. Durch die Beteiligung aller Familienmitglieder am Arbeitsleben bleibt keine Zeit für die Betreuung und vor allem Erziehung jüngerer Kinder. Nicht einmal die Sonntagsruhe ist garantiert. Auffällig hierbei ist, dass Drews, wenn er die Sonntagsarbeit anprangert, eher familiäre Erholungszeiten in Gefahr sieht und nicht primär die Vernachlässigung des Gottesdienstbesuches anführt.

Bei der Genuss- und Vergnügungssucht zielt Drews im Grunde darauf ab, dass den Arbeitern eine christliche Grundhaltung nicht mehr zwingend eigen ist. Da sich unter anderem durch die atheistisch geprägte Sozialdemokratie viele Arbeiter vom Christentum und seinem Wertesystem abwenden, gehört

[51] Vgl. ebd.

[52] MHV, 29.

[53] Eine gelungene Freizeitgestaltung ist für Drews z.B. das Lesen erbaulicher Schriften. Er hebt hierfür den Verein zur Massenverbreitung guter Schriften und die Vorschläge Friedrich Naumanns hervor, vgl. MHV, 29.

das Christentum und seine Hoffnung auf das Jenseits nicht mehr zum ausschließlichen Orientierungsrahmen der Industriearbeiter. Auch wenn Drews nicht explizit die Sozialdemokratie hierfür zur Verantwortung zieht, ist sie aber implizit angesprochen, z.B. indem er *Agitationsveranstaltungen* als zweifelhafte Freizeitalternative anführt.

Alkoholismus ist zur Zeit Drews' noch nicht als Krankheit akzeptiert, sondern wird gemeinhin als *Sünde* verunglimpft. In der Tat ist Alkoholismus für die Arbeiterschaft ein Existenz bedrohendes Phänomen. Durch häufiges Fehlen oder selbstverschuldete Unfälle unter Alkoholeinfluss am Arbeitsplatz laufen alkoholkranke Arbeiter stetig Gefahr, ihre Anstellung zu verlieren. Da kein soziales Netz vorhanden ist, bedroht der Verlust des Arbeitsplatzes die Existenz unmittelbar.

Bilanzieren wir. Anhand der von Drews angeführten *Sünden*, *Vernachlässigung familiärer Pflichten*, *Genußsucht*, *Vergnügungssucht* und der *Mangel an Erkenntnis*, sowie seinen Ausführungen dazu wird deutlich, dass die Verantwortlichkeit für diese Verfehlungen ambivalent gesehen werden muss. Aus dieser Ursachenanalyse, deren Plausibilität einmal dahingestellt bleiben mag, geht deutlich hervor, dass Drews die soziale Frage seiner Zeit als ethisches Problem erfasst.

Diese ethisch-moralischen Krisensymptome liegen auch in äußeren, gesellschaftlichen Gegebenheiten begründet. Dabei fällt auf, wie differenziert Drews die Ursachen für die moralische Not der Arbeiter sondiert. Gesellschaftliche und kulturelle Faktoren sowie die Lebens- und Arbeitsbedingungen der modernen Industriegesellschaft dienen ihm als Begründungszusammenhang für schichtspezifische Krisenphänomene respektive *Klassensünden*. In diesem Punkt reicht Drews' Sicht über die gängige kirchliche Polemik hinaus. In anderen Punkten stellt sich seine Haltung jedoch als zeitgemäß und typisch protestantisch heraus.[54] Die von ihm aufgenommenen Themen Sonntagsarbeit, atheistisch begründete und diesseitig orientierte Lebensführung sowie die moderne Freizeitgestaltung, welche außerhalb des Wirkungskreises der Kirche stattfindet, gehören zu den gängigen Topoi kirchlicher Äußerungen. Äußerungen einer Kirche, die den Anschluss an die moderne Industriegesellschaft und ihre veränderten Lebensbedingungen verpasst hat.[55]

Hierfür spricht auch die Art und Weise, wie sich Drews in seinen Schriften den Umgang mit Fabrikarbeitern wünscht. Analog zu einem Kind nimmt er sie als leicht beeinflussbare unmündige Subjekte wahr. Auch zeichnet sich hinsichtlich der Verantwortlichkeit für die Krisensymptome der sozialen Frage eine gewisse Schieflage ab, wie folgendes Zitat belegt:

> »Die Sünden des Volkes, oder sage ich besser der sündige Zustand unseres Volkes ist eine Folge teils schlechter äußerer Verhältnisse, teils mangelnder Erkenntnis,

---

[54] Vgl. Günter Brakelmann, Die soziale Frage des 19. Jahrhunderts, Bielefeld 1981[7], 13f.

[55] Vgl. Brakelmann (1981), a.a.O., 113f.

teils des verführerischen Beispiels der besseren Stände und teils – und das soll gewiß nicht gering angeschlagen werden – eigener Gewissenlosigkeit, also persönliche Schuld.«[56]

Die Betrachtung dessen, was Drews als Klassensünden versteht, hat gezeigt, dass wirtschaftliche und kulturelle Bedingungen, die Verantwortung dafür tragen, dass die Arbeiter vom gesellschaftlichen Zusammenhalt aufgrund ihres angeblich moralischen Fehlverhaltens ausgeschlossen sind. Dahinter zeichnet sich jedoch noch eine andere Dimension ab. In seiner Schrift *Mehr Liebe unserm Volke* äußert sich Drews zum schädlichen Potenzial der Industriearbeit und liefert damit weitere Anhaltspunkte für die Rekonstruktion seiner Sicht auf die ethische Gefährdung der modernen Arbeiterschaft.

1.1 Das schädigende Potenzial der Fabrikarbeit

An der Beschreibung des ›sündigen Zustandes‹ des Volkes fällt auf, dass Drews für die Darstellung einer amoralischen Lebensweise ausschließlich die Bevölkerungsgruppe der Industriearbeiter heranzieht. Das hat damit zu tun, dass die Gruppe der Fabrikarbeiter für Drews unter den prekärsten Wohnverhältnissen und Lebensbedingungen zu leiden hat. Wie bereits beschrieben wurde, funktioniert die familiäre Integration als Sozialisationsinstanz ersten Ranges aufgrund der Arbeitsbedingungen in den Fabriken nicht mehr, so dass Kinder und Jugendliche sich selbst überlassen sind. Zu den ungünstigen Arbeits- und Lebensbedingungen gesellt sich zudem ein anderes Problem. Ein weiterer zentraler Anknüpfungspunkt für die prekäre moralische Situation der Arbeiterschaft ist für Drews nämlich ihre Tätigkeit in den Fabriken.

Das schädigende Potenzial der Fabrikarbeit sieht Drews darin, dass diese Arbeit höchst stumpfsinnig und monoton ist und dass ein Berufsethos angesichts dieser Art von Arbeit nicht aufkommen kann. Er unterscheidet Fabrikarbeit vom herkömmlichen Beruf und geht davon aus, dass der Beruf durch die Stimme der Natur, die er als Stimme Gottes interpretiert, und die persönliche Veranlagung des Menschen erwählt wird. Der Mensch ergreift somit einen Beruf, der seinen Fähigkeiten am besten entspricht und ihm dadurch ein harmonisches und freudvolles Arbeitsleben in Aussicht stellt. Der Beruf *per se* birgt folglich ein großes ethisches Potenzial in sich, während die Fabrikarbeit auf kein Ethos zurückgreifen kann. Drews selbst bindet seine Äußerungen zum ›sittlichen‹ Potenzial des Berufes an die lutherische Berufsethik rück.[57] Aus diesem Grund wird ein Seitenblick auf Luthers Ausführungen zum Berufsethos sowie deren Rezeption durch Drews Aufschluss darüber geben, warum die Industriearbeiter auch in theologischer Hinsicht Not leiden.

---

56 MHV, 27.

57 Vgl. MHV, 34f.

1.2 Luthers bzw. Ritschls Berufsethos und Drews' Rezeption

Im Folgenden wird Luthers Berufsethik – in verdichteter Form – soweit dargestellt, wie es für die Zwecke dieser Arbeit dienlich ist.[58] Anschließend soll Luthers Berufsethik, die Drews rezipiert, dazu dienen, Drews' Berufsgedanken besser zu durchdringen. Diese Rekonstruktion wird Erkenntnisse über die ethische Wirkungsfähigkeit des Berufes bei Drews zu Tage fördern. Zugleich wird aber auch im Umkehrschluss das moralisch schädigende Potenzial der Fabrikarbeit nach Drews'scher Vorstellung deutlich werden.
Nach reformatorischer Theologie erfährt die alltägliche Arbeit eine Aufwertung. Da Rechtfertigung allein aus Gnaden allen Menschen zu Teil wird, gibt es keine bevorzugten Tätigkeitsfelder, um die *guten Werke* zu erbringen. Die Eingliederung der Mönche durch Heirat in die Gesellschaft verdeutlicht, dass der ethische Sonderweg des Mönchtums nicht respektabler ist, als das Arbeiten in anderen Berufsfeldern.

Nach Lutherischer Auffassung wirkt der Beruf sich unmittelbar auf die persönliche Lebensführung aus, er wird von Luther mit dem Begriff *befelh* bezeichnet und ist als Auftrag zu verstehen, der an den ihn ausübenden Menschen gerichtet ist. Der Beruf wird im Rahmen des Standes und der damit verbundenen Reglementierungen verübt.[59] Hierbei unterscheidet Luther zwischen drei Ständen: dem Nährstand, *status oeconomicus*, dem Wehrstand, *status politicus* und dem Lehrstand, *status ecclesiasticus*. Der *status oeconomicus* liegt ebenfalls dem *status politicus* und dem *status ecclesiasticus* zugrunde, da der Familien- und Hausstand auch die Basis der beiden anderen Stände bildet. Bereits im dritten Glaubensartikel des kleinen Katechismus' heißt es, dass die berufliche Tätigkeit des jeweiligen Standes dem göttlichen Willen entspricht. Somit ist Inhalt und Ziel des Lebens durch Gott vorgegeben, die im Auftrag Gottes Arbeitenden werden zu seinen Mitarbeitern.[60]

Mit der Ausübung der täglichen Arbeit verbinden sich bei Luther auch bestimmte Berufspflichten: Die Eltern sind ihren Kindern verpflichtet, der Hausherr seinem Gesinde und die weltliche Obrigkeit ihren Untertanen. Allerdings bestehen diese Pflichten auf beiden Seiten.[61] Dabei wird kein Stand oder Beruf einem anderen moralisch vorgezogen. In der Erfüllung der alltägli-

---

[58] Ausführungen über die Ethik Luthers bieten REINHARD SCHWARZ, Luthers Lehre von den drei Ständen und die drei Dimensionen der Ethik, in: Lutherjahrbuch 45, 1978, 15–34 sowie MAX JOSEF SUDA, Die Ethik Martin Luthers, Göttingen 2006, besonders 138–157.

[59] Vgl. MARTIN LUTHER, Evangelium am S. Johannes-Tage (1522), in: WA, Bd. 10, I, 305–324, hier 309, 14ff.

[60] Vgl. MARTIN LUTHER, De servo arbitrio (1525), in: WA, Bd. 18, 551–787, hier 753, 28ff.

[61] Vgl. u.a. MARTIN LUTHER, Vom Abendmahl Christie, Bekenntnis (1528), in: WA, Bd. 26, 241–509, hier 505, 5f., Ders., An die Ratherren aller Städte deutsches Lands, daß sie christliche Schulen ausrichten und erhalten sollen (1524), in: WA, Bd. 15, 9–53, hier 34, 24f. sowie Ders., Deudsch Catechismus, Der große Katechismus (1529), in: WA, Bd. 30, I, 123–238, hier 152, 25f.

chen Berufspflichten erfährt jeder Stand Heiligkeit. Jeder Christ hat den Aufgaben gerecht zu werden, die sich im alltäglichen Lebenszusammenhang ergeben.[62]

Albrecht Ritschl, der bedeutendste Theologe der zweiten Hälfte des 19. Jahrhunderts und theologische Lehrer Drews', nimmt die sittliche Bedeutung des Berufs im Rahmen der reformatorischen Ethik auf und leistet somit einen Beitrag zu der mannigfaltigen Rezeption von Luthers Berufsgedanken im sogenannten *Kulturprotestantismus.*[63] Bereits in der Ethik Schleiermachers stellt sich Ritschl der Beruf als gemeinnützigste Sozialgestalt dar, da er Spezialisierung erfordert, Kontinuität verspricht und zur gesellschaftlichen Arbeitsteilung beiträgt.[64] Der Berufsgedanke bei Ritschl ist nicht allein von Luthers Aussagen über den Beruf abgeleitet, sondern erfährt eine konsequente Aktualisierung durch Ritschls eigene Interpretation des Berufs Christi im Neuen Testament.

> »Das sittliche Handeln in dem Beruf ist also die Form, in welcher eine Totalität des Lebenswerkes als der Beitrag zu dem Reiche Gottes hervorgebracht und zugleich die Bestimmung der geistigen Persönlichkeit zu einem Ganzen in ihrer Art erreicht wird. Dadurch wird die Freiheit im Gesetze verwirklicht.«[65]

Während es die berufliche Tätigkeit bei Luther ermöglicht, Gottes Mitarbeiter zu werden, ist es für Ritschl eine reine Fortschreibung Luthers, dass der beruflich Tätige einen Beitrag zum Reich Gottes leistet.[66]

Das sozialethische Modell des Berufsgedankens bei Drews – so kann abschließend vermutet werden – stützt sich auf Luthers Ausführungen zur Sache und erfährt wahrscheinlich eine Neuakzentuierung in der Ethik durch Ritschl und seinen *Reich-Gottes-Gedanken*. Für Drews wird er deshalb zu einem konstitutiven Moment seiner Betrachtungen der sozialen Frage. Die Fabrikarbeit, in Ermangelung einer ethischen Dimension, unterläuft die herkömmliche Berufspraxis. Die Arbeit in der Fabrik erfordert keine langjährige Ausbildung, aufgrund der latenten Gefahr des Arbeitsplatzverlustes garantiert sie keine Kontinuität, die einzelnen monotonen Arbeitsschritte stehen nicht unmittelbar in Verbindung mit dem Endprodukt. Die Arbeiter können nicht dem göttlichen Auftrag nachkommen, indem sie in den Fabriken arbeiten, ihnen ist es nicht möglich, am Reich Gottes mitzuwirken. Es ist ihnen, im lutherischen Sinne, nicht möglich, ihren eigentlichen Berufspflichten nachzukommen. Darunter leidet zuerst die Familie, da die unverhältnismäßigen Ar-

---

62 Vgl. SUDA, a.a.O., 141.

63 Vgl. FRIEDRICH WILHELM GRAF, Art. Kulturprotestantismus, in: TRE 20 (1990), 230–243. Zur Luther-Deutung Albrecht Ritschls vgl. ULRICH BARTH, Aufgeklärter Protestantismus, Tübingen 2004, besonders 125–146.

64 Vgl. BARTH, a.a.O., 137.

65 ALBRECHT RITSCHL, Die christliche Lehre von der Rechtfertigung und Versöhnung, Bd. 3, Die positive Entwicklung der Lehre, Bonn 1895[4], 632.

66 Vgl. SUDA, a.a.O., 156.

beitszeiten Mütter und Väter von ihren Erziehungspflichten abhalten, anschließend die gesamte moralische Entwicklung des Arbeiters, da er einer Tätigkeit nachgeht, die nicht auf seine natürlichen Fähigkeiten Rücksicht nimmt und zu der er nicht von Gott berufen ist. Angesichts dieser minderwertigen Arbeit ist es dem Fabrikarbeiter unmöglich, Selbstachtung zu empfinden. Dieses Manko an ethischer Unterstützung muss durch die Anerkennung und ehrliche Teilhabe der Bessergestellten am Leben und Arbeiten der Fabrikbelegschaft – so die Ansicht Drews' – kompensiert werden.

Nach Drews' Auffassung richtet die Fabrikarbeit somit auch in theologischer Hinsicht erheblichen Schaden an. Das fehlende Berufsethos muss daher anderweitig kompensiert werden. Darin begründet sich Drews gesamtes soziales Programm: *Mehr Herz fürs Volk*! Im folgenden Abschnitt soll gezeigt werden, wie dieses soziale Programm zur moralischen Erziehung der Bevölkerung beitragen kann und welche Hindernisse nach Erkenntnis Drews' hierfür überwunden werden müssten.

1.3 Erstes Zwischenfazit: Drews und die soziale Frage seiner Zeit

Wir haben nun gesehen, dass Drews die soziale Frage seiner Zeit in zweierlei Hinsicht wahrnimmt: Zum einen leidet ein Großteil der Bevölkerung materielle Not, zum anderen aber auch gleichzeitig moralische. Dieses zeigt sich in schichtspezifischen Krisensymptomen, die Drews als *Sünde* kategorisiert. Besonders betroffen sind hierbei die Fabrikarbeiter, da ihrer moralischen Entwicklung äußere Einflüsse, zum Beispiel schlechte Wohnverhältnisse, lange Arbeitszeiten und hedonistische Freizeitangebote, abträglich sind. Dahinter deutet sich jedoch noch eine weitere Gefährdungsdimension an. Da die Fabrikarbeit im herkömmlichen Sinne keinen (Lehr)beruf darstellt, können die Arbeiter nicht vom ethischen Potenzial des Berufes profitieren. Während wirtschaftliche Missstände wie Wohnverhältnisse und Arbeitszeiten staatlich reguliert werden könnten und nach Ansicht Drews auch müssten[67], ist die ethisch-psychologische Dimension nur durch die persönliche und anerkennende Anteilnahme beeinflussbar. Daraufhin orientiert sich Drews' soziales Programm, welches im Folgenden dargelegt werden soll.

2. Drews' soziales Programm: »Mehr Liebe unserem Volke!«

Drews' programmatische Schriften der Jahre 1887–1898 liefern eine dezidierte Gesellschaftsanalyse, die unterschwellig alle sozialen Schichten traktiert. In diesen Programmschriften versucht Drews die schwierigen Lebensbedingungen der Arbeiter, Dienstboten, Handwerker und Bauern nachzuzeichnen und seine Leser, die Gebildeten, hinsichtlich der prekären Lage der Bevölkerung zu sensibilisieren. Der Adressatenkreis dieser Schriften ist ganz klar in den

[67] Vgl. MLV, 36f.

Reihen des Bildungs- und Besitzbürgertums zu finden und der an sie ergehende Appell ist immer derselbe: »Die christliche Lösung der sozialen Frage gegenüber ist die denkbar einfachste. Sie lautet: »Mehr Liebe unserem Volke!«[68]

Allerdings muss die Frage gestellt werden, inwiefern Drews' soziales Programm seiner späteren Idee einer empirischen Theologie vorarbeitet. Da die Verbindung nicht offenbar auf der Hand liegt, muss auf die Ebene dieses Programms zurückgegangen werden. Dabei soll nicht die Bewertung des sozialen Programms in Hinblick auf Realisierbarkeit und Effektivität selbst im Vordergrund stehen, sondern Drews' Wahrnehmung der Gesellschaft seiner Zeit. Hierdurch kann seine Logik transparent werden, nach der die soziale Frage als Entdeckungszusammenhang seines späteren empirischen Programms in Anschlag zu bringen ist. Es muss also verständlich werden, welche Gegebenheiten und Einsichten Drews dazu veranlasst haben, sein soziales Programm zu einem empirischen fortzuschreiben. Hierin ist das Erkenntnisinteresse der nachstehenden Untersuchungen auszumachen.

2.1 Drews' Wahrnehmung der gesellschaftlichen Gruppen seiner Zeit

Die größte Aufmerksamkeit widmet Drews in den programmatischen Schriften der Jahre 1887–1898 den Arbeitern. Betrachtet man die konkreten Forderungen, die Drews an den Umgang mit dieser Berufsgruppe stellt, so wird auch deutlich, welche Umstände den Erfolg seines sozialen Programms eingeschränkt haben. Derartige Erfahrungen bewegten ihn nämlich letzten Endes dazu, die empirische Erforschung der Gegenwart seiner Zeit als wichtiges neues Untersuchungsfeld in den Blick zu nehmen.

Da die Arbeitnehmer bei ihrer Tätigkeit in den Fabriken nicht von einem Arbeitsethos profitieren können, steht ihnen ihre berufliche Tätigkeit nicht als stützende moralische Ressource zur Verfügung. Drews sieht an dieser Stelle die Unternehmer stellvertretend in der Pflicht, durch Achtung diesen Mangel zu kompensieren. *Achtung* wird hierbei von Drews als »das wunderbare Gemisch von Interesse, Teilnahme und Liebe und wiederum Zurückhaltung, Anerkennung der Rechte und Vorzüge des anderen« definiert.[69] Die Wertschätzung der Unternehmer würde, so Drews, die Arbeiter auch über ihre materielle Notlage hinwegtrösten:

> »Wenn man aber einwendet, daß es doch ein krankhafter Idealismus sei, die Arbeitende Klasse mit ›Achtung‹ abspeisen zu wollen, während doch ihre volkswirtschaftliche Lage eine unwürdige bleibe, so antworte ich, daß eben, um diese verbesserte Lage herbeizuführen, Achtung notwendig ist.[70]

Drews' Forderung nach persönlicher Fürsorge der Fabrikbesitzer gegenüber ihren Angestellten sieht er in einigen wenigen positiven Beispielen erfüllt. In

---

[68] MLV, 37.
[69] EMB, 67.
[70] Vgl. EMB, 67f.

diesen speziellen Fällen wurden extra Arbeiterzeitungen für den genannten Adressatenkreis herausgegeben oder sogar Organisationen zur dauerhaften Unterstützung der Fabrikarbeiter ins Leben gerufen. Obwohl es einige Projekte gibt, die sich mit Drews' Ansichten decken, ist doch die Mehrzahl der Unternehmungen für das Wohl der Arbeiter in Drews' Augen falsch angegangen worden.[71] In diesem Zusammenhang tadelt Drews eine Arbeiterwohlfahrt, die seiner Meinung nach nicht nachhaltig genug ist. Dabei handele es sich um sporadische, meist finanzielle Hilfeleistungen, die nicht bei der Wurzel, sprich den fehlenden moralischen Ressourcen oder eines geminderten Selbstwertgefühls ansetzten, sondern nur einseitig und temporär Abhilfe schaffen könnten. Aufgrund des gesteigerten Selbstbewusstseins der Arbeiter, verfehlten solche Maßnahmen ihren Zweck, da die Arbeiter sich zum einen nicht mehr in ein solches Abhängigkeitsverhältnis begeben wollten und zum anderen diese Wohltaten als Beleidigung empfänden. Schließlich – so die Meinung Drews' – geht es ihnen um Respekt und nicht um materielle Zuwendungen. Diese Bedürfnisse der Arbeiter werden von den wenigsten Industriellen erkannt.[72]

Was ist von Drews' Einschätzung zu halten? Zunächst dürfte Drews mit seiner Forderung nach Achtung, Respekt und persönlichem Kontakt eine Art *christliche Unternehmerethik* mit *teilweiser Selbstbestimmung* vor Augen gestanden haben. Diese zeigt sich der Sache nach im Umgang des Unternehmers mit seinen Angestellten oder durch Unternehmensentscheidungen. Hierbei werden Werte und Normen ersichtlich, die auch von den Arbeitern als verbindlich empfunden werden können. Das Unternehmen erzeugt somit eine Moralsphäre, die auch die Lebensführung der Arbeiter nachhaltig prägt.[73]

Zugegebenermaßen erscheint diese von Drews' dargebotene Lösung angesichts der frappierenden sozialen Ungleichheit des Frühkapitalismus' als lapidar oder gar verharmlosend. Vor dem Hintergrund, dass Drews *eine* Seite der sozialen Frage aber als *ethisches* Problem wahrnimmt, werden seine Gedanken plausibel. Es geht nicht darum, was der Staat oder die Gesetzgebung gegen die Massenarmut tun kann, sondern darum, welchen Beitrag die Gesellschaft im Allgemeinen und die Fabrikherren im Besonderen leisten können, um die Fabrikarbeiter in ihrer moralischen Festigung zu unterstützen. Dazu zählen auch Formen christlicher Sozialarbeit wie zum Beispiel das Herausgeben von Arbeiterzeitschriften oder die Gründung christlicher Arbeitervereine. Diese erscheinen Drews als *nachhaltige* Hilfsmaßnahmen. Wenn die Bessergestellten, die (moralischen) Bedürfnisse der Fabrikarbeiter kennen und ernst nehmen würden, könnte dieses Netz an nachhaltigen Hilfsmaßnahmen, die Hilfe zur Selbsthilfe geben, weiter ausgebaut werden.

In dieser Form will Drews sein soziales Programm für die Fabrikarbeiter realisiert wissen. Seine Forderung beläuft sich aber auch darauf, dass dem

---

71 Vgl. EMB, 68.

72 Vgl. MHV, 3–13.

73 Vgl. Joachim Fetzer, Art. Unternehmensethik, in: Martin Honecker et. al. [Hrsg.], Evangelisches Soziallexikon, Neuausgabe, Stuttgart/Berlin/Köln 2001, 1643-1647.

ganzen Volk, nicht nur den Arbeitern in der Fabrik, *Achtung* und *Liebe* zuteilwerden sollte. Deshalb thematisiert Drews in seinen Schriften auch die Lage der Dienstboten, Handwerker und Bauern und beschreibt einen angemessenen Umgang mit ihnen.

Das Hauptproblem sieht er aber darin, dass sich die Gebildeten von Handwerkern, Dienstboten und Bauern aufgrund eines unterschiedlichen Bildungsniveaus abgrenzen. Schichtspezifische Unterschiede beeinflussen den gesellschaftlichen Zusammenhalt. Trotz des nahen Lebens und Arbeitens – wie es zumindest bei den Dienstboten und Handwerkern der Fall ist – kommt es nicht zur persönlichen Teilhabe am Leben der jeweils anderen Bevölkerungsgruppe.[74]

In dem zu behebenden Grundproblem der Kontaktlosigkeit, welches bereits bei den Fabrikarbeitern vorlag, zeigt sich die zunehmende Ausdifferenzierung der Gesellschaft. Der Effekt der Segmentierung der Arbeits- und Lebensbereiche ist Ausdruck des Übergangs zu einer modernen Industriegesellschaft. Diesen gesamtgesellschaftlichen Wandlungsprozess nimmt Drews hier wahr und deutet ihn als Verlust gesellschaftlicher Integration.

Einen besonderen Stellenwert misst Drews' dem *bäuerlichen Milieu* bei, welches er als relativ homogen wahrnimmt.[75] Der Prozess der Entkirchlichung ist bei dieser Bevölkerungsgruppe noch nicht so deutlich vorangeschritten wie es beispielsweise bei den Arbeitern der Fall ist. Für Drews präsentiert sich der Beruf des Bauern als ein ehrbarer. Die Solidarität der Dorfgemeinschaft schützt den einzelnen vor sozialem Abstieg. Und doch – darin sieht Drews das Hauptproblem – wird diese Bevölkerungsgruppe von den Gebildeten despektierlich behandelt. Den Grund dafür sieht Drews darin, dass sie diese Bevölkerungsschicht eigentlich gar nicht persönlich kennen.[76]

Mit diesen Äußerungen zum Landvolk verfestigt sich der bereits gewonnene Eindruck, dass Drews' soziales Programm dem Grunde nach gesellschaftliche Integration aller sozialen Gruppen fordert. Dabei schützt im Idealfall der gesellschaftliche Zusammenhalt diejenigen Bevölkerungskreise, die moralisch und materiell gefährdet sind. Die anderen Milieus ermahnen sich gegenseitig durch gelebte Solidarität zur Integrität. Jede Berufsgruppe – eine Ausnahme davon bilden die Fabrikarbeiter – verfügt durch ihr Berufsethos über ein eigenes moralisches Potenzial. Indem die verschiedenen Be-

---

74 Vgl. MHV, 23f.

75 Vgl. MAV, 142.

76 Drews bezieht sich dabei auf die Besprechung des französischen Romans *La Terre* (vgl. ÉMILE ZOLA, La terre, Paris 1887) in der Nationalzeitung. Der Rezensent geht darin davon aus, dass dieser Roman über das französische Bauernleben auch die deutsche Literatur inspirieren könnte. Gegen die negativ gefärbte Darstellung Zolas, von der Drews aus der Rezension erfährt, erhebt er vehement Einspruch. Ebenfalls spricht sich Drews in seinem späteren Artikel *Zur Psychologie des Bauerntums* (1906) gegen die Stilisierung des Bauerntums als unverdorbene »mittelalterliche Volksschicht« (PAUL DREWS, Zur Psychologie des Bauerntums, in: MkiPr 6, 1906, 20- 30; 69-74, hier 25) aus.

rufsgruppen die jeweils andere Gruppe an ihren Ressourcen teilhaben ließe, könnte das moralische Manko der Arbeiter ausgeglichen werden. Das Bindemittel, welches die einzelnen Bevölkerungsgruppen aneinander schweißt, ist dabei das Christentum mit seinem Werte- und Normensystem. Der Prozess der Entkirchlichung gefährdet deshalb die gesellschaftliche Integration, die soziale Frage aus ethischer Perspektive ist auch ein Effekt dieser Entwicklungen. Nach Ansicht Drews' liegt die Verantwortung dafür aber beinahe ausschließlich bei den Gebildeten[77]

Drews kritische Anmerkungen zur Rolle der oberen gesellschaftlichen Schichten lassen darauf schließen, dass diese für ihn augenscheinlich den Weg zur Besserung der sozialen Lage großer Teile der Bevölkerung versperren. Während Drews die antichristliche Haltung der Gebildeten daran festmacht, dass sie sich scheinbar ihrer christlichen Liebespflichten[78] entziehen, deutet sich darin unter heutigen Gesichtspunkten an, dass selbst die gebildeten Kreise, die zur primären Bezugsgruppe des Christentums gehören, christliche Normen und Werte für sich nicht mehr als gültig erachten. Auch wenn Drews diese Erkenntnis nicht in aller Deutlichkeit kommuniziert, ist sie seinen Erwägungen dennoch abzuspüren. Dabei zeigt sich, dass die von ihm beschriebenen Verhältnisse und Krisenerscheinungen auch als Anzeichen der Individualisierung einer modernen Industriegesellschaft verstanden werden können. Ein Schulterschluss mit dem christlichen Wertesystem ist für die Salonkultur keine Notwendigkeit mehr. In gewisser Weise zeigt sich für Drews in Form der Salonkultur und der Haltung der gebildeten Kreise die Plausibilitätskrise[79] des Christentums.

Was ergibt sich nun daraus für unser Erkenntnisinteresse? Es hat sich gezeigt, dass Drews' soziales Programm von dem Ideal einer christlichen Kultur, die alle Gesellschaftsschichten umspannt und eint, geleitet wird. Drews' Gegenwart stellt sich ihm allerdings so dar, dass diese christliche Kultur auf allen Ebenen bedroht ist. Der Prozess der Entkirchlichung ist bereits zu allen Bevölkerungsgruppen, sogar bis zur primären Bezugsgruppe des Christentums – den Gebildeten – vorgedrungen. Unter diesen Umständen kann der Effekt der *Entfremdung* zwischen oben und unten nicht ohne weiteres aufgehalten werden. Dieser zeigt sich darin, dass die Gebildeten keinen Begriff mehr vom Denken, Fühlen und den Bedürfnissen der anderen Bevölkerungsschichten haben. Unkenntnis und Kontaktlosigkeit führen dazu, dass Stereotype ungerechterweise zur Beurteilung der Anderen herangezogen werden, wodurch dem Auseinanderdriften der Bevölkerungskreise weiter Vorschub geleistet wird.

---

77 Unter dem Begriff *Gebildete* subsumiert Drews im weitesten Sinne das Bürgertum und die besitzenden Schichten, im engeren Sinne aber auch theologisch-kirchliches Personal.

78 Vgl. EMB, 67.

79 Vgl. NIPPERDEY (1994), a.a.O., 507f.

2.2 Zweites Zwischenfazit: Drews' soziales Programm

In Drews' Erkenntnissen über die damalige Gesellschaft zeigen sich wesentliche Anknüpfungspunkte für sein späteres empirisch orientiertes Programm. Die Gesellschaft, zu deren moralischer Verbesserung er sein Programm entwirft, stellt sich für ihn als ausdifferenzierte Industriegesellschaft dar. Einzelne Gruppen, deren berufliche Tätigkeiten spezifische Lebens- und Arbeitsbedingungen mit sich bringen, werden zum Objekt seiner Überlegungen. Diese Überlegungen, die im Sprachduktus unserer Zeit auch als Milieubeschreibungen verstanden werden könnten, berücksichtigen auch sozio-kulturelle Ursachen bei der Beschreibung bestimmter gruppenspezifischer Phänomene. Für Drews steht die gesellschaftliche Ausdifferenzierung der Lebens- und Arbeitsbereiche unterschiedlicher Berufsgruppen paradigmatisch für den Effekt der Entfremdung. Es ist nicht mehr selbstverständlich, dass die verschiedenen gesellschaftlichen Gruppen voneinander Kenntnis nehmen, es haben sich regelrechte Parallelgesellschaften herausgebildet. Dabei nimmt Drews die schleichende Entkirchlichung, die allen Bevölkerungsgruppen, mal mehr und mal weniger, immanent ist, als größte Herausforderung für Kirche und Theologie wahr. Sein soziales Programm kann nur auf der Ebene einer gemeinsamen christlichen Kultur funktionieren. Hierin zeigt sich, inwiefern Kirche und Theologie nach Ansicht Drews' den Krisenerscheinungen der sozialen Frage entgegenwirken können.

Die soziale Frage als *das* theologische Topos des ausgehenden 19. Jahrhunderts evozierte eine Vielzahl von Haltungen und Strömungen. Dieses kirchlich-politische Spektrum soll im Folgenden soweit entfaltet werden, um Drews empirische Herangehensweise dazu in Beziehung setzten zu können. Anhand der kritischen Äußerungen Drews' mit diesen Strömungen wird deutlich, wie er zu den herkömmlichen Lösungsansätzen der sozialen Frage steht und was ihn dazu bewegt einen Sonderweg zu entwickeln. Dieser Weg führt Drews letztendlich zu der Etablierung eines empirisch-theologischen Programms. Die einzelnen Zwischenschritte dieser Entwicklung sind bisher jedoch noch relativ unklar. Die Rekonstruktion des von Drews vorgesehenen Weges vor dem Hintergrund der zeitgenössischen kirchlich-politischen Möglichkeiten leistet für das Verständnis dieser Entwicklung erste Anknüpfungspunkte. Dabei drängt sich elementar die Frage auf, ob die empirische Theologie für Drews die Rolle eines verbesserten Sozialprogramms einnimmt oder ob dahinter die Entschränkung einer verengten Fragestellung der sozialen Phase zu sehen ist. Diesem Erkenntnisinteresse sind die nachfolgenden Untersuchungen verpflichtet.

3. Protestantismus und soziale Frage

Das sozial-politische Spektrum des ausgehenden 19. Jahrhunderts gestaltet sich äußerst vielschichtig, und nicht weniger komplex sind die kirchenpolitischen Strömungen, die sich als Nährboden für die sich formierende Parteienlandschaft erweisen. Kirche, aber auch Gesellschaft sind geprägt von vier großen sozial-moralischen Milieus: Protestantisch-konservativ, protestantisch-liberal, katholisch und sozialdemokratisch.[80] Vier Fünftel der protestantischen Pastoren können zum Lager der *Konservativen* gezählt werden. Ihre Nähe zur Obrigkeit verdankt sich theologischen, aber auch kirchenrechtlichen Begründungshorizonten. Durch die strikte Trennung der beiden Reiche ist die Möglichkeit, Kirche als Opposition zum Staat zu verstehen, faktisch nicht gegeben. Zudem ist die Kirchenverfassung obrigkeitsstaatlich determiniert, analog zu Staatsbeamten genießen Pastoren einen ähnlichen Status.[81] Aus dieser Haltung heraus wird die soziale Frage seitens der evangelischen Kirche vorwiegend als Abkehr von Religion und moralischer Ordnung gedeutet. In den Predigten wird der Klassenkampf als Sozialneid bagatellisiert, dem eine asketische Lebensführung sowie die Hoffnung auf das Jenseits als Alternative entgegengesetzt werden.[82]

Dem pietistisch-orthodoxen Protestantismus steht der *liberale* polarisierend gegenüber. Getragen wird der moderne Protestantismus vorwiegend vom liberal-protestantischen Bildungsbürgertum.[83] Der 1863 gegründete Protestantenverein stellt hierbei diejenige Gruppe dar, die, angeregt durch den nationalen und liberalen Enthusiasmus der Zeit, »eine Erneuerung der protestantischen Kirche im Geiste evangelischer Freiheit und im Einklang mit der

---

[80] CLAUDIA LEPP, Protestantisch-Liberaler Aufbruch in die Moderne. Der deutsche Protestantenverein in der Zeit der Reichsgründung und des Kulturkampfes, Gütersloh 1996, 18. Traugott Jähnichen wählt stattdessen eine andere Typologie sozialpolitischer Positionen: sozialpatriarchalisch, sozialdiakonisch, sozialkonservativ und sozialliberal, vgl. hierzu TRAUGOTT JÄHNICHEN, Protestantismus und soziale Frage im 19. Jahrhundert, in: WILHELM GRÄB/BIRGIT WEYEL [Hrsg.], Praktische Theologie und protestantische Kultur, Gütersloh 2002, 135–150. Einen dezidierten Überblick über Gesellschaft und Frömmigkeit des Kaiserreichs liefert THOMAS NIPPERDEY, Religion und Gesellschaft. Deutschland um 1900, in: HZ 246, 1988, 591–615; Ders., Deutsche Geschichte 1866–1918. 1. Bd., Arbeitswelt und Bürgergeist, München 1994, 428–530.

[81] Vgl. NIPPERDEY (1988), a.a.O., 598.

[82] Vgl. NIPPERDEY (1994), a.a.O., 495. Über die Grundhaltung der landesherrlichen Kirchenregimente und die Beschlüsse des evangelischen Oberkirchenrates informiert KLAUS ERICH POLLMANN, Landesherrliches Kirchenregiment und soziale Frage, Berlin 1973. Vgl. hierzu auch GÜNTER BRAKELMANN/KLAUS PETERS, Kirche, soziale Frage und Sozialismus, Gütersloh 1977, 10–49 sowie WEHLER, a.a.O., 1173–1181. Gegen Wehlers Deutungsmuster von »Thron und Altar« spricht sich allerdings Dietmar von Reeken aus. Nach von Reeken gilt es die Beziehungen zwischen Kirche und Staat auf beiderseitige Vorteile eines partnerschaftlichen Verhältnisses hin zu untersuchen und nicht von vornherein von einer strikten Trennung und einem einseitigen Abhängigkeitsverhältnisses auszugehen, vgl. hierzu DIETMAR VON REEKEN, Protestantische Kirche und Staat. Anmerkungen zum Stand und zu den Perspektiven der Forschung, in: Praktische Theologie, WILHELM GRÄB/BIRGIT WEYEL [Hrsg.], Praktische Theologie und protestantische Kultur, Gütersloh 2002, 128–134, hier 128.

[83] Vgl. GANGOLF HÜBINGER, Kulturprotestantismus und Politik. Zum Verhältnis von Liberalismus und Protestantismus im wilhelminischen Deutschland, Tübingen 1994, 7.

gesamten Kulturentwicklung unserer Zeit«[84] herbeiführen will. Die Anhänger des Protestantenvereins und der Personenkreis der 1887 erstmals erschienenen Zeitschrift Die *Christliche Welt*[85] wirken maßgeblich auf Frömmigkeit, Kultur und Politik der bürgerlichen Gesellschaft des Kaiserreiches ein. Diese Richtung, die mit der theologischen Chiffre Kulturprotestantismus[86] mehr schlecht als recht umschrieben werden kann, hat ihre ideellen Grundlagen in der Theologie Ritschls und der Ritschlianer. Die 1903 gegründete Vereinigung *Der Freunde der christlichen Welt*, in deren Personenkreis auch Paul Drews einzuordnen ist, tritt zunehmend als Kritiker des politischen und kirchlichen Liberalismus in Erscheinung. Ihr Vorwurf an den *Protestantenverein* beläuft sich darauf, dass der Verein kein Interesse an der sozialen Frage habe und stattdessen zuversichtlich auf die positive Wirkung der Zivilisation setze.[87]

Der Umgang mit der sozialen Frage ist für den Protestantismus von jeher nicht unproblematisch. Politisches Engagement bleibt Pastoren jeglicher Richtungen bis 1890 aufgrund des Zirkularerlasses des Evangelischen Oberkirchenrates[88] sogar ausdrücklich verboten. Erst im Januar 1890, mit Abschaffung des Sozialistengesetzes durch den Deutschen Reichstag, fordert der Evangelische Oberkirchenrat die Pastoren dazu auf, sich der Arbeiterfrage zuzuwenden. Im Mai desselben Jahres wird der *Evangelisch-Soziale Kongreß* unter Mitwirkung des Hofpredigers Adolf Stoecker (1835–1909), des Vorstehers evangelischer Arbeitervereine Ludwig Weber (1846–1922) und des Professors für Nationalökonomie Adolf Wagner (1835–1917) gegründet. Dieses Forum aller protestantisch-theologischen Richtungen ermöglicht eine konzentrierte Auseinandersetzung mit dem Phänomen der massenhaften inneren wie äußeren Abkehr von der Kirche und der Hinwendung zu sozialdemokratischer Geisteshaltung. Entscheidende Impulse zur Etablierung einer evangelisch-sozialen Bewegung werden durch einzelne Persönlichkeiten wie Johann Hinrich Wichern (1808–1881), Viktor Aimé Huber (1800–1869) und Rudolph Todt (1837-1887) schon vor der Gründung des Kongresses gesetzt. Ersterer

---

84 DEUTSCHER PROTESTANTENVEREIN, Der allgemeine deutsche Protestantenverein in seinen Statuten, den Ansprachen seines engeren, weiteren und geschäftsführenden Ausschusses und den Thesen seiner Hauptversammlung 1865–1888, Berlin 1889, 1.

85 *Die Christliche Welt*, die als Kommunikationsinstanz für die evangelisch-deutschen Bildungsschichten fungierte, hatte die Absicht für ihre christlich-sozialen Belange eine breite Öffentlichkeit zu sensibilisieren. Viele kleine Programmschriften Drews' können durch diese Kulturzeitung öffentlich wahrgenommen werden. Zur *Christlichen Welt* vgl. REINHARD SCHMIDT-ROST, Die Christliche Welt. Eine publizistische Gestalt des Kulturprotestantismus, in: HANS MARTIN MÜLLER [Hrsg.], Kulturprotestantismus, Gütersloh 1992, 245–257 sowie KOURI, a.a.O., 147–194.

86 Die Problematik der Fremd- bzw. Kampfbezeichnung Kulturprotestantismus thematisiert Friedrich Wilhelm Graf, vgl. hierzu GRAF, theologischen Chiffre, 21–77.

87 Vgl. GRAF (1990), a.a.O., 234.

88 Der EOK Zirkularerlass von 1877 entspricht inhaltlich einem Erlass aus dem Jahre 1863, vgl. GÜNTER BRAKELMANN/KLAUS PETERS, a.a.O., 14. Ein Abdruck des Erlasses findet sich auf den Seiten 66–71.

versucht, aus dem Gefühl christlicher Verantwortlichkeit heraus mithilfe der *Inneren Mission* der sozialen Not breiter Bevölkerungskreise durch den Aufbau von Heimstätten und karitativen Einrichtungen Abhilfe zu schaffen.[89]

Nachdem das sozial-politische Tableau knapp abgesteckt wurde, kann untersucht werden, wie Drews die unterschiedlichen politischen und protestantischen Möglichkeiten des Umgangs mit der sozialen Frage wahrnimmt. Seine Beurteilung dieser politischen und kirchlichen Bemühungen wird es ermöglichen, die Besonderheit zu erkennen, von der sein eigenes Erkenntnisinteresse geleitet wird.

3.1 Drews' Haltung zur staatlichen Sozialpolitik

In protestantisch-konservativen Kreisen wird der Staat für die Behebung der gesellschaftlichen Krisenerscheinungen zum Hauptakteur erklärt. Die Wirksamkeit staatlicher Interventionsmöglichkeiten wird von Drews allerdings etwas differenzierter gesehen. Inwiefern staatliche Sozialpolitik dem Abhilfe schaffen kann, was Drews als soziale Frage wahrnimmt, soll nachfolgend untersucht werden.

> »Und ›der Staat muß helfen‹, fassen die anderen ein, ja der Staat vor allem! Erwartungsvoll richten sich die Blicke auf zu diesem großen ›Etwas‹, das wir Staat nennen. Wie ein erlösendes Wort klang vielen die berühmte kaiserliche Botschaft, der Bismarck im Reichstage das Wort hinzufügte: ›Der Staat muß praktisches Christentum treiben!‹ Erwartungsvoll richten sich die Blicke auf die ›Sozialreform‹ und sind noch darauf gerichtet.«[90]

Aus dem Zitat geht hervor, dass Drews Sozialreformen durch den Staat begrüßt und erwartet, denn nur sie könnten die volkswirtschaftliche Lage der Arbeiterschaft verbessern. Dennoch deutet sich in diesem Zitat bereits an, dass der Staat als unpersönliche Institution die »brüderliche, persönliche Teilnahme der Habenden an den Nichthabenden«[91] nicht leisten kann. Andere gemeinnützige Bestrebungen in Form von Vereinen, Krankenkassen, Schenkungen und Stiftungen existieren zwar bereits, haben jedoch ihre einschlägige Wirkung, nach Ansicht Drews' verfehlt. »Das wahrhaft Wirkende sind auch hier, wie überall in der Welt sonst, nicht die Institutionen, sondern die Personen.«[92]

Zudem knüpfe sich an Wohltätigkeitsinstitutionen ein weiteres Problem an. Durch das Zahlen von Steuern und Spenden sehen sich viele Bürger von ihrer persönlichen Pflicht zu helfen befreit. Drews sieht darin ein ›sich Frei-

---

[89] Über die Anfänge der christlich sozialen Bewegung informiert Braklemann (1981), a.a.O., 111–162. Ausführliche Ausführungen zu Wichern bietet Stephan Sturm, a.a.O., 44–90.

[90] MLV, 36. »Auf die segensvollen Früchte dieser Staatseingriffe warten und hoffen wir« (ders., ZSF, 734).

[91] Jeremias Gotthelf zit. n. Drews, MLV, 36.

[92] Ebd.

kaufen‹ von der Verantwortung gegenüber den Benachteiligten und verurteilt dies aufs Schärfste, indem er dies mit dem mittelalterlichen Ablasshandel vergleicht. Eine auf solche Art betriebene Wohlfahrt erzeuge Abhängigkeit und verletze das sensible Ehrgefühl des Volkes.[93]

Auch wenn die Sozialgesetzgebung in Drews' Augen einen gelungenen Versuch darstellt, auf die Bedürfnisse der Menschen in wohlwollender Weise einzugehen, wird diese Handreichung des Staates, im Sinne eines praktisch betriebenen Christentums, nicht anerkannt. Den Grund dafür sieht Drews darin, dass das Verhältnis zwischen Arbeitern und Staat nachhaltig gestört ist.

Vom Staat erlassene Steuern zur Wohlfahrtspflege sind für Drews von immenser Wichtigkeit, um das bestehende Netz an Hilfsleistungen zu erhalten und auszuweiten. Allerdings gehe von diesen staatlich initiierten Abgaben auch eine Gefahr aus. Sie suggerierten den Gebern, namentlich den ›Gebildeten‹, ihren Beitrag zur Verbesserung der sozialen Lage der Arbeiter bereits geleistet zu haben. Eine reihenweise Einstellungsänderung der ›Gebildeten‹ ist nach Ansicht Drews' unbedingt erstrebenswert. Indem sich Drews' soziales Programm mit der appellativen Forderung nach *Liebe* und *Achtung* realisieren ließe, wäre ein größerer Wirkungsbereich garantiert. Die Wirksamkeit staatlicher Sozialpolitik kann nämlich nach Ansicht Drews nicht so weitläufig und mehrdimensional sein wie eine gemeinsame christliche Kultur als gesamtgesellschaftliche Ressource. Die sozialdemokratische Bewegung hingegen profitiere bereits von gemeinschaftsstiftenden Idealen. Hierin sieht Drews den Grund für den großen Zulauf, den sozialdemokratische Vereinigungen zu verzeichnen haben. Deshalb soll nun im Folgenden Drews' Verhältnis zur damaligen Sozialdemokratie thematisiert werden, damit abgewogen werden kann, welche Rolle er dieser politischen Strömung bei der Linderung sozialer Not beimisst.

3.2 Drews Haltung zur Sozialdemokratie

Die monarchisch-staatliche Politik und ihre passive Haltung in Hinblick auf die soziale Frage ruft die Sozialdemokratie oppositionell auf den Plan. Aufgrund des Verhältnisses von Kirche und Staat und dem atheistischen Grundcharakter der Sozialdemokratie polemisieren insbesondere kirchliche Amtsträger gegen diese gesellschafts-politische Geisteshaltung.[94]

Drews knüpft an die gängige Polemik gegen die Sozialdemokratie nicht an. Er billigt der Sozialdemokratie sogar einen »sittlichen Kern« zu, der sich der Anerkennung und Beachtung verdient gemacht hat. Das gesteigerte Selbstwertgefühl der Arbeiter resultiere aber nicht direkt aus der Sozialdemokratie, sondern nähre sich aus dem wachsenden Bildungsniveau der Arbeiter, dem allgemeinen Wahlrecht und der Gleichheit vor dem Gesetz. Daraus er-

---

93 Vgl. MLV, 37.

94 Vgl. JOHANNES KANDEL, Evangelische Christen und sozialistische Arbeiterbewegung, in: FRANK VON AUER/FRANZ SEGBERS [Hrsg.], Sozialer Protestantismus und Gewerkschaftsbewegung, 53–77, bes. 57–67.

wachse der Wunsch nach Selbstständigkeit, was von der Sozialdemokratie aufgenommen und umgesetzt würde. Sie macht sich stark für die Rechte der Arbeiter, wobei sie die Bedürfnisse der Arbeiterschaft kennt, ernst nimmt und – wo es ihr möglich ist – befriedigt. Sozialdemokratische Vereine sind den kirchlichen und staatlichen Institutionen darin überlegen und bilden zudem gemeinde- bzw. bruderschaftsanaloge Strukturen aus.[95] In den Idealen der Sozialdemokratie sieht Drews partiell auch christliche Paradigmen erfüllt, weshalb er feststellt, dass auch in einem kirchenfernen, sogar kirchenfeindlichen Umfeld »christliche Charaktere« heranreifen können.[96] Im Streben der Arbeiterbewegung nach Gleichberechtigung sieht Drews die Achtung der Menschenwürde auf der Grundlage der Ebenbildlichkeit Gottes berührt. Der eigentliche Feind von Kirche und Christentum kann also nicht die atheistische Sozialdemokratie sein. Ihr kann nicht zur Last gelegt werden, dass sie die »Hebung des 4. Standes«[97] befördern will, sondern lediglich das Wie. Der ›Klassenhass‹, der durch die Sozialdemokratie geschürt würde, erweist sich nämlich in den Augen Drews' als problematisch und gefährlich. Aufgrund des unpersönlichen und undifferenzierten Hasses gegen die andere Klasse wird die Sozialdemokratie letzten Endes nicht zur Erlangung sozialen Friedens beitragen können, da ihre Bemühungen auf eine Revolution hinauslaufen. Dabei wird jegliches gewaltsames Vorgehen von Drews vehement abgelehnt. Die Stärke der Nation sieht Drews nämlich in der Einigkeit der Menschen. Soziale Einigung wird von ihm unter der Devise: »Patriotismus des Friedens«[98] subsumiert.[99] Deshalb muss der Dialog zwischen Kirche und Sozialdemokratie besonnen und unpolemisch geführt werden.[100] Zudem geht Drews fest davon aus, dass ein zufriedener Arbeiter keinen Drang dazu verspürt, sich der sozialdemokratischen Bewegung zu verschreiben.[101]

Drews vorurteilsfreie Auseinandersetzung mit sozial-demokratischen Anliegen und den Strukturen, die daraus resultieren, lässt ihn erkennen, dass

---

95 Vgl. MHV, 44.

96 Vgl. KZHC, 11.

97 MHV, 6.

98 MHV, 11.

99 Drews hat hier die Sozialgeschichte Englands als Paradebeispiel für Deutschland vor Augen. Der Weg einer Revolution konnte in England zu Gunsten einer wirkungsvollen Arbeiterschutzgesetzgebung umgangen werden. Die Belange der Arbeiter fanden im Parlament aber überhaupt erst Gehör, durch das Engagement sozialer Bewegungen. Der eigentliche sozial-politische Umbruch Englands wird – aus Sicht Drews' – dadurch eingeleitet, dass ausgehend von den oberen Schichten ein Umschwung im Denken und Empfinden der ganzen Nation eingesetzt hat. Im Bewusstsein eine Nation zu sein, vollzieht sich ein Wandel in der Beurteilung der Arbeiter. Sie werden nicht mehr als Ware gesehen, sondern als Mitglieder der eigenen Nation. Dieses kollektive Nationalgefühl bewirkt aber auch, dass Kultur, Religion und Wissenschaft der oberen Klasse von der Unteren nicht mehr bekämpft werden, da sie diese Güter auch als ihre eignen anerkennt (Vgl. ZF, 763).

100 Vgl. MHV, 11.

101 Vgl. EMB, 68.

die gesellschaftlichen und politischen Emanzipationsbestrebungen der Arbeiter durchaus nachvollziehbar sind. Dennoch ist es nicht sein Anliegen, die Arbeiter in politische Mitbestimmungsprozesse zu integrieren. In seiner Idealvorstellung wäre die sozialdemokratische Opposition in dem Moment obsolet, da das Wohlergehen der Arbeiter zur Angelegenheit der gesamten Bevölkerung erwachsen wäre. Die sozialdemokratische Bewegung überlebe sich selbst, ihre Bekämpfung wirke somit eher kontraproduktiv, da diese dem christlichen Liebeshandeln im Weg stehen würde, wäre jegliche revolutionäre Gefahr ohnehin schon gebannt.

Dass die sozialdemokratische Bewegung überhaupt Konjunktur habe, sei nicht zuletzt auch Schuld der Kirche, denn die Sozialdemokratie kompensiere lediglich Bedürfnisse, die Kirche und Christentum nicht mehr bedienen können. Obwohl das Christentum gemeinschaftsstiftende Kraft besitze, schaffe es die Kirche nicht, dieses Potenzial auszuschöpfen. Worin die Gründe für die sich hier zeigende Entkirchlichung nach Maßgabe Drews' liegen, soll im Folgenden geklärt werden.

3.3 Die Verantwortung der Kirche hinsichtlich der sozialen Frage

Drews versteht die Kirche »als Wächterin des christlichen Gewissens«.[102] In dieser Funktion obliegt ihr die Aufgabe, Ungerechtigkeit anzuzeigen und zu verurteilen. Als das kapitalistische Streben nach Gewinnmaximierung von einigen Teilen der Bevölkerung in einem Maße Besitz ergriff, dass für sie die Grundsätze des Evangeliums aufgehoben schienen, schwieg die Kirche jedoch. Durch diese Haltung – so die Beurteilung Drews' – hätten Kirche und Christentum besonders für die Arbeiter, die am stärksten von dieser Ausbeutung betroffen waren, an Glaubwürdigkeit verloren. Indem die bestehenden Verhältnisse von kirchlicher Seite in gewisser Weise hingenommen und die unverschuldet Verarmten stattdessen in den Predigten mit Aufrufen zur Bescheidenheit diffamiert wurden, habe die Kirche eindeutig Partei ergriffen. Ihre eigenen christlichen Normen von der Gleichheit des Menschen und der Unterstützung der Schwachen habe die Kirche somit ad absurdum geführt. Beim Volk entstand deshalb der Eindruck, dass es mit den von der Kirche proklamierten christlichen Maßstäben keinerlei Bewandtnis mehr hätte. Drews stellt zudem heraus, dass die Kirche die realen Verhältnisse nicht hätte ändern können, aber – hierfür bemüht er das Bild eines alttestamtlichen Propheten – sie hätte gegen diese soziale Ungerechtigkeit Einspruch erheben müssen. Den Grund dafür, dass dem Atheismus zum Beispiel durch die sozialdemokratische Bewegung Tür und Tor geöffnet werden konnte, sieht Drews folgendermaßen:

> »Wir haben von einem barmherzigen, gnädigen Gott gepredigt, aber wir haben unterlassen, unserem Volke klar und rund zu sagen, daß Verhältnisse, unter denen das Menschenleben wie nichts geachtet wird, nicht Verhältnisse sind, die Gott

[102] KZHC, 12.

will, geschweige gemacht hat, sondern daß der Wille unsers gnädigen Gottes ein ganz anderer ist. Wir haben uns nicht in die Seele unserer Brüder versetzt, haben uns nicht klar gemacht, wie unendlich schwer es ist, an einen gütigen Gott zu glauben, der jedes Einzelnen sich väterlich annehme, und doch unter Verhältnissen zu leben, die dem schroff widersprechen.«[103]

Die Aufgabe der Kirche bestehe nun also vornehmlich darin, die Unrechtsverhältnisse aufzudecken und sie als unchristliche und von menschlichem Egoismus erzeugte Systeme zu enttarnen. Hierdurch könne dem Unglauben Einhalt geboten werden. Und auch der Grund des bisherigen Fehlverhaltens der Kirche wird von Drews klar benannt. Es ist nicht die »Herzenshärtigkeit«, sondern die »Furcht vor Aergernis«[104], welche die Kirche dazu bewege, ihren Protest nicht zu erheben.

Was ist nun von dieser Einschätzung zu halten? Die von Drews beschriebene protestantische Position entspricht der Haltung der Kirchenleitungen der Landeskirchen, dem so genannten Mehrheitsprotestantismus.[105] Liest man den Tugendkatalog der obersten Kirchenbehörde, demnach »Gottesfurcht, Gemeinsinn, Zucht, Mäßigkeit, Fleiß und Sparsamkeit«[106] gepflegt werden sollen, wird deutlich, dass darin auch durchaus Werte angesprochen sind, die Drews vehement proklamiert. Grundsätzlich grenzt sich Drews also von dem an die Kirche ergehenden Erziehungsauftrag, christliche Untertanen zu formen, nicht ab.[107] Stattdessen soll nach Meinung Drews die Institution Kirche zu mehr sozialer Achtsamkeit aufrufen und die Besitzenden – ganz im Sinne seines sozialen Programms – zu mehr Menschlichkeit im Umgang mit dem Volk ermahnen.

Ein weiterer Punkt, in dem Drews klar gesehen hat, ist die falsche Ursachenanalyse der kirchlichen Kreise. Hier zeige sich in den Krisensymptomen – Abwendung vom Christentum, Streben nach Demokratie, Forderung nach materiellem Auskommen – der Abfall von Gott und die Hinwendung zur »Sünde«.[108]

Treten wir einmal einen Schritt zurück. Für Drews zeigt sich das Kernproblem des Entkirchlichungsprozesses in Hinblick auf die soziale Frage darin, dass Christentum und christliche Kultur ihre Wirkung nicht entfalten können. Durch die abnehmende Kirchlichkeit wiederum könne die schwindende moralische Integrität nicht abgefangen werden, wodurch die charakterbildende Kraft des Evangeliums – so Drews – nicht entfaltet werden kann. Die moralische Not muss sich daraufhin weiter verschlechtern. Ein Teufelskreis,

---

103 KZHC, 12f.

104 KZHC, 15.

105 Zum Verhältnis Kirche und soziale Frage vgl. BRAKELMANN (1977), a.a.O., Kirche, 10–48; Ders. (1981), a.a.O., 111–193; KLAUS ERICH POLLMANN, a.a.O. sowie MARTIN H. JUNG, Der Protestantismus in Deutschland 1870–1945, Leipzig 2002, 64–75.

106 BRAKELMANN (1977), a.a.O., 24.

107 Vgl. BRAKELMANN (1977), a.a.O., 45.

108 Vgl. BRAKELMANN (1977), a.a.O., 18.

der in gewisser Weise – so die Ansicht Drews – von der Kirche selbst mitverschuldet ist. Ihre theologische (Fehl)Deutung sozialer Prozesse bedient zudem jenen Teufelskreis immer wieder aufs Neue, indem sie die Abkehr von Kirche und Christentum provoziert. Für Drews steht deshalb fest, dass nur die Kirche diesen Teufelskreis durchbrechen kann, indem sie von ihrer bisherigen Haltung ablässt.

Darüber, wie sich die Kirche zur sozialen Frage positionieren soll, bestehen verschiedene protestantische Auffassungen, welche auch von Drews diskutiert und auf ihre Wirksamkeit hin untersucht werden. Im Folgenden sollen diese Äußerungen Drews' zu Johann Hinrich Wichern (1808–1881) und der Inneren Mission sowie Friedrich Naumann (1860–1919) und seinem politischen Weg untersuchen. Dadurch wird deutlich werden, warum sich Drews für einen anderes Vorgehen entschieden hat.

3.3.1 Johann Hinrich Wichern und der evangelisch-soziale Gedanke

Wicherns Ansatz, der sich mit der Arbeit der *Inneren Mission* verwirklicht, ist karitativ ausgerichtet. Man könnte glauben, dass die konkreten Hilfsangebote der verschiedenen Arbeitsstellen der Inneren Mission Drews' Forderungen nach persönlicher Teilhabe an den Belangen der Notleidenden grundsätzlich Folge leisten. Anhand seiner Äußerungen zur Sache wird aber deutlich, dass die Form der Wohlfahrtspflege, wie sie von der Inneren Mission betrieben wird, im Angesicht der gegenwärtigen Krisenlage nicht vollständig überzeugen kann.

Die Innere Mission unter Anleitung Johann Hinrich Wicherns leistet in Drews' Augen Entscheidendes zur Bekämpfung der Auswirkungen der sozialen Probleme.[109] Neben Drews' grundsätzlicher Kritik an der evangelischen Kirche wird die Arbeit der Inneren Mission von ihm jedoch bewundernd wahrgenommen.[110] In Wichern sieht er den Urheber der *christlich-sozialen Bewegung*. Ihren sozialen Charakter findet diese Bewegung nach Drews darin, dass sie die Notlage breiter Bevölkerungskreise in den Blick nimmt und dem Volk zugesteht, dass ein gewisser wirtschaftlicher und gesellschaftlicher Standard gegeben sein muss, damit christliche Erziehung gelingen kann. Wicherns Leistung sieht er zunächst darin, dass sich dieser von individuellen Problemen Einzelner löst und sich der Masse der Bevölkerung in ihrer Not zuwendet. Des Weiteren begrüßt Drews, dass Wichern die christliche Liebes-

---

[109] Sekundärliteratur zu Wichern bieten STURM, a.a.O., 44–90 sowie BRAKELMANN (1991), a.a.O., 116–141.

[110] Drews bezieht sich bei seiner Wichernrezeption ausdrücklich nur auf *Fliegende Blätter aus dem Rauhen Hause zu Horn bei Hamburg* des Jahres 1847. Ausdrücklich zitiert er dabei folgenden Artikel JOHANN HINRICH WICHERN, Über Dilettantismus in der inneren Mission, in: Fliegende Blätter aus dem Rauhen Haus zu Horn bei Hamburg, Serie IV, 1847, 17–21 sowie Ders., Die Innere Mission der deutschen evangelischen Kirche, Hamburg 1889[3].

tätigkeit und sein damit verbundenes Programm in soziale, d.h. gesellschaftliche und wirtschaftliche Bereiche überführt.[111]

Bei der Rezeption von Wicherns Denkschrift »Die Innere Mission der deutschen Evangelischen Kirche« hebt Drews einige Punkte hervor, die sich für ihn als maßgebliche Anknüpfungspunkte zur Besserung der sozialen Lage darstellen.

> »1. Wichern entdeckt den Unterschied zwischen individueller, lokaler, persönlicher Not und dem ›Massenelend‹ leiblicher wie religiös-sittlicher Art.«[112]

Diese neue Perspektive in Hinblick auf die pauperistischen Phänomene des ausgehenden 19. Jahrhunderts führe dazu, dass vonseiten der Kirche nicht mehr die Einzelnen für die konstatierten moralischen Missstände verantwortlich gemacht werden können. Um dem Volk als Ganzen und dem Einzelnen als Teil dieses Ganzen Besserung zu verschaffen, sei eine völlige »Neugeburt der Gesellschaft« notwendig.[113]

> »2. Wichern entdeckt ferner den Zusammenhang, der zwischen äußerer und innerer, wirtschaftlicher und sittlicher Not besteht.«[114]

Aus diesem korrelativen Verhältnis von sittlicher und wirtschaftlicher Not nährt sich für Wichern der Zulauf zu Sozialismus und Kommunismus als Auswüchse einer krisengeplagten, sich nach Erlösung sehnenden Gesellschaft. Die atheistisch kommunistische Bewegung werde lediglich zum Auffangbecken der Hoffnungen des Volkes, weil die Kirche durch ihr Versagen in Bezug auf diese Hoffnungen eine Leerstelle hinterlassen habe. Die Aufgabe der Kirche müsse es sein, auf die Bedürfnisse der Menschen einzugehen, sogar derjenigen, die sich der kommunistischen Richtung verschrieben haben. Allerdings wird alles kirchliche Mühen, so Wichern, ins Leere führen, wenn von Seiten des Staates keine wirtschaftliche Reform zu erwarten ist.

> »3. Den sozialen Blick Wicherns erkenne ich endlich in der Organisation, die er seinem Werke gegeben hat.«[115]

Wicherns Vorstellung von der christlichen Liebesarbeit findet in der Vereinsform ihren Niederschlag. Dabei sollen sich auf der Gemeindeebene *Assoziationen* zusammenschließen, die durch einen Zentralausschuss miteinander verbunden sind, der nicht in bürokratischer Weise, sondern in vermittelnder Absicht in Erscheinung tritt. Durch dieses Netzwerk von Einzelvereinen wer-

---

[111] In der Tat erkennt Wichern mitunter als erster Theologe die Tragweite der sozialen Frage und zieht daraus den Schluss, dass religiös-sittliche Kräfte des Evangeliums die gesellschaftliche Genesung herbeiführen könnten, vgl. hierzu Gottfried Kretschmar, Der Evangelisch-Soziale Kongreß, Stuttgart 1972, 11.

[112] JHWB, 656.

[113] Ebd.

[114] Ebd.

[115] JHWB, 657.

de Hilfe konzentriert und könne so dem Massenelend entgegengesetzt werden.[116]

An diesen drei Punkten aus Wicherns Programm nimmt Drews Anteil und verknüpft sie mit seinem eigenen sozialen Anliegen. Neben der großen Bewunderung, die Drews Wichern entgegenbringt, gesteht er sich jedoch ein, dass die Innere Mission und letztendlich Wichern selbst den in den programmatischen Schriften eingeschlagenen Weg verlassen haben. Die individuelle Hilfeleistung für einzelne Bevölkerungsgruppen bestimme das Tagesgeschäft der Inneren Mission und auch Wichern verliere – so Drews – den Blick für die großen sozialen Zusammenhänge.[117]

Dieses Zurückfallen in individualistische Muster begründet sich für Drews aus zwei Wesenszügen der Inneren Mission: Grundsätzlich speise sich der tragende Personenkreis der Inneren Mission aus ehemals pietistisch geprägten Gruppen, was – so Drews' Vorwurf – auch für Wichern selbst zutrifft. »Das Gefühl der Sorge, mit der Welt sich zu vermischen, begleitet ihre Arbeit: Rettung Einzelner, nicht des Volkes als solchem wird die Losung.«[118] Das grundsätzliche Problem der Inneren Mission sei somit ihre Ausrichtung auf individualistische Hilfsangebote. Damit wird von Drews' Grundannahme, dass die soziale Frage ein gesamtgesellschaftliches Phänomen ist, Abstand genommen. An Stelle der moralischen Not einer ganzen Bevölkerungsgruppe wird lediglich die materielle Not Einzelner bekämpft. Zusätzlich sei auch in der Kirche eine *»manchesterliche Anschauung«*[119] wirksam, die dazu beitrug, dass die Innere Mission schon in ihrer Etablierungsphase durch kapitalistische Paradigmen geleitet wurde. Dadurch ist es nur schwerlich möglich, eine Einstellungsänderung, die die soziale Frage als gesellschaftliches Phänomen erfasst, herbeizuführen.[120]

Drews' Beurteilung Wicherns und der Inneren Mission deckt sich größten Teils mit Paul Göhres Ansichten zu Sache. Diese hatte derselbe in seinen Ausführungen zur evangelisch-sozialen Bewegung im selben Erscheinungsjahr wie Drews' Schrift dargeboten.[121] Zu Beginn seiner Ausführungen macht Drews die Anlehnung an Göhre kenntlich.[122] Drews' und Göhres Ansichten zu

---

116 Vgl. ebd.

117 Vgl. JHWB, 658f.

118 JHWB, 659.

119 JHWB, 659. Mit dem Begriff Manchester Anschauung spielt Drews auf die so genannte Herrschaft der Manchesterschule in England an. Gleichwohl beinhaltet für ihn diese ökonomische Richtung die Ausbeutung der Arbeiter zur Maximierung der Gewinne, vgl. LUJO BRENTANO, Die christlich soziale Bewegung in England, in: GUSTAV SCHMOLLER [Hrsg.], Jahrbuch für Gesetzgebung, Verwaltung und Volkswirtschaft 7, 1883, 1–70, hier 5f.

120 Vgl. JHWB, 659.

121 Vgl. PAUL GÖHRE, Die evangelisch-soziale Bewegung, Leipzig 1896, besonders Kapitel 1, Wichern und die Innere Mission, 3–6.

122 »Die nachfolgenden Ausführungen lehnen sich an einen in Weimar gehaltenen Vortrag an. Inzwischen ist das Göhresche Buch: ›Die evangelisch-soziale Bewegung‹

Wichern dokumentieren ein stückweit die Haltung der theologischen Richtung des Kulturprotestantismus' zum individualistischen Hilfsangebot der Inneren Mission. Die Einzelfallhilfe als Grund des Scheiterns der Inneren Mission ist in gewisser Weise ein kulturprotestantischer Topos. Drews' Deutung des Versagens hingegen entspringt seiner eigenen Wahrnehmung und findet sich in der Form eben nicht bei Göhre. Drews sieht die individualistische Ausrichtung in der historisch-soziologischen Genese der Inneren Mission begründet. Hierin mag die Handschrift eines Kirchenhistorikers und ausgemachten Pietismusskeptikers zu erkennen sein.

Bilanzieren wir: Das bahnbrechende Programm Wicherns verfehlt seine gesamt-gesellschaftliche Wirkung, weil es an seiner karitativ-individualistischen Engführung scheitert. Durch die Strukturen der Inneren Mission, eben dass es sich hierbei vorwiegend um Vereine zur Rettung von Jugendlichen, Witwen und Waisen handelt, kann Wicherns Programm nicht konsequent umgesetzt werden. Dennoch erachtet Drews Wicherns Ideen zur Lösung der sozialen Frage nach wie vor als äußerst wertvoll und kommt zu dem Urteil: »Wichern hat der evangelischen Kirche den sozialen Geist eingehaucht, der nicht ruhen wird, bis Wicherns große Ziele verwirklicht sind.«[123] Eine engmaschige Betreuung durch zielgruppenorientierte Wohlfahrtsvereine könne – so die zentrale Einsicht Drews – nur geringfügig wirksam sein.

3.3.2 Friedrich Naumann und die christlich-soziale Bewegung

Der karitative Zugang der Inneren Mission stellt nur *eine* Möglichkeit des protestantischen Umgangs mit der sozialen Frage dar. Die unter anderem von Wichern angeregte *christlich-soziale Bewegung* wird am 18. Mai 1890 in die Gründung des *Evangelisch-Sozialen Kongresses*[124] überführt. Im Rahmen dessen erfährt der Protestantismus eine Politisierung, wodurch sich neue Möglichkeiten des protestantischen Umgangs mit der sozialen Frage ergeben. Friedrich Naumann und seine Mitstreiter, die als Vertreter eines sozialliberalen Protestantismus gelten können, rücken fortan ins Bewusstsein, dass es die Ideen der Sozialdemokratie zu durchdringen gilt, um zu den Bedürfnissen der gesellschaftlich Benachteiligten vorzustoßen. Mit diesen Ansichten geraten sie permanent in Konflikt mit dem Mehrheitsprotestantismus, weshalb Naumann

erschienen, [...]. Es liegt kein Anlass vor meine Gedanken deshalb unausgesprochen zu lassen« (JHWB, 654).

[123] JHWB, 659.

[124] Der Hofprediger Adolf Stoecker ruft dieses Forum ins Leben, um die mannigfaltigen protestantischen Strömungen zu einen und ihren Bemühungen in Hinblick auf die soziale Frage zu größerer Effizienz zu verhelfen. Durch die objektive Auseinandersetzung mit dem Programm der Sozialdemokratie, wie sie in den Kreisen des Evangelisch-Sozialen Kongresses möglich wird, kommen Parallelen zwischen dem Neuen Testament und dem Gedankengut der Sozialdemokratie zum Vorschein. Daraus erwächst die Idee eines *christlichen Sozialismus'* als Pendant zur atheistischen Sozialdemokratie, an die Stelle des Klassenkampfes tritt die Durchsetzung von Reformen, vgl. Kretschmar, a.a.O., 7–15.

1897 das Pfarramt verlässt, um ausschließlich politisch und publizistisch tätig werden zu können.[125] Friedrich Naumann wird dabei von Drews in besonderer Weise wahrgenommen. Große Bewunderung lässt Drews Naumann aufgrund seiner sozialen Predigten zuteilwerden[126], gegen dessen politische Parteinahme hat Drews allerdings einige Bedenken vorzubringen. Anhand dieser Kritik an Naumann wird *en passant* deutlich, was Drews von der politischen Strömung des Evangelisch-Sozialen Kongresses hält und warum er glaubt, dass dieser Weg nicht zur Lösung der sozialen Frage führen kann. Zur Rekonstruktion seiner Haltung bietet sich die in der *Christlichen Welt* erschienene Rezension *Für und Wider Naumann* an, welche auf Naumanns Schrift *Was heißt Christlich-Sozial?*[127] Bezug nimmt.

In seiner Schrift legt Naumann dar, wie die Lösung der sozialen Frage, durch die Verknüpfung von sozialdemokratischen Forderungen mit biblisch-christlichen Idealen, herbeigeführt werden könnte. Dazu sei das Studium – so Naumann – von Marx *und* Christus notwendig. »Was wir von der Sozialdemokratie übernehmen müssen, ist der Gesichtspunkt: ›von unten her‹. Wir bearbeiten die soziale Frage vom Standpunkt der Bedrängten, für die Bedrängten und mit den Bedrängten. Nur so sind wir ›christlich-sozial‹.«[128] Das Marx- Studium eröffne den Zugang zur Lebenswelt der Arbeiter, also den ›Standpunkt der Bedrängten‹. Für die Forderung ›für die Bedrängten‹ soll das Leben Jesu als Vorbild genommen werden. Dabei gelte es, sich wie ein Zeitgenosse Jesu zu fühlen und zu begreifen, dass Jesus die bedingungslose Hinwendung der Reichen zu den Notleidenden fordert. Die Reichen müssen dabei fortwährend ermahnt werden, sich den Armen zuzuwenden.[129]

Grundsätzlich hegt Drews für Naumann große Bewunderung, seine These jedoch empfindet er in zweierlei Hinsicht als problematisch. Zum einen hebt Naumann, indem er Jesus nur als Parteigänger der Armen kennzeichnet, auf ein unhistorisches Jesusbild ab. Auch Jesus sucht den Kontakt zu den Wohlhabenden und wendet sich nicht nur den Besitzlosen zu. Das Bild, das Naumann von den ›Reichen‹ zeichnet, ist nach Ansicht Drews' zu undifferenziert, da sich auch Bessersituierte für die Lösung der sozialen Frage engagieren.[130]

Zum anderen sieht er in Naumanns Beschränkung auf die äußere Not des Volkes eine Engführung, die das Problem der sozialen Frage in ihrer ethischen Dimension aus dem Blick verliere.[131]

> »Wir müssen *bedingungslos* helfen [...], und zwar deshalb, weil wir die handgreifliche Erfahrung machen, daß Not fast überall ebenso die Tochter wie die Mutter

---

[125] Vgl. Jähnichen, a.a.O., 141–148.

[126] Vgl. Paul Drews, Friedrich Naumann als religiöser Schriftsteller, in: CW 16, 1902, 1131–1134.

[127] Vgl. Friedrich Naumann, Was heißt christlich-sozial?, Leipzig 1894.

[128] Naumann, a.a.O., 6.

[129] Vgl. FWN, 468f.

[130] Vgl. FWN, 470.

[131] Vgl. ebd.

der Sünde ist, zumal Notstände, die deutlich als Folge fremder Sünde empfunden werden. Hier liegt die Gefahr, die Seele zu verderben, mit doppelter Stärke im Hinterhalt. Dies aber, so sind wir überzeugt, ist ganz besonders der Fall bei den sogenannten sozialen Schäden, unter denen eine ganze Klasse leidet. Hier wird Abhilfe doppelte Christenpflicht. Das also ist unser Ausgangspunkt aller sozialen Arbeit: Not schafft Sünde, Not erschwert den Weg zum Reich Gottes, deshalb laßt uns helfen!«[132]

Die einseitige Betrachtung der sozialen Frage, die diesen Problemkomplex eindimensional als einen materiellen Notstand versteht, kann nicht in eine probate Lösung überführt werden.

Fassen wir zusammen: Anhand der Auseinandersetzung mit dem Entwurf Naumanns wird deutlich, dass eine einseitige politische Lösung nach Drews die soziale Frage nicht beantworten wird. Das politische Interventionsmittel, die Reform, kann nur die äußere, also materielle Not der Menschen bekämpfen. Die ethische Dimension der sozialen Frage wird von Reformen nicht tangiert. Die Menschen werden sich weiterhin vom Christentum abwenden und somit sich gegen eine, den christlichen Idealen verpflichtete, Lebensführung entscheiden. Die Kirche ist stattdessen also grundsätzlich vor die Herausforderung gestellt, zu erfassen, warum sich viele Menschen von Kirche und Christentum abwenden.

3.3.3 Verortung Drews' im kirchlich-politischen Spektrum seiner Zeit

Durch die bisherigen Untersuchungen kann ein klares Bild davon gewonnen werden, wie Drews die Wirksamkeit staatlicher, politischer, kirchlicher und protestantischer Ansätze zur Lösung der sozialen Frage beurteilt. Der Staat sei aufgrund seines institutionellen Charakters nicht in der Lage, die moralische Not der Menschen zu beheben. Dieses vermag auch nicht die Sozialdemokratie, da sie durch klassenbewusste Agitation den Gegensatz zwischen Arbeitern und Besitzenden verfestige und die Arbeiter vom Christentum weiterhin fernhalte. Der konservative Mehrheitsprotestantismus, der der Position der landesherrlichen Kirchenregimente entspricht, sei nicht im Stande, das Problem der sozialen Frage anzugehen. Aufgrund einer fehlerhaften Ursachenanalyse sei es ihm darüber hinaus nicht möglich, die Abkehr der Massen vom Christentum nachzuvollziehen, aufzuhalten und somit die moralische Entwicklung des Volkes zu unterstützen. Die karitative Arbeit der Inneren Mission, die grundsätzlich das ganze moralisch bestärkende Potenzial des Christentums in sich trägt, bliebe auf der Ebene von Einzelfallhilfe stehen. Protestantisch-liberale Politik, wie sie von Naumann betrieben wird, verschreibe sich zunehmend politischen Paradigmen und verlöre dadurch den Bezug zu christlichen Grundsätzen, die einzig und allein die Linderung der moralischen Not herbeiführen könnten. Angesichts dieses – in Drews' Wahrnehmung – multip-

132 Ebd.

len Versagens verschiedener politischer und kirchlicher Systeme stellt sich die Frage nach seinem eigenen konstruktiven Zugang.

Der Schlüssel dazu liegt bereits in Drews' sozialem Programm: Es geht ihm darum, die Menschen der modernen Gegenwart und die Lebensumstände, denen sie somit ausgesetzt sind, *zu kennen*. Hierfür müssten die verschiedenen gesellschaftlichen Kreise erst wieder miteinander in Kontakt gebracht werden. Dieser Kontakt soll von christlichen Paradigmen bestimmt sein, so dass in der Sphäre der Gemeinschaft das Christentum zu neuer Stärke kommen und die gesellschaftsintegrative Kraft einer gemeinsamen christlichen Kultur über jede moralische Verunsicherung erhaben machen kann. In der Zuspitzung von Drews' Haltung auf die damaligen politischen und kirchlich-protestantischen Positionen zum Problemkomplex der sozialen Frage hat sich nun eine Akzentverschiebung gezeigt. Es geht Drews der Sache nach nicht mehr um ein ›soziales Reformprogramm‹, sondern es deutet sich seinerseits eine konsequente Hinwendung zu den Belangen des empirischen Lebens der Gegenwart an. Die Fragestellung der ›sozialen Phase‹ Drews' wird dahingehend aufgebrochen, dass die gegenwärtige Gesellschaft als solche in ihrer Ganzheit in den protestantischen Blick gerückt wird. Darin ist die elementare Forderung an die Kirche, die Ursachen für die innere und äußere Abkehr der breiten Massen vom Christentum herauszufinden, mit eingeschlossen.

Drews Nachdenken über die eigentliche Aufgabe des Protestantismus formuliert er in folgender Erkenntnis:

> »Wenn sie [die Kirche] richtig sieht, wird sie immer soziale Zustände – längst nicht als die einzige – aber als eine wesentliche Ursache erkennen. Es handelt sich nicht darum, die charakterbildende Kraft des Evangeliums zu ersetzen, sondern Hindernisse zu entfernen, die diese Kraft hemmen.«[133]

3.4 Drittes Zwischenfazit: Resümee und Ausblick

Am Ende dieses ersten Kapitels steht nun die Erkenntnis: Durch die Ausgangserfahrung der sozialen Frage drängt sich Drews die Notwendigkeit einer Hinwendung zur empirischen Gegenwart auf. Sein analytischer Blick auf die sozialen Krisenerscheinungen der Gegenwart macht es ihm möglich, die soziale Frage besonders hinsichtlich ihrer ethisch-psychologischen Dimension zu begreifen. Die moralische Gefährdung der Fabrikarbeiter bildet hierbei den Mittelpunkt seiner Betrachtungen. Die Kausalität ihrer Verfehlungen wird von Drews differenziert betrachtet und kann letzten Endes immer auf das schädigende Potenzial der Fabrikarbeit zurückgeführt werden. Durch die unmenschlichen Lebens- und Arbeitsbedingungen einerseits – und was viel schwerer wiegt – durch das fehlende christlich domestizierte Berufsethos der Fabrikarbeit andererseits, ist es den Arbeitern unmöglich, eine durch christliche Ideale geprägte Lebensführung einzuschlagen, zumal besonders die Arbeiterschaft der Kirche den Rücken kehrt.

---

133 KZHC,10.

Durch den respektvollen und anerkennenden Umgang der Bessergestellten mit den Arbeitern könnte, nach Ansicht Drews', das moralische Manko der Fabrikarbeit, so die Quintessenz seines sozialen Programms, abgefedert werden. Problematischer Weise nehmen die ›Gebildeten‹ keinerlei Anteil an den Bedürfnissen der Arbeiterschaft. Beide gesellschaftliche Schichten sind einander zu sehr entfremdet und auch bei den Gebildeten sind erste Anzeichen für eine Entkirchlichung wahrnehmbar. Eine ganz ähnliche Kontaktlosigkeit besteht auch zwischen ihnen und den übrigen Volksgruppen und die Gebildeten selber sind ebenfalls keine homogene Gruppe mehr.

Auf die Frage hin, welche gesellschaftlichen und politischen Institutionen eine Besserung der gesellschaftlichen Lage, gerade hinsichtlich ihrer ethischen Komponente, herbeiführen könnten, stellt sich die evangelische Kirche für Drews als die wirkungsvollste dar. Die Kirche jedoch nimmt die eigentlichen Ursachen, die der Abkehr von Kirche und Christentum zugrunde liegen, nicht wahr und polemisiert stattdessen gegen die atheistische Sozialdemokratie und das ›sündhafte‹ Verhalten der Bevölkerung.

Indem aber die Gründe für die Abkehr vom Christentum aus den konkreten Lebensumständen der Bevölkerung heraus aufgefunden und nachvollzogen werden könnten, wäre ein effektvolles Entgegenwirken auf die gesellschaftliche Lage möglich.

Ab 1897 zeichnet sich eine Interessenverschiebung bei Drews ab.[134] Seiner Orientierung auf das gegenwärtige Leben folgend, widmet er sich zunehmend volkskundlichen Arbeiten und setzt sich für die Etablierung einer Religiösen Volkskunde und Evangelischen Kirchenkunde im Fachbereich der praktischen Theologie ein. Das Themenfeld Kirche und Arbeiter sowie das Phänomen der gesellschaftlichen Entkirchlichung bleiben für Drews zeitlebens wichtige Arbeitsfelder.[135] Grundsätzlich werden diese Fragestellungen zu Gunsten einer strikten praktisch-theologischen Gegenwartserkenntnis ent-schrankt. Auch wenn wir nun wissen, dass Drews' ›soziale Phase‹ den Übergang zu seiner Hinwendung zur kirchlichen Gegenwart einleitet, bleiben offene Fragen bestehen. Unklar bleibt vor allem die Frage, inwiefern die Kenntnis des gegenwärtigen Lebens der fortschreitenden Entkirchlichung Einhalt gebieten kann. Inwiefern kann Drews' Programm einer empirischen Theologie kirchliche Arbeitsprozesse unterstützen und optimieren? Diesen Fragen soll im Folgenden nachgegangen werden.

---

[134] Diese Interessenverschiebung kann biographisch begründet werden. Drews nimmt ab 1894 das praktisch-theologische Lehramt in Jena auf. 1901 folgt er dann dem Ruf nach Gießen, einem Zentrum der florierenden Volkskunde, vgl. I. Einleitung, 11–19.

[135] Vgl. hierzu, PAUL DREWS, Der Einfluß der gesellschaftlichen Zustände auf das kirchliche Leben, in: ZThK 16, 1906, 41–79 sowie Ders., Die Kirche und der Arbeiterstand, in: Verhandlungen des 20. Evangelisch-sozialen Kongresses in Heilbronn, Göttingen 1909, 3–43.

III. Empirische Theologie und Hermeneutik

1. Das neue empirische Forschungsinteresse

Die vorangegangenen Ausführungen haben ergeben, dass die Wahrnehmung gesellschaftlicher Krisenerscheinungen bei Drews ein Bewusstsein dafür schuf, dass eine sozialreformatorische Einflussnahme auf die gesellschaftlichen Zustände zu erfolgen habe. Die so genannte *soziale Frage* präsentierte sich in diesem Zusammenhang als primäre Ausgangserfahrung Drews'. Während die bisherigen Arbeiten Drews' deshalb überwiegend sozialreformatorischer Färbung waren, zeichnet sich ab 1898 jedoch ein genereller inhaltlicher Umschwung in seinem theologischen Anliegen ab. Die nachfolgenden Schriften und die darin traktierten Themen zeugen von einer kontinuierlichen inhaltlichen Schwerpunktverlagerung. Greifbar wird das neue Forschungsinteresse erstmals mit dem Aufsatz *Dogmatik oder religiöse Psychologie?*[136], der 1898 in der *Zeitschrift für Theologie und Kirche* publiziert wurde. Drews' Aufsatz ist kein vollständig autonomer Beitrag, sondern ein Respons. Diesem war die Schrift Martin Schians (1869–1944) *Der Einfluß der Individualität auf Glaubensgewinnung und Glaubensgestaltung*[137] vorausgegangen.

Im Folgenden soll dieser Aufsatz und die damit verbundene Debatte hinsichtlich des neuen Forschungsinteresses Drews' untersucht werden. Da der aus dieser Diskussion hervorgehende Aufsatz Drews' in gewisser Weise eine inhaltliche Zäsur darstellt, ist er auch von der bisherigen Drewsforschung bereits marginal wahrgenommen worden. Diese Erkenntnisse können für die Erhellung der Entstehungszusammenhänge und Inhalte dieser Schrift hinzugenommen werden. Anschließend wird es möglich sein, Aussagen über dieses neue Forschungsinteresse Drews' zu treffen.

1.1 Dogmatik oder religiöse Psychologie?

Nachdem Martin Schian[138] 1892 die erste theologische Prüfung abgelegt hatte, bekleidete er zunächst, ähnlich wie Drews, ein Pfarramt in Dalkau und Gör-

---

136 Paul Drews, Dogmatik oder religiöse Psychologie?, in: ZThK 8, 1898, 134–151.

137 Martin Schian, Der Einfluß der Individualität auf Glaubensgewinnung und Glaubensgestaltung, in: ZThK 7, 1897, 513–543.

138 Eine ausführliche Darstellung über das Leben und Werk Martin Schians findet sich bei: Jan Hermelink, Organisation der volkskirchlichen Gemeinde. Martin Schian,

litz. Obwohl er erst 1906 in Breslau habilitierte, beteiligte sich auch Schian rege am praktisch-theologischen Diskurs seiner Zeit. Von diesem publizistischen Engagement zeugt auch seine Schrift *Der Einfluß der Individualität auf Glaubensgewinnung und Glaubensgestaltung* von 1897, auf die Drews schließlich 1898 Bezug nimmt. Zwischen beiden praktischen Theologen bestehen nicht nur biografische Nähen, sondern auch theologische. Sowohl Drews als auch Schian orientierten sich an der Theologie Albrecht Ritschls und Wilhelm Herrmanns. In seinem Grundanliegen unterscheidet sich Schian nicht generell von Drews, in der Diskussion der beiden wird – wie sich noch zeigen wird – lediglich die Umsetzung ihres Grundanliegens verhandelt. Schian schloss sich wenige Jahre später dem Drews'schen Projekt der *Evangelischen Kirchenkunde* an und veröffentlichte 1902 den Band für die schlesische Landeskirche.[139]

Auch in den bisherigen Forschungen zu Drews sind Darstellungen dieser Diskussion über die Rolle der religiösen Individualität im praktisch-theologischen Fächerkanon zu finden.

Eine knappe Darstellung der Debatte zwischen Schian und Drews, aus dem das Anliegen beider Theologen hervorgeht, liefert Karl Eger. Der Dreh- und Angelpunkt dieser Debatte – so macht Eger deutlich – ist die Frage, welchem theologischen Fachgebiet die Aufgabe obliegt, religiöse Individualität in den Blick zu nehmen. Während Schian die Dogmatik mit dieser Aufgabe betrauen will, sieht Drews darin eine praktisch-theologische Verpflichtung.[140]

Zur Sache äußert sich auch Wolfgang Rudolph. Dabei betont Rudolph, dass Schian entgegen herkömmlicher dogmatischer Auffassungen von der Dogmatik verlangt, dass sie die Individualität stärker zu berücksichtigen habe. Drews' Standpunkt referiert Rudolph auch in diesem Zusammenhang. Eine Berücksichtigung der religiösen Individualität durch die Dogmatik hieße für Drews, dass die Dogmatik eine andere Methode bekommen müsste und somit ihrer eigentlichen Aufgabe nicht mehr gerecht werden könnte.[141]

Auch Christian Grethlein misst der Schian-Debatte eine Bedeutung für Drews' späteres theologisches Anliegen bei. Drews habe die Ideen einer neuartigen Form der Dogmatik, die auch die religiöse Individualität berücksichtigt, übernommen, um sie dem Aufgabenbereich der Praktischen Theologie in einer Sonderdisziplin zu unterstellen.[142]

Da die inhaltliche Darstellung des Drews'schen Respons bisher nur sehr begrenzt erfolgte, sollen im Folgenden die beiden Aufsätze etwas gründlicher betrachtet werden. Dass sich mit dem Aufsatz von 1898 eine Verlagerung des Drews'schen Forschungsinteresses ankündigt, ist in der bisherigen Forsch-

---

in: CHRISTIAN GRETHLEIN/MICHAEL MEYER-BLANCK [Hrsg.], Geschichte der praktischen Theologie, Dargestellt anhand ihrer Klassiker, Leipzig 2000, 279–330.

139 Vgl. HERMELINK (2000), a.a.O., 280f.

140 Vgl. EGER, Paul Drews', 10.

141 Vgl. RUDOLPH, Paul Drews, 24f.

142 Vgl. GRETHLEIN, Tatsachen, 386.

ungsliteratur zu Drews belegt. Wie dieses neue Programm aussehen soll, ist nun textimmanent zu rekonstruieren.

Am Titel *Dogmatik oder religiöse Psychologie* verwundert, dass hier scheinbar plötzlich der Fachbereich der Systematik und eine neuartige Disziplin mit dem Namen *Religiöse Psychologie* miteinander verknüpft werden. Diese Besonderheit kann mit dem Schian'schen Beitrag zur Sache aufgelöst werden. In seinem Aufsatz von 1897 geht Schian nämlich davon aus, dass der Individualität bei der Glaubensgewinnung eine tragende Rolle zufällt. »Die Gewinnung des Glaubens ist kein Zauberakt Gottes, sondern ein psychologisch vermittelter Prozeß. Dann aber hat die Individualität Einfluß auf die Glaubensgewinnung.«[143] Seine Hauptforderung beläuft sich deshalb darauf, dass »die Dogmatik den Einfluß der Individualität bedeutend mehr als bisher zu ihrem Rechte kommen lassen«[144] müsse.[145]

Gerade an der letzten Forderung Schians nimmt Drews Anstoß. Seiner Auffassung nach entwirft die systematische Disziplin lediglich ein Idealbild des christlichen Glaubens, das Theologen zur Beurteilung gegenwärtiger Erscheinungen an die Hand gegeben werden soll. Analog dazu konstruiert die Dogmatik den Idealtypus eines fest im christlichen Glauben stehenden Menschen, wobei nicht nur tatsächlich gemachte Glaubenserfahrungen eine Rolle spielen, sondern das gesamte Spektrum der möglichen christlichen Erfahrungswelt einfließt.[146]

Der zweite Argumentationsstrang, den Drews aufgreift, verhandelt die methodische Bewerkstelligung der Schian'schen Forderung. Schian sieht die systematische Disziplin durchaus in der Lage, die Individualität zu berücksichtigen. Dieses leiste sie, indem sie den verschiedenen Individualitäten Wege zum Glauben aufzeige und Momente aufspüre, die für die individuelle Glaubensentwicklung konstitutiv sind.

In diesem Punkt sind sich Drews und Schian einig: Eine Disziplin, die diesen Anforderungen gerecht werden will, bedarf einer besonderen Methodik, sie müsste *empirisch* arbeiten.

Eine theologische Disziplin, die *empirisch* respektive *empirisch-psychologisch* arbeitet – so konstatiert Drews – »übernimmt die Aufgabe, Anweisungen zum Glauben zu geben; sie wirkt praktisch-pädagogisch.«[147] Durch diese

---

143 Schian (1897), a.a.O., 515. Schian stützt diese Aussage auf Lipsius' Dogmatik, vgl. Adelbert Richard Lipsius, Lehrbuch der evangelisch-protestantischen Dogmatik, Braunschweig 1893[3], 606.

144 Schian (1897), a.a.O., 514.

145 Schians Kritik richtet sich vornehmlich an die modernen Dogmatiker: Wilhelm Herrmann, Martin Kähler und Otto Ritschl.

146 Vgl. DP, 138. Drews untermauert diese Aussage mit Reischle, der die Individualität in der systematischen Theologie darin berücksichtigt sieht, dass die Dogmatik mit einer Idealindividualität arbeitet, vgl. Max Reischle, Der Glaube an Jesus Christus und die geschichtliche Erforschung seines Lebens, in: Hefte zur christlichen Welt 11, 1893, 1–46, 41.

147 DP, 139.

Tätigkeitsbestimmung ist für Drews endgültig der Beweis erbracht, dass eine empirisch arbeitende Dogmatik sich einer kompletten Umwandlung unterziehen müsste und daraufhin ihrer eigentlichen Aufgabe nicht mehr nachgehen kann. Die Aufgabe der Dogmatik sieht Drews nämlich folgendermaßen qualifiziert:

> »Was an Christus den Glauben weckt, das läßt sich nicht durch psychologische empirische Beobachtung des innersten Vorgangs feststellen, denn dazu fehlt die Möglichkeit, sondern allein von dem Wesen des Glaubens aus. Und umgekehrt: die Dogmatik hat, berührt sie die Entstehung des Glaubens überhaupt, dabei nicht das Interesse, uns über den psychologischen Vorgang als solchen zu orientieren, damit wir daraus allerlei praktische Anwendungen machen, sondern sie will daran das Wesen des Glaubens illustrieren.«[148]

Diejenige Disziplin, die ihren Stoff empirisch gewinnt und die daraus resultierenden Erkenntnisse in konkrete Handlungsanweisungen überführt, kann folglich nur die Praktische Theologie sein. Eine empirische Theologie vom Typ Drews' nimmt das gegenwärtige Leben in seiner Komplexität in den Blick. Ihre empirische Arbeitsweise zeichnet sich dadurch aus, dass sie Zeugnisse des gegenwärtigen Lebens in wissenschaftlich qualifizierter Weise zusammenstellt, sortiert und daraus hervorgehende Regelmäßigkeiten extrahiert. Was genau Drews unter einer empirischen Arbeitsweise versteht, geht aus seiner Aufgabenbeschreibung der Praktischen Theologie hervor:

»Denn in der That, das muß eine der Hauptaufgaben der praktischen Theologie werden, das kirchliche Leben in allen seinen Verzweigungen, seinen mannigfaltigen Ausgestaltungen und Erscheinungsformen wissenschaftlich zu erfassen und darzustellen, d.h. also, sie hat diesen ungeheuren Stoff zu sammeln, das Wesentliche vom Unwesentlichen zu sondern und den Gesetzen nach zu spüren, die dem kirchlichen Leben in seinen Ausgestaltungen zu Grunde liegen.«[149]

Mit diesem methodischen Argument glaubt Drews, Schian und die Fachwelt überzeugen zu können. Dabei übersieht Drews, dass der Angelpunkt der Debatte nicht nur methodischer, sondern vielmehr enzyklopädischer Natur ist. Schians und Drews' Erörterungen stehen hierbei exemplarisch für das breite Meinungsspektrum des damaligen dogmatisch-religionspsychologischen Diskurses. Dieser versuchte zu bestimmen, wie sich die aufkommende junge Religionspsychologie zur Dogmatik zu verhalten habe.[150]

---

[148] DP, 142.

[149] DP, 145.

[150] Eine ausführliche Darstellung dieses Diskurses findet sich bei Christian Henning, Die Funktion der Religionspsychologie in der protestantischen Theologie um 1900, in: Christian Henning/Erich Nestler [Hrsg.], Religion und Religiosität zwischen Theologie und Psychologie, Frankfurt/M 1998, 27–78. Henning unterteilt den damaligen Diskurs in die Kategorien: Religionspsychologie statt Dogmatik, Religionspsychologie neben Dogmatik, Religionspsychologie und Dogmatik, Religionspsychologie im Dienste der Dogmatik, Dogmatik im Gewand der Religionspsychologie und Religionspsycholo-

Letztendlich kommt Drews aber zu einem entscheidenden Kompromiss, nämlich, dass auch er sich von der Theologie wünscht, dass sie dem gegenwärtigen empirischen Leben Beachtung schenke. Kirchliche Amtsträger sind vor die Aufgabe gestellt, unvorbereitet mit den gegebenen religiösen Umständen umzugehen. Eine regelrechte Gefahr macht Drews in dem Versuch aus, die reale Gemeinde am Idealbild der dogmatisch konstruierten Gemeinde zu messen. Ebenso verhält es sich, wenn sich Pastoren aufgrund dieser Diskrepanz grundsätzlich von der Dogmatik lossagen. Neben beruflichem Frust der Geistlichen befürchtet Drews eine tiefgreifende »Entfremdung der Gemeinde«[151].

Bilanzieren wir: In der schriftstellerischen Auseinandersetzung mit Schian äußert Drews erstmals die Forderung nach einer *empirischen Methode*, welche auf die Praktische Theologie übertragen werden soll. In diesem Zusammenhang fällt auch der Begriff *empirisch* zum ersten Mal, den er zunächst von Schian übernimmt. Eine empirische Theologie zeichnet sich dadurch aus, dass sie die konkreten gegenwärtigen Zustände in ihren Blick nimmt und die hierfür notwendigen Informationen in wissenschaftlich gesicherter Form sammelt, erfasst und darbietet. Das neue theologische Erkenntnisinteresse, das sein sozialreformatorisches Anliegen ein stückweit ablöst, ist also die konsequente Hinwendung zum Gegenwärtigen, zur *Empirie*.

Drews entwickelt das Postulat, dass die Praktische Theologie die Aufgabe habe, dem gegenwärtigen religiösen Leben Beachtung zu schenken. Im gleichen Atemzug spricht sich Drews für eine Psychologie des religiös-sittlichen Lebens aus, die nur von der Praktischen Theologie bewerkstelligt werden kann und muss. Zu ihren Aufgaben zählt es, zu untersuchen, wie Glauben entsteht und welche Rolle dabei individuelle Dispositionen spielen.

Mit der Forderung nach einer empirisch arbeitenden Praktischen Theologie und der in diesem Fachbereich angesiedelten Religiösen Psychologie sind entscheidende Vorbedingungen für die Etablierung seiner empirisch orientierten Praktischen Theologie geschaffen. Hierin findet die Auseinandersetzung mit Schian ihren eigentlichen Wert.

Wir haben zwar gesehen, *dass* mit dieser Schrift eine Verlagerung des Drews'schen Forschungsinteresses einhergeht. Unklar bleibt dennoch die Frage, *wie* der Übergang von einem sozialreformatorischen Anliegen hin zur Etablierung eines neuen empirischen Theoriedesigns der Praktischen Theologie zu erklären ist. Dass die Praktische Theologie diejenige Disziplin ist, die

---

gie als Dogmatikersatz. Während Henning Schian zu den Theologen zählt, die einer religionspsychologischen Öffnung der Dogmatik aufgeschlossen gegenüberstehen, ordnet er Drews der Gruppe »Religionspsychologie im Dienste der Dogmatik zu«. Demnach würde Drews für eine »funktionalisierte Religionspsychologie ohne apologetischen Ton« (HENNING, a.a.O., 51) plädieren. Entgegen Henning muss jedoch festgestellt werden, dass Drews seine Religiöse Psychologie keineswegs für die Dogmatik fruchtbar machen will, sondern als Teildisziplin der praktischen Theologie verortet.

[151] DP, 144.

sich am stärksten einer empirischen Ausrichtung verpflichten kann, geht *eo ipso* aus ihrem praktischen Charakter hervor. Hinzutritt, dass der Praktischen Theologie am evidentesten die Ausbildung des kirchlichen Personals obliegt. Kirchliche Amtsträger sind diejenigen, die unmittelbar mit den kirchlichen Gegebenheiten in Kontakt kommen. Drews nimmt es als eine regelrechte Gefahr wahr, dass fehlende Kenntnisse über das konkrete religiöse Leben der Gegenwart durch dogmatische Idealbilder substituiert werden. Und auch den Umkehrschluss, demnach die dogmatischen Erkenntnisse angesichts der Diskrepanz zu den empirischen Verhältnissen gänzlich für ungültig befunden werden, beurteilt Drews als problematisch. *Entfremdung* ist dasjenige negative Phänomen, mit dem weiterhin zu rechnen sei, solange gesicherte Kenntnisse über die religiösen Verhältnisse der Gegenwart noch nicht vorliegen. Dem Phänomen der Entfremdung soll im Folgenden nachgegangen werden, um zu verstehen, inwiefern Drews' ursprüngliches sozialreformatorisches Anliegen mit seinem empirischen Programm der Praktischen Theologie in Zusammenhang gebracht werden kann.

1.2 Das Phänomen der *Entfremdung*

Das Phänomen der *Entfremdung* taucht erstmals im Zusammenhang der Drews'schen Auseinandersetzungen über die *soziale Frage* auf. *Entfremdung* präsentierte sich in diesem Zusammenhang als Beziehungslosigkeit der einzelnen Bevölkerungsgruppen untereinander. Sie ist das Ergebnis stark ausdifferenzierter gesellschaftlicher Verhältnisse, die sich darin widerspiegeln, dass die Intellektuellen und die wirtschaftlich Bessergestellten keinen Begriff haben vom Leben, Denken und Fühlen anderer Bevölkerungskreise. Auch der umgekehrte Fall ist gegeben. Die Fabrikarbeiter beispielsweise haben keinen Bezug zu den Lebensumständen ihrer Arbeitgeber. Die gesellschaftliche Pluriformität geht sogar so weit, dass Kenntnisse über die Lebens- und Gemütszustände ein- und derselben Bevölkerungsschicht nicht als selbstverständlich vorauszusetzen sind. Das Phänomen der *Entfremdung* bedroht elementar auch die Kirche. Während sich große Teile der Arbeiterschaft innerlich von der Kirche abwenden und sogar der antikirchlichen sozialdemokratischen Bewegung den Vorzug geben, kann die Kirche nur die Rolle der machtlosen Beobachterin einnehmen. Formell bleibt die Arbeiterschaft der Kirche noch zugehörig aus Rücksichtnahme auf ihre Familien und aus Angst sozialer Ausgrenzung. Die ersten schwerwiegenden Kirchenaustrittswellen können aber erst nach 1914 ausgemacht werden. Das Phänomen, welches Drews hier wahrnimmt, ist der Prozess einer schleichenden Säkularisierung und Entkirchlichung, der diesen Kirchenaustritten maßgeblich vorarbeitet.[152] Obwohl jene Krisenphänomene auch innerhalb der Kirche wahrgenommen und thematisiert werden, können kirchliche Bemühungen[153] diesem Entfremdungsprozess nicht entgegen wirken. Sie verliert aber nicht nur die Fühlung zur

152 Vgl. Kandel, Evangelische Christen, 58.
153 Vgl. dazu Kapitel II, 35–50.

Arbeiterschaft, sondern steht auch teilweise dem Denken und Empfinden des Bürgertums beziehungslos gegenüber. Demzufolge ist auch der Pfarrstand vor diesem gesamtgesellschaftlichen Entfremdungseffekt nicht gefeit. Pastoren sind nicht mehr unmittelbar mit den Lebensumständen der Menschen ihrer Gemeinden vertraut. Dieser Umstand, wenn er nicht durch die besondere Kompetenz des Pastors wettgemacht werden kann, belaste nach Drews den Pfarrstand im Allgemeinen mit einer schweren Hypothek:

> »Wer kennt nicht die Klagen der Laien über einseitig urteilende, dem Leben nicht wirklich gerecht werdende Geistliche? Wer kennt nicht die Klagen der Geistlichen über die Hartnäckigkeit der Gemeinden, die sich nicht nach ihrer Auffassung richten wollen? Es fehlt gemeinhin den praktischen Geistlichen, wenn sie nicht selbst einen offenen Blick und einen gesunden Sinn für das konkrete Leben besitzen, an der Fähigkeit, sicher aber an der Erziehung zu einer richtigen Beurteilung, einer vorurteilsfreien Auffassung des religiös-sittlichen Lebens, und darum zu einer wahrhaft wirksamen Einwirkung auf dasselbe.«[154]

Ausgehend von viel geäußerten Beschwerden über kirchliche Amtsträger und der allgemeinen Wahrnehmung einer voranschreitenden Entkirchlichung[155], kommt Drews zu der Annahme, dass homiletische, seelsorgerische und katechetische Bemühungen kirchlichen Personals zu wenig Einfluss auf das religiöse und moralisch-ethische Empfinden der Menschen nehmen. Hiermit wird ein Manko angesprochen, das Drews allein dem Pfarrstand in Rechnung stellt. Kirchliche Amtsträger würden ihrer Aufgabe mehrheitlich nur unzureichend mit verheerenden Folgen für die gesamtgesellschaftliche Entwicklung gerecht. Der Eindruck, der sich Drews unvermittelt aufdrängt, ist der einer *pastoralen Insuffizienz.*

1.3 Die pastorale Insuffizienz

Nachdem nun die *pastorale Insuffizienz* als ein Effekt des gesamtgesellschaftlichen Entfremdungsprozesses herausgestellt werden konnte, schließt sich die Frage an, wie diese pastorale Insuffizienz qualifiziert ist. Was konkret hat Drews vor Augen, wenn er von der Wirkungslosigkeit pfarramtlicher Tätigkeit spricht?

Pastorale Insuffizienz manifestiert sich also hauptsächlich darin, – so schreibt Drews in dem 1901 erschienenen Programmaufsatz zur Religiösen Volkskunde – dass die Kirche ihrem Aufgabenprofil, nämlich der »besonnenen und wirksamen Beeinflußung des kirchlichen Lebens und der nicht kirchlichen Kreise [...]«[156], nicht ausreichend gerecht werde. Der Pastor habe somit einen Erziehungsauftrag[157], dahingehend dass er die Gemeinde im Hinblick

---

154 DP, 144.

155 Vgl. dazu auch Drehsen, a.a.O., Bd. 1, 483–485.

156 Paul Drews, »Religiöse Volkskunde«, eine Aufgabe der praktischen Theologie, in: MkiPr 1, 1901, 1–8, hier 1.

157 Paul Drews, Art. Volkskunde, religiöse, in: RGG 5 (1913), 1746–1754, hier 1753.

auf ein christlich dominiertes, von der Dogmatik vorgeformtes Ideal lenkt und leitet.[158]

Zudem fällt auf, dass Drews den Wirkungsbereich der Kirche nicht nur auf ihre Mitglieder eng führt, sondern gerade auch die Menschen mit umspannt, die formal nicht in den Zuständigkeitsbereich der Kirche gehören. Pfarramtliche Tätigkeit, welche in letzter Konsequenz auch die Wahrnehmung von erzieherischen Pflichten beinhaltet, gelingt nach Meinung Drews' nur, wenn ihr »eine wirkliche Kenntnis des gegenwärtigen religiösen Lebens innerhalb und außerhalb der Landeskirchen«[159] vorausgeht. Die pastorale Insuffizienz kann also auf ein Wissensdefizit der Pastoren und kirchlichen Amtsträger zurückgeführt werden, insbesondere der *Un*kenntnis des gegenwärtigen religiösen Lebens.

Unkenntnis sei aber nicht den Geistlichen selbst anzulasten, sondern resultiere bereits aus der unzulänglichen Ausbildung der Pfarramtsanwärter. Daraus erwächst Drews' Appell an die dafür verantwortliche Disziplin[160]: »Wie ein unentdecktes Land liegt z.T. die Religion unseres eigenen Volkes vor unseren Augen. Arbeiten wir, dass es Licht werde, damit gute Arbeit gethan werden kann!«[161]

Nach Drews' Wahrnehmung ist es jene Unkenntnis, welche die kirchliche Arbeit behindert, das Verhältnis zwischen den Menschen und ihrer Pastoren bzw. der gesamten Kirche nachhaltig stört und den Entfremdungseffekt weiter verstärkt. In einem Beispiel führt Drews den Fall eines jungen, urban sozialisierten Theologen an, der sich in einer traditionell bäuerlich geprägten Dorfgemeinde wiederfindet. Drews unterstellt dem Theologen, dass er seine eigene Erfahrungswelt als Parameter für seine Gemeinde nimmt und davon ausgeht, dass sie genauso denkt und fühlt wie er. Drews prognostiziert, dass die Predigttätigkeit des jungen Pfarrers ins Leere oder sogar zu Missverständnissen führen werde.[162] Aufgrund der Unterschiede zwischen den Lebensräumen Stadt und Land sowie Diskrepanzen hinsichtlich des Bildungsniveaus eines Akademikers und eines Landwirtes beispielsweise zeige sich, dass die Lebenswelt eines modernen Pastors nicht deckungsgleich mit der seiner Gemeinde sein kann. Kirchliche Amtsträger hätten in der Regel keinen Begriff von der Lebenswelt, den Traditionen und den religiösen Bedürfnissen der Menschen ihrer Gemeinden. Eine heterogene Gesellschaft oder »zerklüftete

---

[158] Vgl. EMIL SULZE, Die evangelische Gemeinde, Gotha 1891 und CHRISTIAN MÖLLER, Lehre vom Gemeindeaufbau, Bd. 1, Konzepte-Programme-Wege, Göttingen 1987, 138 –159.

[159] RVAT, 1.

[160] Vgl. hierzu auch PAUL DREWS, Das Problem der praktischen Theologie. Zugleich ein Beitrag zur Reform des theologischen Studiums, Tübingen 1910 sowie Kapitel VI, 172–223.

[161] RVAT, 4.

[162] Vgl. RVAT, 3.

Volksverhältnisse«[163], wie Drews es nennt, stellten kirchliches Handeln vor eine neue Herausforderung.[164] Eine Ausnahme bildeten aber erfahrene und fähige Geistliche, die über einen Blick für die religiös-sozialen Gegebenheiten ihrer Zeit verfügen. Das bedeutet aber auch, dass der Abstand zwischen den Pastoren und ihren Gemeinden durch den routinierten praktischen Umgang und einem vorurteilsfreien Interesse am Volk und seinen Lebensumständen von selbst verringert werden könne.

In diesem Punkt dürfte Drews etwas vor Augen gestanden haben, was wir im heutigen Sprachduktus als *Milieusensibilität* bezeichnen würden. Der Milieubegriff wurde unter Rückgriff auf Auguste Comte (1798–1857) von Hyppolithe A. Taine (1828–1893) in den Sprachgebrauch der Soziologie eingeführt. Milieu beschreibt im Zusammenhang sozialwissenschaftlicher Analysen die Umwelt- bzw. Lebensverhältnisse gesellschaftlicher Gruppen.[165] Milieus werden in dieser Zeit nach natürlichen, materiellen, sozialen und kulturelle Faktoren unterschieden. Sie beeinflussen das menschliche Erleben, Denken und Tun im Prozess der Sozialisation. Indem Drews in seinen Problemanzeigen auf das abhebt, was seinerzeit hochaktuell als Milieu traktiert wurde, zeigt sich wieder einmal seine besondere Wahrnehmung gesellschaftlicher Veränderungsprozesse.

In Drews' posthum erschienenen Artikel über die Religiöse Volkskunde in *Religion in Geschichte und Gegenwart* der ersten Auflage, dem bedeutendsten theologischen Nachschlagewerk seiner Zeit, fasst Drews seine Beweggründe für die Konzeption einer empirischen Theologie folgendermaßen zusammen:

> »So trieb zunächst die Notlage und Hilflosigkeit des Pfarrstandes zur r.V. Dazu kam aber auch die Wendung zum Volk, die soziale Stimmung der christlichen Kreise in den achtziger Jahren des vorherigen Jahrhunderts. Wer von ihr sich ergreifen ließ, mußte es als eine Art Unterlassungssünde empfinden, daß der religiösen Art des Volkes und seiner religiösen Not nicht ernster, nicht gewissenhafter, nicht in einem größeren Zusammenhang nachgegangen war.«[166]

Neben dem bereits verhandelten Krisenempfinden des Pfarrstandes wird in diesem Zitat eine weitaus gravierendere Dimension der *pastoralen Insuffizienz*

---

163 PAUL DREWS, Hermann Hering. Die Volkstümlichkeit der Predigt, in: ZprTh 16, 1894, 174–176, hier 175.

164 In seinem Aufsatz *Was lehrt uns die Geschichte des evangelischen Pfarrstandes* schildert Drews die Stellung des Pfarrers unter anderem während der Aufklärungszeit. Diese Zeit nimmt er als pastorale Blütezeit wahr, da der Pfarrer als »ein Mensch unter Menschen« (PAUL DREWS, Was lehrt uns die Geschichte des evangelischen Pfarrstandes?, in: MkiPr 5, 1905, 21–31, 23) durch seine Volksnähe gute Arbeit leisten konnte. Gleichfalls schildert er in dieser Abhandlung, wie schlechte äußere Bedingungen im Laufe der Geschichte sogar den moralisch gefestigten Pfarrstand erschüttern konnten, vgl. WGP, 21–31.

165 Vgl. BERNHARD SCHÄFERS/JOHANNES KOPP, Grundbegriffe der Soziologie, Opladen 2003[8], 235.

166 AV, 1747.

angedeutet. Während Drews klar die soziale Frage seiner Zeit als Entdeckungszusammenhang für die Religiöse Volkskunde benennt, sieht er auch die sozial engagierten, christlichen Kreise in der Pflicht, der Not des Volkes nach allen Kräften Abhilfe zu schaffen. Christliche Teilnahms- und Hilflosigkeit wider besseren Wissens nimmt für ihn bekräftigend den Status einer »Unterlassungssünde«[167] an und offenbart somit eine ethische Dimension, die nicht nur dem pastoralen Handeln anlastet, sondern auch die gesellschaftliche christliche Funktionselite umspannt.

Zuletzt benennt Drews in dem RGG Artikel »eine allgemeine Bewegung zum Volkstümlichen, eine nationale Stimmung, eine tiefe Begeisterung für deutsche Art und deutsches Wesen.«[168] Mit diesem letzten Punkt rekurriert Drews auf die Entwicklung der deutschen Volkskunde, welche als Modell für die Religiöse Volkskunde maßgeblich ist. Wenn Drews feststellt, dass »die Ergebnislosigkeit vieler treuer pastoraler Tätigkeit zum guten Teil darauf zurückzuführen ist, daß der Pfarrer die Volksseele in ihrem Gesamtleben viel zu wenig kennt«[169], stellt sich die Frage, inwiefern die Kenntnis der konkreten religiösen Gegebenheiten eine intensive seelsorgerische und katechetische Arbeit ermöglichen kann.

Aufgrund veränderter soziokultureller und infrastruktureller Gegebenheiten, die mit dem Leben in einer modernen Industriegesellschaft einhergehen, nehmen viele Geistliche ihre Arbeit an Orten auf, wo ihnen das Leben der Gemeindemitglieder grundsätzlich fremd ist.[170] So verhält es sich auch mit der Religiosität. Drews gesteht religiösen Anschauungen Eigenständigkeit, Pluralität und Diversität zu, wie folgendes Zitat belegt:

> »Denn wir Menschen sind, sowohl was die einzelnen Individuen, als auch was die gesonderten Gesellschaftsgruppen anlangt, durchaus nicht in ein- und derselben Weise fromm. [...] Fest steht, dass bestimmte Volkskreise, auch ihre bestimmt ausgeprägte religiöse Art haben.«[171]

Mit dieser Aussage grenzt sich Drews entschieden gegen dominierende orthodoxe Anschauungen seiner Zeit ab, die einzig und allein auf die Wirkung des Wortes der Predigt setzen.[172]

> »Gottes Wort, rein gelehrt, kommt nicht leer zurück. Niemand wird leugnen, daß in diesen Sätzen Wahrheit steckt; aber eine tiefere psychologische Erwägung mußte zeigen, daß der Typus Mensch doch einer unermesslich reichen Ausgestal-

[167] Ebd.
[168] Ebd.
[169] AV, 1746.
[170] Vgl. RVAT, 3.
[171] RVAT, 2.
[172] Vgl. AV, 1747.

tung fähig ist und daß andererseits das reine Wort Gottes eine höchst verschiedenartige Ausprägung in der Verkündigung zuläßt.«[173]

Daraus erwächst Drews' Wunsch, auch die Mannigfaltigkeit religiöser Individualitäten nicht nur »zu erfassen« sondern vor allem sie »zu *verstehen*«.[174]

Das Sachproblem der pastoralen Insuffizienz ist demnach hermeneutischer Natur und wird von Drews als *Verstehens*problem entfaltet. Damit nimmt Drews in seiner Zeit eine Pionierstellung ein, da innerhalb der protestantischen Theologie und Kirche auch andere Deutungsmuster der kirchlichen Wirkungslosigkeit kursieren.[175]

Das *Verstehens*problem *per se* zeigt sich für Drews darin, dass die Voraussetzung für gelingende Kommunikation – der Pastor *versteht* die Menschen seiner Gemeinde – nicht erfüllt sei. Verstehensprozesse sind nach Drews' Wahrnehmung nachhaltig gestört durch den Mangel an soziokulturellem und frömmigkeitstypologischem Wissen über die Gemeindeglieder. Dieses Wissen kann durch eine empirisch arbeitende Theologie nachgeliefert werden. Empirisches Wissen übt somit eine Brückenschlagfunktion zwischen der Kirche und den Menschen aus, indem es Verstehensprozesse ermöglicht.

Bevor sich aber empirisch gewonnenes Wissen als vermeintliche pastoraltheologische ›Wunderwaffe‹ eröffnet, muss zunächst ein Schritt zurückgegangen werden. Es bedarf der Klärung, was Drews überhaupt vorschwebt, wenn er vom *Verstehen* spricht. Welche interne Struktur zeichnet sich in diesen Verstehensprozessen ab? Inwiefern kann *Verstehen* der Schlüssel zur Behebung pastoraler Insuffizienz sein?

2. VERSTEHEN ALS SCHLÜSSELBEGRIFF

Für die Erhellung des Drews'schen Verstehensbegriffes wird es sich zunächst als günstig erweisen, die bisherigen Arbeiten über Drews zu Rate zu ziehen. Schnell fällt dabei auf, dass ein *Verstehens*problem, welches eine Scharnierfunktion zwischen Drews' sozialreformatorischen Arbeiten und seiner Etablierung einer empirischen Theologie ausübt, von der bisherigen Drewsforschung entweder noch nicht wahrgenommen oder nur benannt wurde.[176]

---

173 Ebd.

174 RVAT, 2.

175 Vgl. Kapitel II, 41–49.

176 Zwar hatte bereits Karl Eger die hermeneutische Komponente des Drews'schen Programms erkannt, dieser Aspekt ist in den nachfolgenden Untersuchungen zu Drews aber nicht weiter beachtet worden (vgl. EGER (1917), a.a.O., 9, 26). In den neueren Arbeiten, die randständig auch an Drews und sein Programm anknüpfen, wird diese hermeneutische Grundausrichtung wieder gesehen, aber nicht weiter ausgeführt, vgl. REGLITZ, Erklären, 77; 94; 97; 98 sowie Birgit WEYEL, Praktische Bildung zum Pfarrberuf. Das Predigerseminar Wittenberg und die Entstehung einer zweiten Ausbildungsphase evangelischer Pfarrer in Preußen, Tübingen 2006, 70; 210.

Lediglich in seiner Rekonstruktion der volkskundlichen Tradition geht auch Volker Drehsen auf die Entstehungszusammenhänge eines volkskundlichen Interesses bei Drews ein. Demnach habe Drews an die Tradition der christlichen Aufklärung angeknüpft, von der erste volkskundliche Impulse ausgingen. Während der Aufklärung gewann volkskundliches Material für die Pastoraltheologie an Bedeutung, um »die konkreten und situativen Umstände[n] des Wirkungsfeldes von Predigern, Seelsorgern und Religionslehrern auszuleuchten.«[177] Den Nexus zwischen volkskundlichen Betrachtungen während der Aufklärung und der Forderung nach einer religiösen Volkskunde durch Drews sieht Drehsen durch die Drews'sche Erfahrung »pastoraler Ergebnislosigkeit«[178] hergestellt. Diese Ergebnislosigkeit führt Drehsen mit Drews' Worten aus. Ergebnislosigkeit zeige sich einerseits in der Unkenntnis des Pfarrstandes über das Denken und Fühlen seiner Gemeindeglieder. Andererseits konstatiert Drehsen, dass die Selbstverständlichkeit, Pastoren seien mit der religiösen Denkweise ihrer Gemeindeglieder vertraut, nach Drews' Wahrnehmung nicht mehr gegeben ist.[179]

Die Darstellung Drehsens verhandelt den Punkt, der hier als *pastorale Insuffizienz* qualifiziert werden konnte. Dass dieser ein *Verstehens*problem zugrunde liegt, kann in die Drehsen'sche Darstellung zwar hineingelesen werden, wird hier aber nicht explizit benannt oder gar ausgeführt.

Weitere Hinweise auf ein vermeintlich hermeneutisches Anliegens bei Drews können aus der Geschichte der praktisch-theologischen Paradigmenentwicklung entnommen werden. In diesem Zusammenhang schreibt Friedrich Schweitzer:

> »Schon bei F. Schleiermacher (1850) und C.I. Nitzsch (1847) den ›Vätern‹ der Praktischen Theologie als wissenschaftlicher Disziplin wird die Hermeneutik für die Grundlegung dieser neuen Disziplin *nicht* in Anspruch genommen. Ähnliches gilt für die Entwürfe der Praktischen Theologie im 20. Jahrhundert, die kostitutionstheoretisch entweder ihr Verhältnis zu den Sozialwissenschaften bzw. zur Empirie thematisieren (zum Beispiel F. Niebergall [1918], O. Baumgarten [1913] oder P. Drews [1910]) oder sich an einer gerade nicht hermeneutisch verstandenen Dialektischen Theologie (E. Thurneysen 1976) ausrichten.«[180]

Dass es sich bei diesem Urteil um ein Fehlurteil handelt, belegen die vielen prominenten Stellen, an denen Drews explizit *verstehen* fordert,[181] sodass

---

177 DREHSEN, a.a.O., Bd. 1, 483.

178 AV, 1746.

179 Vgl. DREHSEN, a.a.O., Bd. 1, 484, vgl. hierzu AV, 1746f.

180 FRIEDRICH SCHWEITZER, Praktische Theologie und Hermeneutik. Paradigma – Wissenschaftstheorie – Methodologie, in: JOHANNES A. VAN DER VEEN/HANS-GEORG ZIEBERTZ [Hrsg.], Paradigmenentwicklung in der Praktischen Theologie, Den Haag 1993, 19–47, hier 22f. Seinem Urteil legt Schweitzer Drews' Schrift von 1910 *Das Problem der praktischen Theologie* zugrunde. Wie sich noch zeigen wird, ist aber auch in dieser Schrift der Verstehensbegriff präsent, vgl. Kap. VI, 200–203.

181 Vgl. RVAT, 2f.,6; Ders. DPT, 60f.,78; Ders., AV, 1753; et. al.

seiner empirischen Theologie durchaus eine hermeneutische Dimension abzuspüren ist. Damit kann erstmals festgestellt werden, dass Drews ein hermeneutisches Anliegen verfolgt. Dieses lasse sich durch gelingende Verstehensprozesse zwischen Pastoren und den Menschen ihrer Gemeinden realisieren. Erste auf dieses Forschungsneuland gesetzte Schritte, müssen bei der Bestimmung des Schlüsselbegriffes *Verstehen* ansetzen. Der Verstehensbegriff bei Drews bleibt unausgeführt, seine Konstruktion kann deshalb nur textimmanent erfolgen.

Eine erste Annäherung an den Drews'schen Verstehensbegriff kann auf semantischem Wege erfolgen. Als Anknüpfungspunkt hierfür dienen folgende ausgewählte Zitate:

> A. »Nur zu richtig ist es, das die meisten Geistlichen ›hilflos an dem Gestade eines Lebens ausgesetzt werden‹[182], wo sie nicht verstanden werden und wo sie niemanden verstehen.«[183]

> B. »Fest steht, dass bestimmte Volkskreise auch ihre bestimmt ausgeprägte religiöse Art haben. Diese zu erfassen, zu verstehen, dass gilt es zunächst.«[184]

> C. »Wer einmal eingeführt worden ist in die r.V., der wird als Pfarrer nicht mehr überrascht und verwirrt werden [...], er wird nicht grobe Mißgriffe begehen und im wohlmeinendsten Eifer die Sache der Religion schädigen, er wird es als seine erste Aufgabe empfinden, die Menschen seiner Umgebung zu verstehen, uns das plumpe, lieblose Aburteilen wird ihm unmöglich werden.«[185]

Verstehensprozesse erster Ordnung – so geht es aus diesen Aussagen hervor – ereignen sich von Mensch zu Mensch. Der Pastor versteht die Menschen seiner Gemeinde und wird im Umkehrschluss auch von ihnen verstanden. Derart ablaufende Verstehensprozesse sind im Idealfall scheinbar selbstevident. Dass dieser Idealfall aber nicht selbstverständlich gegeben ist, geht aus der Drews'schen Problemanzeige hervor. Der Pastor versteht die Menschen seiner Gemeinde eben *nicht*. Verstehensprozesse zweiter Ordnung müssen sich anschließen.

Auf einer zweiten Ebene stellt sich die Frage nach der hermeneutischen Kategorie, dem *als was*. Eine mögliche Lesart wäre es, dass der Pfarrer die Menschen als Objekte evangelischer Verkündigung versteht. Dieses normalprotestantische Deutungsmuster ist eng verbunden mit Vorstellungen von der Wirkung des Wortes Gottes, das sich durch das Evangelium vermittelt.[186] Drews' Ausgangspunkt ist hierbei ein anderer. Er versteht die Menschen vor allem als religiöse Individualitäten, die der unmittelbaren Beeinflussung

---

182 FRIEDRICH WILHELM GRUNOW [Hrsg.], Unser Landvolk und die Kirche, in: Die Grenzboten 10, 1900, 465–474, 467.

183 RVAT, 3.

184 RVAT, 2.

185 AV, 1753.

186 Vgl. Kapitel II, 41f..

durch bestimmte religionsfördernde oder religionshemmende soziokulturelle und geschichtliche Faktoren unterliegen. Hierin ist eine weitere Dimension des Verstehens angesprochen. Es geht nicht nur um zwischenmenschliche Kommunikationsprozesse, sondern es geht darum »menschliche Art im Reiche der Religion zu verstehen«[187].

An diese zweite Ebene des Verstehens schließt sich eine dritte an. Auf dieser Ebene geht es darum »dass uns dadurch bestimmte Erscheinungen des religiösen und sittlichen Lebens als Symptome eines religiösen Gesamtzustandes verständlich werden.«[188] Die verschiedenen religiösen Entitäten können auch als einzelne Teile eines komplexen Ganzen, dem religiösen Gesamtzustand, verstanden werden. Die besondere Zugangsschwierigkeit zu diesem religiösen Gesamtzustand ist jedoch, dass seine Erfassung ein hohes Maß an Interpretation erfordert.

Fassen wir zusammen: Die erste Verstehensebene, auf der sich zwischenmenschliche Kommunikationsprozesse scheinbar selbstevident ereignen, wird um eine zweite Ebene erweitert. Die zweite Verstehensebene zeichnet sich dadurch aus, dass menschliche Religiosität in ihrer Eigenart verstanden wird und Faktoren religiöser Einflussnahme verständlich werden. Zuletzt bedeutet Verstehen für Drews auch, durch die verschiedenen Religiositäten Zugang zu einem großen Ganzen zu erhalten. Obwohl nun die interne Struktur von Verstehensprozessen textimmanent konstruiert wurde, konnten über den Terminus Verstehen auf diesem Wege aber keine weiteren Einsichten gewonnen werden. Dessen theoretische Erhellung ist aber dringend notwendig, um nachvollziehen zu können, wie es sich zwischen dem Akt des Verstehens und dem Erfassen empirischen Materials verhält.

2.1 Theoretische Grundlegung des Verstehensbegriffs

Obwohl permanent die Rede vom Verstehen ist, sucht man eine eigene theoretische Unterfütterung des Begriffs an sich bei Drews vergeblich. Seine Texte und die darin beschriebenen Kommunikationssituationen zeugen dennoch von einem impliziten Verstehensbegriff, weshalb sie sich als Konstruktionsgrundlage für eine Definition anbieten. Daraus ergibt sich die Vermutung, dass der Verstehensbegriff bei Drews durchaus zur (Re)konstruktion fähig ist.

Drews' unausgeführter Verstehensbegriff hinterlässt eine terminologische Leerstelle, die es zu füllen gilt. Die interne Struktur des Verstehens wurde zwar über die Beschreibung von Verstehensvollzügen zugänglich, eine genaue begriffliche Klarheit muss nun aber sekundär geschaffen werden. Unter Zuhilfenahme eines genau ausgeführten Verstehensbegriffes wird es möglich, die unbekannten Variablen bei Drews durch bekannte Größen zu substituieren. Dieser Arbeitsschritt soll im Folgenden geleistet werden.

---

[187] RVAT, 6.

[188] Paul Drews, Ein Beitrag zur religiösen Psychologie und Volkskunde, (Über Johannes Jüngst, Kultus- und Geschichtsreligion, in: MkiPr 1, 1901, 303–313, hier 311.

Die geisteswissenschaftliche Debatte um 1900, bei der sich ›Verstehen‹ als Schlüsselbegriff herausstellt,[189] bringt zeitgenössisch anerkannte Verstehensbegriffe hervor, die den Kommunikationsmustern bei Drews zugrunde gelegt werden können. Für die Bewerkstelligung einer solchen Konstruktion scheint der Verstehensbegriff Wilhelm Diltheys (1833–1911) geeignet. Der Beweis dafür, dass Diltheys Verstehensbegriff als Konstruktionsgrundlage zweckdienlich ist, wird dann erbracht sein, wenn man durch ihn genauen Aufschluss darüber erhalten kann, was Drews vor Augen gestanden haben dürfte, wenn er vom Verstehen spricht. Durch diese Erkenntnisse wird es dann wiederum möglich, eine sachliche Verknüpfung zwischen der Forderung nach Verstehen und der Etablierung einer empirisch arbeitenden Theologie herzustellen.

Von der einschlägigen philosophischen Literatur wird Wilhelm Dilthey (1833–1911) als maßgeblicher Hermeneutiker des ausgehenden 20. Jahrhunderts präsentiert.[190] Dilthey studierte Theologie, Geschichte und Philosophie, wobei seine Person heute gerade der letztgenannten Disziplin zugeordnet wird. Für die Philosophie sind seine Werke ein selbstverständlicher Bezugspunkt bis weit ins 20. Jahrhundert hinein.[191] Nachdem er 1864 in Berlin promovierte und sich habilitierte, kam er 1866 bereits dem Ruf nach Basel nach. Anschließend folgten Professuren in Kiel, Breslau und Berlin, wo er von 1882 bis 1905 lehrte.[192] Diltheys Streben nach einer philosophischen Grundlegung der gesellschaftlich-geschichtlichen Wissenschaften sollte sich in einer *Kritik der historischen Vernunft* realisieren.[193] In einer dreibändigen *Einleitung in die Geisteswissenschaften*[194] wollte er dieses Vorhaben umsetzen, wobei es ihm jedoch nicht vergönnt war, dieses Werk zu Lebzeiten zu einem Abschluss zu bringen. Neben dem ersten Band hinterließ er diverse Fragmente, welche von

---

[189] Als Schlüsselbegriff wurde *Verstehen* u.a. von Weber, Jaspers und Windelband traktiert, vgl. KARL-OTTO APEL, Art. Verstehen, in: HWPh 11 (2001), 918–938.

[190] Vgl. APEL, a.a.O., 924–926. Einen Überblick über das Feld der Hermeneutik bietet JEAN GRONDIN, Einführung in die philosophische Hermeneutik, Darmstadt 2011³, 115–130. Ein erster Zugang zur Philosophie und Hermeneutik Wilhelm Diltheys findet sich bei MATTHIAS JUNG, Dilthey zur Einführung, Hamburg 1996 und HANS-ULRICH LESSING, Wilhelm Dilthey, Eine Einführung, Stuttgart 2011, besonders 105–151. Dezidierte Erkenntnisse zur Hermeneutik Diltheys sind FRITHJOF RODI/HANS-ULRICH LESSING [Hrsg.], Materialen zur Philosophie Wilhelm Diltheys, Frankfurt/M 1984 zu verdanken, besonders aufschlussreich ist in diesem Zusammenhang OTTO FRIEDRICH BOLLNOW, Der Ausdruck und das Verstehen, in: Dies., 236–271 sowie HANS-ULRICH LESSING, Wilhelm Diltheys Einleitung in die Geisteswissenschaften, Darmstadt 2001, 69–90 und MANFRED RIEDEL, Einleitung, in: WILHELM DILTHEY, Aufbau der geschichtlichen Welt in den Geisteswissenschaften, Frankfurt/M 2006, 9–86.

[191] Vgl. LESSING (2001), a.a.O., 16.

[192] Vgl. LESSING (2001), a.a.O., 21f.

[193] Vgl. RODI/LESSING, a.a.O., 7.

[194] WILHELM DILTHEY, Einleitung in die Geisteswissenschaften, Versuch einer Grundlegung für das Studium der Gesellschaft und der Geschichte, 1. Bd., Leipzig 1883.

seinen Schülern posthum als *Gesammelte Schriften*[195] ediert und herausgegeben wurden. Während seiner Arbeit an der *Einleitung* veröffentlichte Dilthey mehrere systematische Studien, so auch sein Spätwerk *Der Aufbau der geschichtlichen Welt in den Geisteswissenschaften* (1910)[196]. Dieses Spätwerk weist eine zeitliche und – wie sich noch zeigen wird – auch eine inhaltliche Nähe zu Drews auf, welche eine implizite Vernetzung des Drews'schen Verstehensbegriffes mit Diltheys hermeneutischer Grundlegung möglich werden lässt. Es ist also davon auszugehen, dass über den detailliert dargelegten Verstehensbegriff Diltheys, den er im *Aufbau* ausführt, auch der nicht ausgeführte Verstehensbegriff bei Drews erhellt werden kann.

Im *Aufbau* ist es Diltheys Grundanliegen, den Gegenstandsbereich und die Methodik der Geisteswissenschaft von der der Naturwissenschaft zu separieren. Sich auf die Maxime beziehend: »Die Naturwissenschaft erklären wir, die Geisteswissenschaften verstehen wir«[197], entwirft Dilthey eine hermeneutische Grundlegung, die einen spezifischen Verstehensbegriff zu Tage fördert.

Ausgehend von der Grundannahme, dass für die Geisteswissenschaften ihr Bezug zum Leben ausschlaggebend sei, wobei Dilthey unter Leben dasjenige versteht, »was im Erleben und Verstehen aufgeht, [...] als ein das menschliche Geschlecht umfassender Zusammenhang«[198], zieht Dilthey eine klare Grenze zwischen Naturwissenschaft und Geisteswissenschaft. Individuelle und kollektive Lebenseinheiten sind demnach in einem Lebenszusammenhang verwoben, der durch die Zeitlichkeit des Lebens determiniert ist. Im Gegensatz zu zeitlich überdauernden naturwissenschaftlichen Strukturen ist der Lebenszusammenhang eher fragil und historisch-genetisch. Gegenwärtige Lebensformen können somit nur unter Berücksichtigung vergangenen Lebens, das bis in die Gegenwart hineinreicht, verstanden werden, da sich subjektiv gemeinter Sinn gleichsam in objektiven Gebilden ablagert.[199] Während sich die Naturwissenschaft auf Gegebenes stützt, um dieses mit Kausalzusammenhängen zu erklären, gehen die Geisteswissenschaften von einem im Leben enthaltenen Strukturzusammenhang aus, der ursprünglich und unmittelbar auf der Ebene des Erlebens den Individuen subjektiv und intersubjektiv zugänglich ist. Darin liegt auch die Grundannahme der von Dilthey etablierten verstehenden Psychologie[200] begründet.

---

[195] Wilhelm Dilthey, Gesammelte Schriften, 26 Bde., hrsg. von Bernhard Groethuysen, Georg Misch, Paul Ritter, et. al., Leipzig/Berlin 1914ff.; Stuttgart/Göttingen 1957ff.; Göttingen 1970ff.

[196] Wilhelm Dilthey, Der Aufbau der geschichtlichen Welt in den Geisteswissenschaften, in: Wilhelm Dilthey, Gesammelte Schriften VII (1992).

[197] Wilhelm Dilthey, Die Geistige Welt, Einleitung in die Philosophie des Lebens, in: Wilhelm Dilthey, Gesammelte Schriften V (1990), 144.

[198] Dilthey, GS, VII, 131.

[199] Vgl. Riedel, a.a.O., 50f, sowie Jung, a.a.O., 151f.

[200] Die verstehende Psychologie unterscheidet sich von der erklärenden Psychologie darin, dass sie psychische Erscheinungen nicht auf bestimmte Komponenten zurückführt. Die verstehende Psychologie hingegen folgt der Grundannahme, dass dem See-

Für Diltheys spätere Arbeiten, so auch *Der Aufbau der geschichtlichen Welt in den Geisteswissenschaften*, ist die individuelle psychologisierende Vorgehensweise keine ausschließliche Option mehr. Obwohl die zu verhandelnden Sachverhalte sich (inter)subjektiven Handlungen verdanken, geht es vielmehr darum, die darin enthaltenen Sinnstrukturen herauszuextrahieren. In methodischer Hinsicht bedeutet dies die Unterscheidung zwischen dem intersubjektiven Sinn geistiger Gebilde und dessen subjektiven gewahr werden.[201] Jene, die geistigen Gebilde umspannende Sinnstruktur, wird von Dilthey als *objektiver Geist* bezeichnet, durch ihn soll der wissenschaftliche Anspruch auf Allgemeingültigkeit gewährleistet sein. »Das Verstehen dieses Geistes ist nicht psychologische Erkenntnis. Es ist Rückgang auf ein geistiges Gebilde von einer ihm eigenen Struktur und Gesetzmäßigkeit.«[202] Dem objektiven Geist kommt auch in Diltheys Definition vom Verstehen eine exponierte Stellung zu.

> »Wir nennen den Vorgang, in welchem wir aus Zeichen, die von außen sinnlich gegeben sind, ein Inneres erkennen: Verstehen [...] Aus Steinen, Marmor, musikalisch geformten Tönen, aus Gebärden, Wort und Schrift, aus Handlungen, wirtschaftlichen Ordnungen und Verfassungen spricht derselbe menschliche Geist zu uns und bedarf der Auslegung.«[203]

Diese Definition folgt zwei Grundannahmen: Zum einen, dass menschliche Lebensäußerungen nicht getrennt vom objektiven Geist ihrer Zeit betrachtet werden können und zum anderen, dass geisteswissenschaftliches Arbeiten die Auslegung dieses objektiven Geistes zur Aufgabe hat.

Innere Zustände des Menschen werden in Form von Ausdrücken veräußerlicht, wobei diese in fixierter Form den direkten Bezugspunkt der Geisteswissenschaften ausmachen. Geistige Gebilde, also im weitesten Sinne vergegenständlichte Zeugnisse menschlicher Geistestätigkeit, werden von Dilthey als *Objektvationen des Lebens* bezeichnet. Er geht davon aus, dass den Objektvationen ein eigener Gesetzes- und Strukturzusammenhang immanent ist, der sich als *Wirkungszusammenhang* darstellt und die Struktur des objektiven Geistes ausmacht. Wirkungszusammenhänge können Raum und Zeit übergreifend bestehen bleiben. Sie sind geprägt von menschlichen Interaktionen, führen aber nach ihrer Etablierung eine Art Eigenleben, unabhängig von einzelnen menschlichen Interaktionen. (Inter)subjektives Handeln kann darüber entscheiden, ob eine Sprache praktiziert wird, ein Rechtssystem seine Gültigkeit behält oder ob eine Religion gänzlich verschwindet. Konkrete Erscheinungsformen des objektiven Geistes sind keine absoluten Größen.

---

lenleben ein Strukturzusammenhang immanent ist, den es zu beschreiben gilt, vgl. WILHELM DILTHEY, Ideen über eine beschreibende und zergliedernde Psychologie (1894), in: DILTHEY, GS V, 144.

201 Vgl. LESSING (2011), a.a.O. 124–128.

202 DILTHEY, GS VII, 85.

203 DILTHEY, GS V 319.

Der wesentliche Unterschied zwischen Geistes- und Naturwissenschaft wird durch das besondere Funktionsgefüge des ihr innewohnenden objektiven Geistes herbeigeführt. Wirkungszusammenhänge, die die Strukturen des objektiven Geistes bilden, sind *per se teleologisch* orientiert, d.h. *Wertungen und Zweckorientierungen* des Handelns sind *nur* für die geistige Welt konstitutiv. Die Natur kann keine Werte und Zwecke verfolgen.[204]

Historisch-genetisch entstandene soziale Wirklichkeit, die ihre gegenwärtige Gestalt aus vorhergehenden Lebenswelten früherer Generationen gewonnen hat, verdankt sich verfestigter, zwischenmenschlicher Interaktion. Durch die Koexistenz verschiedener Wirkungszusammenhänge aufgrund der Pluralität von Sinnsphäre ist es ein- und demselben Individuum möglich, als »Kreuzungspunkt von Beziehungssystemen«[205] an mehreren Sinnstrukturen zu partizipieren. Die Untersuchung von Wirkungszusammenhängen, also die Analyse der Strukturen des objektiven Geistes und ihres Telos, wird zum Hauptanliegen der Geisteswissenschaften, ohne dabei die ohnehin unverfügbare Innenwelt der Individuen zum Gegenstand werden zu lassen. Durch hermeneutische Wechselbeziehung kann ebenso das Ganze aus den einzelnen Elementen verstanden werden, wie auch ausgehend vom Ganzen Rückschlüsse auf Einzelnes gezogen werden können.[206]

Wenn die Hauptaufgabe der Geisteswissenschaften darin besteht, den Geist – als transzendente Verfestigung geschichtlich-gesellschaftlicher Wirklichkeit – hinsichtlich seiner Wert- und Zwecksetzungen zu analysieren, dann geht es bei geisteswissenschaftlicher Arbeit in letzter Konsequenz darum, Lebensprozesse im Kontext von sozialer Wirklichkeit anhand von kulturellen Objektvationen zu verstehen.

Ausgangspunkt aller Deutungen der Wirklichkeit ist das Erleben, da im Erleben die Wirklichkeit ins menschliche Bewusstsein einfällt. Dreh- und Angelpunkt von Verstehensprozessen ist aber nicht das Erlebnis selbst, sondern dessen objektive Ausdrücke. Das Erlebnis repräsentiert unmittelbar die Innenperspektive von Lebensvollzügen, während der Ausdruck eine Vergegenständlichung des Lebensvollzuges, z.B. in Form von Sprache, Handlungen und Institutionen, darstellt.

In der Fortsetzung zu Diltheys *Aufbau der geschichtlichen Welt in den Geisteswissenschaften,* die im Rahmen seiner *Gesammelten Schriften* posthum veröffentlicht wurde, unterscheidet Dilthey zwischen zwei hermeneutischen Operationen: dem *elementaren* und dem *höheren Verstehen. Elementares Verstehen* ereignet sich demnach unmittelbar im praktischen Umgang zwischen einem sich Äußernden und einem Verstehenden. Verstehensmedium ist dabei eine gemeinsame kulturelle Sphäre, nämlich die des objektiven Geistes, der sowohl die Lebensumstände des sich Äußernden, als auch die des Verstehenden umschließt. Der objektive Geist setzt sich aus objektivierten Lebensäuße-

---

204 Lessing (2011), a.a.O., 128–130.

205 Dilthey, GS VII, 154.

206 Vgl. Lessing (2011), a.a.O., 143f.

rungen der Individuen zusammen, weshalb einzelne Lebensäußerungen aufgrund dieser gemeinsamen Sphäre verstanden werden können.[207] Dilthey will das elementare Verstehen nicht als Kausal-schlussverfahren verstanden wissen. »Das elementare Verstehen ist kein Schluß von einer Wirkung auf die Ursache.«[208] Höheres Verstehen hingegen wird erst notwendig, wenn Störungen im Verstehensprozesses auftreten. Zeigt sich eine Distanz zwischen einer Lebensäußerung und dem Verstehenden, resultiert daraus Unsicherheit. Durch das Auftreten von Unsicherheiten wird die hermeneutische Operation des höheren Verstehens überhaupt erst nötig. Diesem Nicht-Verstehen kann nur durch die Versenkung in den Lebensumständen des Menschen, den Rückbezug auf den ganzen Lebenszusammenhang, Abhilfe geschaffen werden. Dieses Ganze ermöglicht es, das Einzelne aus ihm heraus zu verstehen, sodass der hermeneutischen Operation des elementaren Verstehens der Weg geebnet werden kann. [209]

Im Verstehen kann über den Ausdruck eines Einzelnen auch zum objektiven Geist vorgedrungen werden. Verstehensprozesse sind durch die Trias Erlebnis-Ausdruck-Verstehen determiniert.[210] Im Verstehensprozess werden einzelne Teile auf Totalität hin interpretiert. »Die Kategorie der Bedeutung bezeichnet das Verhältnis von Teilen des Lebens zum Ganzen, das im Wesen des Lebens begründet ist.«[211] Dieser geisteswissenschaftliche Arbeitsschritt führt letzten Endes zur Rekonstruktion des objektiven Geistes und stellt sich in seiner Totalität als Bedeutungszusammenhang dar. »Bedeutung ist die umfassende Kategorie, unter welchem das Leben auffaßbar wird.«[212]

Die einzelnen Teile, die zu einem Bedeutungszusammenhang verbunden sind, haben hierbei einen Eigenwert. Bedeutungen sind hierarchisch organisiert und in Substrukturen verästelt. Offenbar werden Bedeutungen ersichtlich, indem Lebensäußerungen mithilfe der Auslegung auf ihren »subjektiv gemeinten und objektiv realisierten Sinn«[213] hin untersucht werden. Da sich Äußerungen über das psychische Erleben eines Urhebers in den objektiven Geist einlagern, ist der Verstehensprozess vordergründig auf diesen objektiven Geist ausgerichtet. Der Wunsch nach Auslegung wird erst dann laut, wenn eine Lebensäußerung über so viel Transparenz verfügt, dass die Auslegung gelingen kann, jedoch nur in dem Maße, dass eine Auslegung überhaupt noch notwendig ist. Außerhalb des Lebens gibt es keine Bedeutungen, da sie Produkte von geäußerter und verstandener Subjektivität sind.[214]

---

207 DILTHEY, GS VII, 208f, vgl. hierzu BOLLNOW, a.a.O., 238f.

208 DILTHEY, GS VII, 207f.

209 Vgl, BOLLNOW, a.a.O., 247.

210 LESSING (2011), a.a.O., 127f.

211 DILTHEY,GS VII, 233.

212 DILTHEY,GS VII, 232.

213 JUNG, a.a.O., 166.

214 Vgl. LESSING (2011), a.a.O., 126f.

2.2 Zusammenfassung: Der Verstehensbegriff bei Dilthey

Wilhelm Diltheys hermeneutische Grundlegung resultiert aus seinen Bemühungen, die Geisteswissenschaft hinsichtlich ihres Erkenntnisgegenstandes und der damit verbundenen Methodik von den Naturwissenschaften abzugrenzen. Hierbei kommt er zu dem Schluss, dass die Geisteswissenschaft im Gegensatz zur Naturwissenschaft nur eine *verstehende* Zugangsweise anbietet. Das Hauptcharakteristikum der Geisteswissenschaften ist in ihrem Bezug zum Leben realisiert. Unter ›Leben‹ versteht Dilthey einen Zusammenhang all dessen, was im Erleben und Verstehen gegeben ist. Obwohl menschlicher Lebensvollzug in den Geisteswissenschaften verhandelt wird, geht es dennoch nicht vordergründig um individuelle Bewusstseinsinhalte. Stattdessen steht die Betrachtung von Sinnstrukturen im Fokus, wobei Dilthey zwischen subjektivem Gewahrwerden und intersubjektivem Sinn unterscheidet. Letzterer, alle geistigen Gebilde umspannender Sinn, wird für ihn in Gestalt des objektiven Geistes zum primären Erkenntnisinteresse der Geisteswissenschaften. Dilthey definiert Verstehen als »Vorgang, bei dem ein Inneres durch äußerlich gegebene Zeichen«[215] verstanden wird. Das elementare und das höhere Verstehen von Ausgedrücktem charakterisiert Dilthey als hermeneutische Operationen. Elementares Verstehen, welches eher ein Ablesen von Verhalten im alltäglichen Umgang ist, muss in das höhere Verstehen überführt werden, wenn Störungen im Prozess des elementaren Verstehens auftreten. Unsicherheiten werden durch den Rückbezug auf die Lebensumstände des einzelnen Menschen sowie den gesamten Lebenszusammenhang ausgeräumt. Die gemeinsame geistige Sphäre, die beim elementaren Verstehen gegeben ist und auf die das höhere Verstehen ausgerichtet ist, macht den objektiven Geist aus. Der objektive Geist kann allerdings auch zum Sprechen gebracht werden, sodass auch seine Auslegung möglich wird.

Fixierte Ausdrücke des Lebens, so genannte Objektvationen, sind die primären geisteswissenschaftlichen Anknüpfungspunkte. Diesen Objektvationen des Lebens ist ein Wirkungszusammenhang immanent, der sich über eigene Strukturen und Gesetzmäßigkeiten vermittelt. In Form des Wirkungszusammenhanges findet der objektive Geist Einzug in die vergegenständlichten Zeugnisse menschlicher Geistestätigkeit. Wirkungszusammenhänge sind orientiert auf die Realisierung von Werten und Zwecken und tragen somit einen teleologischen Charakter.

Der objektive Geist ist Sinnbild einer geschichtlich-gesellschaftlichen Wirklichkeit, wobei nach Dilthey Wirklichkeit am stärksten durch das Erlebnis in das menschliche Bewusstsein eindringt. Verstehensprozesse nehmen somit ihren Anfang im menschlichen Erleben.

Verstehen ist in die Trias Erleben-Ausdruck-Verstehen eingebettet. Das Erlebnis veräußerlicht sich im Ausdruck. Diesem liegt eine besondere Struktur zugrunde, die des objektiven Geistes. Der objektive Geist kann verstanden werden, wodurch im Umkehrschluss auch das kollektive Erleben über die

---

[215] Dilthey, GS V, 319.

Kenntnis des objektiven Geistes verständlich werden kann. Die Rekonstruktion des objektiven Geistes auf der Grundlage einer Teil-Ganzes-Hermeneutik fördert einen umfassenden Bedeutungszusammenhang zu Tage.

2.3 Drews' Verstehensbegriff und Diltheys hermeneutische Grundlegung

Nachdem die hermeneutische Grundlegung Diltheys als einschlägige hermeneutische Position des ausgehenden 20. Jahrhunderts soweit dargestellt wurde, wie es für die Zwecke dieser Arbeit nötig ist, gilt es nun, die gewonnenen Kenntnisse sachdienlich anzuwenden. Mithilfe der begrifflichen Mittel des Verstehens, die von Dilthey *en detail* dargelegt wurden, muss nun der unausgeführten Verstehensbegriff bei Drews rekonstruiert werden. Dazu sollen vier auf ihren Sachgehalt komprimierte Thesen entwickelt werden. Hierdurch kann ein Zugang zu dem gewonnen werden, was Drews vorschwebt, wenn er vom Verstehen bzw. Nichtverstehen spricht. Eine Untersuchung des hermeneutischen Anliegen Drews' ist evident, weil man davon ausgehen muss, dass Drews' empirisch orientiertes Vorhaben einer Religiösen Volkskunde in letzter Konsequenz auch eine hermeneutische Funktion erfüllt.

I. Die dreigliedrige Struktur des Verstehens von Dilthey (Erlebnis-Ausdruck-Verstehen) gibt Aufschluss über Drews' hermeneutisches Vorgehen.

Erleben als menschliche Tatsache ist für die Geisteswissenschaften konstitutiv, da erlebte menschliche Zustände ausgedrückt werden können und somit dem Vorgang des Verstehens überhaupt erst zugänglich werden. Das erlebende Subjekt ist für Dilthey nicht zwingend individuell besetzt, sondern kann so weit gefasst werden, dass unter den Begriff auch eine Gemeinschaft, eine bestimmte gesellschaftliche Gruppierung oder sogar die gesamte Menschheit gefasst werden kann. Entsprechend dieser Setzung ist dann auch der Begriff des *Ausdrucks* auszuweiten. Hierunter fasst Dilthey nicht nur Mienen oder Worte, sondern auch gesellschaftliche Gebilde – so zum Beispiel ein Rechtssystem oder Poesie –, also all »die beständigen Objektivierungen des Geistes in gesellschaftlichen Gebilden, durch welche die Gemeinsamkeit menschlichen Wesens hindurch scheint und uns beständig anschaulich und gewiss ist.«[216] Geisteswissenschaftlicher Anknüpfungspunkt sind Ausdrücke, sprich *Objektvationen* des Lebens, in denen sich der objektive Geist realisiert. *Verstehen* ist *per definitionem* – »Wir nennen den Vorgang, in welchem wir aus Zeichen, die von außen sinnlich gegeben sind, ein Inneres erkennen: Verstehen.«[217] – an diese Ausdrücke gebunden. Im Verstehensprozess selbst wird auf das Innere als Teil einer »kulturellen Wirklichkeit«[218] zurückgegriffen, um die darin artikulierten *Wert- oder Zwecksetzungen* einer bestimmten sich artikulierenden Gemeinschaft offenzulegen. Dabei geht es nicht um »psychologische Erkenntnis«[219]. Am Beispiel der Dichtung macht Dilthey deutlich, dass

---

216 Dilthey, GS, VII, 86.
217 Dilthey, GS, V, 319.
218 Lessing (2011), a.a.O. 127.
219 Dilthey, GS, VII, 85.

»nicht die inneren Vorgänge in dem Dichter, sondern ein in diesen [Texten einer Dichtung] geschaffener, aber von ihnen ablösbarer Zusammenhang«[220] verstanden werden soll.

Diese dreigliedrige Struktur des Verstehens kann auch den Drews'schen Verstehensprozessen zugrunde gelegt werden. Sitten und Bräuche, Selbstzeugnisse sowie die Verfassung der Landeskirche – um nur einige Beispiele zu nennen – sind *Objektvationen* des Lebens. Sie dienen Drews in diesem Zusammenhang als Anknüpfungspunkte einer empirisch arbeitenden, hermeneutisch ausgerichteten Theologie. Die Religiöse Volkskunde erfasst dieses Material und extrahiert daraus den *objektiven Geist* als kulturelle Sphäre, der sich in jenen Ausdrücken realisiert. Die darin angelagerten *Wert- und Zwecksetzungen* werden auf diesem Wege sichtbar und geben Aufschluss über die Urheber dieser menschlichen Tatsachen. Dabei geht es Drews, wie auch Dilthey nicht darum, die psychische Verfasstheit eines sich Äußernden zu ergründen, sondern das Typische zu verstehen.

II. Sowohl Dilthey als auch Drews wollen Lebensprozesse verstehen und soziale Wirklichkeit konstruieren, hierbei kommt der Teil-Ganzes-Hermeneutik eine tragende Rolle zu.

Beim Verstehen von Lebensausdrücken geht es Dilthey auch darum, geschichtlichgesellschaftliche Wirklichkeit zu verstehen, indem die Rekonstruktion und Auslegung des objektiven Geistes als übergeordnetes Ziel geisteswissenschaftlicher Arbeit angesehen wird. Hinsichtlich der Teil-Ganzes-Hermeneutik konstatiert Dilthey:

»Ebenso ist das Verstehen des Singularen nur möglich durch die Präsenz des generellen Wissens in ihm, und dies generelle Wissen hat wieder im Verstehen seine Voraussetzung. Endlich erreicht das Verstehen eines Teiles des geschichtlichen Verlaufes seine Vollkommenheit nur durch die Beziehung des Teiles zum Ganzen, und der universal-historische Überblick über das Ganze setzt das Verstehen der Teile voraus, die in ihm vereinigt sind.«[221]

Ähnlich verhält es sich auch bei Drews. Das Leben einzelner Menschen und bestimmter Bevölkerungsgruppen, wie zum Beispiel die Bauern oder Industriearbeiter, wecken sein Interesse. Es geht ihm hierbei aber nicht ausschließlich um das individuelle Lebensgefühl eines einzelnen Fabrikarbeiters, sondern vielmehr um den kollektiven Geist der Zeit einer Bevölkerungsgruppe. Aus ihm heraus können »bestimmte Erscheinungen des religiösen und sittlichen Lebens als Symptome eines religiösen Gesamtzustandes verständlich werden.«[222] In letzter Konsequenz geht es Drews um den Blick auf den religiösen Gesamtzustand. Hierin zeichnen sich zwei voneinander zu unterscheidende hermeneutische Operationen ab. Zunächst müssen einzelne Bevölkerungskreise oder gar Einzelfälle verständlich werden, bevor sie als »Symptome eines religiösen Gesamtzustandes« interpretiert werden können.

---

220 Dilthey, GS, VII, 85.
221 Dilthey, GS, VII, 152.
222 EBPV, 311.

Der »religiöse Gesamtzustand« kann je nach Gruppengröße abgestuft werden. Die Lebensäußerung eines einzelnen Bauern gibt Aufschluss über die Lebenssituation der Pfälzer Bauern. Die Kenntnis dieser komplettiert wiederum das Bild der religiösen Lage der Pfalz. Die religiöse Lage der Pfalz hingegen steht *pars pro toto* für den religiösen Gesamtzustand Deutschlands. Diese Abstufung könnte nun beliebig weiter geführt werden. Wesentlich ist dabei, dass das Drews'sche Vorgehen auf Diltheys Ausdruck einer Teil-Ganzes-Hermeneutik gebracht werden kann.

III. Die von Dilthey eingeführten hermeneutischen Operationen des elementaren und höheren Verstehens geben Aufschluss über verschiedene Arten des Verstehens bei Drews.

Elementares Verstehen nach Dilthey realisiert sich selbstevident auf der Grundlage einer gemeinsamen kulturellen Sphäre, in die Mimiken, Gesten, Handlungen und Worte des sich Äußernden und des Verstehenden eingetaucht sind. Ist dieses gemeinsame Verstehensmedium aufgrund von Störungen und Unsicherheiten nicht gegeben, muss die Operation des höheren Verstehens in Anspruch genommen werden. Beim *höheren Verstehen* kann über den Ausdruck, in Rückgriff auf den durch den objektiven Geist gegebenen Zusammenhang, eine gemeinsame Sphäre konstruiert werden. Ein gemeinsames Verstehensmedium ermöglicht anschließend Kommunikationsprozesse des Typs *elementares Verstehen.*

Die von Drews beschriebenen Kommunikationsprozesse lassen offenbar werden, dass die Pastoren die Menschen ihrer Gemeinden nicht mehr verstehen. Durch Störungen und Unsicherheiten, die von Drews als Symptome einer milieuspezifisch ausdifferenzierten Gesellschaft wahrgenommen werden, ist Verstehen nach Muster des elementaren Verstehens nicht mehr möglich. Nun schließt sich das höhere Verstehen an. Dabei muss die noch unbekannte kulturelle Sphäre in eine gemeinsame umgewandelt werden. Für kirchliche Amtsträger hieße das beispielsweise, dass sie sich den Lebenszusammenhang eines Industriearbeiters vor Augen führen müssten, um dessen religiöse Haltung verstehen zu können. An dieser Stelle wird empirisches Wissen benötigt. Empirisches Wissen hat die Funktion, die Konstruktion einer gemeinsamen Sphäre durch nachgelieferte Kenntnisse zu unterstützen. Wenn dieser Vorgang gelingt, werden Analogieschlüsse nach Muster des elementaren Verstehens wieder möglich. Vor diesem Hintergrund wird auch deutlich, warum einige empathische Pastoren die Fühlung zu ihren Gemeindegliedern nicht verloren haben. Durch einen regen Kontakt zwischen ihnen und der Bevölkerung teilen sie die gleiche kulturelle Sphäre dieser Menschen.

3. Ergebnis und Reflexion: Der Verstehensbegriff bei Drews

Das ausschlaggebende Sachproblem für Drews und sein empirisch-orientiertes Programm ist die Wirkungslosigkeit kirchlicher Bemühungen, wie sie besonders im Pfarrstand selbst beklagt wird. Hierbei ist es die kirchenferne Haltung großer Teile der Bevölkerung, die Drews als Versagen pastoraler Tätigkeit interpretiert. Dieser Sachverhalt wird von Drews, entgegen herkömmlicher Auffassungen, die auf eine inhaltliche oder kulturpessimistische Deutung rekurrieren, als *Verstehens*problem entfaltet. Bedingt durch die zunehmende Ausdifferenzierung der gesellschaftlichen Gruppen haben sich kirchliche Akteure von der Lebenswelt des Volkes entfernt. Durch diese Entfremdung sind elementare Kenntnisse verloren gegangen, die Verstehensprozesse überhaupt erst ermöglichen. Jenes unverzichtbare Wissen muss von Seiten der kirchlichen Bildungsinstitutionen den agierenden Pastoren zugeführt werden, damit sie ihren pastoralen Aufgaben in befriedigender Art und Weise nachkommen können und sich nicht von vornherein um ihre Wirkungsmöglichkeiten beschneiden. Da zuverlässige Kenntnisse über die Menschen der Gemeinden nicht unmittelbar verfügbar sind, bedarf es einer Herangehensweise, die nach wissenschaftlichen Kriterien – systematisch und empirisch fundiert – arbeitet. Nach Drews' Ansicht kann die Religiöse Volkskunde in Kooperation mit der Religiösen Psychologie diesen Anforderungen nur mit hermeneutischen Operationen gerecht werden.»Wir nennen den Vorgang, in welchem wir aus Zeichen, die von außen sinnlich gegeben sind, ein Inneres erkennen: Verstehen.«[223]

Diese Definition, wie sie von Dilthey gewählt wurde, kann, wie sich gezeigt hat, zur Konstruktion des Drews'schen Verstehensbegriffes herangezogen werden. Ausgehend von Vorgängen, die zwischen Menschen ablaufen, beispielsweise zwischen einem Pastor und seinen Gemeindemitgliedern, stützt sich Verstehen auf äußerlich gegebene Zeichen in Form von (Selbst)Äußerungen, schriftlich fixierten Ausdrücken oder Institutionen. Im Modus des elementaren Verstehens kann die Bedeutung äußerlich gegebener Zeichen abgelesen werden. Treten jedoch Störungen innerhalb dieses Prozesses auf, so zum Beispiel durch das Phänomen der Entfremdung, kann nicht mehr selbstevident verstanden werden. Die hermeneutische Operation des höheren Verstehens wird notwendig. Dieser Vorgang setzt beim Ausdruck an. Indem Objektvationen des Lebens auf den Zusammenhang hin untersucht werden, der in ihnen wirksam ist, beispielsweise in Gestalt von religionsfördernden oder -hemmenden Faktoren, offenbart sich der objektive Geist als kulturelle Sphäre. Interaktionen zwischen einem sich Äußernden und einem Verstehenden spielen sich nun im Kontext eines gemeinsamen Verstehensmediums ab und können deshalb elementar verstanden werden. Der Vorgang des höheren Verstehens wird durch die Religiöse Volkskunde, die empirisches Wissen zur Verfügung stellt und soziokulturelle Faktoren untersucht, ermöglicht. Wie eingangs erwähnt wurde, gibt es auch Geistliche, die eine Religiöse Volkskunde nicht zwingend nötig haben, da sie aufgrund von jahrelanger Erfahrung nicht vor das Problem des Nichtverstehens gestellt sind. Dieses Phänomen kann nun damit erklärt werden, dass diese kirchlichen

---

223 DILTHEY, GS V, 319.

Mitarbeiter durch eine gemeinsame kulturelle Sphäre mit ihren Gemeindegliedern verbunden sind. Das bedeutet zum einen, dass eventuell gar keine Störungen im Kommunikationsprozess vorliegen, Verstehen also im Modus des elementaren Verstehens problemlos erfolgt oder, dass die Geistlichen fähig sind, durch Beobachtung die geistige Sphäre ihres Gegenübers zu erschließen.

Mit der Teil-Ganzes-Hermeneutik ist ein Sachverhalt angesprochen, der uns bei Dilthey begegnet ist und uns für eine Rekonstruktion des Drews'schen Verstehensbegriffes als wertvoll erscheint. Die Biografie als Lebensäußerung eines einzelnen Fabrikarbeiters gibt Aufschluss über die soziale Lage einer ganzen Bevölkerungsgruppe. Die typische Erfassung der Fabrikarbeiter ermöglicht es wiederum, die Handlung eines einzelnen Arbeiters zu verstehen. Dabei geht es aber nicht darum, die höchst individuellen psychischen Beweggründe dieses Menschen zu durchdringen. Der einzelne Mensch wird nur soweit in den Blick genommen, dass Merkmale, die für seine soziale Herkunft typisch sind, erfasst werden können. Das Einzelne wird aus dem Ganzen heraus verstanden und auch das Ganze wird aus dem Einzelnen heraus erkennbar. Dieser hermeneutische Zirkelschluss kann beliebig weitergeführt werden, findet für Drews jedoch seine Grenze darin, sobald der »religiöse Gesamtzustand«[224] verstanden werden kann.

Die äußeren Lebensbedingungen und persönlichen Dispositionen einzelner Personengruppen werden in Form von hermeneutischen Kategorien zusammengefasst. Diese wiederum leiten die im Amt stehenden Geistlichen dazu an, die Mitglieder ihrer Gemeinden mit Hilfe dieser Kategorien zu verstehen. Kategorien können allerdings erst nach eingehender empirischer Erkenntnis belegt und gewonnen werden. Bereits vorhandene Kategorien, die beispielsweise den Menschen als Objekt evangelischer Verkündigung verstehen, müssen durch neue erweitert werden, um überhaupt der gegenwärtigen sozialen Wirklichkeit gerecht zu werden. Im Letzt genannten Grund ist Drews' Auffassung von Verstehen und das darin begründete empirische Vorhaben nichts anderes als eine Wirklichkeitsauffassung. Dieses Konstrukt sozialer Wirklichkeit ist jedoch einer besonderen Fragestellung verpflichtet. Zum Forschungsgegenstand werden nämlich soziokulturelle Bedingungen und individuelle Dispositionen gemacht, wobei ihr Einfluss auf die Glaubensgewinnung und Glaubensausgestaltung ausschlaggebend ist. Landschaftliche Bedingungen oder geschichtliche Hintergründe einer Region haben offenbar keinen direkten Bezug zur Religiosität der dort lebenden Menschen. Indem diese bei Drews' empirisch-theologisch orientierten Vorhaben aber dennoch zum Forschungsobjekt werden, gesteht Drews zu, dass das Christentum untrennbar mit Gesellschaft, Geschichte und Kultur eines Gebietes verbunden ist. Verstehen bedeutet vor diesem Hintergrund also nicht nur Menschen, ein zeitgenössisches Lebensgefühl oder soziale Wirklichkeit zu verstehen, sondern auch

[224] RVAT, 6.

die Rolle, die die Religion in der Kultur spielt zu erfassen. Gehen wir nun abschließend noch einmal auf die Ebene der Drews'schen Texte zurück.

> »Nichts muß man unserer Kirche so laut, so eindringlich in's Ohr, in's Gewissen rufen, als dies: Lerne verstehe! lerne die Menschen ringsher verstehen, die vor deiner Tür warten. [...] Hier hat auch die akademische Theologie, die Ethik und die praktische Theologie an den künftigen Geistlichen eine große Aufgabe. [...] Sehen lehren, verstehen lehren, das gilt es.«[225]

In diesem Zitat wird auf die Praktische Theologie verwiesen. Sie hat demzufolge einen Lehrauftrag, der darin besteht, zukünftige kirchliche Amtsträger hermeneutisch auszubilden. Als Wahrnehmungsschule soll die Praktische Theologie einerseits den Blick schärfen für die gegenwärtigen Verhältnisse und andererseits durch die Bereitstellung empirischen Wissens die Kenntnisse nachliefern, die notwendig sind, um eine gemeinsame kulturelle Sphäre zu konstruieren.

Hier schließt sich nun die Frage an, wie eine empirische Theologie beschaffen sein muss, um diesem hermeneutischen Auftrag nachzukommen. Die Religiöse Volkskunde als empirische Grundlage ist bereits angesprochen worden. Offen bleibt jedoch die Frage, welche konkrete Aufgabe dieser Institution obliegt und welcher empirische Ertrag von ihr gefordert werden kann. Diesen Fragen soll nun nachgegangen werden.

---

[225] Paul Drews, Die Kirche und der Arbeiterstand, in: Verhandlungen des 20. Evangelisch-sozialen Kongresses in Heilbronn, Göttingen 1909, 3–43, hier 40.

IV. Grundlagen der empirisch orientierten Theologie Paul Drews'

In Auseinandersetzung mit dem Problemkomplex der sozialen Frage seiner Zeit kommt Drews zu der Einsicht, dass die Kirche die Fühlung zu großen Teilen der Bevölkerung verloren hat. Er stellt die Effizienz pastoraler Tätigkeit infrage, da die Unkenntnis der religiösen Lage der Gegenwart einer gelingenden Kommunikation zwischen kirchlichen Handlungsträgern und den Menschen ihrer Gemeinden entgegensteht. Diesem eminenten *Verstehens*problem kann Abhilfe geschaffen werden, indem kirchlichen Amtsträgern von Seiten der Praktischen Theologie empirisches Wissen bereitgestellt wird. Empirisches Wissen ermöglicht es den Geistlichen, sich in die Gedanken- und Lebenswelt der jeweiligen Bevölkerungsgruppe einzufühlen. Religiöse Bedürfnisse und ethische Leerstellen werden den Geistlichen auf diese Weise vor Augen geführt, so dass sie Predigt und Seelsorge dahingehend ausrichten können. Da Drews die soziale Frage primär in ihrer ethischen Dimension wahrnimmt, verspricht er sich von einer optimierten pastoralen Handlungsweise Besserung der gesamtgesellschaftlichen Lage.

Um empirisches Wissen zu erheben und zur Darstellung bringen zu können, konzipiert Drews eine empirische Theologie, die in drei Komplexe gegliedert ist: *Religiöse Volkskunde*, *Religiöse Psychologie* und *Evangelische Kirchenkunde*.

Im Folgenden soll die Traditionsgeschichte dieser drei Disziplinen beleuchtet werden, um einerseits zu erkennen, inwiefern diese Traditionskomplexe von Drews modifiziert wurden und andererseits, um daraus traditionsbedingte Prämissen für die jeweiligen Disziplinen abzuleiten. Eine sich anschließende Rekonstruktion erfolgt primär auf der Grundlage von Texten, die Drews eigens für die Etablierung einer empirisch arbeitenden Praktischen Theologie vorgesehen hat.[226] Durch deren Untersuchung wird deutlich werden, inwiefern Religiöse Volkskunde, Religiöse Psychologie und die Evangelische

226 Paul Drews, Dogmatik oder religiöse Psychologie?, in: ZThK 8, 1898, 134–151; Ders., »Religiöse Volkskunde«, eine Aufgabe der praktischen Theologie, in: MkiPr 1, 1901, 1–8; Ders., Das kirchliche Leben der Evangelisch-Lutherischen Landeskirche des Königreichs Sachsen, Tübingen/Leipzig 1902; Ders., Evangelische Kirchenkunde, in: Internationale Wochenschrift für Wissenschaft, Kunst und Technik 28, 1907, 871–876; Ders., Art. Volkskunde, religiöse, in: RGG 5 (1913), 1746–1754.

Kirchenkunde diejenigen Disziplinen sind, die eine empirische Arbeitsweise der Praktischen Theologie ermöglichen.

Ein Überblick über die bisherigen Forschungsarbeiten zu Drews, die sich gerade in Hinblick auf seine empirisch-theologischen Grundlagen verdient gemacht haben, wird verdeutlichen, an welche Erkenntnisse angeknüpft werden kann und inwiefern eine konzeptionelle Neubetrachtung überhaupt notwendig wird.

Karl Egers Schrift *Paul Drews' theologische Arbeit*[227] erhellt Drews' theologische Wirksamkeit in ihrer Komplexität. Die empirisch-theologischen Grundlagen kommen neben Reformations- und Liturgiegeschichte zwar auch zur Darstellung, jedoch nur als ein Teilgebiet neben vielen.

Wolfgang Rudolphs Dissertationsschrift *Paul Drews – Vater der evangelischen Kirchenkunde und religiösen Psychologie*[228] erklärt die Untersuchung seiner Religiösen Volkskunde und Evangelischen Kirchenkunde als ihr explizites Forschungsziel.[229] Bei seinen Ausführungen konzentriert sich Rudolph besonders auf die Evangelische Kirchenkunde. Religiöse Volkskunde und vor allem Religiöse Psychologie werden dabei eher randständig behandelt. Dem Drews'schen Begriff der *Ekklesiastik* misst er eine besondere Bedeutung bei. Seines Erachtens sei die Ekklesiastik der Oberbegriff für eine praktisch-theologische Disziplin, in der die Religiöse Volkskunde, die Religiöse Psychologie und die Evangelische Kirchenkunde eingebettet sind.[230]

Die ausführlichste Arbeit zu Paul Drews stellt wohl Volker Drehsens *Die integrative Funktion der Volkskirche im Prozess moderngesellschaftlicher Differenzierung. Zur empirisch-pragmatischen Ekklesiastik von Paul Drews* dar.[231] Eine derart umfassende Darstellung kann natürlich die Behandlung der empirisch-theologischen Grundbegriffe nicht entbehren. Viele Erkenntnisse Drehsens werden deshalb die folgende Untersuchung der Grundlagen einer empirisch-orientierten Theologie stützen und vielfältig bereichern. Dennoch muss angemerkt werden, dass Drehsen mit seiner Arbeit zu Paul Drews ein anderes Erkenntnisinteresse verfolgt als es hier der Fall sein soll. Ihm geht es um die Darstellung moderner gesellschaftlicher Wandlungsprozesse und Stellungnahme der Praktischen Theologie zu diesen.

Neben jenen umfangreichen Arbeiten wird Drews' empirisches Programm auch in diversen Artikeln namhafter Nachschlagewerke und kleineren Aufsätzen thematisiert. Diese knappen Schilderungen bieten sich für einen ersten Zugang zum Thema an. Der pointierten Darstellungsweise ist es jedoch ge-

---

227 EGER, Paul Drews', 1–30.

228 RUDOLPH, Paul Drews.

229 Vgl. RUDOLPH, a.a.O., 4f.

230 RUDOLPH, a.a.O., 29f.

231 DREHSEN, Neuzeitliche Konstitutionsbedingungen, Bd. 1, 349–513.

schuldet, dass Drews' Selbstzeugnisse als primäre Bezugspunkte notwendigerweise vernachlässigt werden.[232]

Die Auswertung der Forschungsliteratur hat gezeigt, dass eine erneute Erhellung der empirisch-theologischen Grundbegriffe in zweierlei Hinsicht von Notwendigkeit ist. Zum einen muss eine dezidierte und eindeutige Darstellung der Religiösen Volkskunde, Religiösen Psychologie und der Evangelischen Kirchenkunde, die sich primär an den konzeptionellen Zeugnissen Drews' entlang tasten, im Rahmen einer Arbeit zu der empirischen Theologie von Paul Drews' der Sache nach erfolgen. Dabei muss die bisher eher randständig erörterte Religiöse Psychologie stärker berücksichtigt werden, da ihr Verhältnis zur Religionspsychologie noch nicht ausreichend thematisiert wurde. Die Arbeiten von Drehsen u.a. werden sich grundsätzlich als wertvolle Stichwortgeber erweisen.

Zum anderen muss geprüft werden, inwiefern die einzelnen Disziplinen das hermeneutische Grundanliegen Drews' gewährleisten. Schließlich wird sich die hier vertretende These, nämlich dass Drews' empirische Theologie grundsätzlich sozio-praktisch initiiert und auf Hermeneutik hin ausgerichtet ist, dadurch als tragfähig erweisen, wenn die empirischen Grundlagen von ihrer Struktur her diesem Erkenntnisinteresse dienen. Dabei wird sich herausstellen, dass alle drei Größen die Bereitstellung tatsächlichen Wissens beabsichtigen, eine Rückbindung an die Tätigkeit und die Bedürftigkeit der im Amt stehenden Geistlichen diesem Ziel aber immer übergeordnet ist. Abschließend soll der Versuch unternommen werden, das diffuse Verhältnis dieser drei Größen zueinander zu bestimmen.[233]

1. Die Religiöse Volkskunde

Als Anknüpfungspunkt für seine *Religiöse Volkskunde* dient Drews die (allgemeine) Volkskunde, eine sich um die Jahrhundertwende formierende Wissenschaft. Während der Terminus *Volkskunde* seinerzeit allgemein geläufig ist, stammt die Bezeichnung *Religiöse Volkskunde* genuin aus Drews' Feder. Aufgrund dieser begrifflichen Parallele bietet es sich an, die Traditionsgeschichte der Volkskunde zu erhellen, zumal Drews sie als zentralen Anknüpfungspunkt für seine Religiöse Volkskunde selbst benennt. Eine begriffsgeschichtliche Annäherung ist somit legitim. Obwohl die Geschichte der Volkskunde weitaus früher ihren Lauf nimmt, beginnt sie für Drews dennoch erst mit Jakob (1785–1863) und Wilhelm Grimm (1786–1859) sowie Wilhelm Heinrich Riehl (1823–1897).[234] Aus der Untersuchung volkskundlicher Tradi-

---

232 Vgl. Schilling, Paul Drews, 413–425; Christine Burckhardt-Seebas, Art. Volkskunde, religiöse, in: TRE 35 (2003), 262–265; Christian Grethlein, Art. Volkskunde, Praktisch-theologisch, in: RGG 8 (2005)[4], 1192f.

233 Vgl. Drehsen, a.a.O., Bd. 1, 457 sowie Grethlein, Praktische Theologie, 42.

234 Vgl. AV, 1747.

tionsgeschichte wird hervorgehen, inwiefern die Religiöse Volkskunde die Allgemeine Volkskunde überhaupt beerbt und worin sie sich von dieser Fachrichtung unterscheidet. Hierfür sollen sämtliche konzeptionelle Beschreibungen Drews' hinzugezogen werden, um zu rekonstruieren, was Drews konkret vor Augen hat, wenn er die Etablierung der religiösen Volkskunde fordert.[235] Abschließend muss geprüft werden, inwiefern die Disziplin der Religiösen Volkskunde Drews' hermeneutisches Grundanliegen berücksichtigt.

1.1 Die Anfänge der Volkskunde als Wissenschaft

Volkskundliche Betrachtungen reichen bis in die Antike zurück. Bestrebungen, diese volkskundlichen Beschreibungen als Wissenschaft zu betreiben, werden jedoch durch diverse weitaus spätere Entwicklungen initiiert und begünstigt.[236] Die heutige wissenschaftliche Volkskunde sieht ihren Ursprung in zwei geistigen Wurzeln begründet: »Die vom Vernunftdenken geprägte, gegenwartsorientierte und pragmatisch ausgerichtete Aufklärung einerseits und die auf den nationalen Volksgeist ausgerichtete, historisch bestimmte und daher gegenwartsferne Romantik andererseits.«[237]

Diese beiden Ursprünge sind deshalb relevant, da sich mit ihnen auch verschiedene Erkenntnisinteressen verbinden. Durch die von der Aufklärung motivierten zunächst kameralistischen Untersuchungen soll die Prosperität des Staates gefördert werden. Das erhobene volkskundliche Material dient aber nicht nur Verwaltungszwecken, sondern stillt auch den Wissensdurst der Aufklärung.

Das Interesse der deutschen Romantik hingegen gilt zum einen der eigenen nationalen Kultur und zeigt sich in der Überhöhung der Traditionsgüter

---

235 Siehe Anm. 226, 77.

236 Eine umfangreiche Auseinandersetzung mit religionssoziologischen und volkskundlichen Traditionsbeständen bietet Volker Drehsen (Vgl. Drehsen, a.a.O., Bd., 476–493). In diesem Zusammenhang kommt bei ihm unter anderem auch die Sozial- und Moralstatistik – als Hauptvertreter der Moralstatistik ist Alexander von Oettingen zu nennen (1827–1906) – zur Darstellung. Eine dezidierte Untersuchung religionssoziologischer Präformationen ist für das von Drehsen angestrebte Erkenntnisinteresse verbindlich. Diese qualitativ hochwertigen Erörterungen können zur Vertiefung und Ergänzung des hier gebotenen Stoffes hinzugenommen werden. Für die vorliegenden Ausführungen, die sich ganz den empirischen Grundlagen Drews' verpflichtet haben, soll ein traditionsgeschichtlicher Zugang gewählt werden. Deshalb stützen sich die nun folgenden Ausführungen auf die Selbsterkenntnisse der modernen wissenschaftlichen Volkskunde, die sich heute auch als *europäische Ethnographie* bezeichnet.

237 KAI DETLEV SIEVERS, Volkskundliche Fragestellungen im 19. Jahrhundert, in: ROLF WILHELM BREDNICH [Hrsg.], Grundriss der Volkskunde. Einführung in die Forschungsfelder der europäischen Ethnologie, Berlin 2001[3], 31–51, hier 31. In die Vorgeschichte der Volkskunde als Wissenschaft führen außerdem INGEBORG WEBER-KELLERMANN, ANDREAS C. BIMMER, SIEGFRIED BECKER, Einführung in die Volkskunde/Europäische Ethnologie, Eine Wissenschaftsgeschichte, Stuttgart 2003[3], 9–62, ein. Zum Thema volkskundliche Arbeitsfelder in der praktischen Theologie siehe Drehsen, a.a.O., Bd. 1, 482–493.

des eigenen Volkes. Man verspricht sich davon über den gemeinsamen deutschen Kulturbesitz die politische Einigung des Volkes zu erringen. Zum anderen bedient die Volkskunde romantische Sehnsüchte, indem sie danach trachtet, die Geheimnisse des *Volksgeistes*[238] zu ergründen.

Diese Entwicklungen, die letzten Endes zur Etablierung einer wissenschaftlichen Volkskunde führen, müssen in einen größeren historiographischen Zusammenhang eingewoben werden. Die 1848er Revolution setzt eine Entwicklung in der Geschichtsschreibung in Gang, die auch die Volkskunde berührt. Neben der Staaten- und Personengeschichtsschreibung setzt sich eine neue Form der Kulturgeschichtsschreibung durch, die sich insbesondere dadurch auszeichnet, dass sie die Verhältnisse der politisch Machtlosen zu ihrem Untersuchungsgegenstand erklärt. Hierdurch wird *eo ipso* auch volkskundliches Material bereitgestellt.[239] Nachdem die Traditionsstränge volkskundlicher Forschung und historiographische Parallelentwicklungen einmal grob nachgezeichnet wurden[240], sollen nun vor allem die von Drews erwähnten Vertreter der Volkskunde in den Blick genommen werden.

»Es entstand die deutsche Volkskunde, als deren Schöpfer die Gebrüder Grimm gelten müssen, als deren Gesinnungsgenosse, noch ein Einsamer in seiner Zeit, W.H. Riehl in seinem Buch ›Land und Leute‹ uns das Auge für die deutsche Heimat geöffnet hat; er hat als der Begründer der historischen Volkskunde zu gelten.«[241]

Jacob (1785–1863) und Wilhelm Grimm (1786–1859) sind von dem Wunsch geleitet, die gesamte Kultur des Volkes zu durchdringen. Mit ihren *Kinder- und Hausmärchen*[242] und umfangreichen Quelleneditionen deutscher Volkspoesie leisten sie einen entscheidenden mythologischen und philologischen Beitrag für die Etablierung einer wissenschaftlichen Volkskunde.[243] Im Rückgriff auf historische Vorlagen literarischer Stoffe erweitern sie die Volks-

---

238 Die Verwendung des Begriffes Volksgeist geht auf Wilhelm Friedrich Hegel (1770–1831) zurück. Hierin sieht er eine Synthese singulärer Bewusstsein, die sich zu einem schöpferischen, nationalen Kollektiv verbinden. Die Erkenntnis des *Volksgeistes* transzendiert die Volkskunde hinsichtlich ihrer bisherigen Arbeitsgebiete, nämlich das Erheben von Wissensbeständen über das Volk und Beschreibungen des Volkslebens, (vgl. WEBER-KELLERMANN/BIMMER/BECKER, a.a.O., 21).

239 Zur Entstehung der Kulturgeschichtsschreibung vgl. EDUARD FUETER, Geschichte der neueren Historiographie, München/Berlin 1911, 566 sowie GEORGE PEABODY GOOCH, Geschichte und Geschichtsschreiber im 19. Jahrhundert, Frankfurt/M 1964, 596–616.

240 Eine umfassende Darstellung über volkskundlich-theologische Traditionen von der Reformationszeit bis zum 19. Jahrhundert liefert Rudolph (vgl. RUDOLPH, a.a.O., 75–81). Hierbei kommt er zu dem Ergebnis: »Wir haben mithin in Drews einen Mann zu sehen, der die Gedanken, die eigentlich alle schon einmal da waren und die nur mit der ganzen Epoche pauschal in Verdikt geraten waren, wieder aufnimmt und fruchtbar zu machen versucht.« (81).

241 AV, 1747.

242 JAKOB GRIMM/WILHELM GRIMM, Kinder- und Hausmärchen, Göttingen 1837.

243 Vgl. SIEVERS, a.a.O., 37.

kunde um eine historische Dimension. Jacob Grimms philologischer Sorgfalt, die sich auch in seiner Sammeltätigkeit widerspiegelt, ist es zu verdanken, dass die Volkskunde erstmals eine Systematisierung philologischer und soziologischer Art erfährt.[244]

Wilhelm Heinrich Riehl (1823–1897) macht sich zunächst ganz im aufklärerischen Sinne als Staatswissenschaftler verdient und hegt den Wunsch, die Volkskunde in den Rang einer Wissenschaft zu erheben.[245] In seinem programmatischen Aufsatz *Die Volkskunde als Wissenschaft* (1859)[246] nimmt Riehl erstmals eine Aufgabenbestimmung der Volkskunde vor. Demnach sollen die umfangreichen Materialsammlungen den Kategorien *Stamm, Sitte, Sprache* und *Siedlung* zugeordnet werden. Auch in methodischer Hinsicht drängt Riehl auf eine Veränderung. Während zunächst nur historische Quellen in Augenschein genommen wurden, sollen nun verstärkt auch gegenwartsbezogene Erzeugnisse in den volkskundlichen Blick rücken.[247] Die Erhebung solchen Materials erfordert eine teilnehmende Beobachtung und eine neuartige Sammelmethode, nämlich das ›Erwandern‹ ganzer Landstriche. Das Forschungsziel, dem sich Riehl verpflichtet sieht, ist »die Erkenntnis des Volkslebens als solchen«[248]. Dieses Ziel korreliert stark mit der Idee von der deutschen Nation. Aufgrund seiner sachlichen Beschreibungen hebt sich Riehl deutlich von den Romantikern ab und definiert die Volkskunde als eine politische Wissenschaft.

Aus Sicht der heutigen Volkskunde respektive *europäischen Ethnographie* sind mit den Arbeiten der Brüder Grimm und Riehl wichtige Impulse für die Entwicklung einer wissenschaftlichen Disziplin gesetzt. Von daher scheint es nachvollziehbar, warum Drews gerade diese Vertreter benennt. Er sieht die Verdienste der Volkskunde darin, dass sie der »allgemeine[n] Bewegung zum Volkstümlichen« eine Heimat geboten hat. Somit erachtet Drews die Erfüllung national-romantischer Sehnsüchte als zentralen Beweggrund volkskundlicher Bestrebungen. Den Traditionsstrang, der aus der Aufklärung herrührt, nimmt Drews nicht explizit auf.[249] Die Erforschung der Kulturgüter des Volkes ist für ihn ein nationales Phänomen, das aus der »tiefe[n] Begeisterung für deutsche

---

[244] Vgl. Sievers, a.a.O., 31–36.

[245] Auch die heutige Volkskunde bzw. europäische Ethnographie erkennt den Beitrag Riehls für die Etablierung der wissenschaftlichen Volkskunde an, dennoch wird seine Rolle als Gründerfigur kritisch gesehen, vgl. Weber-Kellermann/Bimmer/Becker, a.a.O., 49–62.

[246] Wilhelm Heinrich Riehl, Die Volkskunde als Wissenschaft. Ein Vortrag (1858), Berlin/Leipzig 1935, 9–22.

[247] Vgl. Sievers, a.a.O., 34f.

[248] Riehl (1935), a.a.O., 9.

[249] Obwohl Rudolph mit seiner Entwicklungsgeschichte der Religiösen Volkskunde und Psychologie plausibel machen kann, dass die Religiöse Volkskunde besonders im Rationalismus wurzelt (vgl. Rudolph, a.a.O., 81), muss angemerkt werden, dass Drews diesen Traditionsstrang nicht explizit ausführt.

Art und deutsches Wesen«[250] herrührt. Hierdurch wurde zunächst einmal das Interesse dafür geweckt, das Volksleben als lohnendes kulturwissenschaftliches Objekt wahrzunehmen. Dass sich die Volkskunde dabei jedoch zu sehr auf die ländliche Bevölkerung versteift hat, empfindet Drews als Einschränkung:

> »Kann man dabei stehen bleiben, das religiöse Leben, Denken, Empfinden und Vorstellen nur des ländlich bäuerlichen Volkes - denn ihm allein gilt die Bestrebung der heutigen ›V.‹ als Wissenschaft - zu erforschen und darzustellen? Ist es nicht eine ebenso große Notwendigkeit, auf das städtische Volk in allen seinen Schichten mit der gleichen Teilnahme einzugehen?«[251]

Aus diesem Zitat geht hervor, dass die religiöse Volkskunde eine Weiterentwicklung der allgemeinen Volkskunde zu sein scheint und keine religiöse Variante derselben ist. Um dies zu beurteilen, muss geprüft werden, was sich Drews unter Religiöser Volkskunde vorstellt und worin er ihre Aufgabe und ihren Nutzen sieht.

1.2 Paul Drews' Konzept einer Religiösen Volkskunde

Paul Drews' tragende Rolle bei der Begründung einer wissenschaftlich betriebenen Religiösen Volkskunde wurde schon bald nach seinem Tod anerkannt.[252] Im heutigen Forschungsdiskurs wird Drews' Verdienst darin gesehen, dass er die Begründung einer solchen Disziplin als Erster programmatisch vorlegen konnte.[253]

Konkrete konzeptionelle Angaben zur religiösen Volkskunde findet man in seinen Programmaufsätzen *Religiöse Volkskunde als Aufgabe der praktischen Theologie* (1901), *Das Problem der Praktischen Theologie* (1910) und in dem posthum erschienenen RGG[1] Artikel zur *religiösen Volkskunde* (1915). Auf der Grundlage dieser Texte soll rekonstruiert werden, was Drews unter Religiöser Volkskunde versteht.

---

250 AV, 1747.

251 Ebd.

252 »In der Geschichte der praktischen Theologie wird P. Drews als Forscher wie als ›Vater der evangelischen Kirchenkunde und religiösen Volkskunde‹ dauernd in hohen Ehren genannt werden.«, EGER (1917), a.a.O., 30. So votiert auch Friedrich Niebergall: »Ist das Bestreben, einzelne Stände und Gruppen des Volkslebens so zu behandeln, schon älter, so hat erst Paul Drews dem Kinde den Namen gegeben.« (FRIEDRICH NIEBERGALL, Lehrbuch Praktische Theologie, Bd. I., Tübingen 1918, 32) In der Zeit nach Drews' Tod kommt die religiöse Volkskunde ganz in seinem Sinn weiterhin zur Darstellung. Dazu u.a.: FRIEDRICH NIEBERGALL, Art. religiöse Volkskunde, in: RGG 5 (1931)[2], 1668–1669; MARTIN SCHIAN, Art. Kirchenkunde, einschließlich der religiösen Volkskunde, in: RE 23 (1913)[3], 756–763.

253 »Programmatisch forderte sie [die religiöse Volkskunde] um 1901 erstmals P. Drews ...«, CHRISTIAN GRETHLEIN, Art. Volkskunde, Praktisch-theologisch, in: RGG 8 (2005)[4], 1192–1194, hier 1192.

Obwohl Drews sein empirisch theologisches Programm in dem Aufsatz von 1901 und auch in dem RGG Artikel mit der religiösen Volkskunde eröffnet, fällt der Begriff ›empirisch‹ bei ihm erstmals in einem anderen Zusammenhang. In dem bereits traktierten Aufsatz *Dogmatik oder religiöse Psychologie* (1898) fordert Drews, dass der »empirische Thatbestand«[254] theologisch untersucht werden müsse, damit die Hauptaufgabe der Praktischen Theologie, »das kirchliche Leben der Gegenwart in allen seinen Verzweigungen, seinen mannigfaltigen Ausgestaltungen und Erscheinungsformen wissenschaftlich zu erfassen und darzustellen«[255], erfüllt werden könne. Diese Aufgabenbeschreibung deckt sich passgenau, wie sich noch zeigen wird, mit der Funktionsbestimmung der Religiösen Volkskunde.

In dem Prospekt, das im Vorfeld der ersten Ausgabe der *Monatsschrift für die kirchliche Praxis* (1901) erschienen ist, definiert Drews die *Religiöse Volkskunde* als eine

> »beschreibende Darstellung des religiösen Lebens der Gegenwart im Zusammenhang mit seinem geschichtlichen Werden auf Grund einer eindringenden psychologischen Analyse des Volkscharakters wie der Gruppen- und individuellen Typen, mit denen der Geistliche zu rechnen hat.«[256]

Aus dieser Ankündigung geht hervor, dass Drews das gegenwärtige religiöse Leben verschiedener Bevölkerungsgruppen eruieren will und dieses immer auf der Folie seines historischen Gewordenseins versteht. Hinzu tritt die Notwendigkeit, auch individuelle Parameter, die mithilfe von konstruierten Typen[257] kategorisiert werden können, religiös-volkskundlichen Betrachtungen zuzufügen. Anschließend unterstellt Drews die Religiöse Volkskunde dem Zweck, eine Handreichung für im Amt stehende Geistliche zu sein. Kenntnisse über den religiösen Besitz und die Art der Frömmigkeit der Gemeindeglieder bestimmt Drews als Erfolgsbedingung pastoralen Handelns. »Zur Vorbildung eines Theologen gehört also eine gründliche Kenntnis der ›religiösen Volkskunde‹.«[258] Auch wenn das übergeordnete Erkenntnisinteresse pastoraltheologischer Natur ist, führt Drews die Religiöse Volkskunde nicht auf die christliche respektive protestantische Frömmigkeit eng. »Das ganze weite Gebiet der Surrogate für die christliche Religion«[259], dazu zählen auch außerchristliche Phänomene, die von Drews als bäuerlicher »Aberglauben«, »moderner Mystizismus« oder »modernes Sektenwesen«[260] kategorisiert werden, falle in den Zuständigkeitsbereich der Religiösen Volkskunde.

---

254 DP, 139.
255 DP, 145.
256 RVAT, 1.
257 Über die konkrete Methodik und die Darstellungstypologien Drews' gibt Kapitel V, 120–171 Auskunft.
258 RVAT, 5.
259 Ebd.
260 RVAT, 4f.

An die Religiöse Volkskunde richtet Drews prinzipiell zwei Forderungen: Sie muss zunächst klären, wie sich die religiöse Lage der Gegenwart konkret darstellt. Die sich ferner daran anschließende Frage, nämlich nach den Ursachen für die gegenwärtige religiöse Situation, kann nur hinreichend beantwortet werden, wenn Faktoren festgestellt werden, die auf das religiöse Leben Einfluss nehmen. Um die Wissenschaftlichkeit des Unterfangens einer Religiösen Volkskunde zu garantieren, muss sie in der Lage sein, ihre wissenschaftlich gewonnenen Erkenntnisse in feste ›Gesetze‹ zu überführen.

In seinem Aufsatz *Das Problem der Praktischen Theologie* (1910) knüpft Drews direkt an seine früheren Forderungen an: Die Praktische Theologie muss Religiöse Volkskunde betreiben. Pointiert stellt Drews die Aufgabe der Religiösen Volkskunde dergestalt dar, dass sie den Menschen »ins Herz zu sehen und sein religiöses Leben und Empfinden zu verstehen«[261] habe. In diesem Punkt zeigt sich die hermeneutische Ausrichtung dieser Disziplin. Gleichzeitig mahnt Drews an, dass bisherige Beschreibungen zur religiösen Situation lediglich für die bäuerliche Bevölkerung erfolgt seien. Der Religiösen Volkskunde obliege jedoch die Aufgabe, »die verschiedenen Volksschichten und Stände ins Auge zu fassen [...].«[262] Hierzu ermutigt Drews vehement. Weitere programmatische Ausführungen über die Religiöse Volkskunde bietet Drews in dem posthum publizierten RGG[1] Artikel über diese. Seine finalen Erläuterungen zu der Religiösen Volkskunde decken sich mit den ersten Äußerungen zur Sache von 1901. Thematisiert wird die Aufgabe der Religiösen Volkskunde, die darin besteht »uns ein möglichst genaues und scharf umrissenes Bild des gegenwärtigen religiösen Lebens in den verschiedenen Volkskreisen zu geben.«[263] Zudem analysiert diese Disziplin, »von wievielen Faktoren die Artung des religiösen Lebens, seine Kraft oder sein Tod abhängig ist.«[264] Zusätzlich wird die Forderung aus dem Aufsatz von 1910 erneut aufgegriffen: Die Religiöse Volkskunde muss alle Bevölkerungsschichten in ihren Blick nehmen.[265]

Die Religiöse Volkskunde, wie sie von Drews grundgelegt wird, kann, wie sich herausgestellt hat, als »Religionsethnographie in der eigenen Gesellschaft«[266] aufgefasst werden. Von einer grundsätzlichen Verwobenheit von Religion und Gesellschaft muss vom Standpunkt Drews'scher Argumentation ausgegangen werden. Speziell die Analyse von gesellschaftlichen Faktoren, die die Förderung und Hinderung religiöser Entwicklungsprozesse zu verant-

261 DPT, 60f.
262 DPT, 61.
263 AV, 1748.
264 Ebd.
265 Vgl. ebd.
266 Vgl. hierzu Hubert Knoblauch, Qualitative Religionsforschung. Religionsethnographie in der eigenen Gesellschaft, Paderborn 2003.

worten haben, verlagert das praktisch-theologische Vorhaben Drews' auf den Boden der empirischen Religionssoziologie.[267]

1.3 Erstes Zwischenfazit: Religiöse Volkskunde

Drews' Entwurf von einer Religiösen Volkskunde orientiert sich zwar an der allgemeinen Volkskunde, unterscheidet sich aber wesentlich durch ihr Erkenntnisinteresse von diesem Vorläufermodell. Während es Riehl und seinen Gesinnungsgenossen um die Selbsterkenntnis des Volkes und die Idee von der Nation geht, strebt Drews danach, das religiöse Leben der Gegenwart zu (er)kennen und zu *verstehen*, um es den im Amt stehenden Geistlichen zuführen zu können. Dabei sind die Untersuchungsfelder so vielfältig, dass die Religiöse Volkskunde nicht als religiöser Spezialfall der allgemeinen Volkskunde gesehen werden kann, sondern als eigenständige Disziplin, die neben der Volkskunde Bestand hat. Besonders die Beschränkung auf die ländliche Bevölkerung, die mit der spezifisch ideologischen Färbung der Volkskunde einhergeht, wird von Drews kritisiert. Religiöse Volkskunde muss das Volk in seiner Gesamtheit untersuchen. Dennoch profitieren die Forschungen von dem umfangreichen Material, das durch die traditionsreiche Volkskunde zur Verfügung gestellt wird. Und auch die Riehl'sche Methode der ›teilnehmenden Beobachtung‹ kann für die Religiöse Volkskunde nutzbar gemacht werden.[268]

Die Aufgabe der Religiösen Volkskunde verdichtet sich in drei wesentlichen Punkten. Zuerst muss das religiöse Leben aller Bevölkerungsschichten erfasst und typisch dargestellt werden. Ferner muss analysiert werden, welche Faktoren das gegenwärtige religiöse Leben auf welche Art und Weise beeinflussen. Zuletzt ist es grundlegend, aus diesen Erkenntnissen ›Gesetzte‹ zu entwickeln, die auf die Praxis angewendet werden können.

Der Religiösen Volkskunde stellt Drews die *Religiöse Psychologie* an die Seite, damit auch psychologische Erkenntnisse in die umfassende Darstellung des religiösen Lebens einfließen können.

---

[267] Über die Verbindungslinien zwischen empirischer Religionssoziologie und praktischer Theologie informiert Drehsen, a.a.O., Bd. 1, 476–482. Die Bedeutung soziopraktischer Arbeiten von Drews und anderen Theologen für die Entstehung einer gegenwartsbezogenen Religionssoziologie beschreiben überblicksartig auch Friedrich Fürstenberg/Ingo Mörth, Religionssoziologie, in: Friedrich Fürstenberg (et. al.) Religion, Bildung, Medizin. Handbuch der empirischen Sozialforschung, Bd. 14, Stuttgart 1979², 1–84, hier 1–5.

[268] Die Methode der *teilnehmenden Beobachtung* griff auch der damalige Theologiestudent Paul Göhre (vgl. Paul Göhre, Drei Monate als Fabrikarbeiter und Handwerksbursche. Eine praktische Studie, Leipzig 1891) auf, indem er unter falscher Identität drei Monate an der Seite von Fabrikarbeitern schaffte und lebte. In den Augen der heutigen Forschung hat erst Göhre die Methode der teilnehmenden Beobachtung wissenschaftlich salonfähig gemacht (vgl. dazu Horst Kern, Empirische Sozialforschung. Ursprünge, Ansätze, Entwicklungslinien, München 1982, 102f.).

2. Die Religiöse Psychologie

Analog zur Religiösen Volkskunde entwirft Drews die Religiöse Psychologie, die sein umfassendes empirisch-theologisches Programm um eine psychologische Dimension erweitert. Die Bedeutsamkeit individueller Dispositionen für die Glaubensgewinnung und Ausgestaltung betont Drews erstmals in dem bereits traktierten Artikel: *Dogmatik oder religiöse Psychologie?*[269] Sein empirisches Vorhaben leitet er mit der Religiösen Psychologie ein. Die Erfassung der Religiosität eines Menschen respektive das Verstehen der religiösen Lage der Gesamtbevölkerung ist für Drews als ›psychologische‹, genauer betrachtet als »psychologisch-empirische Aufgabe«[270], anzusehen. Es fällt auf, dass dabei noch nicht deutlich wurde, was Drews unter dem Terminus ›psychologisch‹ versteht. Die Religiöse Psychologie deutet von ihrer Semantik her darauf hin, dass hier eine Verwandtschaft zur Religionspsychologie vorliegen könnte. Aufschluss darüber kann jedoch nur eine begriffsgeschichtliche Betrachtung, die das Verhältnis zwischen Religiöser Psychologie und Religionspsychologie klärt, geben.

Während die Begrifflichkeit der Religiösen Volkskunde von Drews selbst in seine historischen Ursprünge eingebunden wird, gestaltet sich die Frage nach der Herkunft seiner Idee einer Religiösen Psychologie als weitaus schwieriger. Konkrete Hinweise auf Positionen und Literatur seiner Zeit, die es uns möglich machen könnten, den Gedanken einer Religiösen Psychologie aus einem bestimmten ideengeschichtlichen Kontext heraus zu konstruieren, fehlen oder werden erst in späteren Schriften gegeben.[271] Ein Blick auf die sich formierende internationale Religionspsychologie wird sich als hilfreich erweisen, wobei auch die seinerzeit aktuelle Völkerpsychologie Wilhelm Wundts zur Erhellung der Religiösen Psychologie ergänzend herangezogen werden muss. Eine eingehende Beschäftigung mit den konzeptionellen Texten Drews' und seinen praktischen Arbeiten zur Religiösen Psychologie wird sich anschließen. Hierdurch kann die Bedeutung des Wortes ›psychologisch‹ erschlossen werden. Eine textimmanente Analyse der Religiösen Psychologie erfolgt unter dem Aspekt, diese Disziplin auf ihren hermeneutischen Gehalt und ihre Verwertbarkeit hinsichtlich Drews' empirisch-theologischen Anliegens hin zu befragen.

2.1 Die internationale wissenschaftliche Religionspsychologie

Die wissenschaftlich betriebene Religionspsychologie geht aus der Ausdifferenzierungen der klassischen Fächer Medizin und Philosophie hervor.[272] Im

---

269 Vgl. Kapitel III, 51–56.

270 DP, 139.

271 Vgl. Drehsen, a.a.O., Bd. 1, 493.

272 Eine umfassende Darstellung der Entwicklung einer wissenschaftlichen internationalen Religionspsychologie findet man bei David Wulff, Psychology of religion, New York 1997², besonders 30-37 und Christian Henning (et. al.), Einführung in die Religionspsychologie, Paderborn 2003, 9–43, besonders 15–18. Die Etablierungsphase der

Rahmen dessen wird die internationale religionspsychologische Forschung möglich, wobei sich besonders drei Traditionslinien abzeichnen: die angloamerikanische, die französische und die deutsche religionspsychologische Forschung.

Als Begründer der amerikanischen Religionspsychologie ist Stanley Hall (1846–1924) zu nennen, der Diller Starbuck (1866–1947) und James Henry Leuba (1868–1946) zu ihren Arbeiten inspirierte. In William James (1842–1910) findet die angloamerikanische Religionspsychologie ihren prominentesten Vertreter, dessen Arbeiten sich auf die Untersuchung religiöser Erlebnisse fokussieren und international besonders in Deutschland Anklang finden.[273]

Da die Werke Starbucks und James' wenige Jahre nach ihrem Erscheinen durch die Übersetzungen von Gustav Vorbrodt (1860–1929) und Georg Wobbermin (1869–1943) auch der deutschen Leserschaft zugänglich gemacht wurden, bietet sich an dieser Stelle eine genauere Betrachtung beider Arbeiten an.

Starbucks *The psychology of religion* erschien 1909 in Deutschland unter dem Titel *Religionspsychologie, Empirische Entwicklungsstudie religiösen Bewußtseins* in einer nur mäßig gelungenen Übersetzung[274] von Gustav Vorbrodt. Starbucks Hauptanliegen ist es, durch seine Untersuchungen zur protestantischen Sozialisation zu festen Gesetzen vorzudringen, welche der religiösen Entwicklung zugrunde liegen. Als Anknüpfungspunkt für seine wissenschaftliche, d.h. empirische Studie dient ihm das Bekehrungserlebnis. Für die Sammlung des Materials setzte Starbuck Fragebögen ein, eine Auswertung wurde dann durch Klassifikationen vorgenommen. Die so gewonnenen Resultate wurden grafisch dargestellt, wobei die naturwissenschaftlichen Prinzipien der Statistik streng berücksichtigt worden sind.[275]

William James' *The Varieties of Religious Experience*[276] erschien 1902 in Amerika und 1907 dann übersetzt auch in Deutschland. Zu dem Rezipientenkreis dieser Arbeit zählt auch Paul Drews.[277] Die Sammlung des umfangreichen Materials dient dem Zweck, religiöse Erfahrungen in ihrer Vielfältigkeit

---

Religionspsychologie in Deutschland ist durch zeitgenössische konstituierende Schriften belegt. Als wertvolle Quellen können sie auch für die folgenden Untersuchungen herangezogen werden, vgl. dazu OTTO SCHEEL, Die moderne Religionspsychologie, in: ZThK 18, 1908, 1–38; HERMANN FABER, Das Wesen der Religionspsychologie und ihre Bedeutung für die Dogmatik, Tübingen 1913 sowie WILHELM KOEPP, Einführung in das Studium der Religionspsychologie, Tübingen 1920.

[273] Vgl. KARL HOHEISEL, Art. Religionspsychologie I., in: TRE 29 (1998), 2–7, hier 2.

[274] Vgl. FABER, a.a.O., 12.

[275] Vgl. FABER, a.a.O., 19.

[276] WILLIAM JAMES, The varieties of religious Experience, New York 1902. Die deutsche Übersetzung wird von Georg Wobbermin vorgenommen: WILLIAM JAMES, GEORG WOBBERMIN (übersetz.), Die religiöse Erfahrung in ihrer Mannigfaltigkeit, Leipzig 1907.

[277] DPT, 67.

zu erfassen. Hierfür nahm James ein Fragebogenverfahren in Anspruch. Den Großteil seiner Informationen hat er allerdings aus religiöser Literatur, Tagebüchern, Biografien, Memoiren, Briefen und ähnlichem gewonnen. Für seine Studie wählte James besondere religiöse Persönlichkeiten aus, da er bei ihnen glaubte, die Religiosität in ihrer Ursprünglichkeit anzutreffen. Diese Fokussierung führt dazu, dass James beinahe ausschließlich exzentrische und pathologische Phänomene zu seinem Untersuchungsgegenstand macht. Das erhobene Material ordnet er nach verschiedenen Typen der Religiosität. Von dort ausgehend versucht, er das religiöse Leben des einzelnen Individuums zu beschreiben und zu verstehen.[278]

Das Erkenntnisinteresse hinsichtlich pathologischer und außergewöhnlicher religiöser Phänomene leitete auch die französische Religionsforschung. Diese klinisch-psychiatrisch motivierte Forschung wurde von Pierre Janet (1859–1947) und Théodule Amand Ribot (1839–1916) empirisch durchgeführt. Auf der Grundlage dieser Forschungstradition wurde es Jean Piaget (1896–1980) möglich, entwicklungspsychologische Beschreibungen zur Entstehung des kindlichen Weltbildes vorzunehmen.[279]

Besonders von der amerikanischen Religionspsychologie zeigte man sich in Deutschland sehr beeindruckt, insbesondere aufgrund der Übersetzungen von Starbucks und James' Arbeiten. Für die deutsche Religionspsychologie leistete Wilhelm Wundt (1832–1930) mit seiner zehnbändigen Völkerpsychologie einen entscheidenden Beitrag.[280] Diese stellte sich der stark rezipierten amerikanischen Religionspsychologie als deutscher Entwurf einer Religionspsychologie entgegen.[281] Der Hauptunterschied zwischen den beiden religionspsychologischen Richtungen kann durch folgendes Zitat Wundts auf den Punkt gebracht werden: »Die Religion ist [...] von Haus aus ein völkerpsychologisches, kein individualpsychologisches Problem«.[282]. Wundt sondiert die Zuständigkeitsbereiche von Individual- und Völkerpsychologie: Während erstere sich mit psychischen Vorgängen des einzelnen Individuums auseinandersetzt, habe sich letztere an den Erzeugnissen seelischer Vorgänge einer Gemeinschaft als Objektvation abzuarbeiten. Dabei können beide Bereiche nie ganz eindeutig unterschieden werden.[283]

Die Völkerpsychologie macht sich die Untersuchung der Wechselwirkungen zwischen dem einzelnen Individuum und dem gesellschaftlichen Ganzen zur Aufgabe. Hierbei stellt sie das Ganze als eine höhere Dimension heraus,

---

278 Vgl. FABER, a.a.O., 25–32.

279 Vgl. HOHEISEL, a.a.O., S. 2f.

280 Für eine ausführliche Betrachtung der *Völkerpsychologie* im Allgemeinen und der Wundt'schen *Völkerpsychologie* im Besonderen bietet sich die Arbeit von GEORG ECKARDT [Hrsg.], Völkerpsychologie – Versuch einer Neuentdeckung, Weinheim 1997, besonders 78–114 an.

281 Vgl. FABER, a.a.O., 33 sowie 50–55.

282 WILHELM WUNDT, Völkerpsychologie. Eine Untersuchung der Entwicklungsgesetze von Sprache, Mythus und Sitte, Bd. II: Mythus und Religion, 3. Teil, Leipzig 1909, 729.

283 Vgl. WUNDT (1909), a.a.O., II, 3, 729.

die psychologisch betrachtet werden muss, da überindividuelle Variablen den einzelnen Menschen immer mitprägen. Völkerpsychologie greife methodisch auf die Analyseeinheiten Sprache, Mythos und Sitte zurück, weil darin die *Volksseele* fassbar werde.[284] Das Hilfskonstrukt *Volksseele* kann zum einen als Summe aller psychischen Erlebnisse eines Volkes verstanden werden, zum anderen muss der Begriff auch substantialistisch als kollektive Persönlichkeit aufgefasst werden.[285]

Aus den unterschiedlichen Erkenntnisbereichen der Individual- und Völkerpsychologie ergeben sich *eo ipso* verschiedene Methoden. Während die Individualpsychologie auf eine experimentell-statistische Methode zurückgreifen könne, müsse die Völkerpsychologie ›Ethnologische Vergleichung‹ und ›Beobachtung‹ betreiben. Jene völkerpsychologische Methode ist dadurch gekennzeichnet,

> »daß man auf Grund der beobachteten und überlieferten Tatsachen und der allgemeinen vor allem im Gebiet der elementaren Funktionen des Seelenlebens gewonnenen Ergebnisse sich in die Psychologie eines unter fremden Natur- und Kulturbedingungen stehenden Menschen versetzen und daraus ein psychologisches Verständnis der religiösen Motive und ihrer Fortentwicklung gewinnen muß.«[286]

Die Völkerpsychologie als genetische Religionspsychologie berücksichtigt auch historische Gegebenheiten, da diese das menschliche Verhalten mitprägen. Die Betrachtung der Entwicklungsgeschichte der Religion, die bei ›primitiven‹ Stammesreligionen ihren Anfang nimmt, folgt dem Grundsatz eines religiösen *Evolutionismus*.[287]

Summieren wir. Über die amerikanische Religionspsychologie kann festgehalten werden, dass es sich dabei um eine empirische Forschungsrichtung handelt, die ihr vielfältiges Material experimentell-statistisch oder »biographopsychologisch«[288] gewinnt. Dabei ist sie grundsätzlich individualpsychologisch motiviert und beschäftigt sich deshalb mit dem religiösen Leben einzelner Individuen. Wundts Völkerpsychologie kann *in summa* als sozialpsychologische Zugangsweise zum gesamtgesellschaftlichen Phänomen Religiosität verstanden werden. Ihr Wert ist besonders in der Berücksichtigung

---

[284] In Hinblick auf die Religionspsychologie ist besonders der zwischen 1905 und 1908 erschienene zweite Band *Mythus und Religion* von Wichtigkeit. Somit stand er erst zu einer Zeit zur Verfügung, als Drews schon erste konzeptionelle Erklärungen zur *Religiösen Psychologie* vorgenommen hatte.

[285] Vgl. ECKARDT, a.a.O., 94f.

[286] WUNDT (1909), a.a.O., II, 3, 729.

[287] Vgl. KOEPP, a.a.O., 23. Wundts Völkerpsychologie als genetische Religionspsychologie soll hier nicht weiter ausgeführt werden, da Wundts »geschichtsphilosophische Entwicklungsspekulation« (KOEPP, a.a.O., 24) nicht ganz unproblematisch ist und für die Zwecke dieser Untersuchung eher eine untergeordnete Rolle spielt (vgl. dazu ECKARDT, a.a.O., 78–90).

[288] GUSTAV VORBRODT, zit. n. FABER, a.a.O., 26.

sozialer und historischer Variablen zu sehen. Mit seinen umfangreichen Analysen hat Wundt eine Fülle an Material zur Verfügung gestellt, das auch von Drews' Mitstreiter, Friedrich Niebergall, in Dankbarkeit aufgenommen wurde.[289] Für die amerikanische Religionspsychologie und auch innerhalb des deutschen Diskurses nimmt Wundts Völkerpsychologie aufgrund seiner Ablehnung experimenteller Methoden und individualpsychologischer Erkenntnisinteressen eher eine Außenseiterposition ein.[290]

Der internationale religionspsychologische Rahmen ist nun soweit abgesteckt, wie es für das weitere Vorgehen nötigt ist. Jene religionspsychologischen Fragestellungen wurden auch von der protestantischen Theologie mit großer Begeisterung aufgenommen. In zahlreichen um 1900 erscheinenden Publikationen wird vehement betont, dass das Christentum im Allgemeinen und der Protestantismus im Besonderen eine große Affinität zur Religionspsychologie aufweisen würde. Mithilfe einer theologiegeschichtlichen Rückschau wird interpretativ aufgezeigt, inwiefern Religionspsychologie in der Theologie schon immer betrieben wurde.[291] Die Quintessenz dieser religions-psychologischen Programmschriften ist, dass religionspsychologische Fragestellungen in der protestantischen Theologie schon immer schwelten. Erst durch die ausgereifte Methodik der amerikanischen Forschung, konnte der deutschen protestantischen Theologie der religionspsychologische Durchbruch gelingen.[292]

Es ist nicht von der Hand zu weisen, dass die Entstehung der Religionspsychologie durch eine religionspsychologische Öffnung der Theologie überhaupt ermöglicht wurde. Diese religionspsychologisch-protestantische Tradition bildet aber lediglich den Hintergrund, auf dem Drews agiert. Bedeutsame Veröffentlichungen in Deutschland werden auch erst ab 1907 publik und sind deutlich durch die amerikanische Religionspsychologie inspiriert. Von daher sind Drews' Überlegungen zur Religiösen Psychologie von diesem religionspsychologischen Diskurs abzugrenzen. Das von Wobbermin abgegebene Votum, demnach die »empirische Psychologie des religiösen Lebens« von der Religionspsychologie zu trennen sei[293], kann nun durch die vorhergehenden Untersuchungen zur Sache als bewiesen angesehen werden.

---

289 Vgl. Friedrich Niebergall, Die Bedeutung der Religionspsychologie für die Praxis in Kirche und Schule, in: ZThK 19, 1909, 411–479, hier 420.

290 Vgl. Wulff, a.a.O., 31.

291 Vgl. Koepp, a.a.O., 17–24, Faber, a.a.O., 4–9 sowie Scheel, a.a.O., 9–11.

292 »Bei fast allen Anregungen und Ansätzen aus Deutschland fehlt die klare Erkenntnis von dem neuen eigenen Arbeitsgebiet und noch immer die klare Erkenntnis von dem Wesen einer neuen eigenen empirischen Methode zur Bewältigung dieses Feldes, wie sich beide – ob zu Recht oder Unrecht, steht noch dahin – in Amerika herausgebildet hatte[n].« (Koepp, a.a.O., 23).

293 Georg Wobbermin zit. n. Eger (1917), a.a.O., 13. In diesem Zusammenhang bezeichnet Eger Wobbermin als den einflussreichsten deutschen Religionspsychologen der prinzipiellen Theologie.

2.2 Drews' Religiöse Psychologie – ein konzeptioneller Zugang

In der nun folgenden Betrachtung soll textimmanent untersucht werden, wie sich Drews die Religiöse Psychologie vorstellt und welche Bedeutung demzufolge dem Wort ›psychologisch‹ bei Drews beigemessen werden kann. Abschließend kann eine Brücke zum religionspsychologischen Diskurs seiner Zeit geschlagen werden.

Für die konzeptionelle Rekonstruktion der Religiösen Psychologie bieten sich die Aufsätze *Dogmatik oder religiöse Psychologie?* (1898), *Religiöse Volkskunde als Aufgabe der praktischen Theologie* (1901), und *Das Problem der praktischen Theologie* (1910) als Textgrundlage an.

Schon aus Drews' erster Äußerung zur Sache, in dem Aufsatz *Dogmatik oder religiöse Psychologie* geht hervor, dass er unter einer »Psychologie des religiös-sittlichen Lebens«[294] eine »Darstellung der verschiedenen religiösen Individualität in ihrer Entwicklung und bleibenden Ausprägung«[295] versteht. Die Aufgabe der Religiösen Psychologie ist also nicht nur darin erfüllt, für die Berücksichtigung der Individualität Sorge zu tragen, sondern vor allem darin, Typen zu bilden, die exemplarisch für verschiedene Frömmigkeitshaltungen stehen und diejenigen Faktoren transparent zu machen, die auf die religiöse Entwicklung eines Menschen Einfluss nehmen. Dazu zählen für Drews neben individuellen Dispositionen und sozialen Verhältnissen auch die Altersstufe, die berufliche Beschäftigung, die Einhaltung von Bräuchen und das »Autoritätsbedürfnis«[296] eines Individuums.

Auch in Drews' konstituierendem Aufsatz *Religiöse Volkskunde, eine Aufgabe der praktischen Theologie* kommt die Religiöse Psychologie zur Darstellung. Dort heißt es:

> »Namentlich zu seiner Ausrüstung als Seelsorger bedarf der Geistliche eines Verständnisses dafür, wie in den einzelnen Individuen das Glaubensleben sich eigenartig entfaltet und ausgestaltet. Er muss wissen, von welchen Faktoren dasselbe begünstigt, von welchen es gehindert wird. Kurz um: eine ›religiöse Psychologie‹ muss der ›religiösen Volkskunde‹ ergänzend an die Seite treten.«[297]

Diese Darstellung der theoretischen Grundlagen einer Religiösen Psychologie ist deckungsgleich mit Drews ersten Äußerungen zur Sache 1898.

Einen neuen religions-psychologischen Impuls erhalten Drews' Ausführungen erst 1910 mit seiner Schrift: *Das Problem der praktischen Theologie.* Darin erläutert Drews noch einmal die Religiöse Psychologie als Teil eines umfassenden empirisch-theologischen Programms, das paradigmatisch von

---

[294] DP, 146.

[295] Ebd.

[296] DP, 147. Das ›Autoritätsbedürfnis‹ beschreibt in diesem Zusammenhang den Grad an Autonomie und Gehorsam, dem sich ein Individuum verpflichtet fühlt. (vgl. hierzu PAUL DREWS, Zur Psychologie des Kirchenbesuchs. Ein Kapitel aus der Evangelischen Kirchenkunde, in: Deutsch-Evangelisch 2, 1911, 27–42, hier 33f.).

[297] RVAT, 7.

der Praktischen Theologie durchgeführt werden soll. Erneut betont Drews, dass die Religiöse Psychologie nicht der Dogmatik zuzuordnen sei. Hinsichtlich der Religiösen Psychologie stellt er in seinem späteren Beitrag fest:

> »Die Religiöse Psychologie beobachtet einfach die Bedingungen, unter denen das religiöse Leben sich entfaltet, von denen es abhängig ist, und wie die verschiedenen äußeren Verhältnisse, die verschiedenen persönlichen Anlagen, die Geistesstruktur das religiöse Leben beeinflussen.«[298]

Diese Aufgabenbestimmung erweitert Drews aber um die diffuse Forderung, dass auch die »allgemeinen religiösen Erscheinungen«[299] von dieser Disziplin berücksichtigt werden sollten. Den Ursprung dieser Idee erhellt Drews selbst, indem er William James und seine Publikation »Die religiöse Erfahrung«[300] als Quelle benennt. Jener religionspsychologischen Erweiterung sollte jedoch nicht zu viel Bedeutung beigemessen werden, da eine Übersetzung ins Deutsche erst 1907 zugänglich wurde. Zu diesem Zeitpunkt war Drews' empirisch-theologische Grundlegung zum größten Teil - wenn auch nicht gedanklich abgeschlossen - dennoch aber inhaltlich festgeschrieben und publiziert. Trotzdem soll an dieser Stelle der Frage nachgegangen werden, welche Punkte der James'schen Arbeit für Drews eine gewisse Attraktivität besessen haben dürften. Die Hauptpunkte der Religiösen Psychologie sind folgendermaßen zusammenzufassen: Die Religiöse Psychologie ist eine Darstellung des gesamten religiös-sittlichen Lebens, die in typischen Zügen den Pastoren die Religiosität ihrer Gemeindeglieder vor Augen führt. Gleichzeitig analysiert die Religiöse Psychologie Faktoren, die auf die Glaubensausgestaltung Einfluss nehmen und geht somit von der Annahme aus, dass es überindividuelle Parameter, sprich soziokulturelle Bedingungen gibt, die auf einzelne Individuen Auswirkungen haben. Jene Faktoren können als sozialpsychologische (berufliche Tätigkeit), entwicklungspsychologische (Alter) und individualpsychologische (Autoritätsbedürfnis) Komponenten beschrieben werden. Obwohl individuelle Dispositionen in der Religiösen Psychologie auch Berücksichtigung finden, geht es dieser Disziplin weniger um die experimentelle Erforschung der Psyche eines Individuums, als vielmehr um eine empirisch-sozialpsychologische Betrachtung der Gesamtbevölkerung. Von dieser Warte aus erscheint es einleuchtend, warum sich Drews' Entwurf der Religiösen Psychologie als nicht anschlussfähig an den internationalen religionspsychologischen Diskurs erwies. Weder der klinisch-pathologische Zugang der französischen Forschung wird gewählt, noch sind es experimentell-individualpsychologische Arbeiten zur Protestantischen Sozialisation oder exzentrischer Religiosität, wie sie die angloamerikanische Religionspsychologie als ihren Forschungsgegenstand wählt. Dennoch rezipiert Drews James' Arbeit

---

298 DPT, 66.

299 DPT, 67.

300 WILLIAM JAMES, GEORG WOBBERMIN, a.a.O.

mit Anerkennung und will seine Vorgehensweise auch für die Religiöse Psychologie fruchtbar machen. Vermutlich fühlt sich Drews von James jedoch dahingehend verstanden, dass James auch psychologische Tatbestände beschreiben und verstehen möchte. Die ›biographopsychologische‹ Zugangsweise entspricht ebenso dem Vorgehen, welches Drews bei seinen empirisch orientierten Arbeiten an den Tag legt. Außerdem könnte ihn James' Einteilung in religiöse Typen angesprochen haben. Hinzu tritt die ungeheuere Popularität, die James' Arbeit in Deutschland erlangte und die Drews letzten Endes dazu inspiriert haben dürfte, sie in die Konzeption der Religiösen Psychologie von 1910 einzubinden. Gegen diese Anlehnung an James sprechen allerdings zwei wesentliche Punkte: Zum einen ist James' Methode eine experimentelle, zum anderen geht es ihm um Individualpsychologie. Es scheint, als hätte Drews diese Unvereinbarkeiten zwischen seinem und James' Ansatz nicht wahrgenommen, weil er von der zeitgenössischen Begeisterung für diesen amerikanischen Beitrag ergriffen war. Dass dieses Vorhaben technisch nicht möglich ist und weitere Erklärungen dazu von Drews nicht ausreichend gegeben werden, dürfte diese These hinreichend stützen.

Die Anschlussfähigkeit der Konzeption einer Religiösen Psychologie an den deutschen religionspsychologischen Diskurs muss differenzierter betrachtet werden. Die Völkerpsychologie Wilhelm Wundts als Pendant zur experimentellen, individuell orientierten Religionspsychologie kann offenbar mit Drews' Religiöser Psychologie in Einklang gebracht werden. Individuelle Psychologie konstituiert sich nach Wundt aus dem Wechselwirkungsgefüge zwischen Individuum und Gesellschaft, wobei es Bedingungen und Faktoren gesellschaftlich-kultureller, geschichtlicher und überindividueller Art gibt, welche die Entwicklung des einzelnen Menschen mitprägen. Ihre Auswirkungen können mithilfe der Völkerpsychologie analysiert werden.[301] Drews' Religiöse Psychologie ist durchdrungen von der Erkenntnis, dass überindividuelle Bedingungen auf individuelle Dispositionen unmittelbar Einfluss nehmen. Somit ist seiner Religiösen Psychologie eine sozialpsychologische Dimension abzuspüren. Obwohl zwischen Religiöser Psychologie und der Völkerpsychologie große Nähen bestehen, stellt Drews diese Verbindung nicht explizit her. Inwiefern dieser sozialpsychologische Tenor der Drews'schen Vorgehensweise also direkt auf Wundt zurückzuführen ist, bleibt daher fragwürdig. Volker Drehsen führt hierzu das überzeugende Argument ins Feld, dass Drews nicht ausdrücklich auf Wundt rekurriert, sondern auch hinsichtlich seiner Religiösen Psychologie eher Anleihen bei der Volkskunde Riehls macht. Die Betrachtung einzelner Volkskreise unter psychologischen Gesichtspunkten sei nämlich auch in der Volkskunde mit berücksichtigt.[302]

---

301 Vgl. ECKARDT, a.a.O., 83.

302 Vgl. WILHELM HEINRICH RIEHL, Die Pfälzer. Ein rheinisches Volksbild, Stuttgart/Augsburg 1858, III: »Ich habe in diesem Buche die *psychologische Charakteristik* einer deutschen Volksgruppe zu zeichnen versucht. Als Beitrag nicht nur zur Schilde-

Es hat sich gezeigt, dass Drews, wenn er eine Religiöse Psychologie fordert, keineswegs Individualpsychologie betreiben will.[303] Die Erforschung von pathologischen Phänomenen mit dem Zweck einer vermeintlichen Heilung ist ihm fremd, im gleichen Maße wie ihn auch die Entstehung von Frömmigkeit unberührt lässt. Was ihm vorschwebt ist eine »Phänomenologie der Religion überhaupt und insbesondere der christlichen Religion«[304] unter Berücksichtigung soziokultureller Faktoren. Dergestalt erfüllt die Religiöse Psychologie ihren Zweck in der Form, dem Geistlichen die Tür zum Verstehen seiner Gemeindeglieder zu öffnen. Dieses Vorhaben verlangt nach einer umfangreichen empirischen Betrachtung. Indem die Religiöse Psychologie auch soziokulturelle Bedingungen mit einbezieht, stellt sich die Frage, inwiefern sie sich überhaupt von der Religiösen Volkskunde unterscheidet. Die textimmanente Betrachtung hat gezeigt, dass beide Disziplinen ihren Gegenstandsbereich nicht klar voneinander trennen können. Eine Darstellung des gesamten religiösen Lebens umschließt folglich auch sozialpsychologische Fragestellungen. Theoretisch wäre die Religiöse Psychologie *eo ipso* in der Religiösen Volkskunde enthalten. Warum Drews der Religiösen Psychologie überhaupt einen eigenen Zweig zugesteht, bleibt vor diesem Hintergrund unklar.

Im Anschluss an diese konzeptionelle Annäherung an die Religiöse Psychologie wird sich ein methodischer Zugang als weiterführend erweisen. Dazu werden Drews' Ausführungen zu dieser Methodik und seine eigenen empirischen Arbeiten als konkrete Gestaltwerdung der Religiösen Psychologie betrachtet.

2.3 Die Religiöse Psychologie – ein methodischer Zugang

Als konstitutive Methode religiös-psychologischer Untersuchungen wird, wie schon bei der Religiösen Volkskunde, die Typenlehre genannt. Hierzu erklärt Drews:

> »Wie die verschiedenen Volkskreise, so haben auch die verschiedenen Individualitäten ihre besondere Art, fromm zu sein. Jeder soll das Evangelium in seiner Weise erfassen und durchleben und zur Ausprägung bringen. Pfarrer Foerster hat einen sehr geschickten Griff gethan, an einzelnen Persönlichkeiten die Typen besonders gearteter Frömmigkeit vorzuführen.«[305]

Aus diesem Zitat geht zunächst hervor, dass die Religiöse Psychologie nicht nur sozialpsychologisch arbeitet, sondern auch lernpsychologische Parameter

---

rung, sondern auch zur Erkenntniß der Gesetze des Volkslebens schließt es sich ergänzend an die drei Bände meiner ›Naturgeschichte des Volkes‹.«

303 Rudolphs Aussage, die Religiöse Psychologie habe die Erforschung der Individualfrömmigkeit zur Aufgabe, erscheint vor diesem Hintergrund etwas missverständlich (vgl. Rudolph, a.a.O., 28).

304 Johannes Jüngst zit. n. Paul Drews, Ein Beitrag zur religiösen Psychologie und Volkskunde, (Über Johannes Jünsgt, Kultus- und Geschichtsreligion, in: MkiPr 1, 1901, 303–313, hier 304.

305 RVAT, 7.

in sich aufnimmt. Das Evangelium kann nicht jedem Individuum in gleicher Weise zugeführt werden. Die Kompetenz des Predigers und Seelsorgers besteht auch darin, die Darbietung der christlichen Gehalte entsprechend der Hörerschaft auszuwählen und aufzubereiten. In diesem Punkt wird wieder einmal die hermeneutische Grundbedingtheit des Drews'schen Ansatzes deutlich. Indem der Pastor die religiösen Bedürfnisse und psychologischen Voraussetzungen der Menschen kennt, versteht und berücksichtigt, kann *er* von den Menschen verstanden werden. Bedingungen einer gelingenden Kommunikation wären somit hinreichend geschaffen. Die Typen als heuristische Kategorien stellen also ein Ordnungsprinzip religiöser Individualitäten dar. Ferner geht aus dem Zitat hervor, dass Drews durch Erich Foersters (1865–1945) Vorgehensweise davon überzeugt wird, dass die Bildung von Typen sich für sein religiös-psychologisches Vorhaben als *die* grundlegende Methode[306] anbietet. Foersters Studie zum *Christentum der Zeitgenossen*[307] traktiert die Frage »Als was sich das Christentum darstellt in den Köpfen derer, die nicht theologisch gebildet oder verbildet sind und nicht unter dem bestimmenden Einfluß einer kirchlichen oder antikirchlichen Tendenz stehen.«[308] Hierbei konzentriert sich Foerster auf Personengruppen, deren innere Einstellungen aus literarischen Selbstzeugnissen gewonnen werden können. Es handelt sich deshalb ausschließlich um Intellektuelle, die publizistisch tätig sind. Unter diesen bildet er drei Gruppen: Die erste Gruppe, die u.a. durch Riehl und Treitschke repräsentiert wird, lehnt eine historische Betrachtungsweise und Kritik des Christentums ab, da es irrelevant sei, herausfinden zu wollen, was das ursprüngliche Christentum gewesen ist. Dieser Gruppe geht es vor allem um den ethischen Wert der christlichen Religion, deshalb spielen für sie das kirchliche Dogma ebenso wie konfessionelle Unterschiede eine eher untergeordnete Rolle. Über die zweite Gruppe stellt Foerster fest:

> »Auch diese Männer wollen nicht in erster Linie kirchlich, sondern christlich sein. Sie wahren sich die Freiheit aus der Bibel herauszunehmen, was ihrem religiösen Bedürfen kongenial ist, und innerhalb der Lehre Wesentliches und Unwesentliches, oft rechtwillkürlich, zu unterscheiden.«[309]

Zu dieser Glaubenskategorie zählt Foerster den Historiker Wilhelm Roscher (1817–1894). Die dritte Gruppe von Männern ist davon geleitet, dass sie das ursprüngliche Christentum verstehen will. Eine Konstruktion dieses ursprünglichen Christentums erscheint ihr aber unzulänglich. Diese innere Haltung zum Christentum macht Foerster bei dem Pädagogen und Philoso-

---

306 Die Typenlehre Drews' wird in Kapitel V, 161–164 traktiert, wobei sich herausstellt, dass es sich hierbei nicht um eine Methode, sondern um eine Darstellungsform handelt.

307 ERICH FOERSTER, Das Christentum der Zeitgenossen, in: ZThK 9, 1899, 1–96.

308 FOERSTER, a.a.O., 1.

309 FOERSTER, a.a.O., 13.

phen Friedrich Paulsen (1846–1908) aus und bindet seine Erkenntnisse an Paulsens Ethik zurück.[310]
Drews' Rezension zu Johannes Jüngst, *Kultus- und Geschichtsreligion* von 1901[311], die er mit dem Titel *Ein Beitrag zur religiösen Psychologie und Volkskunde* überschreibt, ist ein erster Anknüpfungspunkt für die Umsetzung einer Religiösen Psychologie in seinem Sinne. Jüngst wählt für seine empirisch orientierte phänomenologische Arbeit zwei Kategorien, in die er die Menschen einteilt: Pelagianer und Augustiner respektive Kultus- und Geschichtsreligion. Hinsichtlich dieser Arbeit konstatiert Drews: »Die Probe auf die Richtigkeit der von Jüngst eingeschlagenen Methode liegt darin, dass uns dadurch bestimmte Erscheinungen des religiösen und sittlichen Lebens als Symptome eines religiösen Gesamtzustandes verständlich werden.«[312] Diese religiöspsychologische Untersuchung erzielt einen hermeneutischen Erkenntnisgewinn.

> »Befolgt man unsere Methode, so wird es ganz verständlich, warum sich in Durchschnittsgemeinden zu wenig echter Missionssinn findet. Mit der Herzenshärtigkeit des Menschen ist nichts erklärt; wohl aber wird uns diese Erscheinung ganz verständlich, sobald wir uns vergegenwärtigen, dass die Durchschnittsfrömmigkeit auf protestantischem Boden Kultusfrömmigkeit ist.«[313]

Die Einteilung in die beiden Frömmigkeitstypen als hermeneutische Kategorien Kultus- und Geschichtsfrömmigkeit ermöglichen es, neue Deutungen der religiösen Erfahrungswelt zu finden. Daraus ergeben sich auch Konsequenzen: Die »Pflege gesunder Geschichtsreligion«[314] muss an die Stelle herkömmlicher Mission treten. Und auch die sozialdemokratische Ablehnung wird erklärlich, da gerade sie ihre Vorwürfe vor allem gegen die Kultusreligion richtet.[315]

Es stellt sich nun anschließend die Frage, wie Drews selbst seine Forderung nach einer Frömmigkeitstypologie umsetzt. Die Untersuchung seiner praktischen Vorgehensweise kann Aufschluss geben. Ein Zeugnis hierfür ist u.a. seine Schrift *Zur Psychologie des Kirchenbesuchs.*[316] Diese Schrift, die ein Kapitel der Evangelischen Kirchenkunde ausmacht, weist sich durch ihren Titel als psychologische Betrachtung aus. Drews stellt hypothesenartig Gründe zusammen, mit denen unterschiedliche Gottesdienstbesucherzahlen zu erklären seien. Auffällig ist, dass vor allem soziokulturelle Bedingungen, wie Lebensraum, Schichtzugehörigkeit und Tradition, als Ursachen für schwan-

---

310 Vgl. FOERSTER, a.a.O., 1–15.
311 JOHANNES JÜNGST, Kultus- und Geschichtsreligion, Gießen 1901.
312 EBPV, 311.
313 Ebd.
314 EBPV, 312.
315 Vgl. EBPV, 313.
316 Diese Schrift wird im Rahmen des V. Kapitels noch ausführlicher betrachtet, vgl. Kapitel V, 131–139.

kende Gottesdienstbesucherzahlen herangezogen werden. Verschiedenartig ausgeprägte persönliche Frömmigkeit, aufgrund der Zugehörigkeit zu einer bestimmten gesellschaftlichen Gruppe wird von Drews nur marginal behandelt. Auch finden sich keine ausdifferenzierten Frömmigkeitstypen, lediglich eine Unterscheidung zwischen bäuerlicher und städtischer Frömmigkeit wird *en passant* vorgenommen. Das Innenleben der Individuen und die vage Kenntnis darüber werden als Begründungszusammenhang für die Teil- bzw. Nichtteilnahme am Gottesdienst herangezogen.[317]
Arbeitsergebnisse der Religiösen Psychologie können auch in Drews' Monographie *Das kirchliche Leben der Evangelisch-Lutherischen Landeskirche des Königreichs Sachsen*[318] erwartet werden.[319] Beim Betrachten des Aufbaus fällt jedoch auf, dass es kein Kapitel gibt, das mit dem Titel ›psychologisch‹ überschrieben ist. Stattdessen wird der letzte Teil der Abhandlung unter dem Titel *Das sittliche Leben* zusammengefasst. Im allgemeinen Teil dieses Kapitels wird die sächsische Bevölkerung in gesellschaftliche Gruppen gegliedert, wobei die berufliche Tätigkeit als Maßstab für die Gruppenzugehörigkeit dient. Das moralische Verhalten der Bevölkerung wird anschließend soziokulturell und – im weitesten Sinne – sozialpsychologisch bedacht.[320] Eine klare Typologie individueller Frömmigkeitstypen findet sich ebenfalls an keiner Stelle dieser Monografie.

Die Betrachtung religiös-psychologischer Quellen hat ergeben, dass es sich bei der *Religiösen Psychologie* um eine unausgegorene sozialpsychologische Betrachtung handelt, die auch entwicklungs- und lernpsychologische Komponenten in sich aufnimmt. Hinsichtlich ihrer konkreten Gestalt bleiben, trotz der gründlichen Analyse der konzeptionellen Schriften und der eigenen empirischen Arbeiten Drews', einige Leerstellen zurück.

Der Umstand, dass Drews in seinem Aufsatz *Das Problem der praktischen Theologie* auf Friedrich Niebergalls Artikel *Die Bedeutung der Religionspsychologie für die Praxis in Schule und Gemeinde*[321] verweist, lässt vermuten, dass

---

[317] Die Landbevölkerung, um nur ein Beispiel zu nennen, ist nach Ansicht Drews' mit Vergänglichkeit vertraut, da der Kreislauf von Werden und Vergehen in der Natur für Bauern ständig präsent ist. Daraus zieht Drews den Schluss, dass der Totensonntag für diese Bevölkerungsschicht nicht von so großer Wichtigkeit ist wie es bei einem Stadtbewohner der Fall wäre (vgl. ZPK, 35). Auch wenn derartige Aussagen nicht valide sind, geht Drews den Ursachen gewisser Phänomene mithilfe psychologischer Deutungen auf den Grund.

[318] DLLS.

[319] Die Religiöse Psychologie fließt nach Drews' Vorstellungen in die Evangelische Kirchenkunde mit ein. Wie sich das Verhältnis zwischen Religiöser Volkskunde, Religiöser Psychologie und Kirchenkunde gestaltet, soll an anderer Stelle verhandelt werden, siehe hierzu Kapitel IV, 116–119.

[320] Ausschlag gebend sind bei dieser Betrachtung: »Stand der Sittlichkeit im engeren Sinne«, »Das Familienleben«, »Beruf und Erholung«, sowie die »Opferfreudigkeit«, vgl. DLLS, 378–391.

[321] Niebergall (1909), a.a.O., 411–479.

Drews um diese konzeptionellen Unschärfen gewusst haben könnte. In diesem Zusammenhang bietet er Niebergalls umfangreiche Arbeit als Ergänzung an. Dieser Artikel steht somit stellvertretend für Drews' eigene Vorstellungen für die konkrete Umsetzung seines empirischen Programms einer Religiösen Psychologie, sodass Drews der Meinung ist, dem sei nichts mehr hinzuzufügen.[322] Grundsätzlich erscheint es als lohnenswert, Friedrich Niebergalls empirisch orientierte Arbeiten ansatzweise hinzuzuziehen, in der Hoffnung, durch sie die Leerstellen zu füllen, die Drews hinterlassen hat.

2.4 Friedrich Niebergall – Eine Ergänzung zur Religiösen Psychologie

Der 1866 in der Pfalz geborene Friedrich Niebergall steht exemplarisch an der Seite von Paul Drews (1858–1912) und Otto Baumgarten (1858–1934)[323] für die liberal-theologische Öffnung des Protestantismus'. Als praktischer Theologe verschrieb sich Niebergall der Aufgabe, die Herausforderungen, die sich im Zuge gesellschaftlicher Modernisierungsprozesse für Kirche und Theologie ergaben, zu bewältigen. Verdient gemacht hat sich Niebergall neben vielen Aufsätzen aber vor allem mit seinem zweibändigen praktisch-theologischen Lehrbuch[324], das ganz im Sinne einer empirischen Theologie angelegt ist. Friedrich Niebergall starb 1932 in Marburg [325] Mit seinem Aufsatz *Die Bedeutung der Religionspsychologie für die Praxis in Kirche und Schule* (1909) erhellt Friedrich Niebergall (1866–1932) den praktischen Nutzen der Religionspsychologie und zeigt konkrete Wege ihrer Nutzbarmachung auf.

Ein mithilfe religionspsychologischer Fragestellungen erhobenes Ideal dient als Richtlinie für die pädagogische Praxis und steht für Niebergall ganz am Anfang religiös-psychologischer Betrachtungen.[326] Niebergall wählt als

---

322 Vgl. DPT, 68.

323 Über Leben und Werk Otto Baumgartens informiert Hasko v. Bassi, Otto Baumgarten. Ein »moderner Theologe« im Kaiserreich und in der Weimarer Republik, Frankfurt/M/New York 1988.

324 Friedrich Niebergall, Lehrbuch Praktische Theologie, 2 Bde., Tübingen 1918–1919.

325 Vgl. Achim Plagentz/Ulrich Schwab, Religionswissenschaftlich-empirische Praktische Theologie. Friedrich Niebergall, in: Christian Grethlein/Michael Meyer-Blanck [Hrsg.], Geschichte der Praktischen Theologie. Dargestellt anhand ihrer Klassiker, Leipzig 2000, 237–278, hier 242.

326 Eine Besonderheit Niebergall'scher Theologie ist der von ihm vertretene Erziehungsgedanke. Demnach sind das kirchliche und religionspädagogische Wirken, sowie die christliche Erziehung in der Familie darauf auszurichten »Religion zu pflanzen und zu pflegen« (Plagentz/Schwab, a.a.O., 237). Der Begriff der Erziehung, als Gottesprädikat, wird bei Niebergall zentral, wobei seine praktische Theologie dadurch stark psychologisch und pädagogisch aufgeladen wird. Die Offenbarung Gottes im geschichtlichen Christus oder in der geschichtlichen Entwicklung des Menschen wird von Niebergall als Erziehungsgeschehen gedeutet. Seine auf diese Grundsätze aufbauende Erziehungslehre korrespondiert mit der empirischen Grundausrichtung der praktischen Theologie. Indem die Wirklichkeit genau erfasst ist, können erfolgversprechende Erziehungsmittel gewonnen werden, vgl. Jörg Viktor Sandberger, Pädagogische

primären Bezugspunkt dieses Ideals Paulus als religiöse Persönlichkeit. »Zu unserem Zweck suchen wir Aeußerungen seines religiösen Lebens, die uns ganz greifbare und bestimmte Regungen und Wirkungen seines Glaubenslebens verständlich machen.«[327] Die Untersuchung eines religiösen Erlebnisses und einer religiösen Tätigkeit bei Paulus folgt der Annahme, dass sich in diesen Ausdrücken ein bestimmter Eindruck des Paulus' objektiviert. Der Eindruck, unter dem Paulus steht, ist, dass sein Erleben und Tun von Gott beeinflusst wird, der »alles im Guten bewältigt wissen will.«[328] Diesen Eindruck gilt es nun mit Hilfe von Ausdrücken in den Menschen zu erzeugen. Des Weiteren wirft Niebergall die Frage auf, wo das »Organ der Religion«[329] zu finden sei. Den Aufbau der Seele stellt sich Niebergall dergestalt vor, dass darin »eine sehr starke Schätzung sittlicher Art« enthalten sei, hinzu tritt »die Vorstellung eines Willens« sowie ein »großer Rest [...], den wir nur ganz mangelhaft erfassen können.«[330]

> »Diese drei Dinge, Wertschätzung, Phantasiebild und jenes unzerlegbare und eigentümliche Gebilde sind zusammen zu denken und stellen jene Netzhaut dar, mittels deren die Erlebnisse und Aufgaben den Eindruck machen, der sich in dem Ausdruck ›Gott will es so‹ zu äußern sucht.«[331]

Das christliche Ideal, auf welches pädagogische Prozesse ausgerichtet sein sollen, beläuft sich darauf, dass das Individuum sein Leben unter der Prämisse bewältigt, dass es dem Willen Gottes unterworfen sei, »der ein sittliches Leben will.«[332] Dieses Ideal, das Niebergall als christliches Soll durch eine religionspsychologische Analyse gewonnen hat, wird in Beziehung zum religiösen Sein gesetzt. An dieser Stelle kommt die Religiöse Psychologie ins Spiel, die Niebergall zugleich als Religiöse Volkskunde subsumiert. »Wir wollen dabei so verfahren: zuerst soll der religiöse Bestand in einer möglichst übersichtlichen und umfassenden Weise skizziert, dann sollen einige religiöse Vorgänge analysiert und endlich einige Gesetze des religiösen Lebens zusammengestellt werden.«[333]

Ein Gesamtüberblick über kirchliche und außerreligiöse Frömmigkeit wird mithilfe des Idealtypus' gewonnen. Anschließend wertet Niebergall die einzelnen Typen nach dem Kriterium aus, welche Informationen über die sittliche Wertschätzung, das Gottesbild und das Eigentümliche des jeweiligen Frömmigkeitstypus' enthalten sind. Durch diese Analysen der verschiedenen

---

Theologie. Friedrich Niebergalls Praktische Theologie und Erziehungslehre, Göttingen 1972, 44f.

[327] Niebergall (1909), a.a.O., 414.

[328] Niebergall (1909), a.a.O., 417.

[329] Niebergall (1909), a.a.O., 418.

[330] Niebergall (1909), a.a.O., 419.

[331] Niebergall (1909), a.a.O., 421.

[332] Niebergall (1909), a.a.O., 422.

[333] Niebergall (1909), a.a.O., 423.

Typen gelingt es Niebergall, allgemeine Aussagen über das Feld der Religion zu treffen.

Friedrich Niebergall macht in diesem Aufsatz begreiflich, das sich für ihn die Religionspsychologie als eine Methode darstellt, mit deren Hilfe die gegenwärtige Religion erfasst und beeinflusst werden kann. Dieser Erkenntnis sieht er sich verpflichtet, so dass sein 1918 erscheinendes *Lehrbuch der praktischen Theologie* höchst innovativ als rein deskriptive Religiöse Volkskunde angelegt ist.[334]

In diesem Lehrbuch bietet er zudem zusätzlich weitere aufschlussreiche Erklärungen zum religionspsychologischen Stellenwert der empirisch-theologischen Forschung. Unter der Rubrik ›Religionspsychologisches‹ stellt er heraus:

> »Unsere Aufgabe ist die Erfassung des eigentlich religiösen Lebens, wie es gleichsam nackt ohne die zufälligen Bekleidungsstücke anderer Einflüsse und Beziehungen, mit psychologischen Mitteln aufgefunden und dargestellt werden kann. Es handelt sich also nicht um die Anwendung empirischer Psychologie auf das religiöse Leben, sondern um die Erfassung des im besonderen Sinn religiösen Lebens in seiner Eigentümlichkeit.«[335]

Mit dieser Erläuterung grenzt Niebergall das Erkenntnisinteresse der Religiösen Psychologie klar vom internationalen religionspsychologischen Diskurs und seinen Themenkomplexen ab. Hierbei weicht »Erklären« hinter »Beschreiben und Verstehen«[336] zurück und auch pathologische Phänomene sollen nicht zum Untersuchungsgegenstand gemacht werden. Letztendlich erkennt Niebergall an, dass »das religiöse Leben in der Menschenseele ein Geheimnis ist und ein Geheimnis bleibt.«[337] Die Entstehung des Glaubens und weniger noch die Erweckung des Glaubens dürfen im Interessenbereich der Religiösen Psychologie liegen, da sie ohnehin nicht zugänglich sind.[338]

Eine derart dezidierte Darlegung einer religionspsychologischen Konzeption, eine Mischung aus Theorie und praktischer Anwendung, sucht man bei Drews vergeblich. Allerdings kann Niebergalls Arbeit stellvertretend auch für Drews Vorstellungen stehen. Dennoch setzen beide Theologen unterschiedliche Akzente für ihre empirisch orientierten Arbeiten. Drews ist eher um eine umfangreiche Materialsammlung bemüht, die beispielsweise in der sächsischen Kirchenkunde ihren Höhepunkt erreicht. Niebergalls Anliegen hingegen ist es, das kirchliche Leben im Rahmen seiner pädagogischen Theologie

---

334 Vgl. KOEPP, a.a.O., 31.

335 NIEBERGALL (1918), a.a.O., 36.

336 NIEBERGALL (1918), a.a.O., 40.

337 NIEBERGALL (1918), a.a.O., 38. In diesem Punkt geht Niebergall mit Drews konform: »So gewiß das religiöse Erleben im tiefsten Grunde uns ein Geheimnis bleiben wird, so gewiß können wir doch auch auf diesem soeben erst mit den ersten Spatenstichen bebauten Gebiet manche gesicherten und wertvollen Erkenntnisse gewinnen.«, (vgl. DPT, 68).

338 Vgl. NIEBERGALL (1918), a.a.O., 38.

zu lenken. Hierfür entwickelt er ein konkretes christliches Ideal als Zielpunkt kirchlichen Wirkens. Ein solches Ideal legt Drews nicht explizit fest, stattdessen erklärt er:

> »Ein Pfarrer muss es begreifen, dass das eine Glied seiner Gemeinde mehr orthodox, das andere mehr pietistisch, das dritte mehr rationalistisch geartet ist. Er muss gebildet, theologisch und religiös gebildet genug sein, um jedes zu verstehen, jedes zu tragen. Die Zeiten müssen endlich hinter uns liegen, wo der orthodoxe Pfarrer alle orthodox, der liberale sie alle liberal machen will.«[339]

Aus diesem Zitat geht hervor, dass Drews die Aufgabe der Pastoren im Verstehen religiöser Bedürfnisse und im angemessenen Umgang mit diesen sieht. Weder die Religiöse Psychologie noch die Religiöse Volkskunde sind *per se* einer theologischen Richtung verpflichtet.

Bemerkenswert an Niebergalls Vorgehensweise ist, dass er die Religiöse Psychologie unter der Überschrift Religiöse Volkskunde verhandelt. Die Religiöse Psychologie ist demnach keine eigenständige Disziplin, sondern eine Komponente der Religiösen Volkskunde. Mit einer wechselseitigen Verschränkung von Religiöser Psychologie und Religiöser Volkskunde, wie sie Niebergall vornimmt, geht Drews konform, indem er feststellt, dass das Beobachtungsgebiet beider Disziplinen untrennbar miteinander verwoben sei.[340]

2.5 Zweites Zwischenfazit: Religiöse Psychologie

Die vorangehenden Untersuchungen haben gezeigt, dass Drews' Religiöse Psychologie nicht ohne weiteres mit der amerikanischen religionspsychologischen Forschung in Einklang gebracht werden kann. ›Psychologisch‹ bedeutet für Drews: Berücksichtigung individueller Verschiedenheiten bei der Ausgestaltung von Religiosität. Dieses Vorhaben soll jedoch nicht individualpsychologisch bewältigt werden, sondern kann vielmehr als Sozialpsychologie verschiedener Bevölkerungsgruppen verstanden werden. Neben einer umfassenden Frömmigkeitsphänomenologie, die die Religiöse Psychologie erarbeitet, analysiert sie auch soziokulturelle Faktoren, die auf bestimmte Volkskreise einwirken. Dabei wird das einzelne Individuum typisch erfasst und in Frömmigkeitstypen klassifiziert. Durch diese nicht experimentelle Vorgehensweise, die sozialpsychologische Ausrichtung und den Umstand, dass Drews den Terminus Religionspsychologie nicht in Anspruch nimmt, blieb der Religiösen Psychologie die Aufnahme in den internationalen religionspsychologischen Diskurs verwehrt und wurde somit dem Vergessen preisgegeben.

Im Gegensatz zur internationalen Religionspsychologie verfolgt die Religiöse Psychologie nämlich den Zweck, hermeneutische Prozesse des praktisch-theologischen Alltags zu unterstützen. Fragwürdig bleibt hingegen, was Drews unter dem Diktum Religiöse Psychologie versteht, denn obwohl Drews

---

339 RVAT, 7.

340 DPT, 66.

die Grundzüge seiner Religiösen Psychologie darlegt, bleibt ihre konkrete Form jedoch relativ abstrakt.

Im Vergleich dessen, was Drews theoretisch von der Religiösen Psychologie fordert und dessen, was er praktisch leistet, zeichnet sich eine leichte Diskrepanz ab. Weder die Entwicklung noch die Ausgestaltung individueller Glaubenshaltungen wird *en detail* thematisiert und auch die Ausdifferenzierung von Frömmigkeitstypen wird von ihm nur marginal betrieben. Dieser Umstand kann damit erklärt werden, dass Drews die Rolle der individuellen Religiosität im Rahmen der Religiösen Volkskunde zwar berücksichtigt wissen will, im Prozess seiner Arbeit wird sie aber streng genommen von der Religiösen Volkskunde mit eingeschlossen. Es ist also durchaus vorstellbar, dass die Religiöse Psychologie, als eigenständige Disziplin, in Drews' empirisches Programm nur aufgrund der allgemeinen Hochschätzung der Psychologie Einzug halten konnte.[341]

3. Die Evangelische Kirchenkunde

Die *Evangelische Kirchenkunde* ist, im Gegensatz zur *Religiösen Psychologie*, konzeptionell eindeutig von Drews dargelegt worden, nicht zuletzt auch durch seine eigene Arbeit an der Kirchenkunde des Königreichs Sachsens.[342] Von daher scheint es recht erklärlich, dass die Evangelische Kirchenkunde in der Forschungsliteratur zu Drews mannigfaltig ausgeführt, ihre Entstehungsbedingungen analysiert und ihr Erkenntnisinteresse interpretiert wurde.[343] Der in diesem Zusammenhang von Karl Eger an Drews verliehene Titel »Vater der evangelischen Kirchenkunde«[344] verdeutlicht, dass diese Disziplin in den Augen der Forschung – damals wie heute – Drews' populärstes Erbe hinsichtlich seines umfassenden empirisch-theologischen Programms zu sein scheint. Die Idee einer Evangelischen Kirchenkunde hat einen Nerv der Zeit getroffen, wovon auch die vielen sekundären Beschreibungen der Evangelischen Kirchenkunde, die auch noch in den Folgejahren nach Drews' Tod von seinen zeitgenössischen Mitstreitern vorgenommen wurden, zeugen.[345] In Hinblick

---

341 Vgl. Drehsen, a.a.O., Bd. 1, 495.

342 Vgl. DLLS; Ders., EK sowie Ders., DPT.

343 Vgl. Rudolph, a.a.O., 23–32 sowie Eger (1917), a.a.O., 10–12;

344 Eger (1917), a.a.O., 30. Vgl. auch Rudolph, a.a.O.

345 Der Forschungsertrag dieser kleineren Schriften und Lexikonartikel ist darin zu sehen, dass sie Drews' Anliegen der Evangelischen Kirchenkunde aus zeitgenössischer Perspektive in prononcierter Form darlegen, vgl. hierzu Schian (1913), a.a.O., 756. Schian nennt dort unter anderem Richard Günther, Evangelische Kirchenkunde und religiöse Volkskunde, in: ThR 11, 1908, 365–378; Friedrich Niebergall, Die wissenschaftlichen Grundlagen der praktischen Theologie, in: MkiPr 3, 1903, 268–281, hier 269f. sowie Ernst Christian Achelis, Paul Drews' Das kirchliche Leben der Evangelisch-Lutherischen Landeskirche des Königreichs Sachsens, in: ThLZ 20, 1902, 553–555.

auf die Darstellung der Evangelischen Kirchenkunde erscheint die Arbeit Volker Drehsens als besonders wertvoll. Dass durch Drehsen bereitgestellte Material gibt bis ins Detail Aufschluss über die Wirkungsgeschichte kirchenkundlicher Traditionsbestände der Praktischen Theologie. Die Evangelische Kirchenkunde, obwohl sie keine gedankliche Neuschöpfung Drews' ist, gelangt durch die Darstellung Drehsens zu neuem Ansehen und Drews' Forschungsleistung wird in diesem Zusammenhang legitimer Weise – wie Drehsen zeigt – anerkannt und wertgeschätzt. Jede weitere Darstellung der Drews'schen Kirchenkunde wäre im besten Fall redundant und würde im schlechtesten Fall hinter diesem überragenden Opus' Drehsens zurückbleiben. Wenn es nun aber im Rahmen dieser Arbeit darum gehen soll, die empirischen Grundlagen Drews' zu untersuchen, darf auf eine Darlegung der Evangelischen Kirchenkunde samt ihrer Entstehungsbedingungen wiederum auch nicht verzichtet werden. Deshalb wird sich die nun anschließende Behandlung der Evangelischen Kirchenkunde und ihrer Traditionsgeschichte vor allem auf die qualitätsvollen Forschungsergebnisse von Volker Drehsen stützen. Dabei ist davon auszugehen, dass mit den von ihm gebotenen Ausführungen der sachlogische Anspruch an dieses Kapitel, welcher darin besteht, über die Evangelische Kirchenkunde und ihre Tradition Auskunft zugeben, abgegolten ist. Da Drehsens *Neuzeitliche Konstitutionsbedingungen der praktischen Theologie* gut 30 Jahre nach ihrem Erscheinen im praktisch-theologischen Forschungsdiskurs offensichtlich nicht mehr präsent ist, würde eine Revitalisierung dieser komplexen Arbeit Drehsens ihr diejenige Hochschätzung entgegenbringen, welche dieser Arbeit der Sache nach grundsätzlich zusteht. Vor diesem Hintergrund erscheint es sachdienlich, Volker Drehsens Ausführungen zur »Kirchenkunde und Statistik« als primären Referenzpunkt zu wählen. Im Folgenden wird deutlich werden, wie Drews die verschiedenen Elemente kirchenstatistischer Tradition aufnimmt und modifiziert. Es sei aber auch darauf hingewiesen, dass sich mit Drehsens Erkenntnissen ein spezifisches Forschungsinteresse verbindet. Drehsen geht es vornehmlich darum, die praktisch-theologische Fachentwicklung im Spiegel veränderter gesellschaftlicher Modernisierungsprozesse nachzuzeichnen. Die vorliegenden Untersuchung, welche explizit die empirische Theologie vom Typ Drews zu ihrem Gegenstand erklärt, wird aber von der Annahme geleitet, dass Drews mit seiner empirischen Theologie, also auch der Kirchenkunde, ein *hermeneutisches* Anliegen vertritt. Auf diesen Punkt hin müssen die Analysen Drehsens anschließend befragt beziehungsweise ergänzt werden.

3.1 Kirchliche Statistik nach Schleiermacher

»›Kirchliche Statistik‹ kann man diese Disziplin nennen, wenn man mit Schleiermacher reden will. Lieber aber nenne ich sie mit Claus Harms ›Kirchenkunde‹. Denn kein Geringerer als er hat einst diesen Gedanken praktisch durchgeführt [...]. Seitdem aber ist dieser Gedanke vergessen und vergraben geblieben.«[346]

Für die Beschreibung der Drews'schen Position in Hinblick auf bereits vorhandene kirchenkundliche Traditionsbestände wählt Volker Drehsen das Bild eines abgerissenen Fadens, der von Drews zu einem neuen Knoten geknüpft wird. Dieses Bild ist von daher sehr treffend, da daraus hervorgeht, dass die Idee einer Kirchenkunde weder konzeptionell noch terminologisch eine genuin Drews'sche Erfindung ist. Außerdem deutet sich darin an, dass die Evangelische Kirchenkunde vom Typ Drews eine andere Gestalt erhalten dürfte als ihre kirchenkundlichen Präfigurationen. Daran anschließend beschreibt Drehsen was Drews unter dem Begriff *kirchliche Statistik* vorgefunden haben dürfte und in welcher Weise er diese Schleiermacher'sche Disziplin in modi-fizierter Form aktualisierte.[347]

In diesem Zusammenhang erörtert Drehsen zunächst, woher Drews' Bedürfnis rührt, die kirchliche Statistik zu revitalisieren. Diese Erneuerung würde nämlich nicht aufgrund des großen praktisch-theologischen Eigenwertes der Schleiermacher'schen Ausführungen erfolgen, sondern, weil Drews glaubte, in den Beschreibungen Schleiermachers eine konzeptionelle Schwäche ausgemacht zu haben. Der enzyklopädischen Einordnung der kirchlichen Statistik in den historischen Zweig der Theologie sei es geschuldet, dass diese Disziplin nicht zu dem Ansehen gelangen konnte, das ihr der Sache nach zusteht. Diese Zuordnung sei Grund dafür, dass die kirchliche Statistik der Dogmatisierung und Historisierung feilgeboten wurde. Ihr empirisch-ekklesiologischer Gegenwartsbezug sei daraufhin auf der Strecke geblieben. Einzig in der ihr wesensverwandten vergleichenden Konfessionskunde findet die kirchliche Statistik eine reale Gestalt.[348]

»So ist diese Disziplin brachliegen geblieben, bis sie in der Konfessionskunde auflebte. Zur evangelischen Kirchenkunde aber entwickelte sie sich nicht. Vielleicht wäre dies der Fall gewesen, wenn Schleiermacher jene Disziplin den Praktischen Theologen als Arbeitsgebiet zugewiesen hätte, was freilich nach seiner ganzen enzyklopädischen Auffassung der Theologie unmöglich war.«[349]

Diese Aussage Drews' legt Drehsen dergestalt aus, dass nach Auffassung Drews' die Praktische Theologie für Schleiermacher einen eher technischen und weniger wissenschaftlichen Charakter gehabt hätte. Selbst wenn Schleiermacher die kirchliche Statistik der Praktischen Theologie inhäriert

[346] RVAT, 8.
[347] Drehsen, a.a.O., Bd. 1, 464.
[348] Vgl. ebd., sowie DPT, 58.
[349] DPT, 59.

hätte, so wäre dabei höchst wahrscheinlich keine empirisch fundierte Evangelische Kirchenkunde entstanden. Das Aufgreifen der kirchlichen Statistik bei Schleiermacher wertet Drehsen als ein Anknüpfen an »methodische Traditionskomplexe«[350] und leitet daraus auch Prämissen für die Evangelische Kirchenkunde ab. Sie ist ein Rekurs auf empirisch-analytische Überlieferungs-Überlieferungsstränge, deren Theoriedesign auf die Integrierbarkeit in den praktisch-theologischen Betrieb abzielt.

Im Anschluss daran geht Drehsen dem nach, was Schleiermacher mit seiner enzyklopädischen Einordnung der kirchlichen Statistik bezweckt haben dürfte.[351] Schleiermacher habe die kirchliche Statistik zusammen mit der Dogmatik an die Nahtstelle zwischen historischer und praktischer Theologie gesetzt, da die »Kenntnis des leitenden Ganzen«[352] nämlich nur unter Berücksichtigung ihres historischen Gewordenseins erfolgen kann. In der Gegenwart habe sich Vergangenes objektiviert und so würde es sich auch mit der Kirche verhalten. Ihre Objektvationen wiederum können statistisch beschrieben werden. Das Erkenntnisinteresse der kirchlichen Statistik besteht aber auch darin, über zukünftige Entwicklung Auskunft zu geben. Durch die Betrachtung der Vergangenheit, die sich in gegenwärtigen Erscheinungen objektiviert hat, werden Aussagen über zukünftige Entwicklungen möglich. Die kirchliche Statistik weist einen Praxisbezug auf, dem sie durch ihre diagnostische Qualität gerecht wird. Dabei beklagt Schleiermacher, dass quantitativ und qualitativ angereichertes statistisches Material für den kirchlichen Bereich noch nicht ausreichend vorliege. Dabei – so stellt Drehsen heraus – genügen Schleiermacher nicht nur beschreibende Darstellungen kirchlicher Topographie, die ihre Gestalt in »Durchschnittsangaben« finden. Was ihm vorschwebt, sind differenzierte Typologien über kirchlich relevante Aspekte.[353]

Indem Schleiermacher der kirchlichen Statistik ein bestimmtes Erkenntnisinteresse zugrunde legt, hebt er sie auf die Höhe der allgemeinen wissenschaftlichen Statistik empor und arbeitet so einer Begegnung auf Augenhöhe zwischen beiden wissenschaftlichen Disziplinen vor. Ohne praktischen Bezug würde sie zum virtuosen und zweckfreien Sammeln von Wissensbeständen anleiten, ohne wissenschaftliche Rückbindung könnte sie, geleitet von Interessen einer Person oder Partei, vereinnahmt werden. Hinsichtlich dieses wissenschaftstheoretischen Anliegens modifiziert Schleiermacher auch die zweite Auflage seiner *Kurzen Darstellung*. Die Aufgabe der kirchlichen Statis-

---

350 Drehsen, a.a.O., Bd. 1, 465.

351 Im Rahmen seiner Schleiermacher Edition führt Simon Gerber die kirchliche Statistik und ihre historischen Zusammenhänge auch umfangreich aus, vgl. Friedrich Daniel Ernst Schleiermacher; Simon Gerber [Hrsg.], Vorlesungen über die kirchliche Geographie und Statistik, Berlin/New York 2005, besonders Einleitung des Bandherausgebers IX–XXXVI.

352 Friedrich Schleiermacher; Dirk Schmid [Hrsg.], Kurze Darstellung des theologischen Studiums (1811/1830), Berlin/New York 2002, § 26 hier 149f.

353 Vgl. Drehsen, a.a.O., Bd. 1, 466f. sowie Schleiermacher (1811/1830), §95, 176 und §245, 225.

tik hatte Schleiermacher in der ersten Auflage 1811 noch als »die Darstellung der Verfassung der Kirche in einem gegebenen Moment«[354] beschrieben. In der zweiten Auflage, die Schleiermacher erheblich um Erklärungen ergänzt, heißt es nun aber diesbezüglich: »Die Darstellung des gesellschaftlichen Zustandes der Kirche in einem gegebenen Moment«.[355] Drehsen interpretiert die Modifikation der zweiten Auflage als Ausdruck eines allgemeinen Transformationsprozesses der wissenschaftlichen Statistik. Demnach habe man in der Statistik von der bloßen Beschreibung von Institutionsidealen Abstand genommen und stattdessen komparative Aspekte dynamischer Lebenswirklichkeitsvollzüge in den Blick genommen. Anhand dieser allgemeinen Entwicklungen in der Statistik zeigt Drehsen, dass die Diskrepanz zwischen Ideal und Wirklichkeit auch Schleiermacher dazu bewegt haben dürfte, das Auseinandergehen von Institution und Individuum praktisch-theologisch zu bedenken.[356] Zusammenfassend stellt Drehsen fest:

> »Diese kompakte Konzeption Schleiermachers, in der er sich die ›kirchliche Statistik‹ als eine solche historisch-empirische Kirchenkunde in unmittelbar propädeutischer Erkenntnisfunktion für die Praktische Theologie vorstellt, die verschiedenen Traditionsstränge der allgemeinen Statistik in sich vereinigt und auf das kirchliche Anwendungsgebiet hin fokussiert, ist ihrerseits für die folgende Praktische Theologie im 19. Jahrhundert keine verpflichtende Denktradition geworden.«[357]

Vor diesem Hintergrund erscheint der Drews'sche Eindruck, demnach kirchenkundliche Traditionsbestände zwar vorhanden seien, diese aber über keinerlei Stringenz verfügten durchaus plausibel. Schleiermachers Idee einer kirchlichen Statistik habe sich deshalb nur zum Teil und in verkürzter Form in Julius Wiggers' und Claus Harms' Konzeptionen angelagert. [358]

Diesen Ausführungen Drehsens sind nun noch einige Anmerkungen hinzuzufügen, die sich mit dem hier vertretenen spezifischen Erkenntnisinteresse einer hermeneutisch ausgerichteten empirischen Theologie verbinden. Anhand der schlüssigen und komplexen Untersuchungen Drehsens wurde deutlich, dass die kirchliche Statistik nicht nur kirchliche Daten sammeln will, sondern auch danach strebt, dynamische Lebensvollzüge induktiv zu beschreiben. Die Historie spielt dabei eine wesentliche Rolle, denn die Gegenwart kann nur durch historische Betrachtungen erkannt werden. Dabei bilden die Objektvationen der Gegenwart zentrale Zugangspunkte für statistische Darstellungen und geben Auskunft über mögliche Entwicklungen. Durch diese Beschreibung des Erkenntnisprozesses der kirchlichen Statistik bei Schleiermacher drängt sich der Eindruck auf, dass die hier dargestellten Vor-

---

354 Schleiermacher/Schmid [Hrsg.], a.a.O., 84.
355 Zit. n. Drehsen, a.a.O., Bd. 1, 467.
356 Vgl. Drehsen, a.a.O., Bd. 1, 467f.
357 Drehsen, a.a.O., Bd. 1, 469.
358 Drehsen, a.a.O., Bd. 1, 469f.

gänge problemlos mit den Verstehensvollzügen bei Drews in Verbindung gebracht werden können.[359] Wenn dem so ist, würde das bedeuten, dass Drews mit der kirchlichen Statistik eine Form vorgefunden hat, die sich ihrer Arbeitsweise nach für ein hermeneutisches Erkenntnisinteresse leicht öffnen ließe.

Indem Drehsen das Missverständnis hinsichtlich der enzyklopädischen Einordnung auflösen konnte, wird deutlich, dass auch die kirchliche Statistik ein praktisches Erkenntnisinteresse verfolgt. Man kann sich aber auch vorstellen, inwiefern die Einordnung der kirchlichen Statistik in den Zweig der historischen Theologie ein rotes Tuch für Drews gewesen sein dürfte, wenn man bedenkt, dass er seine empirischen Grundlagen in eine Praktische Theologie einbinden wollte, die seines Erachtens von Historizismus und Deduktion völlig korrumpiert ist.[360] Für das Scheitern einer kirchlichen Statistik als Teilgebiet der Praktischen Theologie führt Drews aber 1907 auch editorische Gründe an:

> »Schleiermacher hat selbst wiederholt über ›kirchliche Statistik‹ Vorlesung gehalten, die aber leider bis heute noch nicht veröffentlicht sind, und es fragt sich, ob sie überhaupt noch vorhanden sind. Wären diese Vorlesungen bekannt geworden, so würde ohne Zweifel diese von Schleiermacher eingeführte Disziplin nicht brach liegen geblieben sein.«[361]

Das enzyklopädische Argument, welches Drews 1910 für das Scheitern der Etablierung einer kirchlichen Statistik ins Feld führt, gewinnt für ihn erst im Rahmen einer Reform des Theologiestudiums an Gewicht.

Prinzipiell teilt Drews aber Schleiermachers Grundanliegen und nimmt deshalb diesen forschungsgeschichtlichen Strang wieder auf. Die enzyklopä-

---

[359] Über die Verstehensprozesse bei Drews gibt das Kapitel III Auskunft, vgl. besonders 61–76.

[360] Vgl. Kapitel VI, 185–194.

[361] EK, 873. Für Schleiermacher hat die kirchliche Statistik eine Daseinsberechtigung im Fächerkanon der Theologie, weshalb sie im Rahmen seiner enzyklopädischen Ausführungen erstmals in der Vorlesung des Wintersemesters 1804/05 Erwähnung findet. Die Manuskripte dieser Vorlesungen zur Enzyklopädie werden von Schleiermacher nicht veröffentlicht. Die Paragraphen 94–97 der *Kurzen Darstellung* in der zweiten, erheblich um Erklärungen erweiterten Auflage von 1830/31 gehören lange Zeit zu den einzigen von Schleiermacher schriftlich fixierten Aussagen zur kirchlichen Statistik. Im Rahmen seiner gleichnamigen Vorlesung zieht Schleiermacher das Handbuch Carl Friedrich Stäudlins (1761–1826) *Kirchliche Geographie und Statistik* oft heran. In ihm sieht Schleiermacher den eigentlichen Begründer dieser Disziplin. Dennoch kann sich Schleiermachers *kirchliche Statistik* von Stäudlins Erbe insoweit emanzipieren, dass die Einordnung der kirchlichen Statistik in die historische Theologie Schleiermachers Zutun geschuldet ist. Das betrifft ebenso den Umstand, dass Schleiermacher die kirchliche Statistik sogar auf verschiedene Kirchen und Länder ausweitet und nicht auf eigene Konfessionsgebiete engführt. Dabei geht es ihm gerade darum, innere und äußere Zustände diverser Kirchen, aus kirchenpolitischem Interesse, vergleichend nebeneinander stellen zu können, Vgl. GERBER, a.a.O., XV.

dische Diskrepanz, die sich als Missverständnis von Seiten Drews' herausgestellt hat, ermutigt Drews dazu, die kirchliche Statistik in Form seiner Evangelischen Kirchenkunde in praktisch-theologischer Zuspitzung nachzubessern und sie dem Diskurs erneut zuzuführen.

Im Folgenden soll der von Drehsen eingeschlagene Weg weiter gegangen und die Arbeiten von Claus Harms und Julius Wiggers auf ihre Aussagekraft hinsichtlich der Entstehung einer Evangelischen Kirchenkunde befragt werden.

3.2 Julius Wiggers und die kirchliche Statistik

Der Rostocker Theologe Julius Wiggers (1811–1901) unternimmt 1842/43 einen neuen Versuch, die *kirchliche Statistik*, wie auch er es nennt, im wissenschaftlichen System der theologischen Disziplinen zu integrieren. Seine Ausführungen bindet er an Schleiermacher und Stäudlin, wobei er selbst die Vorlesung zur kirchlichen Statistik Schleiermachers nach eigenen Angaben nicht gehört hat. Wiggers interpretiert die kirchliche Statistik als »wissenschaftliche Darstellung der gegenwärtigen Kirche, nach dem vollem Umfange ihrer räumlichen Ausbreitung wie nach dem vollem Inhalte ihres erscheinenden Lebens«[362] und betont die gegenwartsbezogene Ausrichtung der kirchlichen Statistik. Dabei macht er das gesamte kirchliche Leben zum Gegenstandsbereich dieser Disziplin. Die kirchliche Statistik soll den Beweis erbringen, dass die Kirche als »alleinige[n] und ewige[n] Heilsgemeinschaft«[363] Bestand hat. Diejenigen, die die Kirche als eine sich im Auflösen befindende Institution verstehen, können durch die kirchliche Statistik vom Gegenteil überzeugt werden.

> »So auch den Gleichgültigen, welche es aus Unkenntniß sind. Gar mancher Gebildeter nimmt nur deßhalb keinen Antheil an der Kirche, weil er mit ihrem Wesen durchaus unbekannt ist, ihre Gebräuche nicht versteht, von ihren Lehren und Zwecken nur oberflächlich weiß, und bei dem Namen der Kirche, wenn überhaupt an mehr als an das steinerne Gebäude, in welchem an Sonn- und Feiertagen gepredigt wird, doch höchstens an eine Einrichtung des Staates denkt, deren dieser zur Erziehung guter Bürger bedarf.«[364]

Das Motiv der Unkenntnis und des Nichtverstehens taucht also, analog zu Drews, bereits bei Wiggers auf, wobei für Wiggers eine hermeneutische Diskrepanz lediglich zwischen der öffentlichen Wahrnehmung der Institution Kirche und ihres Selbstverständnisses als alleinige Heilsgemeinschaft besteht. Die kirchliche Statistik vermag, so die Überzeugung Wiggers, in der Darlegung des Ist-Zustandes die Kritiker zu überzeugen und für sich zu gewinnen.

---

362 Julius Wiggers, Kirchliche Statistik oder Darstellung der gesammten christlichen Kirche nach ihrem gegenwärtigen äußeren und inneren Zustande, Hamburg/Gotha 1842, hier IV.

363 Wiggers, a.a.O., IX.

364 Wiggers, a.a.O., XII.

Dieser hermeneutischen Parallele schenkt Drews keine Beachtung und findet mehrere Ursachen, warum Wiggers die Disziplin der kirchlichen Statistik nicht reanimieren kann. Die praktische Verwertbarkeit des gesamten Wigger'schen Unterfangens wird von ihm nämlich in Frage gestellt, da Drews die Darstellung Wiggers' als zu umfassend empfindet. Diese Kritik richtet sich vor allem auf Wiggers methodisches Vorgehen. Eine umfassende Darstellung der kirchlichen Gegenwart ist schließlich auch in Drews' Interesse, die Umsetzung dieses Vorhabens soll aber in soliden Einzelbänden erfolgen. Eine generalistische Darstellung, so wie sie Wiggers liefert, tritt in Gegensatz zum neuen Forschungsimpetus und den neuen Methoden. In Drews' Augen leistet Wiggers somit zwar einen Beitrag für die vergleichende Konfessionskunde[365] und die Symbolik, kann aber im Großen und Ganzen keine Mitstreiter für sein Vorhaben gewinnen. In diesem Punkt gelangt Drehsen zu folgendem Urteil:

> »Doch was in der thematischen Ausdehnung noch Schleiermacher'sche Ausmaße anzunehmen scheint, wird in den Durchführungen von Wiggers dann beträchtlich zurückgenommen, wenn er sie auf die Schwerpunkte der konfessionell-symbolischen Lehrbegriffe einerseits sowie der territorialen Kirchenverfassung andererseits konzentriert und obendrein deren vergleichende Darstellung dem gleichsam ›idealistisch‹-restriktiven Leitgesichtspunkt unterstellt.«[366]

Einen weiteren Grund für das Verschwinden der kirchlichen Statistik vom wissenschaftlichen Tableau sieht Drews in der problematischen enzyklopädischen Einordnung der kirchlichen Statistik, wie sie von Wiggers in Übereinstimmung mit Schleiermacher vorgenommen wird. Gegen die Zuordnung zur Kirchengeschichte spricht für Drews die gegenwartsbezogene Ausrichtung dieser neuen Fachrichtung. Historische Tatbestände spielen dabei zwar eine Rolle, aber nur insofern sie die gegenwärtige Gestalt des kirchlichen Lebens geprägt haben.[367]

3.3 Claus Harms und die Kirchenkunde

Obwohl die *kirchliche Statistik* nicht in den Betrieb der Theologie eingebunden wird, verschwindet sie, aus kirchenpolitischen Interessen, nicht aus dem öffentlichen Bewusstsein. Die damit verbundene Rezeptionsgeschichte spannt sich von Schleiermacher über Harms bis hin zu Drews. Das Konzept des Kieler Propsts Claus Harms', das er im Rahmen der *Akademischen Vorlesungen über den Kirchen- und Schulstaat der drei Herzogtümer* darlegt, wobei die

---

[365] Bei der Konfessionskunde handelt es sich um eine theologische Disziplin, die sich ursprünglich aus konfessionspolemischen Gründen die komparative Darstellung verschiedener Konfessionen zur Aufgabe macht. Hierbei erfolgt die Analyse unter kirchengeschichtlichen, systematischen und praktisch-theologischen Gesichtspunkten. Die einzelnen Konfessionen werden hinsichtlich ihrer Liturgie, Dogmatik und ihrer Bekenntnisse zur Darstellung gebracht. Vgl. hierzu FRIEDRICH WILHELM GRAF, Art. Konfessionskunde, in: RGG 4 (2001^{4}), 1552f.

[366] DREHSEN, a.a.O., Bd. 1, 470.

[367] Vgl. EK, 873f.

gleichnamige Schrift hierzu erst 35 Jahre später von seinem Sohn Christian Harms herausgegeben wird, ist Drews' primärer konzeptioneller Bezugspunkt und ist ihm seit 1889 in dieser Form auch zugänglich.

Bei der historischen Einbettung des Unterfangens sieht sich Harms Schleiermachers' *kirchlicher Statistik* zwar verpflichtet, greift sogar Stäudlins *Kirchliche Geographie und Statistik* auf[368], grenzt sich aber dennoch gegen diese Vorläufermodelle ab.

> »Schleiermacher hat vor wenigen Jahren gesagt, sie sei noch nimmer in Berlin gelesen, und selbst was er gelesen hat und Stäudlin und wohl auf anderen Universitäten gelesen ist, das ist nicht was ich meine. 1. Keine Statistik allein, 2. keine allgemeine, sondern die Kirchenkunde eines bestimmten Landes, so möchte ich, was ich zu geben denke, lieber nennen.«[369]

Mitunter kann vermutet werden, dass Harms' eine zu enge Vorstellung von dem Wort *Statistik* hat. Statistik bedeutet bei Schleiermacher nämlich nicht nur »die zahlenmäßige Erfassung und Auswertung insbesondere politischer, gesellschaftlicher und ökonomischer Phänomene«, sondern auch die Lehre bzw. Kunde des Untersuchungsobjektes.[370] Harms geht also davon aus, dass es Schleiermacher lediglich um eine statistische Erfassung äußerer Zustände geht. Da Schleiermacher aber ebenfalls die Betrachtung innerer Gegebenheiten fordert, kann davon ausgegangen werden, dass Harms keine genaue Kenntnis von Schleiermachers Ausführungen zur kirchlichen Statistik gehabt haben dürfte. Dieser Umstand wird dahingehend relevant, da Drews sich bei seinen Ausführungen zur Evangelischen Kirchenkunde nicht nur hinsichtlich des Terminus' Kirchenkunde, sondern auch inhaltlich auf Harms beruft.[371] Möglicherweise verkennt Drews auch deshalb die inhaltlichen Parallelen der kirchlichen Statistik zur Evangelischen Kirchenkunde.
Harms geht es in seiner Evangelischen Kirchenkunde darum, »Die Kirche nach ihrer wirklichen Erscheinung«[372] mit empirischen Mitteln zu erheben und darzustellen, wobei neben ethnographischen Aspekten auch numerische Fakten hinsichtlich der Kirchenverfassung Berücksichtigung finden. Da das Manuskript Harms' über 35 Jahre nicht der Öffentlichkeit zugänglich gemacht wurde, in der Tat also erst 1889 zur Verfügung stand, gilt das 1842/43 erscheinende zwei bändige Werk Julius Wiggers' zunächst als einzige Verwirklichung des Schleiermacher'schen Anliegens. Hinsichtlich dieser beiden Traditionsstränge kommt Drehsen zu folgendem Urteil:

---

368 Vgl. zu Friedrich Stäudlin Anm. 361, 108.
369 Claus Harms; Christian Harms [Hrsg.], Claus Harms' akademische Vorlesungen über den Kirchen- und Schulstaat der drei Herzogtümer, in: Beiträge und Mitteilungen des Vereins für schleswig-holsteinische Kirchengeschichte, Kiel 1897, 46–87.
370 Vgl. Gerber, a.a.O., X.
371 Vgl. RVAT, 8.
372 Harms, a.a.O., 76.

»Harms' Kirchenkunde unterscheidet sich in repräsentativer Weise von Wigger'schen Entwurf durch ihren betont empirisch-induktiven Ansatz, in den gleichermaßen ethnographische (›Land und Leute‹), organisations- und institutionskundliche (gelebte Kirchenverfassung) wie auch kirchenpopulationsstatistische (Kirchgangsfrequenz) Gesichtspunkte integriert werden, um die ›Kirche nach ihrer wirklichen Erscheinung‹[373] darzustellen.«[374]

Die geschichtlichen Hintergründe kirchenkundlicher Tradition und ihre Einflussnahme auf die Drews'sche Konzeption einer Evangelischen Kirchenkunde sind nun erhellt. Dabei wurde deutlich, dass in der kirchlichen Statistik, wie sie von Schleiermacher dargelegt wurde, die Wurzeln empirisch-theologischen Arbeitens zu sehen sind. Aufgrund editorischer Schwierigkeiten und einer fehlerhaften enzyklopädischen Auffassung gelang es Drews nicht, das volle Potenzial der kirchlichen Statistik auszuschöpfen. Dennoch nahm er die kirchliche Statistik Julius Wiggers' und die Kirchenkunde Claus Harms' als Fragmente kirchenkundlicher Tradition wahr. An Wiggers Entwurf kritisiert Drews die praktische Umsetzung der kirchlichen Statistik. Seines Erachtens ist sie nicht praktikabel, da sie nicht generalistisch, pastoral-theologisch verengt den gesamten Zustand der Kirche beschreiben will. Die Kirchenkunde Claus Harms' erweist sich für Drews' Anliegen terminologisch und inhaltlich als anschlussfähiger. Harms arbeitet empirisch-induktiv und begrenzt seine Erkenntnisse auf ein bestimmtes Kirchengebiet. Im Folgenden soll nun textimmanent die Evangelische Kirchenkunde vom Typ Drews konstruiert werden, damit ersichtlich wird, wie Drews mit den Traditionsbeständen kirchenkundlicher Forschung umgeht.

3.4 Drews' Evangelische Kirchenkunde und Ekklesiastik

Die Evangelische Kirchenkunde unterscheidet sich von den zuvor erörterten Disziplinen Religiöse Volkskunde und Religiöse Psychologie dahingehend, dass sie zwar von den Erkenntnissen dieser Disziplinen profitiert, ihre Beobachtungen und Erkenntnisse jedoch auf ein territorial begrenztes Gebiet einschränkt.

»Hier sollen also zunächst die einzelnen Landeskirchen [...] – in allen ihren Lebensäußerungen zur Darstellung kommen. Verfassung, Kultus, kirchliche Sitte, Vereinsleben, Schulwesen, Pfarrstand, Stand der Kirchlichkeit und der Sittlichkeit – alles dies soll auf geschichtlichem Hintergrund und unter steter Berücksichtigung aller wirtschaftlichen, völkischen, kulturellen, politischen Momente dem Leser vorgeführt werden.«[375]

Die Ausrichtung des Erkenntnisinteresses auf den Leser ist nicht ganz unerheblich, schließlich will die Evangelische Kirchenkunde eine Handreichung

---

373 HARMS, a.a.O., 76.

374 DREHSEN, a.a.O., Bd. 1, 471.

375 EK, 873.

für den im Amt stehenden Geistlichen sein und verwirklicht somit das hermeneutisch praktisch-theologische Grundanliegen Drews' *par excellence*.

> »Es steht zu hoffen, daß Kirchendiener, die durch diese neue Disziplin sich das Auge für die Wirklichkeit und die Mannigfaltigkeit religiöser Ausgestaltung haben öffnen oder wenigstens schärfen lassen, in ihrem Beruf nicht allein sichrer und verständnisvoller sich betätigen werden, sondern auch allem falschen, unpsychologischen Eifer immer ferner rücken werden.«[376]

Die strenge Orientierung an Methoden und Herangehensweisen, die als wissenschaftlich ausgewiesen sind, unterstreicht das Anliegen Drews', nicht auf der Ebene zufälliger, persönlicher Urteile stehen zu bleiben.[377] Der zuständige universitäre Fachbereich für die Evangelische Kirchenkunde kann, auch wegen ihrer empirisch-theologischen Ausrichtung, nur die Praktische Theologie sein. Durch diese klare Verortung der Evangelischen Kirchenkunde im Betrieb der Praktischen Theologie gewinnt diese Disziplin eine neue Dimension, welche den pastoraltheologischen Konzeptionen von Wiggers' und Harms' noch nicht immanent war: Sie erfüllt eine *Bildungsfunktion*.

Die Summe aller Evangelischen Kirchenkunden fasst Drews visionär unter dem Begriff der *Ekklesiastik* zusammen, wobei jede einzelne Kirchenkunde einer bestimmten Landeskirche als Grundlage der *Ekklesiastik* dienen soll.[378] »Es wird so etwas wie eine Ekklesiastik möglich werden, ein Seitenstück etwa zu der Politik, wie sie Treitschke geboten hat.«[379] Einen weiteren Verweis auf den Historiker Heinrich v. Treitschke (1836–1896) findet sich auch in der Kirchenkunde des Königreich Sachsens. Drews zeigt sich hierin sehr angetan von einer Rezension über Treitschkes 1899 veröffentlichter Politikvorlesung.

Aus dem Zitat des Rezensenten geht hervor, dass die Verknüpfung des Begriffes *Ekklesiastik* mit dem Politikverständnis Treitschkes nicht original Drews' Gedanken entsprungen ist:

> »So sollte auch die theologische Wissenschaft verfahren. An dem Staub gehen wir zu Grunde. Die der Gegenwart abgewandten Geister sind die Farsarellen die den Pelz verzehren, der uns erwärmen sollte. Mephisto muß ihn schütteln. Was könnte z.B. eine Vorlesung den Studenten nützen, die als Ekklesiastik ein Seitenstück zur Politik wäre, und sie über den Zustand der Kirche, wie sie ist, orientiert.«[380]

Über Autor und Herkunft der Rezension schweigt Drews und auch nach intensiven Recherchen bleibt die Rezension unauffindbar.[381] Dennoch kann der

---

376 EK, 876.

377 DPT, 55.

378 Vgl. Günther, a.a.O., 367 sowie Drehsen, a.a.O., Bd. 1, 511f.

379 EK, 873.

380 Zit. n. DLLS, VII.

381 Eine Prüfung der Texte, die Drews aufgrund eigener Interessen gelesen haben dürfte, hat ergeben, dass weder die Theologische Literaturzeitung noch die Theologi-

Gedankengang, demnach Ekklesiastik analog zu Treitschkes Politikverständnis gedacht werden soll, aus dem Manuskript der Politikvorlesung Treitschkes direkt gewonnen werden.[382] Hier heißt es:

> »Die Aufgabe der Politik ist eine dreifache: sie soll zunächst aus der Betrachtung der wirklichen Staatenwelt die Grundbegriffe des Staates zu erkennen suchen; sie soll dann historisch betrachten, was die Völker im politischen Leben geschaffen und erreicht und warum sie es erreicht haben; hierdurch wird ihr drittens auch gelingen einige historische Gesetze zu finden und moralische Imperative aufzustellen.«[383]

Diese Aufgabenbeschreibung lädt dazu ein, folgenden hypothetischen Analogieschluss vorzunehmen: Demnach verhält sich für Treitschke die Politik zum Staat wie die *Ekklesiastik* zum kirchlichen Leben für Drews. Eine empirische Vorgehensweise in der Politikwissenschaft ist für Treitschke unablässig: »Demnach soll die Politik nach der Methode des historischen Denkens aus empirischen Betrachtungen deduciren.«[384] Und auch für Drews entspringt die gesamte Darstellung des kirchlichen Lebens aus der Rückbindung an die Empirie. Von dort ausgehend soll nach Treitschke vergangenes Streben der Menschen beurteilt werden, parallel dazu könnte die Evangelische Kirchenkunde respektive Ekklesiastik das religiöse Bedürfnis aller Bevölkerungsgruppen in Erfahrung bringen. Durch die Betrachtung einer gegebenen Staatsform vergangener Epochen, so Treitschke, werden Rückschlüsse auf ihre zukünftige Gestalt möglich. Zu einer exakten Zukunftsprognose kann es jedoch nicht kommen, da die so erzielten Ergebnisse »sich immer nur annähern an die Wahrheit.«[385] Zum einen ist dieser Umstand allen Geisteswissenschaften immanent, zum anderen ist es das individuelle Verhalten historischer Persönlichkeiten, welches nicht vorhergesagt werden kann. Auch für die Evangelische Kirchenkunde und ihre übergeordnete Disziplin der Ekklesiastik gilt: »Allem Leben, auch dem kirchlichen, liegen zuletzt große Gesetze zu Grunde, die wir zwar nie vollkommen zu erkennen vermögen, deren Erforschung aber gerade im Interesse einer gesunden praktischen Bethätigung mehr als ein wissenschaftlicher Luxus ist.«[386] Diese ›Gesetzmäßigkeiten‹ haben für Drews

---

sche Rundschau noch die Historische Zeitschrift oder gar die Monatsschrift für die kirchliche Praxis eine solche Rezension vorzuweisen haben. Zu diesem Urteil war auch schon Rudolph gekommen (vgl. RUDOLPH, a.a.O., Anm. 94). Dem kann nichts Neues hinzugefügt werden.

382 Vgl. auch DREHSEN, a.a.O., Bd. 1, 511.

383 HEINRICH VON TREITSCHKE; MAX CORNICELIUS [Hrsg.], Politik, Vorlesungen gehalten an der Universität zu Berlin von Heinrich von Treitschke, Bd. 1,1899², 2.

384 TREITSCHKE, a.a.O., 6.

385 Ebd.

386 DLLS, VIII.

nicht denselben epistemologischen Status[387] wie Naturgesetze. Diese ›Gesetze‹ übernehmen eher eine ordnende Funktion und ermöglichen es, sich in einem zunächst unbekannten Gebiet zu orientieren, indem man von bereits Bekanntem auf Unbekanntes schließt.

Wir können nun feststellen, dass die »Ekklesiastik als Seitenstück zu Treitschkes Politik«[388] durchaus Plausibilität besitzt. Aber da sowohl die Begrifflichkeit als auch die Verbindung zu Treitschkes Politikverständnis generell von dem unbekannten Rezensenten herrührt, ist Drews' Anteil an dem Konstrukt Ekklesiastik relativ marginal. Vermutlich fühlt sich Drews durch Treitschkes Politikverständnis, welches analog zu Drews' Vorstellung einer Ekklesiastik als kirchenkundliches Gesamtwerk entfaltet werden kann, in seinem Vorhaben bestärkt.

3.5 Drittes Zwischenfazit: Evangelische Kirchenkunde

In Auseinandersetzung zu ihren Vorläufermodellen entwickelt Drews seine Evangelische Kirchenkunde im Bewusstsein einer Anknüpfung an eine in Vergessenheit geratene Disziplin. Hierbei erkennt er die Wegbereiterrolle Schleiermachers zwar an, erhebt jedoch Einspruch hinsichtlich Schleiermachers enzyklopädischer Einordnung in den Zweig der historischen Theologie. Schleiermachers Idee der kirchlichen Statistik habe sich deshalb im wissenschaftlichen Theologiebetrieb nicht integrieren können und leiste somit nur für die vergleichende Konfessionskunde einen Beitrag. Dieser ist es zu verdanken, dass die Idee einer kirchlichen Statistik konserviert werden konnte.

Mit seiner evangelischen Kirchenkunde greift Claus Harms auf die wissenschaftliche Tradition der kirchlichen Statistik zurück und unterstellt sie einem empirischen Erkenntnisinteresse. Ihm geht es um die Darstellung des religiösen Lebens der Landeskirche »a. um seiner selbst willen, b. um der Erhaltung willen, c. um der Fortleitung willen.«[389] Während die Veröffentlichung der Vorlesung Harms' erst 35 Jahre später durch dessen Sohn erfolgte, wird die kirchliche Statistik in der Zwischenzeit erneut durch Julius Wiggers entfaltet. Wiggers Anspruch, das gesamte kirchliche Leben ohne territoriale Einschränkung darstellen zu wollen, stößt bei Drews auf heftige Kritik, da die kirchliche Statistik in ihrer Totalität keinen Nutzen für die pfarramtliche Praxis habe. Zudem ist für Drews die Kirchengeschichte keineswegs der Fachbereich, der sich der Darstellung des kirchlichen Lebens annehmen sollte.

Schleiermachers und Wiggers Konzeptionen werden von Drews zwar würdigend aufgenommen, sein empirisch-theologisches Vorhaben sieht er allerdings am besten durch die Kirchenkunde Harms' realisiert.

---

387 Zum epistemologischen Status der Darstellungstypologie Drews' siehe Kapitel V, 151–171. Der Begriff ›Gesetz‹ kann dabei als Regelzusammenhang verstanden werden, vgl. Kapitel V, 164–170.

388 Zit. n. DLLS, VIII.

389 Harms, a.a.O., 49.

Ihre Hauptaufgabe charakterisiert er als »Feststellung der empirischen Wirklichkeit des religiös-kirchlichen Lebens und ihre wissenschaftliche Erklärung«.[390] Oberstes Gebot für die evangelische Kirchenkunde ist ihre Verwertbarkeit für im amtstehende Pastoren. Durch die empirische Erhebung und Auswertung des religiösen Lebens werden Faktoren sichtbar, die dem religiösen Leben zugrunde liegen. Ihre Kenntnis ist von unschätzbarem Wert für die Ausbildung kirchlichen Personals. Die Summe aller evangelischen Kirchenkunden bezeichnet Drews als Ekklesiastik, die er analog zu Heinrich v. Treitschkes Politikverständnis konzipiert.

Wir haben nun alle empirischen Grundlagen Drews' betrachtet. Dabei wurden zunächst die Entstehungsbedingungen und Vorläufermodelle dieser Disziplinen dahingehend untersucht, inwiefern diese von Drews auch in Hinblick auf praktisch-theologisches, hermeneutisches Anliegen modifiziert werden können. Aus diesen Analysen ging zwar hervor, *dass* alle drei Disziplinen einem eigenen Gegenstandsbereich verpflichtet sind, dabei wurde aber nicht eindeutig bestimmt, *wie* sich diese drei Größen mit ihren Gegenstandsbereichen zueinander verhalten. Die Frage der Verhältnisbestimmung wird relevant, wenn man bedenkt, dass die empirische Theologie Drews' nicht nur auf dem Papier Bestand haben sollte, sondern von ihm als reales Gepräge einer Praktischen Theologie der Zukunft entwickelt wurde. Welche Disziplin arbeitet der Religiösen Volkskunde zu? Hat die Religiöse Psychologie einen festen Platz im akademischen Lehrbetrieb? Worin unterscheiden sich Religiöse Volkskunde und Evangelische Kirchenkunde? Die Beantwortung dieser Fragen kann nur über die Klärung der verschiedenen Relationen erfolgen. Deshalb sollen abschließend die empirischen Grundlagen zueinander ins Verhältnis gesetzt werden.

4. EINE VERHÄLTNISBESTIMMUNG

Nachdem die inhaltliche Darstellung der empirischen Grundlagen erfolgt ist, stellt sich die Frage, in welcher Relation diese drei Größen zueinander stehen.[391] Eine abschließende generalistische Verhältnisbestimmung nimmt Drews nicht vor und auch präpositionale Hinweise sind zwar randständig gegeben, jedoch sind diese kleineren Verhältnisbestimmungen oft nicht eindeutig verständlich. In Hinblick darauf votiert Drehsen: »Dabei will freilich bedacht sein, daß die Begrifflichkeit Drews' im Verlaufe seiner Produktionsgeschichte erst allmählich feste Konturen annimmt, die jedoch bis zum Ende hin noch keine Eindeutigkeit gewonnen haben.«[392] Ganz ähnlich urteilt auch

---

[390] EK, 872.

[391] »Dazu schlägt er eine Erweiterung des praktisch-theologischen Fächerkanons vor, nämlich durch Kirchenkunde, religiöse Volkskunde und religiöse Psychologie, ohne daß diese neuen Unterdisziplinen in allen Veröffentlichungen DREWS' in gleicher Weise einander zugeordnet wären.«, GRETHLEIN, Tatsachen, 383.

[392] DREHSEN, a.a.O., Bd. 1, 457, vgl. auch Bd. 2, 383, Anm. 275.

Christian Grethlein in seiner kürzlich erschienenen Praktischen Theologie (2012):

> »Drews wollte die Praktische Theologie als eine empirische Disziplin profilieren. Damit sollte das Studium praxisnäher – aber nicht praktischer – werden. Dazu schlug er eine Erweiterung des praktisch-theologischen Fächerkanons vor. Kirchenkunde, religiöse Volkskunde und religiöse Psychologie hießen die neuen Fächer. Sie sollten die Wahrnehmungsfähigkeit der Theologen und damit die Praxisnähe ihrer Konzepte steigern. Demgegenüber trat das systematische Interesse zurück. So bestimmte Drews den Zusammenhang der drei neuen Disziplinen nicht eindeutig.«[393]

Diesen Urteilen ist uneingeschränkt zuzustimmen, dennoch scheint es möglich auf der Folie der bisherigen Arbeitschritte eine konstruierte Verhältnisbestimmung vorzunehmen, da einige Unstimmigkeiten nun aufgelöst werden können. Jene Divergenzen können an zwei Punkten ausgemacht werden: 1. Die Religiöse Psychologie als Ergänzung der Religiösen Volkskunde und 2. Religiöse Volkskunde und Religiöse Psychologie als Hauptzweige der Evangelischen Kirchenkunde.[394]

Nach Drews' eigenen Worten in dem Programmaufsatz von 1898 wird der Religiösen Psychologie der Stellenwert einer ›Ergänzung‹ zur Religiösen Volkskunde beigemessen. Der Ausdruck *Ergänzung* gibt allerdings keinen Aufschluss darüber, ob die Religiöse Psychologie gleichberechtigt neben der Religiösen Volkskunde koexistiert oder ob volkskundliche Arbeit auch immer schon religiös-psychologisches Material mit verwertet, um überhaupt dem Anspruch gerecht zu werden, eine Darstellung des religiös-sittlichen Lebens zu sein. Im ersten Fall könnte das Verhältnis zwischen beiden Größen als dialektische Verschränkung beschrieben werden, im zweiten Fall wäre die Religiöse Psychologie nur eine Kategorie der Religiösen Volkskunde. Beim Betrachten der eigentlichen religiös-psychologischen Arbeitsweise Drews' wurde deutlich, dass er die Religiöse Psychologie eher als sozial- und entwicklungspsychologische Komponente wertet. Dergestalt tritt die Religiöse Psychologie als entwicklungs- und sozialpsychologischer Stichwortgeber hinter dem Erkenntnisinteresse der Religiösen Volkskunde zurück und bekräftigt somit die zweite Lesart der Verhältnisbestimmung.

Weitere Ungereimtheiten zeigen sich hinsichtlich der Relationen von Religiöser Volkskunde zu der Evangelischen Kirchenkunde. »Auch die religiöse Volkskunde muß die Kirchenkunde nach Kräften ausnutzen.«[395] Aus diesem Zitat geht nicht eindeutig hervor, ob die Religiöse Volkskunde nun Objekt oder Subjekt in Bezug auf die Evangelische Kirchenkunde zu sein scheint. Die Religiöse Volkskunde erhebt unter zur Hilfenahme (religions-)psychologischer Parameter eine Gesamtschau des gegenwärtigen religiös-sittlichen Lebens. Die

---

393 GRETHLEIN (2012), a.a.O., 42. Vgl. dazu auch REGLITZ, Erklären, 70.

394 Vgl. DREHSEN, a.a.O., Bd. 1, 456.

395 EK, 875.

eruierten Kenntnisse werden also in der Evangelischen Kirchenkunde auf ein bestimmtes territorial begrenztes Kirchengebiet angewendet. In dieser Lesart wäre die Evangelische Kirchenkunde diejenige Disziplin, welche von den Erkenntnissen der Religiösen Volkskunde profitiert. Dass Ergebnisse der Evangelischen Kirchenkunde, die empirisch gewonnen worden sind, auch die Religiöse Volkskunde bereichern, würde eine zweite Lesart plausibilisieren. »Kurzum: die auf empirischer Methode beruhende Religionsforschung der Gegenwart wird in der Kirchenkunde einerseits stete Verwendung, andererseits stete Anregung und Bereicherung finden.«[396] Somit ist das Verhältnis zwischen Religiöser Volkskunde und Evangelischer Kirchenkunde nicht uneindeutig von Drews dargelegt worden, beide Disziplinen bestehen eigenständig voneinander, werden aber erst durch einen wechselseitigen Austausch von Untersuchungsergebnissen zur Blüte gelangen.

»Einen Hauptzweig der Kirchenkunde bildet ›die religiöse Volkskunde‹.«[397] In diesem Ausspruch deutet sich jedoch eine andere Beziehung zwischen Religiöser Volkskunde und Evangelischer Kirchenkunde an. Demnach ist die Kirchenkunde der Religiösen Volkskunde übergeordnet, welche lediglich einen wichtigen Teilbereich der Kirchenkunde ausmacht. Von einer gleichberechtigten Koexistenz kann nach dieser Schilderung nicht mehr die Rede sein. In der Zeit zwischen 1907 und 1910 scheint sich Drews für eine andere Wertigkeit der einzelnen Disziplinen entschieden zu haben. Wie lässt sich dieser Sinneswandel erklären? Eine neue Bedeutsamkeit als empirische Dachdisziplin lässt Drews der Evangelischen Kirchenkunde im Rahmen seiner Studienreformbestrebungen angedeihen. Vermutlich hat es sich als günstig erwiesen die Evangelische Kirchenkunde als Teilgebiet der Praktischen Theologie in den Fächerkanon des theologischen Studiums zu integrieren. Wenn die Religiöse Volkskunde die Religiöse Psychologie in sich aufnimmt und ihre Erkenntnisse der Evangelischen Kirchenkunde zuführt, so sind alle drei Größen der empirischen Grundlagen Drews' im Fächerkanon der Theologie enthalten. Die Kirchenkunde dürfte durch ihre unmittelbare praktisch-theo-logische Ausrichtung für die Kritiker der Drews'schen Studienreform die größte Plausibilität besessen haben. Zudem waren bis 1910 schon Evangelische Kirchenkunden verschiedener Landeskirchen erschienen[398], sodass sich diese Vorgehensweise bewährt haben könnte. Die Frage, ob nun die Religiöse

---

396 EK, 876.

397 DPT, 60.

398 Vgl. MARTIN SCHIAN, Das kirchliche Leben der evangelischen Kirche der Provinz Schlesien, Tübingen 1903; PAUL GLAUE, Das kirchliche Leben der evangelischen Kirchen in Thüringen, Tübingen 1910; HERMANN BECK, Das kirchliche Leben der evangelisch-lutherischen Kirche in Bayern, Tübingen 1909; A. LUDWIG, Das kirchliche Leben der evangelisch-protestantischen Kirche des Großherzogtums Baden, Tübingen 1907. Es folgen weitere Veröffentlichungen zur Sache: Vgl. ERNST ROLFFS, Das kirchliche Leben der evangelischen Kirchen in Niedersachsen, Tübingen 1917 sowie PAUL WURSTER, Das kirchliche Leben der evangelischen Landeskirche in Württemberg, Tübingen 1919.

Volkskunde oder die Evangelische Kirchenkunde das Haupt der empirischen Grundlagen Drews' bildet, ist eine Frage der Perspektive. Für die empirische Religionsforschung ist die Evangelische Kirchenkunde lediglich ein Spezialfall, für die Praktische Theologie ist die Evangelische Kirchenkunde primärer Bezugspunkt, der auf einen größeren Zusammenhang hinweist.

V. Drews' empirisches Methodeninventar

Nachdem nun die Grundlagen von Drews' empirischer Theologie diskutiert worden sind, gilt es, im Folgenden seine empirische Methodik genauer zu betrachten. Die Frage nach seiner konkreten Vorgehensweise stellt sich deshalb, weil die Qualität jeder empirischen Theologie immer nur so gut sein kann wie ihre Methodik. Bei Drews drängt sich dabei zunächst der Eindruck auf, dass der wissenschaftliche Status seines Vorgehens kritisch angefragt werden muss. Dieser vermittelt sich allerdings vornehmlich dadurch, dass Drews seine Arbeitsweise eben nicht in einer Methodenreflexion ausdrücklich macht. Das soll aber nicht davon abhalten, einen vorhandenen Methodenapparat bei Drews vorauszusetzen. Auf der Grundlage seiner wenigen methodischen Äußerungen, seiner vielen methodischen Implikationen und zuletzt seiner materialen empirischen Theologie wird es möglich sein, dass Drews'sche Methodeninventar zu rekonstruieren. Darüber hinaus ist der Annahme zu folgen, dass dieses Methodenarsenal von Drews – im Rahmen des damals Gebotenen – mit wissenschaftlicher und erkenntnistheoretischer Sorgfalt verwendet wurde. Diese Vermutung wird sich beweisen lassen, nachdem der Methodenapparat offenkundig gemacht werden konnte. Die bisherige Forschung ist dagegen wesentlich jenem Ersteindruck verpflichtet geblieben.

1. Die Methodenfrage

Ein Blick in die einschlägige Forschungsliteratur verrät, dass über die Qualität der Drews'schen empirischen Methoden durchaus Konsens besteht, nämlich dahingehend, dass man nur schwerlich von einem systematischen, wissenschaftlich zuverlässigen Methodenarsenal sprechen kann.

Der Drews-Schüler *Karl Eger* kommt in seiner wohlwollenden Anerkennung der theologischen Arbeit Drews' zu einer eher nüchternen Feststellung:

> »Das werden wir uns überhaupt zur gerechten Würdigung dessen, was in den letzten Jahrzehnten, zum nicht geringen Teil unter dem unmittelbaren Einfluß D.scher Anregungen, auf dem Gebiet der Kirchenkunde, religiösen Volkskunde, religiösen Psychologie gearbeitet worden ist, immer gegenwärtig halten müssen, daß es sich in dem allem um Triebe einer noch sehr jungen, ihres Stoffes noch wenig mächtigen und in ihrer Methode noch keineswegs abgeklärten Wissen-

schaft handelt.[...] Eine gewisse Unsicherheit und Willkür in der Wahl wie in der Verwertung des Stoffes ist bei einer an so schwierigem Objekt arbeitenden jungen Wissenschaft unausbleiblich.«[399]

Der Drews'sche Methodenapparat wird von *Wolfgang Rudolph* nicht eigens verhandelt. Dennoch gibt Rudolph in seiner stark biografisch gefärbten Darstellung des Drews'schen Opus an, dass Drews für seine Arbeit an der Kirchenkunde Fragebögen ausgegeben hätte. Da diese jedoch nicht mehr erhalten sind, geht er diesem Anhaltspunkt einer konkreten empirischen Methodik bei Drews nicht weiter nach.[400]

Volker Drehsen beleuchtet in seiner wertvollen und komplexen Untersuchung die Methodenfrage bei Drews zunächst vom Standpunkt der damaligen Praktischen Theologie aus. Hierbei entfaltet er die These, dass sich Drews' Methodendesign permanent als ein wissenschaftliches ausweisen muss, damit die Praktische Theologie ihre Stellung im Wissenschaftsbetrieb behaupten kann. Nur durch eine objektive wissenschaftlich betriebene Praktische Theologie könne die gegenwärtige Wirklichkeit erfasst werden.

»Die Einbeziehung der Sozialwissenschaften in die Praktische Theologie entstammt bei Drews also nicht primär dem Motiv, dieser Disziplin durch eine Addition zusätzlicher außertheologischer Perspektiven und Sachkomplexe eine neue Untergliederung aufzunötigen, sondern dadurch die fortlaufende Erschließung bislang vernachlässigter Dimensionen jener empirisch-analytischen Wirklichkeitswahrnehmung der praktischen Theologie zu ermöglichen.«[401]

Für die Gewinnung seiner Daten hat Drews demzufolge die damaligen empirischen Möglichkeiten der Sozialwissenschaft genutzt.[402] Aber Drehsen stellt auch fest:

»Es ist kaum zu leugnen, daß in solchen methodologischen Postulaten bei P. Drews, O. Baumgarten u.a. noch gleichsam naiv anmutende Vorstellungen über die Erklärungskraft von Kausalitätsreihen und statistischen Regelmäßigkeiten mitschwingen. Max Weber etwa hat diesen Zusammenhang sehr viel skeptischer beurteilt und infolgedessen die Grenzen sehr viel enger und präziser festgelegt.«[403]

Ähnlich allgemein schildert auch *Christian Grethlein* das konkrete empirisch orientierte Vorgehen Drews'. Hier ist die Rede von Beobachtungen und Datensuche, aber auch Drews' Forderung nach Ursachenanalyse, also einer Interpretation dieser Daten, wird von Grethlein auf der Grundlage von Drews' Schriften hervorgehoben. Zudem thematisiert Grethlein Drews' Forderung zu Gesetzen vorzudringen, die dem religiösen Leben zugrunde liegen. Zugleich betont er, dass Drews die Kirchenkunde auch kritischen Anfragen aussetzt,

---

399 Eger, Paul Drews', 15.
400 Vgl. Rudolph, Paul Drews, 28.
401 Drehsen, Neuzeitliche Konstitutionsbedingungen, Bd. 1, 450f.
402 Vgl. Drehsen, a.a.O., 448–455.
403 Drehsen, a.a.O., 410.

um sich des Empirismusvorwurfes zu erwehren. Die methodische Qualität der Kirchenkunde bestehe, so Grethlein, in ihrer Orientierung auf historische Verfahrensweisen, Geschichte diene somit »als Erklärungsmittel des Gegenwärtigen« ohne »einen Selbstzweck«.[404] Abschließend schließt er sich Drehsens Urteil an:

> »Schließlich wirft die Beschäftigung mit DREWS' Programm die Frage nach einer für praktisch-theologische Theoriebildung angemessenen empirischen Methodik auf. Die hinter DREWS' Suche nach ›Gesetzen‹ stehende Vorstellung ›über die Erklärungskraft von Kausalitätsreihen und statistischen Regelmäßigkeiten‹[405] gehört einem vergangenen Methodenverständnis an.«

In seinem 2012 erschienenen Lehrbuch der Praktischen Theologie mildert Christian Grethlein sein Urteil über die Drews'sche Methodik etwas ab: »Praktische Theologie erweiterte ihren Gegenstandsbereich auf die allgemeine Kultur hin. Dabei ging Drews' Interesse über ein bloßes Sammeln von Beobachtungen hinaus und richtete sich auf dahinter stehende Gesetzmäßigkeiten.«[406]

Weitaus kritischere Töne schlägt *Hans-Günter Heimbrock* an, der Drews' Religiöse Volkskunde im Rahmen seines Habilitationsvortrags *Frömmigkeit als Problem der Praktischen Theologie* (1982) streift:

> »Unverblümt bekannte man sich dabei allerdings zu methodologisch recht naiven Prinzipien: die gesamte Arbeit sollte geleitet werden allein durch ›die Frage nach den Thatsachen‹. Und die *religiöse Psychologie,* als ein Hauptzweig der neuen Arbeit, ›beobachtet einfach‹, meinte *Drews.*«[407]

Der von Heimbrock in Anschlag gebrachte Kritikpunkt der vermeintlichen Naivität des Drews'schen Methodenarsenals wird von ihm nicht weiter ausgeführt oder gar begründet.

Johannes Schilling wirft in seiner einführenden kirchengeschichtlichen Abhandlung über Drews' Evangelische Kirchenkunde zwar die Frage auf, *wie* Drews sein kirchenkundliches Konzept umsetzen will, zu einer befriedigenden Antwort hinsichtlich des konkreten Drews'schen Methodendesigns kommt er aber nicht. Lediglich »Deskription« und »kirchliche Statistik« sowie

---

404 Drews, zit. n. Grethlein, Tatsachen, 387.

405 Vgl. Drehsen, a.a.O., Bd. 1, 410.

406 Grethlein, Praktische Theologie, 43.

407 Hans-Günter Heimbrock, Frömmigkeit als Problem der Praktischen Theologie, in: Pastoraltheologie 71, 1982, 18–32, 21. Dass die Religiöse Psychologie »ein Hauptzweig« der empirischen Forschung Drews' sei, muss nach Kenntnisnahme des vorherigen Kapitels schon relativiert werden. Die Religiöse Psychologie ist konzeptionell von Drews teilweise als *ein* Zweig seiner empirischen Grundlagen gedacht worden. Nach eingehender Betrachtung seiner tatsächlichen empirischen Arbeit kann jedoch zu dem Schluss gekommen werden, dass die Religiöse Psychologie von der Religiösen Volkskunde absorbiert wird, vgl. Kap. IV, 103–116.

die Erkenntnis aus der Vergangenheit werden bei Schilling angeführt[408], jedoch ohne Aussagewert für die konkreten Formen der Drews'schen Datenerhebung.

Die Dissertationsschrift von Astrid Reglitz *Erklären und Deuten* tangiert ebenfalls das Drews'sche Programm einer Religiösen Volkskunde und stellt somit den aktuellsten Forschungsbeitrag zur Sache dar. Reglitz wählt für ihre Untersuchungen zur Glaubenspraxis keine praktisch-theologische Zugangsweise, sondern erschließt ausgewähltes Material unter diskursanalytischer und systematisch-theologischer Perspektive. Im Zuge dessen fördert sie durch die eingehende und unvoreingenommene Betrachtung konstitutiver Schriften Drews' auch Erkenntnisse zu Tage, die für die Praktische Theologie von Relevanz sind. Anhand der damaligen Reaktionen auf die Religiöse Volkskunde und Evangelische Kirchenkunde, wie sie Reglitz in zeitgenössischen Rezensionen vorfindet[409], kommt sie zu folgender Erkenntnis:

> »Qualitativ beschäftigen sich die Beiträge in einem sehr geringen Umfang mit den methodischen Aspekten der Religiösen Volkskunde. [...] *Inhaltlich* bewegte sich die Auseinandersetzung nicht auf dem Gebiet der methodischen Problemstellung und ihrer angemessenen Umsetzung. Sondern die Beiträge befassten sich vorrangig aus einer Metaperspektive mit dem von DREWS skizzierten Programm und dessen prinzipieller Berechtigung und Umsetzbarkeit.«[410]

Nachdem nun die Voten zur Methodenfrage summarisch betrachtet wurden, stellt sich heraus, dass seit den ersten zeitgenössischen Reaktionen auf das Drews'sche empirische Programm bis heute – ein Zeitraum, der gut 100 Jahre umfasst – keine nennenswerten Erkenntnisse über die empirische Methodik vom Typ Drews und ihrem Wert hinzugekommen sind. So verhält es sich aber nicht mit Urteilen. Das Vorhandensein eines wissenschaftlichen Methodenapparates wird entweder überhaupt in Abrede gestellt, was sich darin zeigt, dass die Methodenfrage bei Drews gänzlich übergangen wird, oder die wissenschaftliche Qualität der Drews'schen Datenerhebung wird grundsätzlich kritisch angefragt. Diese Urteile sind jedoch fragwürdig, da sie sich nicht auf die

---

408 Vgl. Schilling, Paul Drews, 421.

409 Vgl. Reglitz, Erklären, 80. Als Textgrundlage dienen Reglitz folgende Rezensionen: Ernst Christian Achelis, Paul Drews' Das kirchliche Leben der Evangelisch-Lutherischen Landeskirche des Königreichs Sachsens, in: ThLZ 20, 1902, 553–555; Ders., Paul Drews, Das Problem der praktischen Theologie, in: Monatsschrift für Pastoraltheologie 7, 1910/1911, 115–117; Martin Schian, Das Problem der praktischen Theologie, in: ThR 13, 1910, 329–347; Alfred Eckert, Das Problem der praktischen Theologie, in: Dienet einander! Monatsschrift für praktische Theologie und Religionsunterricht der Schule 1910/1911, 3–6; 52–58; 75–89 sowie Freytag, Moderne Strömungen auf dem Gebiet der Praktischen Theologie, in: Die Studierstube 6, 1908, 207–218; 265–273; 329–339 und Dres., Religiöse Volkskunde und Religionspsychologie vor hundert Jahren, in: MPrTh 6, 1909, 282–292.

410 Reglitz, a.a.O., 80.

tatsächlich von Drews verwendeten Methoden und eine daraus resultierende methodologische Rekonstruktion gründen.

Die folgenden Untersuchungen sollen deshalb unter der Prämisse aufgenommen werden, dass a) ein Methodenapparat grundsätzlich vorhanden ist und b) dass dieser Methodenapparat, der von Drews nicht explizit ausgeführt wird, textimmanent rekonstruiert werden kann. Anschließend kann erst die wissenschaftliche Qualität dieses rekonstruierten Methodenapparates im Spiegel der *damaligen*, nicht der heutigen, sozialwissenschaftlichen Möglichkeiten neu bewertet werden. Aber auch die von Drews verwendeten, jedoch nicht eindeutig ausgeführten Verarbeitungstypologien *Tatsache*, *Typus* und *Gesetz* als Elemente dieses Methodenapparats sollen im Rahmen dieser Arbeit erstmals erörtert werden. Dabei stellt sich die übergreifende Frage, inwiefern der Methodenapparat mit seinen Darstellungsformen dem hermeneutischen Grundanliegen und der pastoraltheologischen Nutzbarmachung empirischen Wissens dienlich ist.

1.1 Die ausdrückliche Methodenreflexion

Im Folgenden soll es darum gehen, die von Drews verwendeten Methoden aufzudecken. Da der Tenor der bisherigen Sekundärliteratur dergestalt ist, dass die Methodenfrage bei Drews größtenteils unbearbeitet und unsystematisch vorliegt, muss nun Drews selbst hinsichtlich seines empirisch orientieren Vorgehens zu Wort kommen. Ausdrückliche Beschreibungen seines empirisch-theologischen Vorgehens finden sich vor allem in seinen konstituierenden Schriften zur Religiösen Volkskunde und Evangelischen Kirchenkunde. In seinem Auftaktaufsatz über seine empirischen Grundlagen *›Religiöse Volkskunde‹ als Aufgabe der praktischen Theologie* von 1901 heißt es:

> »Nach unserer Auffassung muss die praktische Theologie mehr deskriptiv-induktiv als systematisch-deduktiv betrieben werden. [...] Das erfordert eine beschreibende Darstellung des religiösen Lebens der Gegenwart im Zusammenhang mit seinem geschichtlichen Werden auf Grund einer eindringenden psychologischen Analyse des Volkscharakters wie der Gruppen und individuellen Typen, mit denen der Geistliche zurechnen hat.«[411]

Die Religiöse Volkskunde als Aufgabenbereich der Praktischen Theologie gewinnt folglich ihr Material durch Deskription und Induktion. Ganz ähnlich kennzeichnet Drews auch die Aufgabe der Evangelischen Kirchenkunde in seinem konstituierenden Aufsatz von 1907, nämlich als »Darstellung der empirischen kirchlichen Zustände der einzelnen evangelischen Landeskirchen.«[412] Weiter heißt es: »Über die Methode, die in diesem Zweige theologischer Wissenschaft zur Anwendung zu kommen hat, ist ja bereits das

[411] PAUL DREWS, »Religiöse Volkskunde«, eine Aufgabe der praktischen Theologie, in: MkiPr 1, 1901, 1-8, 1.

[412] PAUL DREWS, Evangelische Kirchenkunde, in: Internationale Wochenschrift für Wissenschaft, Kunst und Technik 28, 1907, 871-876, 873f.

Wesentliche gesagt, aber noch sei hinzugefügt, daß sie von der Statistik (im engeren Sinne) reichen Gebrauch wird machen müssen.«[413]

An die Seite einer deskriptiv-induktiven Methode tritt also die Statistik und schließt den explizit benannten Methodenapparat Drews' ab. Während die Verwendung von Statistik auch heute noch recht anschaulich und greifbar, nämlich als quantitative Erhebung und Darstellung eines Untersuchungsgegenstandes, ist, zeitigt sich hinsichtlich der deskriptiv-induktiven »Methode« ein erheblicher Interpretationsbedarf. Aus diesem Grund bietet sich für die Rekonstruktion dieser empirischen Vorgehensweise eine textimmanente Herangehensweise an.

In dem Aufsatz *›Religiöse Volkskunde‹ eine Aufgabe der praktischen Theologie* (1901) schlüsselt Drews die Aufgabe der Volkskunde in zwei Fragen auf:

> »›Wie ist es?‹, die Frage nach den Thatsachen, nach dem Thatbestand - und sodann: ›Woher kommt das?‹, die Frage nach den Ursachen. [...] Gewiss liegen die letzten Gründe religiösen Lebens, wie allen Lebens, im Dunkeln, aber wichtige mitwirkende Faktoren lassen sich dennoch mit Sicherheit feststellen. So werden wir bei der religiösen Eigenart einer Volksschicht die ethnographischen, die sozialen, die geschichtlichen Verhältnisse und Vorbedingungen energisch ins Auge fassen müssen.«[414]

Deskriptiv-induktiv arbeiten bedeutet also, eine facettenreiche Beschreibung der gegebenen Verhältnisse zu liefern. Welche Rolle hierbei die Induktion spielt, bleibt jedoch unklar. Außerdem ist darauf hinzuweisen, dass Drews' den Begriff *ethnographisch* anders zu füllen scheint als es nach heutigem Sprachgebrauch üblich ist. Nach neustem Verständnis beinhaltet eine ethnographische Analyse das gesamte Spektrum der menschlichen Lebensformen, sprich auch soziale und geschichtliche Gesichtspunkte.[415] Indem Drews diese drei Begriffe allerdings nebeneinander stellt, bedeutet das, dass eine *ethnographische* Analyse auch die Sitten und Gebräuche sowie anderen Kulturgüter des untersuchten Volkes berücksichtigt. Die Untersuchung der Vorbedingungen und verschiedenen Verhältnisse würde allerdings, neben einer auf Beobachtung beruhenden Beschreibung, eine sorgfältige Analyse sozialer, geschichtlicher und volkskundlicher Quellen verlangen.

Bilanzieren wir an dieser Stelle die von Drews angeführten »Methoden«: Die Statistik ist streng genommen keine Methode, sondern eine Darstellungsform. Hinsichtlich der deskriptiv-induktiven Methode ist festzustellen, dass diese Methodik in ihrer konkreten Gestalt recht unscharf bleibt und keine Rückschlüsse auf konkrete empirische Arbeitsweisen wie z.B. Quellenanalyse oder Beobachtung zulässt. Dennoch soll der systematisch-wissen-schaftliche Anspruch des Drews'schen Methodenapparates noch nicht sobald aufgegeben werden. Schließlich ist es Drews' Anliegen, sein Vorgehen stets als ein wis-

---

413 EK, 875.

414 RVAT, 5.

415 Vgl. FRANZ JOSEF THIEL, Art. Ethnologie (Völkerkunde), in: RGG 2 (1999^4), 1635.

senschaftliches auszuweisen. »In der Kirchenkunde aber ist ein festes Objekt gegeben: das kirchliche Leben der Gegenwart, das es nach allen Seiten hin mit streng wissenschaftlichen Mitteln und Methoden zu erforschen gilt.«[416]

Er betont aber permanent, dass ein eigener wissenschaftlicher Methodenapparat gerade im Aufbau begriffen sei.[417] Bis zu seinem frühen Tod gelingt es Drews nicht, ein konkretes methodologisches Theoriedesign zu entwickeln, wobei Drews durchaus in dem Bewusstsein agiert, dass die Religiöse Volkskunde ihr volles Potenzial als wissenschaftliche Disziplin von erkenntnistheoretischem Wert noch nicht ausgeschöpft hat. Drews' Streben nach Objektivität und Wissenschaftlichkeit ist, wie Volker Drehsen bereits in überzeugender Weise gezeigt hat[418], keineswegs dem Umstand geschuldet, dass Drews sozialwissenschaftliche Arbeitsweisen in die Praktische Theologie integrieren will. Vielmehr geht es ihm darum, den wissenschaftlichen Charakter der Praktischen Theologie mittels empirisch-theologischer Disziplinen überhaupt erst zu erzeugen.[419] Auch in Ermangelung eines ausgewiesenen Methodenapparats muss jedoch davon ausgegangen werden, dass Drews Material vorlag, welches ihm als Grundlage seiner empirischen Studien diente. Diese Informationen zum Untersuchungsobjekt muss er zunächst in irgendeiner Form gewonnen haben. Im Folgenden sollen somit diese impliziten Vorgehensweisen der Materialerhebung, wie Drews sie vorgenommen hat, untersucht werden.

1.2 Methodische Implikationen für die Materialerhebung

Es wurde nun deutlich, dass Drews in seinen konstituierenden Schriften zwar Prämissen seiner empirischen Arbeitsweise benennt, als theoretisch fundierter Methodenapparat können diese Voraussetzungen aber nicht angesehen werden. Anhand Drews' Schriften über die religiösen und sozialen Gegebenheiten seiner Zeit kann man aber verfolgen, dass Drews *en passant* seine Herangehensweise mal mehr, mal weniger offensichtlich darlegt. Zwischen den Zeilen gelesen zeichnet sich mittels dieser Aufsätze ein Bild dessen ab, was Drews tatsächlich unternommen hat, um seine volkskundlichen Darstellungen auf eine sichere empirische Grundlage stellen zu können. Nachfolgend soll der Versuch einer Konstruktion dieses indirekten Methodenapparats unternommen werden, damit das Bild von Drews' empirischen Arbeitsweisen dahingehend komplettiert werden kann.

Anhand der Schriften und Studien, die er rezensiert hat, wird deutlich, dass Drews ein großes Interesse für Publikationen hegte, die das soziale und religiöse Leben gesellschaftlicher Gruppen tangierten. Dennoch entwickelte Drews auch einen methodisch kritischen Blick auf diese ihm wertvoll erschei-

---

416 EK, 874.

417 Vgl, EK, 872.

418 Vgl. DREHSEN, a.a.O., Bd. 1, 450.

419 »Diese neue Disziplin wird aber auch der gesamten praktischen Theologie eine neue Gestaltung geben. Erst durch sie wird ihr ein wirklich wissenschaftlicher Charakter verliehen.« (EK, 874).

nenden Studien. Anhand der Kritik, die er äußert und der Dinge, die er lobend hervorhebt, werden die Ansprüche deutlich, die Drews an Arbeiten stellte, welche das damals gegenwärtige gesellschaftliche Leben abbilden wollten. An dieser Stelle seien einige nennenswerte Rezensionen Drews' daraufhin untersucht, welche Ansprüche an empirische Studien darin deutlich werden. Als konkrete Untersuchungsgrundlage dienen Drews' Rezensionen über *Die Volkstümlichkeit der Predigt* und eine Rezension zur *Psychologie des Bauerntums.* Weitere methodische Anhaltspunkte liefert Drews' empirisches *opus magnum,* die *Evangelische Kirchenkunde Sachsens* sowie sein konstitutiver RGG- Artikel zur Religiösen Volkskunde. Im Folgenden sollen nun einige Belegstellen zusammengetragen werden.

In seiner Rezension über die *Volkstümlichkeit der Predigt* von 1894 lobt er den Verfasser, da er »in sehr richtiger Weise die Beobachtung des Volkes, wie sie ein Kulturhistoriker übt, scharf scheidet von der seelsorgerlichen Liebe, mit der des Predigers Auge auf dem Volke ruhen muss.«[420]

Drews' Beurteilung über den von A. l' Houet verfassten Beitrag *Zur Psychologie des Bauerntums* von 1906 beginnt mit einer Anerkennung über den Wissensschatz des Autors.

> »Denn es redet hier ein hochgebildeter Schriftsteller zu uns, der nicht nur über eine gute theologische Bildung verfügt, sondern der eine seltene Belesenheit und ein reiches Wissen auf dem Gebiete der Geschichte, Geographie und Ethnologie, der Kunstgeschichte und der Philosophie besitzt. Dazu steht ihm eine feine psychologische Beobachtungsgabe zur Verfügung, so dass alle Bedingungen erfüllt sind, die zu einem guten Buche über diesen Gegenstand gehören.«[421]

Allerdings bringt Drews auch kritische Aspekte über das zu rezensierende Werk zu Gehör. So beklagt er, dass das Schlusskapitel gänzlich durchdrungen ist von kulturpessimistischen Wertungen.[422] Auch habe l' Houet einseitige Vergleiche von historischen Völkern mit dem gegenwärtigen Bauerntum vorgenommen. »Also solche Gleichungen haben etwas völlig Subjektives an sich, das sich nicht in das Bereich objektiver Sicherheit erheben lässt.«[423]

Eine Beschreibung seines methodischen Vorgehens nimmt Drews in der Evangelischen Kirchenkunde Sachsens und in dem posthum erschienenen Lexikonartikel in Die Religion in Geschichte und Gegenwart zur Religiösen Volkskunde vor.

Das kirchliche Leben der Evangelisch-Lutherischen Landeskirche des Königreichs Sachsens von 1902 ist Drews' umfassendste empirische Arbeit. Im Titel wird ausdrücklich darauf verwiesen, dass Drews das kirchliche Leben

---

420 Paul Drews, Hermann Hering: Die Volkstümlichkeit der Predigt, in: ZprTh 16, 1894, 174–176, 175.

421 Paul Drews, Zur Psychologie des Bauerntums, in MKiPr 6, 1906, 20–30 sowie 69–74, hier 20.

422 Vgl. ZPB, 24.

423 ZPB, 25.

Sachsens darstellt. Wenn man nun diese Darstellung daraufhin befragt, mithilfe welcher Methoden die dargestellten Ergebnisse gewonnen wurden, so findet man in der Einleitung schon wertvolle Hinweise des Verfassers dazu. Drews erklärt dort, dass er an Geistliche Fragebögen ausgegeben habe und 68 Exemplare[424] zurückerhielt. Zudem stützt er seine Ausführungen auf Vorträge, die ihm von kirchlichen Amtsträgern in schriftlicher Form übersandt wurden. Kirchliche Jahresberichte, Berichte des Landeskonsistoriums und briefliche Anfragen an verschiedene Stellen ermöglichten es Drews darüber hinaus, Informationen über die Gemeindelandschaft einzuholen. Zuletzt ist es Drews' eigene Erfahrung als Landpastor in Burkau, die sein Bild von den kirchlichen Verhältnissen in Sachsen vervollständigte.[425]

Er bezog folglich Material von halboffiziellen und offiziellen Instanzen, aber auch der Einsatz von Fragebögen ermöglichte es Drews weitestgehend, das kirchliche Leben Sachsens detailliert darzustellen. Die hierfür verwendeten Fragebögen und Befragungsvorgänge sind allerdings nicht abgedruckt oder an anderer Stelle wiedergegeben worden. Ob dieser Leerstelle ist es ein glücklicher Umstand, dass Martin Schian 1913 eine von Drews veranstaltete Umfrage nach dessen Tod auswertete und die Ergebnisse der kirchlichen Öffentlichkeit präsentierte. Hierfür beschreibt er Drews' Vorgehen und die formalen Gesichtspunkte des Erhebungsverfahrens. Die Umfrage setzte sich aus zehn Fragen wie folgt zusammen:

»1. Wie groß ist die Seelenzahl Ihrer Parochie? (Angabe in Taufenden)

2. Seit wann besteht die Parochie? Ist sie von einer anderen Parochie abgezweigt worden? und von welcher?

3. Wieviele geistliche Stellen hat die Parochie?

4. Sind Seelsorgebezirke eingerichtet? Seit wann? Wieviele sind es? Wie groß ist die Seelenzahl der einzelnen Bezirke? Gilt die Bezirkseinteilung für die gesamte Amtstätigkeit oder nur für einzelne ihrer Zweige? Wenn letzteres der Fall ist, welche Zweige sind das?

5. Wenn keine Seelsorgebezirke bestehen, wie ist die Pastoration geordnet?

6. Hat die Parochie eine selbstständige Armen- und Krankenpflege? Seit wann?

7. Hat die Parochie kirchliche Vereine für den ganzen Parochialbezirk? Seit wann? Welcher Art sind sie? Haben die Seelsorgerbezirke derartige Vereine?

8. Hat die Parochie Hausväterverbände oder eine ähnliche Organisation? Seit wann?

9. Hat die Parochie ein Gemeindehaus? Seit wann?

---

[424] Zur Anzahl der insgesamt ausgegeben Fragebögen macht Drews keine Angabe.

[425] Vgl. PAUL DREWS, Das kirchliche Leben der Evangelisch-Lutherischen Landeskirche des Königreichs Sachsen, Tübingen/Leipzig 1902, IXf.

10. Sonstige Bemerkungen:«[426]

Demnach habe sich Drews ein Bild von der Gemeindeorganisation machen wollen und hätte deshalb 765 Fragebögen an dementsprechend viele Gemeinden in 190 größeren Ortschaften[427] entsandt. Dabei konnte er, wie Schian anerkennend vermerkt, eine bemerkenswerte Rücklaufquote von 75,8% verbuchen. Ein überaus zufriedenstellendes Ergebnis, wenn man berücksichtigt, dass nach heutigen sozialwissenschaftlichen Maßstäben eine Rücklaufquote von 63% bereits als Erfolg gewertet wird.[428] Von den 190 berücksichtigten Orten bleiben Drews lediglich 17 eine Antwort schuldig.

»Es gelang dem Vorstand, für diese mühevolle Arbeit den Meister der evangelischen Kirchenkunde D. Paul Drews zu gewinnen. Er ließ Ende 1911 Fragebogen ausgehen, die ihm die sichere Unterlage für seine Untersuchung geben sollten.«[429] Mit diesen anerkennenden Worten leitet Schian seine Darstellung ein und stellt damit unter Beweis, dass Drews zu Lebzeiten als kirchlicher Fachmann für Studien galt, die auf Empirie beruhen.

Weiteren Aufschluss über Drews' Methodik gibt der von ihm verfasste Artikel über die *religiöse Volkskunde*, in dem diverse Frühformen der Feldforschung benannt werden. So spielt Drews beispielsweise auf eine historische Analyse an, die zur Erklärung eines beobachteten Phänomens herangezogen werden soll. Sitten und Bräuche des Volkes dienen ihm dabei als Referenzpunkt. Sie sind zuerst »zu sammeln und festzustellen«[430] und danach historisch zu erklären. Dem Pastor fällt hierbei die Rolle des wissenschaftlichen Beobachters zu, da er unmittelbaren Zugang zum Brauchtum der Bevölkerung und eine wissenschaftliche Vorbildung hat.[431] Die Operation der bloßen Beobachtung wird ergänzt durch die Forderung, auch zu den Einstellungen einer Bevölkerungsgruppe vorzudringen. Dabei differenziert Drews sorgfältig zwischen dem, was beispielsweise die Gruppe der Industriearbeiter öffentlich artikuliert und dem, was der einzelne Fabrikarbeiter tatsächlich denkt und empfindet. Hinsichtlich seines Erkenntnisinteresses formuliert Drews Fragen an die Industriearbeiterschaft: »Sind aber wirklich in den Seelen alle religiösen Triebe und Bedürfnisse tot? Bietet wirklich die sozialdemokratische Weltbetrachtung einen völligen und einen dauernden Ersatz für die Religion? Was

---

426 Der von Drews entworfene Fragebogen ist abgedruckt bei MARTIN SCHIAN, Der gegenwärtige Stand der Gemeindeorganisation in den größeren Orten Deutschlands. Auf Grund einer von P. Drews veranstalteten Umfrage bearbeitet von Martin Schian, Leipzig 1913, 7f.

427 Als große Ortschaften galten für Drews Orte mit mindestens 20 000 Mitgliedern der evangelischen Kirche, vgl. SCHIAN (1913a), a.a.O., 8.

428 Vgl. HORST KERN, Empirische Sozialforschung. Ursprünge, Ansätze, Entwicklungslinien, München 1982, 107.

429 SCHIAN (1913a), a.a.O., 7.

430 PAUL DREWS, Art. Volkskunde, religiöse, in: RGG 5 (1913), 1746–1754, 1749.

431 Vgl. ebd.

ist dieser Volksschicht anstößig an der von der Kirche gepflegten Religion?«[432] Hinsichtlich dieser Fragen kommt Drews zu einem ernüchternden Ergebnis und an die Grenze quantitativer Methoden. Qualitative Arbeitsweisen müssten sich nun anschließen: »Hier ergeben sich Fragen über Fragen, zu deren Beantwortung das geeignete Material zu beschaffen eine noch fast ungelöste Aufgabe ist.«[433] Damit ist angezeigt, dass die Materialbeschaffung die eigentliche Schwierigkeit darstellt. Die Beantwortung von Fragen z.B. durch Interviews oder Fragebögen wird von Drews zwar nicht thematisiert, ist an dieser Stelle jedoch höchstwahrscheinlich mit inbegriffen, besonders vor dem Hintergrund, dass Drews selbst auch Fragebögen für die Materialsammlung eingesetzt hat. Zuletzt verweist Drews auf literarische Quellen und ihre Bearbeitung, welche über die einzelnen Volksschichten Aufschluss geben. Dieses zum Teil schon bearbeitete Quellenmaterial wird unter anderem durch die aufblühende allgemeine Volkskunde bereitgestellt.[434]

Welchen Aussagewert hat das oben Dargestellte für Drews' empirisch orientierte Arbeitsweise? Zunächst ist festzustellen, dass er Literatur, die er als relevant für sein Interessengebiet erachtet, mit großer Sorgfalt gelesen und kritisch betrachtet hat. Zudem deutet sich in seiner Kritik die Forderung nach objektiven wissenschaftlichen Standards an. So verlangt er beispielsweise von einem qualifizierten Forscher, dass er vielseitig gebildet sei, über einen neutralen Blick für das Untersuchungsgebiet verfüge und von Wertungen und jeglichen subjektiven Färbungen Abstand nehme. Die Religiöse Volkskunde beispielsweise gewinnt ihr Material unmittelbar durch die Beobachtung von religiösen Handlungen des Volkes und auch mittelbar durch Berichte von wissenschaftlich sensibilisierten Augenzeugen. Dabei können Pastoren *per se* auch Feldforscher sein und ethnologische Quellen ersten Ranges erschließen, da sie ganz natürlich über ihre tägliche Arbeit mit den Menschen in Kontakt treten und somit Beobachtungen machen können, die externen Feldforschern nicht ohne weiteres zugänglich sind.

Die Ebene der bloßen Beobachtung wird durch den Wunsch, zu den religiösen Einstellungen einer Gruppe vorzudringen, verlassen. Hierfür entwickelt Drews pointierte Fragen zum Empfinden bestimmter Bevölkerungskreise, deren Beantwortung aus strukturellen Gründen, nämlich aus Gründen der Materialbeschaffung, noch nicht in befriedigender Weise erfolgen konnte, wobei das Ausgeben von Fragebögen durchaus zu Drews' empirischem Repertoire gehört. Letztendlich macht Drews auf interdisziplinäre Ressourcen aufmerksam. Durch die Entwicklung der allgemeinen Volkskunde wird wertvolles Quellenmaterial gewonnen und zum Teil wissenschaftlich aufgearbeitet. Dergestalt kann es zur Erklärung eines religiösen Phänomens herangezogen werden.

---

432 AV, 1751.
433 Ebd.
434 Vgl. AV, 1751f.

Diese methodischen Implikationen können Drews' empirisch orientierte Arbeitsweise aber noch nicht in vollständig überzeugender Weise als wissenschaftlich-systematisches Vorgehen ausweisen. Deshalb soll anschließend auszugsweise seine materiale empirische Theologie in den Blick genommen werden, um Aufschluss über seine tatsächliche empirische Herangehensweise und ihre wissenschaftliche Qualität zu erlangen.

1.3 Methodische Erkenntnisse der materialen empirischen Untersuchungen

Wenn Drews' materiale empirische Theologie betrachtet werden soll, bieten sich hierfür exemplarisch zwei nennenswerte Studien Drews' an: *Die freien religiösen Gemeinden der Gegenwart und Zur Psychologie des Kirchenbesuchs.* Der Vollständigkeit halber müsste an dieser Stelle auch die Evangelische Kirchenkunde als bedeutendste empirische Arbeit Drews' genannt werden. Die von Drews in der Einleitung gegebenen Hinweise auf sein Vorgehen sind jedoch an früherer Stelle schon erörtert worden, sodass deren erneute Darstellung redundant wäre.[435] Neben den einleitenden Hinweisen zur konkreten Arbeitsweise Drews' findet diese Monographie ihren unschätzbaren Wert besonders darin, dass sie die materialreichste und komplexeste Darstellung des empirischen Anliegens Drews' ist. Aufgrund ihres Umfangs soll an dieser Stelle aber Drews' übersichtlicheren Studien der Vorzug geben werden, um exemplarisch sein empirisches Vorgehen zu entfalten. Darüber hinaus sind alle nennenswerten Gesichtspunkte, die für eine Rekonstruktion der faktischen Methoden Drews' konstitutiv sind, in diesen beiden Studien enthalten.

1.3.1 *Die freien religiösen Gemeinden der Gegenwart*

Zunächst soll Drews' Herangehensweise bei der Untersuchung der *freien religiösen Gemeinden* betrachtet werden. Das Phänomen der frei-religiösen Gemeinden als religiös-rationalistische Oppositionsbewegung tritt in den 1840er Jahren zur Zeit des deutschen Vormärz' in Erscheinung. Die politische und kirchliche Restauration veranlasst die ehemals protestantischen *Lichtfreunde* und die ehemals katholischen *Deutschkatholiken* dazu, sich von der restaurativen Staatskirche zu lösen. Am Vorabend der 1848er Revolution transformieren sie sich zu *freien religiösen Gemeinden*. Dass es sich bei den freien religiösen Gemeinden auch um eine politische Bewegung handelt, zeigt sich in ihrem Eintreten für den politischen Liberalismus während der Revolution. Die frei-religiöse Bewegung wird vor allem von klein- und unterbürgerlichen Schichten getragen. Ihre Weltanschauung ist nun nicht mehr christlich geprägt, sondern beruht auf einer streng rationalistischen, antikirchlichen Weltsicht.[436] Diese religiös-politische Massenbewegung versteht Drews als po-

---

[435] Vgl. hierzu Kapitel V, 124–131.

[436] Vgl. JÖRN BREDERLOW, »Lichtfreunde« und »Freie Gemeinden«. Religiöser Protest und Freiheitsbewegung im Vormärz und in der Revolution 1848/1849, München/Wien 1976, hier 7–11 sowie FRIEDRICH WILHELM GRAF, Die Politisierung des religiösen Be-

puläre kirchliche Opposition und macht deshalb das Phänomen der freireligiösen Gemeinden und ihr Verhältnis zur christlichen Religion zum Untersuchungsgegenstand seiner auf Empirie beruhenden Studie. Er beginnt seine Ausführungen über die frei-religiöse Bewegung mit der Erklärung, dass es sich hierbei um eine »symptomatische Erscheinung innerhalb des gärenden religiösen Lebens in unserer Mitte«[437] handle. Eine Untersuchung dieses Phänomens sei dadurch gerechtfertigt, dass analog zu den Mitgliedern der freien religiösen Gemeinden auch andere der Kirche kritisch gegenüber stehen würden. Die freien religiösen Gemeinden aber artikulierten diese Kritik in aller Deutlichkeit, im Gegensatz zu der schweigenden, der Kirche fernbleibenden Masse.

Anschließend legt Drews dar, wie er zu dem wertvollen Material »ziemlich zahlreicher Schriftstücke und Blätter«[438] gekommen ist. Auf seine Bitte hin haben ihm Prediger verschiedener, geographisch weit auseinander liegender frei-religiöser Gemeinden[439] Predigten, Selbstzeugnisse und Schriften der Gemeinschaften übersandt, außerdem verfügten die freien religiösen Gemeinschaften über eine mannigfaltige Presselandschaft. Zudem hat sich Drews im Vorfeld über die Geschichte dieser religiösen Formationen unter Zuhilfenahme von Sekundärliteratur[440] informiert und empfiehlt den Lesern, es ihm gegebenenfalls gleichzutun, da die folgenden Ausführungen diesen Punkt ausdrücklich nicht berühren. Seine Vorbemerkungen schließt er mit dem Hinweis ab: »Ich werde mich möglichst auf rein sachliche Darstellung beschränken und die Beurteilung absichtlich zurückstellen.«[441]

Drews' erster Unterpunkt beschäftigt sich mit Fragen der *Organisation und Statistik.*[442] Mittels konkreten Zahlenmaterials, das ihm durch den Bund der freien religiösen Gemeinden zur Verfügung gestellt wurde, kann Drews statistisch belegen, dass die Summe der freien religiösen Gemeinden landläufig im Wachstum begriffen war. Hinsichtlich der konkreten Mitgliederzahl räumt Drews aber ein, dass kein aktuelles Zahlenmaterial vorläge, aber immerhin sei es ihm möglich, den Trägerkreis dieser Gemeinden hinsichtlich ihrer Zugehörigkeit zu einer sozialen Schicht zu bestimmen.

---

wusstseins. Die bürgerlichen Religionsparteien im deutschen Vormärz, Das Beispiel des Deutschkatholizismus, Stuttgart 1978, 26–46.

437 PAUL DREWS, Die freien religiösen Gemeinden der Gegenwart, in: ZThK 11, 1901, 484–527, 484.

438 Ebd.

439 Explizit werden hier Prediger Sänger der Gemeinde Frankfurt am Main, Prediger Prengel aus der Gemeinde Danzig sowie Dr. Rupp aus Königsstein genannt, vgl. DGG, 485.

440 Drews verweist hierbei auf CARL MIRBT, Art. Deutschkatholizismus, in: RE 4 (1899[3]), 583–589, 583 und die dort aufgeführte Literatur.

441 DGG, 485.

442 Vgl. DGG, 485–491.

Im zweiten Abschnitt seiner Studie widmet sich Drews den *Anschauungen und Gedankenwelt*[443] der untersuchten Gemeinden. Hierfür gleicht er Aussagen aus der Bundesverfassung und Selbstzeugnisse einzelner frei-religiöser Gemeinden miteinander ab, um zu einer Darstellung ihrer religiösen Ansichten zu gelangen. Durch die Auseinandersetzung mit diesen Texten gelingt es ihm, drei Richtungen freier Religiosität auszudifferenzieren: Eine *konservative Richtung*, die vornehmlich in Ostpreußen zu verorten ist, eine im Spektrum *links außen* anzusiedelnde Richtung, die in Nürnberg, Berlin, Stettin, Leipzig und Chemnitz vertreten ist sowie eine vermittelnde Richtung, welche man hauptsächlich in Süddeutschland antrifft. Mit diesen drei Richtungen operiert Drews und untersucht ihre Ansichten hinsichtlich eines *Religionsbegriffs*[444], *Gottesvorstellungen*[445] und dem *Glauben an persönliche Unsterblichkeit*[446]. Was Drews konkret unter Religion versteht, wird in diesem Zusammenhang auch deutlich. Für ihn ist Religion die »Gemeinschaft mit Gott«, die »Beziehung zu einem Transzendenten«[447]. Das, was in diesen Gemeinschaften eigentlich gelebt wird, ist nach Ansicht Drews' keine Religion, sondern eine Weltanschauung: »Das ist ein großer Unterschied. Denn jedermann weiß, daß die Religion sich zwar zu einer Weltanschauung ausgestaltet, daß sie aber noch etwas ganz anderes ist: eine eigentümliche Art des Lebens und Seins.«[448]

Auf der Grundlage seiner Untersuchung gelangt Drews zu einer Erklärung, warum diese freien Gemeinden sich dennoch als *religiöse* verstehen. »Es ist und bleibt nur ein Spielen mit dem Begriff Religion, wenn andere Gemeinden, die doch ebenfalls nichts wollen als die Pflege des reinen ›Menschentums‹, dies Streben mit dem Ausdruck ›Religion‹ schmücken.«[449] Zum einen übernehmen sie den Begriff Religion aus ihrer historischen Genese, zum anderen wollen sie einen Ersatz für Religion darstellen,[450] so die These Drews'.

Im Anschluss beschreibt Drews das Verhältnis der freien religiösen Gemeinden zur Politik, namentlich zur *sozialen Frage,*[451] und leitet schließlich zur *Frage nach der Stellung zum Christentum, zu Jesus und zur Kirche*[452] über. Darauffolgend untersucht Drews den *Kultus* bzw. die *gemeinsame Gottesverehrung*. Hierfür liefert er seinen Lesern ein umfängliches Bild vom kultischen Repertoire der Gemeinden sowie einen derart dezidierten Ablauf von *Jugendweihe* und *Sonntags-Erbauung*, dass man annehmen muss, er habe ihn von einem Augenzeugen erhalten. Seine Überlegungen zum *Leben in den Gemeinden* schließt Drews mit einer Zukunftsprognose ab. Demnach werden die frei-

443 Vgl. DGG, 491-497.
444 Vgl. DGG, 497- 500.
445 Vgl. DGG, 500-502.
446 Vgl. DGG, 504-505.
447 DGG, 500.
448 DGG, 506.
449 DGG, 505.
450 Vgl. DGG, 505.
451 Vgl. DGG, 508-512.
452 Vgl. DGG, 512-517.

religiösen Gemeinden sich weiter zu humanistischen Verbänden transformieren. Ihre gegenwärtige Krisis, die sich in stagnierenden Mitgliederzahlen äußert, wird überwunden werden, indem sie sich final von ihrem religiösen Erbe emanzipieren können. »Die freireligiösen Gemeinden, vielfach jetzt schon Gemeinden ohne und wider Religion, werden zu freidenkerischen Vereinen sich weiter entwickeln.«[453] Aus heutiger Perspektive muss Drews' Gesellschaftsprognose als zutreffend anerkannt werden, da es sich nachweislich genauso entwickelt hat. Die frei-religiösen Gemeinden transformierten sich, bis auf wenige nicht repräsentative Ausnahmen, zu Weltanschauungsvereinen.[454]

Führen wir uns nun noch einmal das konkrete Vorgehen Drews' vor Augen. Ausgehend von dem wahrgenommenen Phänomen, nämlich das freie religiöse Gemeinschaften deutschlandweit in den letzten Jahrzehnten an Mitgliedern gewonnen haben, beginnt Drews seine Untersuchungen. Dabei leitet ihn die Frage, welche Kritik aus den Reihen dieser freien religiösen Gemeinden an Kirche und Christentum gerichtet wird. Hierbei geht es Drews nicht darum, diese verlorengegangenen Gemeindemitglieder wieder in die herkömmliche evangelische Gemeindepraxis zu integrieren, sondern er erhofft sich von diesen frei-religiösen Gemeinschaften Antworten auf die sich anschließende Frage zu erhalten, warum viele andere Tausende sich von der Kirche abwenden.[455]

Nachdem Drews mittels dieses Fragenkomplexes seine Untersuchung legitimiert hat, verifiziert er das von ihm wahrgenommene Phänomen durch konkretes statistisches Zahlenmaterial. Anschließend geht es Drews um eine umfangreiche Darstellung der freien religiösen Gemeinschaften, wobei ihm deutlich wird, dass es sich dabei keineswegs um eine homogene Gruppe handelt. Deshalb operiert er fortan mit den drei von ihm kategorisch entwickelten Richtungen. Diese frei-religiösen Lager untersucht Drews unter verschiedenen Gesichtspunkten, um ihr Verhältnis zur Religion charakterisieren zu können. Auf der Grundlage seiner Ergebnisse entwickelt Drews zwei Thesen: I. Die Bezeichnung der Gemeinden als religiöse ist ein historisches Rudiment, welches sich der geschichtlichen Genese der Gemeinschaften verdankt. II. Die Gemeinschaft fungiert für ihre Mitglieder als *Ersatzreligion*.[456]

Im Folgenden ist es Drews' Anliegen, seine Thesen zu belegen. Hierfür untersucht er, welche Angebote in Hinblick auf religiöse Themen und Bedürfnisse die Gemeinschaften ihren Anhängern machen.

---

453 DGG, 526.

454 Vgl. HORST GROSCHOPP, Dissidenten, Freidenker und Kultur in Deutschland, Marburg 2011², 117. Bemerkenswerterweise rekurriert der aus humanistischen Kreisen stammende Autor hier ausdrücklich auf Drews' Studie, um die Entwicklung der Freidenkerkultur in Deutschland zu beschreiben.

455 Vgl. DGG, 484.

456 Vgl. DGG, 505.

Nach dieser inhaltlichen Darstellung der Drews'schen Studie über die freien religiösen Gemeinden soll sie nun hinsichtlich ihrer methodischen Implikationen untersucht werden. Dabei fallen zunächst Drews' methodische Einstellungen auf. Hierzu zählt das Einholen von Vorinformationen zur Geschichte der freien religiösen Gemeinden, sein Anspruch auf Objektivität und Wertungsfreiheit sowie die Bezugnahme auf literarisches Material, wie zum Beispiel Gesangbücher und Schriften der Gemeinschaft. In diesem Zusammenhang sind für ihn Selbstzeugnisse der Gruppen, da sie die Innensicht der jeweiligen Gemeinschaft wiedergeben, wichtige Bezugspunkte. Im sorgfältigen Sammeln von mannigfaltigem Material, Formulieren von Thesen und Interpretation der erhaltenen Ergebnisse in Bezug auf diese Thesen wird die Ebene des bloßen Beobachtens transzendiert und erheblich um wissenschaftliche Arbeitstechniken erweitert. Statistische Massenbeobachtung, teilnehmende Beobachtung – als deren Ergebnis können die Augenzeugenberichte gesehen werden – und die Quellenanalyse sind diejenigen Methoden, von denen Drews hier Gebrauch macht.

Indem Drews – zu diesem Urteil kann man nun kommen – Hypothesen aufstellt, sie zu Thesen ausformuliert, Kategorien bildet und methodische Prämissen – Stichwort Wertungsfreiheit und Objektivität – berücksichtigt, betreibt er seine empirische Theologie wissenschaftlich und systematisch. Wahl und Verwendung seiner Methoden erfolgen außerdem unter Berücksichtigung wissenschaftlicher Standards. Im Folgenden soll dazu Drews' empirische Studie *Zur Psychologie des Kirchenbesuchs* betrachtet werden.

1.3.2 Zur Psychologie des Kirchenbesuchs

Mit dieser 1911 herausgegebenen Untersuchung will Drews die Integration der Evangelischen Kirchenkunde in den akademischen Lehrbetrieb plausibilisieren. Dafür wählt er als Untersuchungsgegenstand die Frequenz des gottesdienstlichen Lebens. Indem er analysiert, von welchen Faktoren der Gottesdienstbesuch begünstigt oder auch behindert wird, liefert er gleichzeitig Möglichkeiten zur Intervention sowie Handlungsanweisungen für die pastorale Praxis. Damit, so Drews' Ansinnen, will er den Wert einer wissenschaftlich betriebenen evangelischen Kirchenkunde für die konkrete kirchliche Praxis geltend machen.

Ausgangspunkt seiner Untersuchungen ist die »Tatsache, daß, auf die Allgemeinheit gesehen, der Kirchenbesuch im evangelischen Deutschland in Abnahme begriffen ist.«[457] Diese Erkenntnis stützt Drews auf ihm vorliegendes privat erhobenes Material. Er bezieht sich darauf in dem Wissen, dass es nicht uneingeschränkt repräsentativ ist, aber dennoch ausreicht, um einen sich abzeichnenden Trend aufzuspüren. Nach Ansicht Drews würde im Idealfall die Landeskirche gesicherte Daten über die Gottesdienstfrequenz zur Verfügung stellen. In Baden, Hessen, Schleswig-Holstein und der Stadt Hannover sind

---

457 Paul Drews, Zur Psychologie des Kirchenbesuchs. Ein Kapitel aus der Evangelischen Kirchenkunde, in: Deutsch-Evangelisch 2, 1911, 27–42, 29.

solche offiziellen Zählungen bereits durchgeführt worden. In Gießen und Hamburg haben einige Pfarrer freiwillig das sorgfältige Zählen der Gottesdienstbesucher übernommen. Auf diese Weise gewonnene Datensätze liegen ihm aus Sachsen vor. Das grobe Schätzen, so stellt Drews heraus, ist für seine Zwecke unbrauchbar. Die Zählung könnte auch problemlos vom Klingelbeutelträger übernommen werden, eine Unterscheidung der Gottesdienstbesucher nach Geschlechtern wäre zudem ohne großen Aufwand umsetzbar.[458]

In einem nächsten Schritt eruiert Drews die Ursachen dieses statistisch belegten Phänomens, wobei er individuelle Gründe, wie die ambitionierte Tätigkeit eines Pastors und die Qualität der jeweiligen Predigt, aus seinen Überlegungen ausklammert. Auf der Grundlage des ihm vorliegenden statistischen Materials kommt Drews zu der Einsicht, dass Weihnachten, Ostern und Pfingsten in Stadt und Land gottesdienstlich hoch frequentierte Festtage sind. Hierfür zieht er mehrere »Faktoren«[459] heran: Tradition, aber vor allem Zeit.

> »Es ist außer Zweifel, daß der Kirchenbesuch an den gewöhnlichen Sonntagen deshalb so stark abfällt gegenüber dem an den hohen Festen, weil der kurze Sonntag tatsächlich von Ungezählten in unserem eifrigst arbeitenden Volk zur Ruhe und Erholung aufgebraucht wird und wirklich auch aufgebraucht werden muss: es bleibt keine Zeit zum Gottesdienstbesuch.«[460]

Die mehrtägigen Feste bieten mehr Erholungszeit, so dass auch ein Gottesdienstbesuch eingeplant werden kann. Als Gegenprobe zu dieser These führt Drews die regelmäßigen Besucher an, die sich zu großen Teilen aus der Gruppe der nicht mehr Berufstätigen speisen und denen aufgrund ihres Daseins als Pensionär auch ausreichend freie Zeit zur Verfügung stünde. Dafür spricht auch, dass die Kurorte auf eine rege Beteiligung am Gottesdienst verweisen können. Zudem konstatiert Drews, dass die Lebensbedingungen der urbanen Industriegesellschaft ihren Mitgliedern einen anderen Zeitrhythmus aufoktroyieren als es noch bei früheren Generationen, die dem jahreszeitlichen Rhythmus unterworfen waren, der Fall war.[461]

Darauf aufbauend widmet sich Drews einem dritten Faktor, der die Frequentierung des Gottesdienstes maßgeblich beeinflussen könnte, nämlich der besondere religiöse Charakter des jeweiligen Festes. Hierfür betrachtet Drews die Besucherzahlen für diverse Festtage von Stadt- und Landgemeinden. Dabei fällt auf, dass der Karfreitag in der Stadt gut, in einigen Landgemeinden hingegen schwach besucht wird. Drews deutet diese Abweichung dergestalt, dass die Hausfrauen auf dem Land den Karfreitag für die Vorbereitung des Osterfestes nutzten. Ein ähnlicher Effekt zeichnet sich auch an Christi Himmelfahrt ab, hier sind es die Stadtgemeinden, welche im Gegensatz zu den ländlichen

---

458 Vgl. ZPK, 28f.
459 ZPK, 30.
460 ZPK, 31.
461 Vgl. ZPK, 30–32.

Gemeinden weniger gut besucht sind. Drews geht davon aus, dass man in der Stadt diesen Tag gerade für Ausflüge ins Freie nutze.[462]

Die Quintessenz all dieser Beobachtungen formuliert Drews folgendermaßen:

> »Nicht irgendwelche kirchlich oder dogmatisch gearteten Feste erfreuen sich jenes Vorzugs, sondern die Tage, die an ein einfach menschliches Empfinden anknüpfen, und an denen dieses Empfinden sich in das verklärende Licht der Religion will erheben lassen. Es sind die Tage wie der Jahresschluß, wie das Reformationsfest, das Totenfest in den Städten, Tage wie Erntefest und Kirchweih auf dem Lande – auch hier geht das Empfinden des Gebildeten, des Städters, und das des Halbgebildeten, des Dörflers, weit auseinander. Aber beiden ist dies gemeinsam: menschliche, rein menschliche Empfindungen müssen in Schwingung versetzt sein, dann wacht das religiöse Bedürfen auf.«[463]

Seine These, dass die städtische Bevölkerung andere religiöse Bedürfnisse hat als die ländliche Bevölkerung, sieht Drews auch hinsichtlich der Kasualien bestätigt. Dabei konstatiert er aber zunächst:

> »So sehr unsere Kirchlichkeit sinken mag, diese Handlungen sind von diesem Prozeß verhältnismäßig nur wenig ergriffen.«[464] Selbst unkirchliche Kreise partizipieren an kirchlichen Kasualien. Diesen Umstand erklärt Drews damit, dass die Kirche diese religiösen Bedürfnisse noch am besten befriedigen könne.[465]

Betrachten man nun die eben beschriebene Studie unter dem Gesichtspunkt der konkreten empirischen Arbeitsweise Drews', so stellt sich die Frage: Welche Punkte lassen Rückschlüsse auf eine reflektierte Methodik zu?

Zunächst fällt auf, dass Drews zu Beginn seiner Studie das Erhebungsverfahren, aus dem er sein statistisches Zahlenmaterial gewinnt, durchaus kritisch darstellt. Eine offizielle Zählung der Gottesdienstbesucherzahlen durch die Kirchenleitungen ist entweder nicht vorhanden oder mit Wertangaben beschrieben, die nicht eindeutig validiert werden können und deshalb für seine Zwecke unbrauchbar sind. In Ermangelung einer überregionalen und regelmäßigen, offiziellen Zählung der Gottesdienstbesucher bezieht Drews seine Untersuchungen auf das Material, welches ihm im Zuge freiwilliger Zählungen von Seiten einzelner Gemeinden zur Verfügung gestellt wurde. Gleichwohl erkennt er, dass sich seine Analysen deshalb nicht vollständig validieren lassen und durchaus Anknüpfungspunkte für Kritik bieten. Daraus erwächst Drews' Forderung nach einem umfassenden Erhebungsverfahren, welches durch die Kirchenleitungen veranlasst ist und eine getrennte Zählung von Männern und Frauen berücksichtigt. Hinsichtlich anderer kirchlicher Handlungen liegen Drews schließlich auch umfassende und aussagekräftige

---

462 Vgl. ZPK, 33–35.
463 ZPK, 35.
464 ZPK, 39.
465 Vgl. ZPK, 39f.

Datensätze vor. Prinzipiell hält Drews seine Untersuchung trotz der nicht sicheren Datengrundlage dennoch für repräsentativ, da er mittels seiner wenigen, aber sicheren Zahlen das Phänomen der rückläufigen Gottesdienstbesucherzahlen in Ansätzen statistisch abbilden kann.[466]

Betrachtet man nun den Aufbau der Studie, so wird deutlich, dass Drews hier von einem beobachteten Phänomen, einer »Tatsache«[467] ausgeht: Die Gottesdienstbesucherzahlen sind rückläufig, die mehrtägigen Festtage sind davon jedoch nicht so stark betroffen. Anschließend führt Drews Faktoren an, die zur Erklärung des beobachteten Phänomens herangezogen werden können. Durch das Eindenken in die Lebens- und Arbeitsbedingungen der städtischen und ländlichen Bevölkerung kommt Drews zu der Erkenntnis, dass der Parameter Zeit darüber entscheidet, ob der Gottesdienst besucht wird oder nicht. Drews interpretiert demzufolge die statistisch belegten Gottesdienstbesucherzahlen dahingehend, dass Zeitmangel ein Grund für die Nichtteilnahme am Gottesdienst ist. Die Operation Beobachtung wird somit auch hier durch den Vorgang der Interpretation erweitert und sogleich praktisch verwertet.

In der statistisch belegten Beobachtung, dass die Frequentierung einiger religiöser Feste in Stadt und Land unterschiedlich ist, sieht Drews die Wirksamkeit eines weiteren soziokulturellen Faktors erwiesen: den religiösen Festgedankens. Aus den verschiedenen Lebensräumen erwachsen unterschiedliche kulturelle und religiöse Bedürfnisse. Hierin kann man erneut die Operation Interpretation erkennen. Die gottesdienstliche Praxis ist demnach vor die Herausforderung gestellt, auf die unterschiedlichen religiösen Bedürfnisse der Menschen einzugehen. Für diese These spricht auch die gute Annahme der Kasualien. Dieser Umstand hat für Drews den Status einer Tatsache.

Die Studie *Zur Psychologie des Kirchenbesuchs* ist aber nicht nur in methodischer Hinsicht relevant, sondern wartet darüber hinaus auch mit wertvollen Erkenntnissen auf. Hierzu zählt unter anderem Drews' Forderung nach einer stärkeren Berücksichtigung der Kasualien. Kasualien knüpfen direkt an anthropologische und biografische Bedürfnisse an und tangieren somit bis auf wenige Ausnahmen alle Volksschichten. Was Drews hier bereits erkannt hat, wird heute – etwa ein Jahrhundert später – unter dem Begriff *Kasual-Christentum* bzw. *Fest-Christentum* verhandelt. Dabei werden biografisch und jahreszeitlich motivierte kirchliche Kasualhandlungen im weitesten Sinne als Begegnungsmöglichkeit mit kirchlich Distanzierten gesehen.[468] Nichts anderes dürfte auch Drews vor Augen gestanden haben. Damit muss konsequenterweise nach Drews auch eine Erweiterung des christlichen Festkalenders einhergehen.[469]

---

466 Vgl. ZPK, 27–29.

467 Zur Klärung des Tatsachenbegriffs nach Drews siehe Kapitel V, 152–161.

468 Vgl. hierzu Christian Albrecht, Kasualtheorie. Geschichte, Bedeutung und Gestaltung kirchlicher Amtshandlungen, Tübingen 2006, 168f.

469 Vgl. ZPK, 40–42.

Zusätzlich folgert Drews aus seinen empirischen Erkenntnissen und deren Interpretation Handlungsanweisungen für den kirchlichen Amtsvollzug und Empfehlungen für die kirchliche Organisation. So bietet Drews unter anderem auch konkrete Vorschläge, wie von kirchlicher Seite her auf diese veränderten (Frei)Zeitverhältnisse zu reagieren sei. Gottesdienste sollen die Dauer von einer Stunde nicht überschreiten. In Großstädten müssen am Sonntag mindestens drei Gottesdienstzeiten angeboten werden sowie ein Gottesdienst am Abend zur Winterzeit. Dabei stößt Drews auf das Problem, dass die personellen Mittel für eine Veränderung in der gottesdienstlichen Praxis noch nicht zur Verfügung stehen.[470]

Fassen wir zusammen: Quantitative Verfahren wie statistische Zählungen gehören fest zum empirischen Repertoire von Drews. Hinzutritt das milieusensible Eindenken und Einfühlen in unterschiedliche Lebenskontexte. Hierdurch gewinnt Drews Deutungen für statistisch belegte Phänomene und Verständnis für die Handlungsmuster des Volkes. Er bleibt jedoch nicht auf dieser Ebene stehen, sondern entwickelt konkrete Handlungsimperative für die kirchliche Praxis, indem er die Beweggründe und Bedürfnisse der Menschen *versteht*.

1.4 Erstes Zwischenfazit: Drews' Methodenarsenal

Um ein Bild von Drews' empirischem Methodenapparat zu gewinnen, wurden zunächst seine eigenen Aussagen zum Thema analysiert. Dabei stellte sich heraus, dass die von ihm angeführte deskriptiv-induktive Herangehensweise sowie die Statistik nach heutigem Verständnis lediglich als methodische Prämissen gelten können. Streng genommen handelt es sich hierbei also nicht um empirische Methoden.

Dennoch deuten sich Frühformen empirischer Feldforschung in Drews' diversen Rezensionen und Publikationen an. Diese methodischen Implikationen können zum Teil auch aus Drews' Kritik generiert werden: Der vielseitig gebildete Feldforscher hat sich an wissenschaftliche Vorgaben, d.h. Objektivität und Neutralität, zu halten. Ein beobachtetes Phänomen wird in seiner Bedingtheit transparent, indem historische, volkskundliche und konstitutionelle Hintergründe zur Erklärung herangezogen werden. Hierfür müssen Quellen analysiert werden, auch unter Zuhilfenahme interdisziplinärer Ressourcen. Die Verwendung von Fragebögen ist fester Bestandteil seines empirischen Repertoires.

Zuletzt nimmt Drews immer seine eigenen Erfahrungen als Reflexionsfläche für ein zu untersuchendes Phänomen hinzu. Seine elfjährige Tätigkeit als Dorfpastor kann somit auch als eine Art Feldforschung angesehen werden. Pastoren könnten nach Drews' Meinung *per se* auch Feldforscher sein, da sie zum Untersuchungsgegenstand einen direkten Zugang haben und mittels einer geschulten Wahrnehmung wertvolle Erkenntnisse zu Tage fördern kön-

[470] Vgl. ZPK, 33.

nen. Ein methodisches Bewusstsein müsste allerdings auch bei ihnen erst einmal ausgeprägt sein.

Aufgrund der näheren Betrachtung zweier von Drews verantworteter empirischer Studien war es möglich einzelne Operationen seiner Vorgehensweise zu rekonstruieren. Dabei wurde deutlich, dass Drews die Ebene der bloßen Beobachtung verlässt. Er bildet Thesen und führt diese einer Interpretation zu, bei der er Lesarten für ein beobachtetes Phänomen entwickelt und diese statistisch verifiziert. Zuletzt hinterfragt er seine so erhaltenden Ergebnisse hinsichtlich ihrer praktischen Verwertbarkeit und entwickelt Handlungskonsequenzen für die pastorale Praxis.

Drews' empirischer Methodenapparat gewinnt im Laufe seines Lebens und Arbeitens immer mehr an Kontur. So fällt vor allem bei seinen späteren Werken auf, dass die darin gewonnenen Ergebnisse sich durch ein hohes Maß an wissenschaftlicher Systematik auszeichnen.

Zur Zeit Drews ist es jedoch nicht üblich, der empirischen Arbeit eine dezidierte Methodenreflexion voranzustellen, weshalb er sich auch nicht in der Pflicht gesehen hat, methodische Vor-Reflexionen zu veröffentlichen. Es kann aber festgestellt werden, dass die dahingehenden Urteile der Sekundärliteratur Drews' tatsächlicher Arbeit nicht gerecht werden. Diese Fixierung auf eine Offenlegung von Methoden ist ein modernes Bedürfnis. Mit den vorangegangenen Betrachtungen kann aber belegt werden, dass ein solches Methodeninventar durchaus vorhanden ist und sich trefflich eruieren lässt.

Hinzutritt, dass es auch nicht Drews' Intention war, einen komplexen Methodenapparat der empirischen Sozialforschung zu entwickeln, um ihn dann der Praktischen Theologie zu inhärieren. Das primäre Erkenntnisinteresse besteht für ihn in der wissenschaftlichen Erforschung des religiösen Lebens der Gegenwart in allen seinen Ausgestaltungen. Auf der Grundlage dieses Wissens will er es Pastoren ermöglichen, die Menschen ihrer Gemeinden verstehen zu können. Dieses neue praktisch-theologische Paradigma einer konsequenten Hinwendung zur empirischen Lebenswelt musste Drews zunächst plausibel machen und *en passant* auch praktisch umsetzen. Deshalb greift er auf Vorgehensweisen zurück, die ihm als Kirchenhistoriker vertraut sind: *historische Analysen*. Von daher sind seine historisch-genetischen Erklärungsmodelle damaliger gegenwärtiger Erscheinungen nur allzu nachvollziehbar. Da sich nun herausgestellt hat, dass Drews für die Datengewinnung ein gewisses Methodenarsenal zur Verfügung steht, soll dieses nun im Spiegel der damaligen sozialwissenschaftlichen Möglichkeiten betrachtet werden. Dadurch erst ist es möglich über die Drews'sche Herangehensweise ein gerechtes Urteil hinsichtlich ihrer methodischen Innovativität zu fällen.

2. EINORDNUNG IN DEN SOZIALWISSENSCHAFTLICHEN KONTEXT

Im nun folgenden Teil soll es darum gehen, die von Drews angewandten Verfahrensweisen mit den methodischen Errungenschaften der damaligen deutschen empirischen Sozialforschung zu vergleichen. Daraus erst erwächst die Möglichkeit darüber urteilen zu können, ob Drews' Verfahrensweise ein wissenschaftlich-systematischer Charakter abzusprechen ist oder nicht.

Durch die Entstehung einer sozialwissenschaftlichen Disziplin in Deutschland wird auch die Entwicklung der empirischen Sozialforschung vorangetrieben. Die historische Nationalökonomie, deren Zentrum der *Verein für Socialpolitik bildet, und wissenschaftliche Außenseiter* sind Ende des 19. Jahrhunderts maßgeblich beteiligt an der Etablierung einer wissenschaftlich betriebenen empirischen Sozialforschung in Deutschland.[471] Das Erkenntnisinteresses dieser empirischen Arbeitskreise, die dafür herangezogenen Methoden und eine kritische Reflexion dieser auf Grundlage der damaligen Möglichkeiten sollen anschließend, soweit es für die Zwecke dieser Arbeit nötig ist, zur Darstellung gebracht werden. Auf der Grundlage der gewonnenen Erkenntnisse wird abschießend eine Neubewertung der Drews'schen Methodik erfolgen.

2.1 Historische Nationalökonomie und der *Verein für Socialpolitik*

Einen maßgeblichen Beitrag zur Entstehung eines empirischen Methodeninventars der Sozialwissenschaften leistete die Gesellschaftswissenschaft der *historischen Nationalökonomie.* Ihr stark gegenwartsorientiertes Vorgehen stützt sich auf historische Analysen, denn mit den aus der Mediavistik entliehenen Methoden der Quellenanalyse werden gegenwärtige Erscheinungen interpretiert.

Der *Verein für Socialpolitik* als Zentrum der historischen Nationalökonomie bietet auch eine Anlaufstelle für diejenigen, die ein Interesse daran haben, die durch die soziale Frage aufgegebenen Herausforderungen zu bearbeiten. Der 1873 in Eisenach gegründete Verein überparteilicher Prägung führt neben Volkswissenschaftlern, Politikern und Industriellen all diejenigen zusammen, die empirisch qualifiziert sind.[472] Zu den prominentesten Mitgliedern des Vereins zählt Max Weber (1864–1920). Der *Verein für Socialpolitik* wird von der jüngeren historischen Nationalökonomie um Gustav Schmoller

---

471 Einen Überblick zur Geschichte empirischer Sozialforschung in Deutschland für den hier traktierten Zeitraum bieten u.a. HEINZ MAUS, Zur Vorgeschichte der empirischen Sozialforschung, in: RENÉ KÖNIG [Hrsg.], Geschichte und Grundprobleme der empirischen Sozialforschung, 21–56; HORST KERN, a.a.O., bes. 83–113; RAINER SCHNELL/PAUL B. HILL/ELKE ESSER [Hrsg.], Methoden empirischer Sozialforschung, München 2011[9], 13–29; ULLA G. SCHÄFER, Historische Nationalökonomie und Sozialstatistik als Gesellschaftswissenschaften, Marburg 1970, 182–204 sowie eine Darstellung aus internationaler Perspektive bei ANTHONY OBERSCHALL, Empirische Sozialforschung in Deutschland 1848–1914, übersetzt von KURT REUMANN, Freiburg 1997, 40–70.

472 Vgl. Schäfer, a.a.O., 20f.

(1838–1917) und Lujo Brentano (1844–1931) dominiert. Besonderen Anteil nimmt der *Verein für Socialpolitik* am Schicksal der Arbeiter.[473] Er ist die bedeutendste empirisch arbeitende Instanz zur Zeit Drews'. Aus den Gründungsumständen des Vereins geht auch schon sein Erkenntnisinteresse hervor. Empirische Erhebungen werden hier mit dem Zweck betrieben, die Nöte der Fabrikarbeiter zu erfassen und damit Gesetze zu erlassen, die passgenau und wirksam auf die jeweilige Situation einwirken können. Darstellungsformen der historischen Nationalökonomie und somit auch des Vereins sind *Monographie* und *Enquete.*

Im Folgenden sollen diese Darstellungselemente und die damit verbundenen Erhebungsformen respektive empirischen Methoden näher untersucht werden. Sie bilden den Stand der damaligen empirisch-methodischen Möglichkeiten ab. Somit wird eine Vergleichsebene für die spätere Beurteilung der methodischen Qualität von Drews' Arbeit geschaffen.

2.1.1 Monographie und Enquete

Die Monographie als eine »den subjektiven Standpunkt des Beobachters zum Ausdruck bringende qualitative Beschreibung«[474] wird von der historischen Nationalökonomie als adäquates Mittel der Erhebung, Untersuchung und Darstellung empirischen Materials angesehen. Streng genommen handelt es sich dabei, entgegen der damaligen Auffassung, aber nicht um eine Methode, sondern um eine Darstellungsform. Das von dem Franzosen Pierre-Guillaume-Fréderic Le Plays (1806–1882) Mitte des 19. Jahrhunderts entwickelte Darstellungsmittel stützt sich traditionell auf die Auswertung von Quellenmaterial zur Haushaltsführung. Zunächst wird privatwirtschaftliches Material untersucht, um das Konsumverhalten des Mikrokosmos' Familie zu erfassen. Eine Weiterentwicklung erfährt der Ansatz von Le Play in Deutschland durch Gottlieb Schnapper-Arndt (1846–1904). Seine Forschung umfasst nicht mehr nur die wirtschaftlichen Verhältnisse der Familie, sondern stellt nun auch statistisches Material über einzelne gesellschaftliche Schichten bereit. Für das Monographieverfahren ist die statistische Massenbeobachtung konstitutiv.[475]

---

[473] Vgl. Kern, a.a.O., 84f.

[474] Georg von Mayr, Statistik und Gesellschaftslehre, Bd. 1, Freiburg/Leipzig 1895, 5.

[475] Sowohl Monographie als auch Enquete stützen sich auf die Statistik. Georg von Mayr (1841–1925) ist ein bedeutender Vertreter der so genannten exakten Gesellschaftslehre, die auch als *Statistik* bezeichnet wird. Nach Maßgabe der Statistiker erfordere die Beobachtung gesellschaftlicher Massenphänomene überwiegend die statistische Methode. Der Statistik fällt dabei die Aufgabe zu, Gesetzmäßigkeiten aus der Beobachtung des Einzelnen und der Gesamtheit abzuleiten. Für die Volkswirtschaftslehre gilt die Statistik als präzisestes und objektivstes Messinstrument, wobei auch anerkannt wird, dass diese Methode ihre Grenzen hat. Es ist nicht möglich, durch die statistische Methode zu moralischen Einstellungen der Bevölkerung vorzudringen. (vgl. hierzu Schäfer, a.a.O., 202f.) Die Moralstatistik, deren Untersuchungen von der Frage »ob Volkssittlichkeit und Prosperität der Gesamtheit durch den Faktor der Reli-

Die historische Nationalökonomie hinterlässt eine Reihe solcher volkswirtschaftlich motivierter empirischer Studien zu konkreten Gegenwartsproblemen, die sogar an die Stelle konventioneller volkswirtschaftlicher Lehrbücher treten. Von der haushaltsstatistischen Ausrichtung der Monographie wenden sich die Mitglieder des *Vereins für Socialpolitik* allerdings ab und erhoffen sich vom Enquetenverfahren ein höheres Maß an Aussagekraft in Hinblick auf die Besserung der sozialen Lage der Arbeiterschaft.[476]

Die Enquete, als »Sammlung subjektiver Meinungen solcher Beurtheiler der in Frage kommenden Zustände, welchen ein potenzirtes Sachverständniß von vorherein zugeschrieben wird«[477], kann also als eine Art Gutachten mehrerer Sachverständiger verschiedener Gebiete aufgefasst werden. Das folgende Zitat, welches im Zuge der Konstituierung des Vereins geäußert wird, macht das Erkenntnisinteresse des Vereins deutlich.

> »Der Typus der vollständigen Enquete ist dagegen politisch ein Kind des *Parlamentarismus.* In ihm fragt nicht ein wohlwollender Regent, wo seine getreuen Untergebenen der Schuh drückt, sondern der Staatsbürger sieht zu, ob Gesetze, Verwaltungseinrichtungen, Behörden und Beamte der Recification bedürfen. Die vollständige Enquete ist mit einem Worte eines der Controll-, Agitations- und Machtmittel des *modernen* Staates.«[478]

Es geht also hauptsächlich um die Evaluation und Verbesserung staatlicher Sozialpolitik. Als bedeutsamste Darstellungsform wird hier die Enquete vorgestellt, sie soll das Feld der noch unbekannten Industriegesellschaft erschließen. Das Enquetenverfahren ist bereits aus England bekannt, wo es um 1800 entwickelt, anschließend nach Frankreich und letztendlich auch nach Deutschland exportiert wird. Es handelt sich dabei um eine literarische Form, die neben darstellenden Teilen auch Statistiken, Befragungsprotokolle und Gutachten von Sachkundigen wie Ärzten oder Beamten enthält. Dabei wird ein Thema eingegrenzt und mit Hilfe schriftlicher und mündlicher Verfahren bearbeitet. Die Enquete wird erstellt, um dem Gesetzgeber zuzuarbeiten, damit die von ihm erlassenen Gesetze ihre Wirksamkeit nicht verfehlen.[479]

Mit Max und Alfred Weber (1868–1958) gelangt das Enquetenverfahren zur vollen Blüte. Ihre Enqueten Untersuchungen über Auslese und Anpassung (Berufswahl und Berufsschicksal) der Arbeiter in den verschiedenen Zweigen

---

gion gefördert worden ist oder nicht« bestimmt sind, wählt auch einen quantitativen Zugang. Dieses statistisch gewonnene Zahlenmaterial lässt also auch keine Aussagen über die inneren Einstellungen der Probanden zu, vgl. ALEXANDER V. OETTINGEN, Die empirische Erforschung der protestantischen Kirchlichkeit, in: FRIEDRICH FÜRSTENBERG [Hrsg.], Religionssoziologie, Neuwied 1964, 157–178, 160.

476 Vgl. SCHÄFER, a.a.O., 182–192.

477 GEORG VON MAYR, a.a.O., 5.

478 GUSTAV EMBDEN/GUSTAV COHN/WILHELM STIEDA [Hrsg.], Das Verfahren bei Enqueten über sociale Verhältnisse. 3 Gutachten, Leipzig 1877, 12.

479 Vgl. SCHÄFER, a.a.O., 193–196.

der Großindustrie (1909–1912)[480] stehen deshalb exemplarisch für die damaligen empirisch-methodischen Möglichkeiten. Eine genauere Betrachtung dieser Studie und ihrer Erhebungsbedingungen wird deutlich vor Augen führen, auf welchem Stand sich die damalige empirische Sozialforschung befand und mit welchen Hindernissen sie zu rechnen hatte.

Die primäre Motivation der Studie war es, nun auch zu den subjektiven Ansichten der Arbeiter über ihre Tätigkeit und deren Vergütung vorzudringen. Zu den äußeren Umständen, wie Lohn, Arbeitszeit und Ernährung, waren bereits Studien erfolgt. Die zweijährige Studie wurde vom Komitee des Vereins für Socialpolitik in Auftrag gegeben und mit 10000 RM dotiert. Eine Gruppe von erfahrenen Forschern sollte mittels Fragebögen und Forschungen im Feld zu den gewünschten Informationen vordringen. Zunächst war es Weber nicht gelungen, erfahrene Wissenschaftler für seine Forschungen zu gewinnen. Auch zeichneten sich hinsichtlich der eingesetzten Fragebögen Schwierigkeiten ab. Teilweise wurden die komplizierten Fragen nicht verstanden oder aus Protest gar nicht erst beantwortet, weil sozialdemokratische Agitatoren zum Boykott der Befragung aufgerufen hatten. Die Rücklaufquote dieser Fragebögen belief sich nur auf durchschnittlich zehn Prozent. Das Vordringen zu den subjektiven Einstellungen der Arbeiterschaft stellte sich demnach weiterhin als ungelöstes Problem dar.

Fassen wir nun einmal zusammen: Die Entwicklung eines Methodeninventars der empirischen Sozialforschung wird in Deutschland durch die historische Nationalökonomie vorangetrieben. Deshalb liegt den hier verwendeten Methoden ein eher volkswirtschaftliches Erkenntnisinteresse zugrunde. Die Monographie als literarische Beschreibung statistischen Materials erscheint in diesem Zusammenhang als probates Mittel zur Erhebung und Darstellung sozialer Gegebenheiten. Mit der Wahrnehmung sozialen Ungleichgewichts als Folgeerscheinung einer kapitalistischen Wirtschaftsauffassung geht auch eine Transformation des Forschungsansatzes innerhalb der historischen Nationalökonomie einher. Dieses sozialpolitische Anliegen eint die Mitglieder des neugegründeten Vereins für Socialpolitik. Das erklärte Ziel des Vereins ist es, der Sozialgesetzgebung vorzuarbeiten. Indem die Lage der sozial Benachteiligten bekannt gemacht wird, können wirksame Gesetze zur Verbesserung der konkreten Lebens- und Arbeitsbedingungen der Arbeiterschaft erlassen werden. An die Stelle der monographischen Beschreibung tritt das Enquetenverfahren. Die Enquete ist eine Ansammlung von Gutachten, welche mehrere Sachverständige in Hinblick auf ausgewählte Aspekte angefertigt haben. Sowohl Monographie als auch Enquete stützen sich auf Ergebnisse, die mittels statistischer Massenbeobachtung gewonnen werden konnten.

Es muss jedoch angemerkt werden, dass Monographie und Enquete, entgegen der damaligen Auffassung, strenggenommen keine Erhebungsverfah-

---

480 Vgl. hierzu Schriften des VEREINS FÜR SOCIALPOLITIK [Hrsg.], Untersuchungen über Auslese und Anpassung (Berufswahl und Berufsschicksal) der Arbeiterschaft in verschiedenen Zweigen der Großindustrie, 3Bde, Leipzig 1910–1912.

ren, sondern lediglich Darstellungsformen sind. Die eigentlichen Methoden, die hinter diesen Darstellungsformen stehen – Quellenanalyse, mündliche Befragungen, Leitfadenbefragungen etc. – werden jedoch nicht explizit ausgeführt. Dieser Umstand stützt die hier vertretene Annahme, dass die Offenlegung von Methoden einem spezifisch modernen Bedürfnis entspricht und zur damaligen Zeit nicht einmal bei den offiziellen Erhebungsinstanzen gebräuchlich war. Mit der Weber'schen Studie über Auslese und Anpassung liegt eine Enquete in ihrer versiertesten Form vor. Anhand der Schwierigkeiten, die Weber und seine Mitstreiter überwinden mussten, wird deutlich, dass empirisches Material durch offizielle Stellen aufgrund politischen Argwohns seitens der Arbeiter oder aufgrund einer fehlenden gemeinsamen (sprachlichen) Verständnisebene nicht ohne weiteres gewonnen werden konnte.[481] Hinzutreten aber auch Komplikationen, die der Methode der Enquete immanent sind. Die größte Schwachstelle dieses Verfahrens ist, dass es den Enquetisten der Sache nach gar nicht gelingen konnte, zu den Meinungen und Einstellungen der Fabrikarbeiter vorzudringen. Obwohl bei diesem Verfahren auch Fragebögen zum Einsatz kamen, blieb die Ebene der persönlichen Einstellungen unberührt. Ein hohes Maß an Interpretation der eingeholten Antworten wäre erforderlich gewesen, was die Form der Enquete nicht zugelassen hat.[482] Wesentliche methodische Innovationen empirischer Sozialforschung – so wird es in den Sozialwissenschaften heute gesehen – verdankt die noch junge Disziplin »wissenschaftlichen Außenseitern«[483] – genau genommen handelt es sich hierbei vor allem um Theologen.

2.2 Wissenschaftliche Außenseiter

In dem Maße, wie die heutige empirisch-theologische Forschung ihre Augen anerkennend auf die Arbeit Max Webers richtet, blickt die empirische Sozialforschung auch würdigend auf die methodischen Innovationen Paul Göhres (1864–1928) und Martin Rades (1857–1940)[484] zurück. Während die Auswir-

---

481 Vor diesem Hintergrund wird deutlich, dass Pastoren, die auch als Feldforscher agieren, – so die Vorstellung Drews' – mit diesen Schwierigkeiten nicht so stark konfrontiert sind. Schließlich gibt es aber in der Arbeiterschaft auch Misstrauen gegen Pastoren.

482 Vgl. KERN, a.a.O., 99.

483 KERN, a.a.O., 101.

484 Dem US-amerikanischen Soziologen Anthony Oberschall (1936) verdankt es die Soziologie, dass diese Innovationen, die nicht von Soziologen oder Nationalökonomen eingeführt wurden, überhaupt erst als konstitutiv für die sozialwissenschaftliche Fachentwicklung wahrgenommen wurden. Hierbei ist Oberschall jedoch ein Fehler unterlaufen, der sich bis heute in der sozialwissenschaftlichen Literatur gehalten hat. Im sozialwissenschaftlichen Kontext ist immer die Rede von *Max* Rade, dabei – so kann man mit Sicherheit sagen – handelt es sich jedoch nicht um einen Unbekannten, sondern um den Theologen und Freund Drews' *Martin* Rade (1857–1940). Drews selbst nennt Vor- und Nachnamen Rades als er dessen Schrift *Die religiös-sittliche Gedankenwelt unserer Industriearbeiter* nennt (vgl. hierzu DPT, 62)

kungen der sozialen Frage und der Wunsch nach Intervention die Vereinsgründung initiiert haben, gab es auch ähnliche Reaktionen auf theologischer Seite. Pastoren wurden sich dessen bewusst, dass sie keinerlei Kenntnisse über das Leben, Denken und Fühlen der Fabrikarbeiter hatten und versuchten durch empirische Studien ihren Erfahrungsschatz dahingehend zu erweitern. In diesem Zusammenhang haben sich Theologen wie Paul Göhre, Martin Rade[485] und andere verdient gemacht. Auch heute noch werden sie von der sozialwissenschaftlichen Forschung als ernstzunehmende Wegbereiter einer empirischen Sozialforschung in Deutschland gesehen.[486] Im Anschluss sollen nun die methodischen Innovationen dieses Interessenkreises, in dessen Nähe auch Drews' – als enger Freund Martin Rades – unmittelbar gehört, beleuchtet werden.

2.2.1 Teilnehmende Beobachtung, Autobiografie und Befragungen zum Bewusstsein

> »Und eben das war es, was ich vor allem wissen wollte, um darauf mein weiteres Studium und meine spätere Arbeit bauen zu können: die volle Wahrheit über die Gesinnung der arbeitenden Klasse, ihre materiellen Wünsche, ihren geistigen, seelischen und religiösen Charakter. Wie aber ergründen, was sich so gerne dem forschenden Auge entzieht? Das beste, geradeste, wenn auch nicht eben bequemste war, wenn ich selbst unerkannt unter die Leute ging, mit eigenen Ohren hörte und mit eigenen Augen sah, wie es unter ihnen steht, ihre Nöte, ihre Sorgen, ihre Freuden, ihr tägliches einförmiges Leben selbst miterlebte, die Sehnsucht ihrer Seele, ihren Drang nach Freiheit, Besitz, Genuß belauschte und selbstständig nach den innersten Triebfeldern ihrer Handlungen suchte. [...] Das alles konnte ich nur an der Quelle, selbst Arbeiter unter Arbeitern, erfahren.«[487]

Dieses Zitat stammt von dem Theologiestudenten Paul Göhre. Im Rahmen der kirchlichen Auseinandersetzung mit der *sozialen Frage* wächst Göhres Interesse an der ›Arbeiterfrage‹. Dabei wird ihm bewusst, dass ihm diese Bevölkerungsgruppe weitgehend unbekannt ist. Sein Erkenntnisinteresse beläuft sich deshalb darauf, Einsichten über die Arbeiterschaft zu erlangen, damit er seine zukünftige pastorale Tätigkeit danach ausrichten kann. Indem er unter falscher Identität drei Monate als Fabrikarbeiter anheuert, um die Arbeitsbedingung am eigenen Leib zu erfahren, macht er Gebrauch von der Methode der *verdeckten teilnehmenden Beobachtung*. Sein daraus erwachsendes viel rezi-

---

485 Zu Leben und Wirken Martin Rades vgl. JOHANNES RATHJE, Die Welt des freien Protestantismus. Ein Beitrag zur Deutsch-Evangelischen Geistesgeschichte dargestellt an Leben und Werk von Martin Rade, Stuttgart 1952, hier 16.

486 Vgl. KERN, a.a.O., 102–111 sowie SCHNELL/HILL/ESSER, a.a.O., 26. Das Jahr 1890 wird von Oberschall sogar als »Wendepunkt« empirischer Sozialforschung in Deutschland bezeichnet, da durch Göhre und Rade entscheidende methodische Neuerungen der Soziologie zugeführt wurden (vgl. OBERSCHALL, a.a.O., 24).

487 PAUL GÖHRE, Drei Monate als Fabrikarbeiter und Handwerksbursche. Eine praktische Studie, Leipzig 1891, 2f.

piertes Buch *Drei Monate als Fabrikarbeiter* zieht weitreichende Folgen nach sich. Inspiriert durch dieses Buch fühlen sich Arbeiter dazu veranlasst, nicht nur Verse, Gedichte und Lieder über ihre Lebens- und Arbeitssituation zu schreiben, sondern sogar hierüber ganze Memoiren zu verfassen.[488] Jene Arbeitermemoiren, die als historische Quellen verstanden werden können, ermöglichen eine Rekonstruktion des ›Klassenlebens‹ und bieten somit einen Zugang zu den inneren Einstellungen der Berichtenden.[489]

Die von Göhre gesammelten Arbeitermemoiren als *Selbstzeugnisse* einer Klasse werden auch von der damaligen Sozialforschung durchaus als wertvolles Quellenmaterial wahrgenommen. Dem Repräsentanzproblem, das darin besteht, dass die subjektiven Aussagen einzelner für eine ganze Klasse generalisiert werden, versucht man von Seiten der Sozialforschung entgegenzuwirken. Hierfür werden objektive Daten wie Lohnhöhe, Wochenarbeitszeit, Wohnfläche etc. mit den subjektiven Einsichten, derer man durch die Arbeiterbiografien habhaft werden konnte, verknüpft. Arbeiterbiografien werden also auch vom *Verein für Socialpolitik* als wertvolle Quelle für die innere Einstellung der Fabrikarbeiter wahrgenommen, sodass die Enqueten der ersten und zweiten Dekade des 20. Jahrhunderts um diese Innenperspektive erweitert oder sogar von ihr geleitet werden können, die *soziobiographische Methode* ist geboren.[490]

Weitere methodische Innovationen, die nicht unmittelbar durch die wissenschaftliche Sozialforschung initiiert wurden, sind *Befragungsverfahren zum Arbeiterbewusstsein*. Auf diesem Gebiet hat sich besonders der Pfarrer Martin Rade hervorgetan. Getrieben von dem Wunsch mehr über die sittlich-religiöse Gedankenwelt der Industriearbeiter zu erfahren und sich dabei nicht auf die Urteile sozialdemokratischer Presse verlassen zu müssen, initiierte Rade selbst ein Fragebogenverfahren. Seine Untersuchungen über Einstellungen zu Religion und Moral stützte Rade auf die Befragung von 48 zufällig ausgewählten Industriearbeitern. Seinen knappen Fragebogen verschickte er zur einen Hälfte an Sozialdemokraten, zur anderen Hälfte an »Gemäßigte« und

---

488 Vgl. KARL FISCHER; PAUL GÖHRE [Hrsg.], Denkwürdigkeiten und Erinnerungen eines Arbeiters, Leipzig 1903 sowie MORITZ BROMME; PAUL GÖHRE [Hrsg.], Lebensgeschichte eines modernen Fabrikarbeiters, Jena 1905. Diese von Göhre herausgegebenen und eingeleiteten Arbeiterbiografien erachtet Drews als wertvolle volkskundliche Quellen (DPT, 62). Auf Göhres *Drei Monate als Fabrikarbeiter* nimmt Drews direkt Bezug, schließlich kann dieses Buch als theologischer Bestseller seiner Zeit gesehen werden. Dabei bezeichnet Drews' Göhres Arbeit als »V.[olksunde] unserer Industriebevölkerung« (AV, 1752) und stellt sie gleichzeitig als bedeutsamste Forschung heraus, die bisher auf diesem Feld geleistet wurde (vgl. DPT, 61f. sowie Ders., DLLS, 368).

489 Vgl. KERN, a.a.O., 102–106.

490 Vgl. ALFRED WEBER, Das Berufsschicksal der Industriearbeiter, in: Archiv für Sozialwissenschaft und Sozialpolitik, Tübingen 1912, 337–405.

»Christlich-Kirchliche«,[491] wodurch er zwei Kontrollgruppen generierte. Hierzu schreibt Rade:

> »Nun würde ich aber meine Aufgabe sehr unvollkommen lösen, wenn ich Ihnen nur solche hervorragenden Arbeiter vorführen würde. Man darf an ihnen nicht vorübergehen, sie sind in religiös-moralischer Hinsicht das Salz der sozialistischen Gemeinde. Aber wir müssen versuchen, an die Massen und ihre Denkweise näher heranzukommen. Hierzu soll uns eine Umfrage helfen, die mit Freundeshilfe an Arbeiter ohne Auswahl je nach Gelegenheit ergangen ist, zur Hälfte an Sozialdemokraten, zur anderen Hälfte an Gemäßigte und Christlich-Kirchliche. Wir haben 48 Antworten erzielt, darunter kaum eine wertlose, und in ihrem Gesamtinhalt und Zusammenklang gewiß ein getreues Bild der denkenden Durchschnittsarbeiter.«[492]

Der versandte Fragebogen lautete folgendermaßen:

> »Wie urteilen Sie – *ernsthaft, offen, ehrlich* und *ungeschminkt* – über 1) Die *Kirche* und die *Geistlichkeit* der verschiedenen Konfessionen? 2) über den Wert der *Predigt*? 3) über die *kirchlichen Feste* (Weihnachten, Ostern, Pfingsten). Haben sie religiösen Wert? 4) über den Wert von *Taufe? Trauung? Begräbnis? Konfirmation*? 5) über die *Bibel?* 6) über *Christus*? 7) über *Luther* und die *Reformation*? 8) über *Gott* die *Weltschöpfung* und *Wunder*? 9) über den *Tod* und das *Leben nach dem Tode?* 10) über die *Ehe* und das *Familienleben?* 11) über die christliche *Wohlthätigkeit?* 12) Wie muß nach Ihrer Meinung ein *tüchtiger* Mensch beschaffen sein? Welche *Eigenschaften* muß er haben?«[493]

Die Antworten der einen Gruppe stellt Rade bei der Darstellung seiner Ergebnisse denen der anderen Gruppe kontrovers gegenüber und ermöglicht dadurch einen direkten Vergleich der Einstellungen beider Gruppen.[494] Die Besonderheit des Rade'schen Vorgehens ist einerseits darin zu sehen, dass er die Arbeiter hinsichtlich ihrer Einstellungen ganz direkt befragte und andererseits bewusst die beiden Kontrollgruppen *Sozialdemokraten* und *Gemäßigte* anlegte. Diese Weiterentwicklung der Umfragetechnik wurde aber von Rades Zeitgenossen nicht bewusst wahrgenommen.[495] Eine weitere nennenswerte

---

491 MARTIN RADE, Die religiös-sittliche Gedankenwelt unserer Industriearbeiter, in: Verhandlungen des Neunten Evangelisch-Sozialen Kongresses, Göttingen 1898, 66–132, hier 89.

492 RADE (1898), a.a.O., 89f.

493 Ebd.

494 Anthony Oberschall merkt zudem an, dass der nächste Schritt einer wissenschaftlichen Analyse die Bildung von Antwortkategorien, welche zahlenmäßig belegt werden, gewesen wäre. Dadurch hätte eine Typologie des Glaubens gewonnen werden können. Oberschall erkennt aber auch an, dass solche Techniken zur damaligen Zeit noch nicht bekannt waren (vgl. OBERSCHALL, a.a.O., 67).

495 Vgl. OBERSCHALL, a.a.O., 66–68.

Studie zum Arbeiterbewusstsein ist die Adolf Levensteins (1870-1942).[496] Levenstein, der sich als Herausgeber von Arbeitergedichten und Briefen einen Namen gemacht hatte[497], sympathisierte mit den Idealen der Sozialdemokratie. Durch das Hören von Vorlesungen an der Universität fand er auch Zugang zu intellektueller Bildung. Aus Solidarität mit dem proletarischen Milieu veranstaltete er in seinen Wohnräumen regelmäßig Arbeiterabende. Als populärer Grenzgänger zwischen den Milieus gelang es ihm, eine umfangreiche Befragung zum Arbeiterbewusstsein zu organisieren. Von 8000 über Kontaktpersonen ausgegebene Fragebögen erhielt er bemerkenswerter Weise 5040 Exemplare zurück. Diese enorm hohe Rücklaufquote ist darauf zurückzuführen, dass Levenstein die Arbeiter als Klassengenosse ansprechen konnte. Für die Darstellung seiner Ergebnisse greift Levenstein auf Orientierungstypen zurück. Levensteins Studie zum »ursächlichen Zusammenhang zwischen Technik und Seelenleben« weckte auch die Aufmerksamkeit des *Vereins für Socialpolitik* respektive Max Webers. Kritisch sah man im Verein jedoch die Vorgehensweise Levensteins, da er sich nicht streng an wissenschaftliche Standards hielt.[498]

Der Vollständigkeit halber sei an dieser Stelle noch auf die Kontrollerhebungen der Gewerkschaften hingewiesen. Das Erkenntnisinteresse dieser ausschließlich statistisch arbeitenden Kreise lag darin, Argumente zu sammeln, die zur Verbesserung der Arbeits- und Lohnverhältnisse und zur gewerkschaftlichen Agitation herangezogen werden konnten.[499]

Hiermit ist nun das Feld des damaligen empirischen Methodeninventars abgesteckt, so dass nun Drews' empirische Vorgehensweise dazu in Beziehung gesetzt werden kann.

2.3 Zweites Zwischenfazit: Drews' empirische Arbeit im Spiegel der damaligen Möglichkeiten

Im Vorfeld wurde die Methodik der wissenschaftlich institutionalisierten Sozialforschung, namentlich die der historischen Nationalökonomie und des daraus hervorgegangenen *Vereins für Socialpolitik,* betrachtet. Monographie-

---

496 ADOLF LEVENSTEIN, Die Arbeiterfrage, mit besonderer Berücksichtigung der sozialpsychologischen Seite des modernen Großbetriebs und der psycho-physischen Einwirkungen auf die Arbeiter, München 1912.

497 ADOLF LEVENSTEIN [Hrsg.], Aus der Tiefe (Arbeiterbriefe), Berlin 1908. Zur Leserschaft Levensteins zählt auch Drews, der die von Levenstein herausgegebenen Arbeiterbriefe auch wärmstens als volkskundliche Quelle empfiehlt (vgl. DPT, 62).

498 Vgl. KERN, a.a.O., 106-111. Die Methode des *Bewusstseinsinterviews* bringt auch bei versierter wissenschaftlicher Durchführung, wie man heute weiß, Probleme mit sich. Grundsätzlich wird das Bewusstsein des Interviewten auf den Fragenkatalog enggeführt. Dadurch können komplexe Zusammenhänge, wie sie im Bewusstsein nun mal vorliegen, nicht erfasst werden. Unter Umständen ist es dann nicht möglich gegebene Antworten zu verstehen, da der Gesamtkontext nicht ersichtlich ist (vgl. Ders., a.a.O., 111-113).

499 Ebd.

und Enquetenverfahren, die nach damaliger Auffassung als empirische Methoden galten, haben sich in diesem Zusammenhang als Darstellungstypen präsentiert. Das Datenmaterial der monographischen Beschreibung und der Enqueten musste zunächst erhoben werden. Durch mündliche und schriftliche Befragungen von Ärzten, Beamten, Arbeitgebern und sogar Pastoren – sie gelten als Sachverständige für seelische Belange – werden Datensätze gewonnen, die in der Monographie und der Enquete dargestellt werden können. Konstitutive Methoden dieser Forschungsmittel sind die historische Analyse von Arbeiterbiographien und Arbeiterzeugnissen sowie die statistische Massenbeobachtung. Am Ausbau eines empirischen Methodeninventars sind allerdings noch andere wissenschaftliche Disziplinen beteiligt. Es sind sozial engagierte Theologen wie Göhre und Rade, die den Methodenapparat um die verdeckte teilnehmende Beobachtung und das Bewusstseinsinterview erweitern und dabei ein hohes wissenschaftliches Niveau an den Tag legen.

Wenn man nun Drews empirische Arbeitsweise zu den damaligen methodischen Möglichkeiten in Beziehung setzen will, so kann man feststellen, dass er sich voll und ganz auf der Höhe seiner Zeit bewegte. Die Evangelische Kirchenkunde, die ihren Stoff aus Analysen von Gemeindeprotokollen, Selbstzeugnissen und Erfahrungsberichten sowie mündlichen und schriftlichen Befragungen gewonnen hat, ist eine *Enquete* zur religiösen Lage eines bestimmten Kirchengebietes *par exellence*. Dabei geht es Drews um die Optimierung und Evaluation von praktisch-theologischen Prozessen. Er nutzt für seine Datensammlungen die gleichen Methoden wie der Verein. Während dieser auf die Datensätze staatlicher Statistik zurückgreifen kann, macht Drews von den dementsprechenden kirchlichen Ressourcen Gebrauch.

Nach diesen Untersuchungen kann festgehalten werden, dass das eingangs thematisierte Urteil der Sekundärliteratur über Drews historisch verfehlt ist. Wenn man Drews' empirisch-methodisches Vorgehen als »naiv« bezeichnen möchte,[500] müsste man dieses Urteil auch über die empirischen Methoden des *Vereins für Socialpolitik* und gleichermaßen über die historische Nationalökonomie fällen. Zudem hatte Drews selbst Verbesserungsvorschläge hinsichtlich einer repräsentativeren Materialerhebung angebracht. Dass das ihm zur Verfügung stehende empirische Forschungsinventar noch nicht voll ausgereift war, hat er zu jedem Zeitpunkt anerkannt und ausdrücklich erwähnt. Ob seine Arbeitsweise nach heutigen Maßstäben unsauber oder fehlerhaft ist, kann, nach jetzigem Kenntnisstand, weder verifiziert noch falsifiziert werden. Eine eingehende Prüfung ihrer Tauglichkeit stünde also noch aus. Das bloße Vorhandensein einer Methodenreflexion sagt aber noch nichts über die Qualität dieser Methode aus. Und das Fehlen einer solchen bedeutet nicht, dass es keine Methode gäbe oder diese untauglich sei.

Wie sich gezeigt hat, nimmt die moderne Sozialwissenschaft berechtigterweise ihre historischen Wurzeln empirischer Sozialforschung aber durch-

---

500 Vgl. HEIMBROCK, a.a.O., 21.

aus wertschätzender wahr. Die gleiche Hochachtung darf auch Drews' empirisch-theologischem Programm entgegen gebracht werden.

Nachdem nun der Drews'schen Methodenapparat rekonstruiert werden konnte und sich dieser als wissenschaftlich und zeitgemäß erwiesen hat, gilt es anschließend die von Drews ins Spiel gebrachten Verarbeitungskategorien *Tatsache, Typus* und *Gesetz* zu untersuchen. Eine inhaltliche Klärung dieser unausgeführten Begriffe ermöglicht erst gesicherte Aussagen über den epistemologischen Status einer empirischen Theologie vom Typ Drews'.

3. Zum epistemologischen Status der Darstellungstypologie

Der hier rekonstruierte Methodenapparat Drews' hat sich zwar als zeitgemäß herausgestellt, damit ist aber die Frage nach dem erkenntnistheoretischen Wert der so erhobenen Forschungserkenntnisse noch nicht hinreichend beantwortet. Die Religiöse Volkskunde, die Religiöse Psychologie und die Evangelische Kirchenkunde sind gemäß ihrer Aufgabenbeschreibung dazu verpflichtet, soziale Wirklichkeit beschreibend zu erklären. Inwiefern diese Erkenntnisse aber der Realität entsprechen, darf hinterfragt werden. Die Rechtfertigung des erkenntnistheoretischen Gehaltes der Drews'schen Forschungsergebnisse ist nämlich durch den Nachweis eines vorhandenen wissenschaftlich fundierten Methodenapparates noch nicht *eo ipso* erfolgt. Anknüpfungspunkt zur Prüfung des epistemologischen Status' Drews'scher Forschungsergebnisse sind seine angeführten Verarbeitungskategorien: *Tatsache, Typus* und *Gesetz*. Hinsichtlich dieser ist man sich in der bisherigen Forschungsliteratur zu Drews dahingehend einig, dass wissenschaftliche Skepsis angebracht zu sein scheint. Da Drews aber weder den Begriff Tatsache, noch die Bezeichnung Typus oder gar den Gesetzesbegriff weiter ausführt und eine Rekonstruktion dieser Begriffe von Seiten der Forschung, wenn überhaupt, nur marginal vorgenommen wird, muss eine solche Beurteilung als übereilt und deshalb ungerecht erscheinen. Im folgenden Abschnitt sollen diese drei Verarbeitungskategorien deshalb soweit es möglich ist, textimmanent rekonstruiert werden. Weiterer Aufschluss über die drei Grundbegriffe kann durch die Betrachtung der damaligen Debattenlage erfolgen. Erst wenn eine Vorstellung davon gewonnen werden kann, was Drews in Hinblick auf diese Verarbeitungskategorien vor Augen gestanden haben dürfte, werden qualifizierte Aussagen über den epistemologischen Gehalt Drews'scher Forschung und die Allgemeingültigkeit seiner Erkenntnisse möglich. Dieses Urteil wird die Untersuchungen zur Methodenfrage bei Drews vervollständigen und abschließen.

3.1 Der Begriff *Thatsache*

Der Begriff *Tatsache* ist *per se* nicht ganz unproblematisch, da er einerseits ein philosophischer Fachterminus ist und andererseits aber auch in der Umgangssprache einer ganz eigenen Verwendung unterliegt. Im *Historischen Wörterbuch der Philosophie* heißt es diesbezüglich:

»›T.‹ ist ein Ausdruck, dessen Verwendung in der philosophischen Literatur den Nuancen und Eigentümlichkeiten wie auch den Unbestimmtheiten und Divergenzen seines umgangssprachlichen Gebrauchs weithin folgt, nicht selten in der Weise, daß einzelne Bedeutungsmomente ausschließliche Beachtung finden.«[501]

Indem auch Drews mit dem Begriff Tatsache operiert, ist er mit dieser definitorischen Eigentümlichkeit des Begriffes konfrontiert. Eine inhaltliche Klärung des Begriffes wäre auch dringend notwendig, da sich der Tatsachenbegriff gegen Ende des 19. Jahrhunderts transformiert. Einem früheren Verständnis nach bedeutet Tatsache »etwas Wirkliches, wirkliche Gegebenheit, Umstand oder Faktum«.[502] Das neuere Verständnis, welches von der analytischen Philosophie geprägt wird, versteht Tatsache als »dasjenige, dessen Existenz (bzw. Bestehen) eine Aussage wahr macht bzw. einer wahren Aussage entspricht, manchmal auch als Bedeutung oder Bezugsgegenstand einer wahren Aussage.«[503] Das Bedeutungsspektrum der Tatsache reicht zu Beginn des 20. Jahrhunderts also von *Faktum* bis *Kategorie der Wahrheitserkenntnis.* Im Zusammenhang der Gesellschaftsanalyse findet der Begriff *Tatsache* ferner als *soziale Tatsache* respektive *soziologischer Tatbestand* einen festen Platz in der sozialwissenschaftlichen Terminologie. Diesen verdankt er Émile Durkheim (1858–1917), der seit 1895 erheblich zu dessen inhaltlicher Darlegung und Etablierung in der Sozialwissenschaft beigetragen hat.

Indem nun der begriffsgeschichtlichen Rahmen grob umrissen und die möglichen Verwendungsweisen des Tatsachenbegriffes um 1900 betrachtet wurden, wird deutlich, dass angesichts der Begriffsvielfalt eine inhaltliche Klärung des Tatsachenbegriffes bei Drews nicht ausbleiben kann. Sollte Drews das Festellen von Tatsachen mit dem Auffinden eines unumstößlichen Faktums gleichsetzen, wären Zweifel am erkenntnistheoretischen Gehalt seiner Forschung durchaus berechtigt. Es ist davon auszugehen, dass Drews' Tatsachenbegriff über diese umgangssprachliche Deutung hinausgeht und sich dabei als anschlussfähig an zeitgenössische soziologische Konzepte erweist. Diese These gilt es zu belegen. Im Folgenden soll deshalb zunächst ein textimmanenter Zugang zum Begriff gewählt werden, so dass über die Semantik eine Begriffsklärung ermöglicht wird. Um die Uneindeutigkeit des Begriffes *Tatsache* aufzulösen, sind diejenigen Textstellen bei Drews zu betrachten, die sich für die Klärung als hilfreich erweisen, damit die Unschärfe des Begriffes *Tatsache* aufgeklärt werden kann.

A. In Drews' Studie zur *Psychologie des Kirchenbesuchs* heißt es: »Offenbar ist in dieser Gemeinde Pfingsten noch eine gute Kirchenzeit, aber deutlich steht es hinter Ostern, vor allem hinter Weihnachten zurück. Wie erklärt sich

---

501 WILHELM HALBFASS, Art. Tatsache I, in: HWPh 10 (1998), 910–913, 910.
502 PETER SIMONS, Art. Tatsache II, in: HWPh 10 (1998), 913–916, 913.
503 Ebd.

nun die Tatsache, daß die drei hohen Feste im allgemeinen sehr guten Kirchenbesuch haben?«[504] Das Wort *Tatsache* beschreibt in diesem Fall den *wahrgenommenen Sachverhalt*, dass bestimmte kirchliche Feste sich eines großen Zulaufs erfreuen.

B. Drews beschließt seine Ausführungen zur *Psychologie des Kirchenbesuchs* mit den Worten:

> »So glaube ich verständlich gemacht zu haben, wie die mittleren und oberen Schichten der städtischen Bevölkerung fest an der kirchlichen Trauung hängen, die niederen aber weit weniger, und damit haben wir zugleich eine neue Stütze unseres Grundgedankens gewonnen. Was aber, so fragen wir weiter, folgt aus diesen Tatsachen?«[505]

Die unterschiedliche, schichtspezifische Rezeption der kirchlichen Trauung beschreibt Drews als *Tatsache*. Auch hier ist die Lesart *Sachverhalt/soziales Phänomen* durchaus anschlussfähig.

C. Das nachstehende Zitat aus dem RGG Artikel über die Religiöse Volkskunde lässt dieselbe Begriffserklärung zu:

> »Soll diese ›Volkskunde‹ ihre Aufgabe erfüllen, so wird sie im wesentlichen um zwei Fragen sich bemühen müssen – am Ende die beiden Grundfragen jeder Wissenschaft –, nämlich: ›Wie ist es?‹, die Fragen nach den Thatsachen, nach dem Thatbestand – und sodann: ›Woher kommt das?‹, die Frage nach den Ursachen.«[506]

Auch wenn die semantische Analyse ergeben hat, dass Drews mit dem Begriff Tatsache ein *soziales Phänomen* beziehungsweise einen *wahrgenommenen Sachverhalt* bezeichnet haben könnte, ist der Beweis noch nicht erbracht, dass er damit vielleicht nicht doch nur einen *Fakt* benennt. Um das eben vorgeschlagene Verständnis des Begriffs Tatsache als Wahrnehmung eines soziales *Phänomens/Sachverhaltes* zu legitimieren, wird es also notwendig, den Begriff auf eine breitere theoretische Grundlage zu stellen. Für die Konstruktion eines zeitgenössischen Tatsachenbegriffes in sozialwissenschaftlicher Perspektive bietet sich die Konzeption des *fait sociale* von Émile Durkheim an. Im Folgenden soll diese, soweit es für die Zwecke dieser Arbeit dienlich ist, vorgestellt werden, um anschließend den unausgeführten Begriff Tatsache bei Drews durch Durkheims umfängliche Darlegung zu konstruieren.

3.1.1 Émile Durkheim und der fait sociale

Émile Durkheim wurde – im selben Jahr wie auch Paul Drews – 1858 in Lothringen geboren. Seine 1882 aufgenommene Tätigkeit als Gymnasiallehrer legte Durkheim 1887 nieder, um in Bordeaux Pädagogik und Soziologie zu unterrichten. Diese Stelle war eigens für ihn geschaffen worden. Ab 1902 veränderte sich sein Tätigkeitsfeld und er machte sich auf dem Gebiet der

[504] ZPK, 30.
[505] ZPK, 40.
[506] RVAT, 4.

Religionssoziologie und Ethnologie verdient. Die Periode von 1902 bis zum Tod Durkheims 1917 wird auch als Pariser Zeit Durkheims bezeichnet. Durkheims Abhandlung über *Die Regeln der soziologischen Methode* (1895)[507] und seine Studie *Der Selbstmord* (1917)[508] sind, neben zahlreichen Abhandlungen und Buchbesprechungen sowie der Gründung der Zeitschrift *L'Année Sociologique* (1898) seine bedeutendsten Forschungserrungenschaften. In den Augen der heutigen sozialwissenschaftlichen Forschung hat sich Durkheim als ein Soziologe der ersten Stunde verdient gemacht, indem er maßgeblich daran beteiligt war, das Feld der Soziologie von dem der Philosophie abzugrenzen. Dabei zählen die Entwicklung von methodischen Regeln für das Feld der Soziologie, die Sensibilisierung der Soziologie für Probleme der gesellschaftlichen Integration, umfangreiche empirische Studien zum Selbstmord und Ausführungen zur Religionssoziologie zu dem forschungsgeschichtlichen Erbe Durkheims, welches die Soziologie auch heute noch dankbar antritt.

Die moderne Soziologie rekurriert weniger auf konkrete inhaltliche Erkenntnisse ihres ›Klassikers‹ als vielmehr auf die von Durkheim entwickelten Methoden, Einsichten und Problemstellungen.[509] Von daher sind Durkheims Ausführungen zum *soziologischen Tatbestand* als Methode soziologischen Arbeitens noch heute anerkannt. Sie erscheinen zudem als geeignet, den unausgeführten Tatsachenbegriff bei Drews theoretisch zu unterfüttern. Hierfür soll der Durkheim'schen Ansatz in vier Punkten thetisch dargelegt werden. Die Darstellung erfolgt dabei in verknappter Form, wobei lediglich diejenigen Punkte zur Darstellung gebracht werden sollen, die sich in Hinblick auf eine sich anschließende Verknüpfung mit Drews Tatsachenbegriff als erläuterungskräftig erweisen.

A. »Die erste und grundlegendste Regel besteht darin, die soziologischen Tatbestände wie Dinge zu betrachten.«[510]

Mit seinen Regeln der soziologischen *Methode* verfolgt Durkheim das Ziel, den Gegenstand der Gesellschaftswissenschaften festzulegen und Methoden zu deren Erforschung zu etablieren. Durkheims Intention dabei ist es, den

---

507 ÉMILE DURKHEIM, Les règles de la méthode sociologique, Paris 1895.

508 ÉMILE DURKHEIM, Le suicide, étude de sociologie, Paris 1897.

509 Einen umfangreichen Überblick über Durkheim bietet RENÉ KÖNIG, Emile Durkheim. Der Soziologe als Moralist, in: KÄSLER [Hrsg.], Klassiker des soziologischen Denkens, Bd. I., von Comte bis Durkheim, München 1976, 312–364. Zur Biografie Durkheims vgl. Ders., a.a.O., 312–320. Weitere Aufschlüsse über Durkheims Leben und Werk liefert DANIEL ŠUBER, Émile Durkheim, Konstanz 2012 sowie HANS PETER MÜLLER, Gesellschaft, Moral und Individualismus. Émile Durkheims Moraltheorie, in: HANS BERTRAM [Hrsg.], Gesellschaftlicher Zwang und moralische Autonomie, Frankfurt/M 1986, 71–105. Eine einführende knappe Übersicht zu Durkheim findet man bei MATTHIAS JUNGE, Emile Durkheim, in: DITMAR BROCK/MATTHIAS JUNGE/UWE KRÄHNKE [Hrsg.], Soziologische Theorien von Auguste Comte bis Talcott Parsons, Oldenburg 2002, 109 –131.

510 ÉMILE DURKHEIM; RENÉ KÖNIG [Hrsg.], Die Regeln der soziologischen Methode, Frankfurt/M 1991^2, 115.

Status der Soziologie als wissenschaftliche Disziplin weiter zu stärken. Hierfür wählt er einen methodischen Zugang. *Die Regeln der soziologischen Methode* von 1895 sind »in seiner Wahrnehmung das erste methodologische Manifest der modernen Sozialwissenschaften.«[511] Das oben angeführte Zitat ist dabei die erste methodische Regel dieser Schrift und zugleich eine Anleitung zur Reform der herkömmlichen soziologischen Auffassungsweise. Während in der Soziologie soziale Phänomene bisher als *Ideen* angesehen wurden, plädiert Durkheim mit dieser ersten Regel für eine *dingliche* Auffassung. Analog zu den materiellen Dingen, auf die in der naturwissenschaftlichen Forschung zurückgegriffen wird, will Durkheim auch den Erkenntnisgegenstand der Soziologie als Realität *sui generis* verstanden wissen. Die Soziologie hat es also mit kollektiven geistigen Dingen zu tun, derer man nicht, wie es in der Naturwissenschaft der Fall ist, körperlich habhaft werden kann. Dennoch folgt aus diesem dinglichen Charakter soziologischer Tatbestände, dass sie die Beobachtung und Beschreibung sozialer Gegebenheiten sowie die Analyse der darin enthaltenen Regelmäßigkeiten ermöglichen. Durch die Orientierung am naturwissenschaftlichen Modell erscheint es verständlich, dass für Durkheim solche im Feld soziologischer Forschung aufgefundenen Regelmäßigkeiten auch einen nomologischen Ertrag einbringen.[512] Nachdem der grundlegende Charakter soziologischer Tatbestände hervorgehoben wurde, schließt sich die Frage an, was konkret unter dem Begriff *soziologischer Tatbestand* zu verstehen ist.

B. »Denn das Wort ›sozial‹ hat einen bestimmten Sinn einzig unter der Voraussetzung, daß lediglich die Erscheinungen damit benannt werden, die in keine andere schon bestehende und benannte Kategorie fallen. Sie bilden also das der Soziologie eigene Gebiet.«[513]

Der von Durkheim eingeführte französische Terminus *fait social* wird in der deutschen Übersetzung als *soziale Tatsache, soziales Phänomen* oder *soziologischer Tatbestand* wiedergegeben. Diese Übersetzungsmehrdeutigkeit resultiert daraus, dass die Verwendung des Begriffs *fait social* bei Durkheim nicht ausschließlich für die eine oder andere Lesart spricht. Alle Begriffe werden also in den deutschen Übersetzungen weitestgehend synonym verwendet. Der deutsche Soziologe, Sprachwissenschaftler und Übersetzer René König (1906–1992) kann aber in überzeugender Weise glaubhaft machen, dass die Bezeichnung *soziologischer Tatbestand* treffender das wiedergibt, was Durkheim als *fait social* versteht. König beruft sich dabei auf den amerikanischen Soziologen Talcott Parsons (1902–1979), der unter dem *fait social* eine »empirisch verifizierbare Aussage über Erscheinungen in Termini eines begrifflichen Schemas«[514] versteht. Demnach ist ein soziologischer Tatbestand eine

---

511 Šuber, a.a.O., 64.

512 Vgl. Durkheim; König [Hrsg.], a.a.O., 91f.

513 Durkheim; König [Hrsg.], a.a.O., 107.

514 Talcott Parsons zit. n. König, Durkheim; König [Hrsg.], a.a.O., 38.

Aussage über ein Phänomen und bezeichnet nicht das Phänomen selbst.[515] Damit aber eine bestimmte Erscheinung als *soziologisch* qualifiziert werden kann, muss nach Durkheim die Bedingung erfüllt sein, dass sie keinem anderen Gebiet außer der Soziologie zugerechnet werden kann. Damit grenzt er diesen Terminus vom umgangssprachlichen Gebrauch, demnach alles als soziologisch respektive sozial bezeichnet wird, was in irgendeiner Art und Weise die Gesellschaft betrifft, ab. In diesem Zusammenhang führt Durkheim das Beispiel vom Essen, Trinken und Schlafen an. Die Gesellschaft habe grundsätzlich ein Interesse daran, dass ihre Mitglieder essen, trinken und schlafen. Da diese Grundbedürfnisse aber auch von der Biologie oder Psychologie verhandelt werden könnten, sind es definitiv keine soziologischen Tatbestände.[516] Dies wirft die Frage auf, welche Erscheinungen als soziologische Tatbestände bezeichnet werden.

C. »Ein soziologischer Tatbestand ist jede mehr oder minder festgelegte Art des Handelns, die die Fähigkeit besitzt auf den Einzelnen einen äußeren Zwang auszuüben; oder auch, die im Bereiche einer gegebenen Gesellschaft allgemein auftritt, wobei sie ein von ihren individuellen Äußerungen unabhängiges Eigenleben besitzt.«[517]

Durkheim folgt demnach der Annahme, dass überindividuelle Normierungen den Einzelnen teilweise im Modus der Internalisierung[518] in seinem Denken, Handeln und Fühlen beeinflussen. Hierfür zieht er das Beispiel von den Pflichten eines Bürgers, Gatten oder Bruders heran. Diese finden »übernommene Verbindlichkeiten«[519] vor, denen sie sich mehr oder weniger verpflichtet fühlen. Durch das Recht oder die Sitte tradiert, haben der Bürger, der Gatte oder der Bruder diese Pflichten bereits vorgefunden. Sie liegen außerhalb ihrer Person, da sie schon vor deren Geburt existiert haben. Und auch, wenn diese Pflichten nicht als Zwang empfunden werden und vielleicht sogar dem eigen Willen entsprechen, sind sie doch etwas Überindividuelles. Obwohl ihnen ein verpflichtender und zwingender Charakter oder auch das Gefühl des Erstrebenswertseins immer schon immanent ist, wird dies aber erst wahrgenommen, wenn der Einzelne ihnen zuwider handelt oder sich gegen sie auflehnt. Über die Beschaffenheit soziologischer Tatbestände trifft Durkheim folgende Aussage: »Mit organischen Erscheinungen sind sie nicht zu verwechseln, denn sie bestehen aus Vorstellungen und Handlungen, ebensowenig mit psychischen Erscheinungen, deren Existenz sich im Bewußtsein des Einzel-

---

515 Vgl. Durkheim; König [Hrsg.] a.a.O., 38f.

516 Durkheim meint hiermit nicht die Esskultur, die heute sehr wohl ein Thema der Soziologie respektive Ernährungssoziologie ist, sondern versteht Nahrungsaufnahme in einem streng biologischen, trophischen Sinne.

517 Durkheim; König [Hrsg.], a.a.O., 114.

518 Internalisierung ist ein Rekonstruktionsausdruck, um den Vorgang gesellschaftlicher Verinnerlichung im Rahmen von Sozialisationsprozessen zu beschreiben, vgl. Peter L. Berger/Thomas Luckmann, Die gesellschaftliche Konstruktion der Wirklichkeit, Eine Theorie der Wissenssoziologie, Frankfurt/M[16] 1999, 139.

519 Durkheim; König [Hrsg.], a.a.O., 105.

nen erschöpft.«[520] Diese geistigen kollektiven Manifestationen werden von Mund zu Mund oder in schriftlicher Form über die Erziehung durch Eltern und Lehrer von Kindesbeinen an vermittelt. Glaubensvorstellungen, Gebräuche und Neigungen einer Gruppe werden in Gestalt von sittlichen Geboten, Sprichwörtern, Dogmen und volkstümlichen Redewendungen als Fragen des Geschmacks, der Höflichkeit oder auch der Mode tradiert und sind Phänomene, die mit dem Begriff des soziologischen Tatbestands beschrieben werden können. Sie sind in der Regel keine bewussten Setzungen einer Institution, da sie sich bereits in den unterschiedlichen Milieus ausprägen.[521] Für Durkheim stellt sich nun auch die Frage, wie mit soziologischen Tatbeständen umgegangen werden soll. Wie kann ein *fait social* aufgefunden und untersucht werden?

D. »Sobald also der Soziologe die Erforschung irgendeiner Gattung soziologischer Tatbestände in Angriff nimmt, muß er sich bestreben, sie an einem Punkt zu betrachten, wo sie sich von ihren individuellen Manifestationen losgelöst zeigen.«[522]

Soziologische Forschung, die danach strebt, kollektive Wissensbestände zu rekonstruieren, läuft stetig Gefahr, einzelne Beobachtungen als typische zu verallgemeinern. Um das Individuelle vom Typischen zu scheiden, bedarf es einer eigenen soziologischen Methodik, mittels derer soziologische Tatbestände aufgedeckt werden können. Hierfür proklamiert Durkheim die Statistik als probates Mittel zur Isolation massenhafter Erscheinungen. »Was die Ziffern ausdrücken, ist vielmehr ein bestimmter Zustand des Kollektivgeistes.«[523] Durkheim spricht immer dann von kollektiven Phänomenen, wenn sie sich bei allen oder den meisten Mitgliedern einer Gruppe zeigen. Da soziologische Tatbestände dadurch gekennzeichnet sind, dass sie mit verpflichtendem Charakter auf einzelne Gruppenmitglieder einwirken, zeigt sich ein kollektives Phänomen auch bei Einzelpersonen der jeweiligen Gruppe. Eine praktische Anwendung der von Durkheim aufgestellten Regeln der soziologischen Methode liegt mit Durkheims Ausführungen *Über die soziale Arbeitsteilung* (1893)[524] und seiner empirischen Studie *Der Selbstmord* (1897) vor. Durkheims Arbeit folgt dem Schema: Funktionsanalyse, Kausalerklärung und Pathologieanalyse. Jener letzte Schritt verdankt sich Durkheims Erkennt-nisinteresse, da er das Gesellschaftssystem, in dem er lebt, als ein sich in der Krise befindendes wahrnimmt. Durch den sozialen Wandel der französischen Gesellschaft steht Durkheim unter dem Eindruck, dass die kapitalistische Wirtschaftsordnung und politische Demokratisierung im Frankreich des 19. Jahrhunderts durch eine individualistische Moral nicht abgestützt werden können. Symptome dieser Krise zeigen sich in der *sozialen Frage*, sprich der ungleichen

---

520 Durkheim; König [Hrsg.], a.a.O., 107.
521 Vgl. Durkheim; König [Hrsg.], a.a.O., 105f.
522 Durkheim; König [Hrsg.], a.a.O., 139.
523 Durkheim; König [Hrsg.], a.a.O., 110.
524 Émile Durkheim, De la division du travail sociale, Paris 1893.

ökonomischen Güterverteilung und dem konservativen Erziehungssystem.[525] In Durkheims Augen nimmt der egoistische Individualismus stetig zu, sodass die gesellschaftliche Solidarität auf der Strecke bleibe.[526] Nach Durkheims Auffassung ist die Gesellschaft ein moralischer Zusammenhang, der durch die Analyse pathologischer Formen und ihrer Ursachen wieder hergestellt und somit zur ›Gesundung‹ gebracht werden kann. Hierin ist zum einen das große Erkenntnisinteresse der Durkheim'schen Bestrebungen zu sehen, zum anderen aber auch seine eigene Auffassung, dass Soziologie heilsam auf gesellschaftliche Missstände einwirken kann. Eine zuverlässige Beschreibung der Moral[527] wird erst durch empirische Induktion möglich. »Man kann nicht die Moral in allen Stücken konstruieren, um sie dann den Dingen aufzuerlegen, sondern man muß die Dinge beobachten, um aus ihnen eine Moral induktiv abzuleiten.«[528]

An diese überblicksartige Darstellung anknüpfend, wollen wir nun die Durkheim'schen Vorstellungen von soziologischen Tatbeständen mit dem von Drews verwendeten Begriff der Tatsache fruchtbar in Verbindung bringen.

3.1.2 Der Tatsachenbegriff bei Drews auf der Grundlage von Durkheim

Ein Überblick über Durkheims Heuristik der *soziologischen Tatbestände* konnte nun gewonnen werden. Da die Durkheim'sche Konzeption eine Rekonstruktion des Tatsachenbegriffes bei Drews ermöglicht – wie im Folgenden noch deutlich wird – hat sich die Wahl dieser Konzeption als weiterführend erwiesen.

Interessanterweise finden sich zwischen Drews und seinem Zeitgenossen Durkheim viele biografische Parallelen. Beide Männer sind geprägt von denselben gesamteuropäischen wirtschaftlichen und sozialen Entwicklungen. Die Gesellschaft, in der sie leben, nehmen beide Forscher als krisengeplagt wahr. Durkheims Auffassung von der Aufgabe der Soziologie entspringt aus seiner Wahrnehmung der damaligen französischen Gesellschaft und ihrer moralischen Situation. Für das Auffinden von Pathologien, die in letzter Konsequenz

---

525 Vgl. MÜLLER, a.a.O., 71f.

526 Ausdruck für dieses Empfinden ist die sogenannte Dreyfus Affäre. Der jüdische Hauptmann der französischen Armee Alfred Dreyfus (1859–1935) wurde des Landesverrats beschuldigt. Nach dessen Verurteilung stellte sich heraus, dass der eigentliche Täter Generalstabsoffizier Esterhazy war. Die vorschnelle Verurteilung des Hauptmanns wurde auf seine jüdische Herkunft zurückgeführt und empörte die Öffentlichkeit, die darin einen antisemitischen Akt sah. So auch Durkheim, dem diese Angelegenheit als symptomatisch für die Krise der Gesellschaft erschien. vgl. JUNGE (2002), a.a.O., 110.

527 Auf die ambivalente Bedeutung der französischen Begriffe *morale* und *moralité* weist Müller hin. Nach französischem Sprachverständnis meint Moral nicht wie im deutschen einen engumgrenzten Bereich, wie z.B. die Privatsphäre, sondern beinhaltet hier gesellschaftliche Normen, Werte und Regeln. Durkheim spricht auch von Moralwissenschaft, wenn er über die Soziologie spricht (vgl. MÜLLER, a.a.O., 72.).

528 MÜLLER, a.a.O., 75.

auch den solidarischen Zusammenhalt der Gesellschaft aufweichen, müssen normale und pathologische Erscheinungen analysiert und erklärt werden. Soziale Tatbestände sind somit ein methodisches Konstrukt, um diejenigen Elemente zu erforschen, die verpflichtend und überindividuell in der Gesellschaft wirksam sind. Sie können durch die Statistik aufgefunden werden und ermöglichen durch empirische Induktion die Moral einer Gesellschaft zu rekonstruieren. Ähnliche Beweggründe hatte auch Drews, die ihn dazu antrieben, ein empirisch theologisches Programm zu entwerfen und zu erproben. Die innere und äußere massenhafte Abkehr großer Teile der Bevölkerung von Kirche und Christentum und die, seiner Meinung nach, daraus hervorgehende moralische Not, veranlassen Drews, auf die gesellschaftlichen Vorgänge einzuwirken.[529] Dabei geht er davon aus, dass die Praktische Theologie diejenige Disziplin ist, die diese Entwicklungen verstehen und ihnen gegebenenfalls auch entgegenwirken kann. In diesem Punkt erinnert er an Durkheim, welcher die Aufgabe der Soziologie darin sieht, auf die Verbesserung der gesellschaftlichen Moral positiv einzuwirken. Sowohl Durkheim als auch Drews wählen für die Erforschung des Feldes eine empirisch-induktive Vorgehensweise. Hinsichtlich ihrer Erkenntnisinteressen muss geringfügig differenziert werden.

Die Reflexion des Tatsachenbegriffs bei Drews auf der Grundlage von Durkheim fördert neue Erkenntnisse zu Tage, die diesen Begriff bei Drews erhellen:

1. Wenn Drews von Tatsachen spricht, trifft er damit eine Aussage über ein kollektives Phänomen.

Indem Drews der Religiösen Volkskunde und somit auch der Praktischen Theologie als Dachdisziplin »die Frage nach den Thatsachen, nach dem Thatbestand«[530] zuweist, geht es ihm um die Erforschung überindividueller, gesellschaftlicher Erscheinungen. Dabei geht er davon aus, dass der Einzelne nicht ausschließlich aus freien Stücken etwas tut oder auch nicht tut, sondern dass er dieses Verhalten im Prozess der Sozialisation internalisiert hat. Soziale Tatsachen sind äußerst umfänglich, sie enthalten die Arten des Denkens, Handelns und Fühlens und reichen von religiösen Vorstellungswelten bis hin zur Verteilung der Bevölkerung auf der Oberfläche. Die sozialen Gegebenheiten werden historisch tradiert, der Einzelne wird in sie hineingeboren, wobei individuelle Variationen auftreten können. Das eben Gesagte lässt sich an einem Beispiel veranschaulichen. In Drews Studie *Zur Psychologie des Kirchenbesuchs* heißt es:

> »Wird doch vielfach von den Hausfrauen gerade dieser Tag zur Vorbereitung auf Ostern benutzt, und das in Gemeinden, die sonst ganz kirchlich sind. Währenddes

---

529 Vgl. hierzu Kapitel III, 56–61.

530 RVAT, 4.

haben namentlich die Städte einen sehr hohen Prozentsatz von Kirchenbesuchern an diesem ernsten Tage. Diese auffallende Tatsache will erklärt sein.«[531]

Tatsache bedeutet in diesem Zusammenhang nach den jetzigen Erkenntnissen, dass die typische auf dem Land lebende Hausfrau es als dringlicher empfindet, ihren Hausputz vor dem Osterfest zu verrichten als den Gottesdienst zu besuchen. Die dörfliche Hausfrau entscheidet sich also nicht bewusst aus eigenem Antrieb dazu den Kirchgang am Karfreitag ausfallen zu lassen, sondern erfüllt nur die Pflicht, die ihr als Hausfrau im ländlichen Raum als geboten erscheint. Ein anderer soziologischer Tatbestand ist darin zu sehen, dass die urbane Bevölkerung eher noch am Karfreitagsgottesdienst partizipiert. Der Gottesdienstbesuch erscheint einem Teil der städtischen Bürger bedeutsam. Die Teilnahme am Karfreitagsgottesdienst muss dabei nicht zwingend dem Willen des einzelnen entsprechen, sondern ist traditionell vermittelt und bindend. Indem Drews nun diese Tatsachen aufgefunden hat, kann er mit ihnen operieren. Die Tatsache als Darstellungskategorie ermöglicht Aussagen über soziale, d.h. die Gesellschaft betreffende Phänomene.

2. Soziale Tatsachen können kausalgenetisch erklärt werden. Nachdem ein soziales Phänomen erkannt und isoliert wurde, schließt sich »die Frage nach den Ursachen dieser [religiösen] Zustände«[532] an. Soziologische Tatbestände liegen außerhalb des Individuums und waren bereits vor der Geburt des Individuums immateriell existent. Somit ist eine unverzichtbare Zugangsweise zu diesen tradierten kollektiven Verpflichtungselementen eine historische Analyse. Hierzu schreibt Drews: »Nur aus der Vergangenheit kann die Gegenwart verstanden werden. Aber die Geschichte tritt hier lediglich als Erklärungsmittel des Gegenwärtigen auf, nicht hat sie hier einen Selbstzweck.«[533] Diese Aussage kann einerseits darauf zurückgeführt werden, dass Drews von Hause aus Kirchenhistoriker ist und deshalb die Methode der historischen Analyse hochschätzt. Andererseits ist die Historie auch das paradigmatische Erklärungsmodell der Tatsache.

3. Die soziale Tatsache als Konstrukt einer kollektiven Erscheinung bewahrt die Forschung davor, den Sonderfall zu verallgemeinern.

Mit der Einführung des Terminus' *Tatsache* gelingt es Drews, sein empirisches Vorgehen an eine Methodik anzuknüpfen, die sich vor einer kritischen Anfrage nicht verschließt und bestimmten Regeln unterworfen ist. Der Typus wird sowohl von Drews als auch von Durkheim als fruchtbare Darstellungsform proklamiert. Dem soziologischen Tatbestand als Aussage über eine kollektive Erscheinung ist immanent, dass das Denken, Handeln und Fühlen eines einzelnen Menschen durch überindividuelle, kollektive, geistige Gebilde determiniert ist. Soziologische Tatbestände zeigen sich deshalb auch im Leben des Einzelnen. Damit hier aber kein Sonderfall verallgemeinert wird, muss

---

531 ZPK, 34.
532 RVAT, 5.
533 DPT, 64.

das gezeigte Phänomen statistisch verifiziert werden. Eben das dürfte auch Drews vor Augen gestanden haben, wenn er schreibt: »Sie [Evangelische Kirchenkunde] muß aus der Großen Fülle des Mannigfaltigen das Typische herausfinden, aus dem Wechsel das sich Gleichbleibende und damit die Tendenz, in der sich unser kirchliches Leben bewegt.«[534]

Bilanzieren wir die neu gewonnenen Erkenntnisse. Der Begriff Tatsache bei Drews ist anschlussfähig an das Programm Émile Durkheims. Es kann also festgestellt werden, dass Drews, indem er mit dem Begriff *Tatsache* rangiert, sich terminologisch auf der Höhe seiner Zeit bewegte. Ähnlich verhält es sich mit seinen anderen Darstellungstypologien, wie die sich anschließenden Untersuchen noch zeigen werden. Im Folgenden soll der Begriff *Typus* betrachtet werden.

3.2 Der Begriff Typus

Ein Blick in die Sekundärliteratur zu Drews lässt offenbar werden, dass Volker Drehsen der idealtypischen Rekonstruktion in seiner Arbeit *Neuzeitliche Konstitutionsbedingungen der praktischen Theologie* eine größere Aufmerksamkeit zuteilwerden lässt. Die Intention des Drehsen'schen Arbeit ist es, Stationen der praktisch-theologischen Fachentwicklung nachzuzeichnen. Drews' *empirisch-pragmatische Ekklesiastik* steht dabei exemplarisch für *Die integrative Funktion der Volkskirche im Prozeß moderngesellschaftlicher Differenzierung*. Für seine Untersuchungen zur *idealtypischen Rekonstruktion der Wirklichkeit* hat Drehsen die Stellen, an denen Drews seines Erachtens nach vom *Idealtypus* spricht, untersucht. Dabei kommt er zu folgendem Urteil:

> »P. Drews verwendet den Begriff ›Idealtypus‹ eher beiläufig und teils mehr im Sinne des alltäglichen Sprachgebrauchs, teils in strenger Beschränkung auf die dogmatische Denkweise, insgesamt also weniger im explizit konzeptionellen Sinne als etwa F. Niebergall im Anschluß an M. Weber.«[535]

In Ermangelung einer »begrifflich-konzisen Fassung« der idealtypischen Rekonstruktion bei Drews und dem Verdacht, dass »die idealtypische Konzeption zur Zeit Drews' gewissermaßen allgemein in der Luft lag«,[536] greift Drehsen auf Friedrich Niebergall (1866–1932) zurück. Niebergall, der ein enger Verbündeter und Mitstreiter Drews' war, verfolgte dessen empirisch-theologisches Anliegen nach dessen Tod weiter.[537] Sein Lehrbuch der Prakti-

---

534 ZPK, 27.

535 DREHSEN, a.a.O., Bd. 2, 337.

536 Vgl. DREHSEN, a.a.O., Bd. 1, 403 sowie Ders., a.a.O., Bd. 2, 337.

537 Friedrich Niebergall wurde 1866 in der Pfalz geboren. Das Studium der evangelischen Theologie nahm er 1880 in Tübingen auf, studierte aber auch in Berlin und Bonn bis er 1889 den Pfarrdienst in der Pfalz antrat. Mit seinem Werk *Wie predigen wir dem modernen Menschen?* (FRIEDRICH NIEBERGALL, Wie predigen wir dem modernen Menschen?, Tübingen 1906) promovierte Niebergall 1902 an der Universität Gießen. Seine Habilitation folgte 1903 in Heidelberg, wo er ab 1908 auch eine außerordentliche Professur für praktische Theologie erhielt. Dem Ruf nach Marburg folgte er 1922, wo

schen Theologie richtete Niebergall ganz im Sinne Drews' auf die Gegenwart und die zukünftigen Aufgaben der Praktischen Theologie aus.[538] Bei seinen Ausführungen zum (Ideal)typus befand sich Niebergall in dem Bewusstsein, den Begriff auch ganz im Sinne Drews' erläutert zu haben. Wenn nun Drehsen für die Darlegung der idealtypischen Rekonstruktion auf die Ausführungen Niebergalls zur Sache zurückgreift, ist dies vor dem Hintergrund, dass Drehsen die Entwicklung einer empirischen-theologischen Arbeitsweise nachzeichnen will, sachdienlich.

Im Rahmen dieser Arbeit geht es aber darum zu verstehen, was Drews konkret damit gemeint haben dürfte, wenn er von Typen spricht. Betrachtet man die von Drehsen genannten prominenten Textstellen bei Drews, so fällt auf, dass er den Begriff Idealtypus wortwörtlich lediglich in seiner Schrift *Dogmatik oder religiöse Psychologie* von 1898 verwendet.[539] Wie Drehsen schon festgestellt hat, bezeichnet Drews hiermit einen dogmatischen Sachverhalt. An anderen Textstellen fällt der Begriff Idealtypus nicht. Stattdessen heißt es hier »aus der großen Fülle des Mannigfaltigen das Typische herausfinden«[540], es ist die Rede von »typischen Erscheinungsformen«, »typische[r] Bauernfrömmigkeit« und »typische[r] Frömmigkeit«[541] sowie von »verschiedenen religiösen Typen«.[542]

Wenn man aber nur davon ausgeht, was Drews tatsächlich über den Typus geäußert hat, muss festgestellt werden, dass keine Textstelle überzeugend belegt, dass er unter der Erfassung von typischen Erscheinungen eine Idealtypenlehre Weber'scher Prägung versteht.[543] Niebergalls Ausführungen zur

---

er zehn Jahre später starb. Friedrich Niebergall, Paul Drews und Otto Baumgarten sind *die* Köpfe der praktisch-theologischen Reformbewegung, die eine empirische Ausrichtung der praktischen Theologie forderte, vgl. ACHIM PLAGENTZ/ULRICH SCHWAB, Religionswissenschaftlich-empirische Praktische Theologie, Friedrich Niebergall, in: CHRISTIAN GRETHLEIN/MICHAEL MEYER-BLANCK [Hrsg.], Geschichte der Praktischen Theologie. Dargestellt anhand ihrer Klassiker, Leipzig 2000, 237–278. Über Niebergall in Hinblick auf seine pädagogische Theologie informiert JÖRG VIKTOR SANDBERGER, Pädagogische Theologie, Friedrich Niebergalls Praktische Theologie und Erziehungslehre, Göttingen 1972.

[538] Die empirische Grundlegung der Theologie schlägt sich auch im Aufbau der zweibändigen Praktischen Theologie (1918/1919) von Niebergall nieder. Niebergalls Hauptpunkt, die gegebene Gemeinde, stellt er als »Religiöse Seelen- und Volkskunde« dar, worin eine Weiterführung der Drews'schen Gedanken nach dessen Tod zu sehen ist, vgl. FRIEDRICH NIEBERGALL, Lehrbuch Praktische Theologie, 2 Bde., Tübingen 1918–1919, Bd. 1, V.

[539] PAUL DREWS, Dogmatik oder religiöse Psychologie?, in: ZThK 8, 1898, 134–151, 137.

[540] ZPK, 27.

[541] AV, 1748.

[542] DPT, 67.

[543] Der Idealtypus ist für Weber »ein Gedankenbild, welches nicht die historische Wirklichkeit oder gar die ›eigentliche‹ Wirklichkeit ist, welches noch viel weniger dazu da ist, als ein Schema zu dienen, in welches die Wirklichkeit als Exemplar einge-

Sache, in denen er sich explizit auf Weber beruft, haben den Status einer Rekonstruktion und teilweisen Interpretation des Drews'schen Terminus' Typus. Hierfür konstatiert Niebergall:

> »Die Methode ist, wie schon von Drews angedeutet, die induktive Erfassung der zu einer bestimmten Gruppe gehörigen Menschen, und zwar in der Gestalt von Typen oder typischen Einzelzügen. [...] Der Typ ist das Allgemeine unter dem Bild eines gedachten Einzelwesens dargestellt, also etwa der Bauer, oder genauer der Hunsrücker Bauer. [...] Der Typ gibt nicht das Gemeinsame wie der Begriff, sondern das Wesentliche, darum ist der Typ die Sache eines durch und durch subjektiven[544], man könnte auch sagen dichterischen Verfahrens. So soll er [der Typ] den Mann der Praxis instand setzen, den einzelnen einer Gruppe leichter aus dieser seiner Gruppenzugehörigkeit zu verstehen und daneben das Eigenartige seiner Person zu erfassen.«[545]

An diese Konstruktion Niebergalls knüpft Drehsen an und erweitert den Typusbegriff bei Drews um Max Webers Ausführungen zur Sache. Idealtypische Rekonstruktionen ermöglichen nach Drehsen Aussagen über die Wirklichkeit in begriffslogischer, genetischer, komparativer und pragmatischer Hinsicht.[546] Problematischerweise verstellt diese Niebergall-Weber'sche Erweiterung Drehsens den Blick auf den Typusbegriff bei Drews mehr als ihn zu schärfen. Der Typusbegriff bei Drews ist zwar wesentlich schlichter, für sein Erkenntnisinteresse jedoch weiterführend und von strukturierendem Charakter, wie sich anschließend zeigen wird. Folgende thetischen Aussagen können über den Typusbegriff bei Drews getroffen werden:

I. Der Typus bei Drews, der sich nicht mit Sicherheit als Idealtypus qualifizieren lässt, ist kein methodischer Arbeitsschritt, sondern eine Darstellungsform.

Niebergall führt den Begriff Typus, auf der Grundlage der wenigen Äußerungen Drews', aus und transformiert ihn dabei zum Idealtypus. Wenn man nun von dieser Weiterentwicklung absehen will, muss man erkennen, dass Drews vermutlich mithilfe einer Frömmigkeitstypologie seine empirisch aufgefundenen Tatsachen strukturieren und geordnet darstellen will. Durch statistische Massenbeobachtung gelingt es ihm, charakteristische Frömmigkeitsmerkmale einer Bevölkerungsgruppe zu hypostasieren. Der Typus wäre nach dieser Ansicht also keine Methode, sondern eine Darstellungsform, wo-

---

ordnet werden sollte, sondern welches die Bedeutung eines rein idealen Grenzbegriffes hat, an welchem die Wirklichkeit zur Verdeutlichung bestimmter bedeutsamer Bestandteile ihres empirischen Gehaltes gemessen, mit dem sie verglichen wird.« (Max Weber, Die »Objektivität« sozialwissenschaftlicher und sozialpolitischer Erkenntnis (1904), in: Johannes Winckelmann [Hrsg.], Max Weber, Gesammelte Aufsätze zur Wissenschaftslehre, Tübingen 1988[7], 146–214, hier 194).

544 Das was Niebergall meint ist treffender mit dem Wort *fiktiv* wiederzugeben.

545 Friedrich Niebergall, Art. Volkskunde, II. religiöse Volkskunde, in: RGG 5 (1931[2]), 1668f., hier 1668.

546 Drehsen, a.a.O., Bd. 1, 405–418.

durch der epistemologische Status der Drews'schen Forschung keinesfalls angetastet wäre.

II. Der Typ, wie auch der Idealtypus, ist einem hermeneutischen Grundanliegen verpflichtet.

Der Vorgang der Typenbildung und auch die idealtypische Rekonstruktion sollen es kirchlichen Amtsträgern ermöglichen, die Menschen ihrer Gemeinden zu verstehen.[547] Nach jetzigem Wissenstand kann man dagegen halten, dass auch Drews *Verstehen* zum Zielpunkt empirisch-theologischen Arbeitens macht.[548] Indem nun die hermeneutische Grundausrichtung der empirischen Theologie bei Niebergall ausdrücklich im Zusammenhang mit (ideal)typischen Rekonstruktionen auftaucht, wird deutlich, in welchem Maße kirchliche Handlungsträger verstehen sollen. Es geht in der Religiösen Volkskunde nicht um das Verstehen höchst individueller Befindlichkeiten, sondern um das Verstehen sozialer Bezugsgruppen und ihrer Mitglieder.

III. Indem Niebergall die Brücke zur idealtypischen Konstruktion Weber'scher Prägung schlägt, hat er gezeigt, dass der Begriff Typus zum Idealtypus weiter entwickelt werden könnte.

Mit diesem Punkt ist die große Stärke der Typusidee bei Drews angesprochen. Es ist zwar nicht klar, ob Drews den Typus als theoretisch konzipierte, ideale Heuristik oder eher als empirische Durchschnittskategorie sieht. Allerdings haben es seine Ausführungen zur Sache auch ermöglicht, dass Niebergall die Methodik einer empirischen Theologie vom Typ Drews' zur idealtypischen Rekonstruktion ausbauen konnte. Durch die Anknüpfung an die zeitgenössische Methodendiskussion der Sozialwissenschaft wurde eine gemeinsame Basis zwischen der Praktischen Theologie und dieser Disziplin geschaffen.

Nachdem nun den Typus als zweite Form der Drews'schen Darstellungstypologie untersucht wurde, sind abschließend die von ihm geforderten Gesetze in den Mittelpunkt zu rücken.

3.3 *Gesetze* des sozialen Lebens

Die letzte von Drews eingeführte Verarbeitungskategorie ist das *Gesetz*. Bereits in seinem ersten Aufsatz zur empirischen Ausrichtung der Praktischen Theologie *Dogmatik oder religiöse Psychologie* von 1898 operiert Drews mit dem Begriff:

> »In der That, daß muß eine der Hauptaufgaben der praktischen Theologie werden, das kirchliche Leben der Gegenwart in allen seinen Verzweigungen, seinen mannigfaltigen Ausgestaltungen und Erscheinungsformen wissenschaftlich zu erfassen und darzustellen d.h. also sie hat diesen ungeheuren Stoff zu sammeln, das

---

547 Vgl. Niebergall (1931), 1668.

548 Vgl. Kapitel III Verstehen, 61–76.

> Wesentliche vom Unwesentlichen zu sondern und den Gesetzen nachzuspüren, die dem kirchlichen Leben in seinen Ausgestaltungen zu Grunde liegen.«[549]

Die Forderung nach Gesetzen zieht sich durch Drews Schriften wie ein roter Faden. Auch in seinem Programmaufsatz von 1901 ›*Religiöse Volkskunde*‹, *eine Aufgabe der Praktischen Theologie* heißt es: »Wir müssen nur eben auf all diesen Punkten über zufällige, persönliche vereinzelte Beobachtungen und Meinungen empor zu festen Gesetzen fortschreiten.«[550] Seine Äußerungen zur Sache in der Kirchenkunde Sachsens von 1902 geben zudem Anlass zu vermuten, dass Drews hier auf den epistemologischen Status von Gesetzen abhebt.

> »Allem Leben, auch dem kirchlichen, liegen zuletzt große Gesetze zu Grunde, die wir zwar nie vollkommen zu erkennen vermögen, deren Erforschung aber gerade im Interesse einer gesunden praktischen Bethätigung mehr als ein wissenschaftlicher Luxus ist. Man wende nicht ein, daß sei sehr schwierig. Aus dem Munde wissenschaftlich strebender wird dieser Einwand nicht laut werden. Gerade die Schwierigkeit lockt und reizt.«[551]

In diesem Zitat klingt an, dass mit dem Auffinden von Gesetzen für Drews der wissenschaftliche Anspruch einer Disziplin gerechtfertigt ist.[552] Dass die Formulierung von Gesetzen nur von fragmentarischem und vorläufigem Charakter sein kann, nimmt Drews billigend in Kauf, da der Zweck hier eben doch die Mittel heiligt: In letzter Konsequenz geht es immer um eine arbeitseffiziente Unterstützung der im Amt stehenden Geistlichen. ›Gesetze‹ als Regelzusammenhänge liegen kontrollierten Zukunftsprognosen zugrunde, die es den kirchlichen Amtsträgern ermöglichen, verstehend zu urteilen. Eine solche Zukunftsprognose vom Typ Drews' findet man beispielsweise in der oben besprochen Studie zu den freien-religiösen Gemeinden. Dort heißt es: »Die freireligiösen Gemeinden, vielfach jetzt schon Gemeinden ohne oder wider Religion, werden zu freidenkerischen Vereinen sich weiter entwickeln.«[553] Zu dieser Zukunftsprognose konnte Drews gelangen, indem er eine gegenwärtige Entwicklung durch Betrachtung ihres historischen Gewordenseins in die Zukunft verlängert.

In der bisherigen Literatur zu Drews ist dessen Forderung nach Gesetzen des kirchlichen Lebens durchaus kritisch gesehen worden. Drews' empirisch-theologisches Programm, das beim Auffinden von *Tatsachen* ansetzt, sich ferner in der Bildung von *Typen* verwirklicht und zuletzt *Gesetze* des sozialen

549 DP, 145.

550 RVAT, 5.

551 DLLS, VIII.

552 »Dabei setzt Drews – in Übereinstimmung mit der damals vorherrschenden wissenschaftlichen Tendenz – voraus, dass »auch dem religiös-sittlichen Leben bestimmte Gesetze zu Grunde« liegen (Christian Grethlein/Helmut Schwier [Hrsg.], Praktische Theologie. Eine Theorie und Problemgeschichte, Leipzig 2007, 310).

553 DGG, 526.

Lebens auffinden will, ist gerade mit dieser letzten Forderung in der neuren Literatur reichlich angeeckt. So konstatiert beispielsweise Grethlein »Die hinter DREWS' Suche nach ›Gesetzen‹ stehende Vorstellung ›über die Erklärungskraft von Kausalitätsreihen und statistischen Regelmäßigkeiten‹ gehört einem vergangenen Methodenverständnis an.«[554] Drehsen differenziert seine Kritik an Drews' Forderung nach Gesetzen dergestalt, dass er Weber und dessen Vorstellungen von soziologischen ›Gesetzen‹ anführt. Demnach ist auch Weber der Auffassung, dass der Idealtypus Entwicklungen abbildet, deren typischer Verlauf, bedingt durch die Wirkung typischer Faktoren, vorhersehbar wird. Allerdings dürfen diese heuristischen Kausalitätsfeststellungen nicht für die empirische Wirklichkeit generalisiert werden. Weber würde sich also davon abgrenzen, einzelne Erscheinungen nur mittels ihrer historischen Genese erklären zu wollen.[555] Indem Grethlein die Drews'sche Vorgehensweise als antiquiert diskreditiert und Drehsen hier Weber gleichermaßen als besseres zeitgenössisches Beispiel einer gemäßigten Gesetzesvorstellung anführt, stellt sich die Frage, ob Drews damit nicht Unrecht getan wird. Eine gerechte Beurteilung kann nur auf der Grundlage der damaligen Gesetzesdebatte erfolgen. Deshalb soll anschließend die zeitgenössische Debatte um den Gesetzesbegriff kurz erhellt werden. Hierdurch kann der von Drews nicht hinreichend ausgestaltete Gesetzesbegriff einerseits etwas an zeitgenössischer Kontur gewinnen. Andererseits wird Drews' Bedürfnis nach der Gesetzesfindung vor dem zeitgenössischen Hintergrund etwas verständlicher, sodass das daraus resultierende Urteil über den epistemologischen Status dieser Darstellungskategorie milder ausfallen dürfte als dies bisher der Fall war.

3.3.1 Die zeitgenössische Debattenlage zum Gesetzesbegriff

Es ist Drews ein Bedürfnis, mithilfe seiner empirisch-theologischen Forschungsergebnisse im Verborgenen liegende Gesetze aufzuspüren. Drehsen hat in seinen Ausführungen zur Sache zeigen können, dass der praktisch-theologische Idealtypus, wie er von Drews angeregt, von Niebergall ausgeführt und durch Weber präfiguriert ist, zur Auffindung von Gesetzen beiträgt. Dabei knüpft Drehsen an die Erhellung von Gesetzmäßigkeiten die Faktorenanalyse: »Während die Erhellung von Gesetzmäßigkeiten mehr auf die vertikal-geschichtlichen Beziehungen abhebt, konzentriert sich die Faktorenanalyse eher auf horizontal-soziokulturelle Wirkungsverhältnisse.«[556] Des Weiteren setzt Drehsen den praktisch-theologischen Idealtypus, dessen eigene Genese und Beziehungen zu anderen Idealtypen durch die Analyse von Gesetzmäßigkeiten und Faktoren beschrieben werden kann, kritisch zur klassischen Idealtypenlehre Webers in Beziehung.[557] Auf diesem Pfad wollen wir Drehsen nun

---

554 GRETHLEIN (1994) a.a.O., 386. Es sei darauf hingewiesen, dass Grethlein hier Drehsen zitiert, vgl. DREHSEN, a.a.O., Bd. 1, 410.

555 Vgl. DREHSEN, a.a.O., Bd. 1, 410.

556 DREHSEN, a.a.O., Bd. 1, 409.

557 Vgl. DREHSEN, a.a.O., Bd. 1, 410–418.

aber nicht weiter folgen, da wir der Auffassung sind, dass Drews für seine Frömmigkeitstypologie nicht die Idealtypenlehre Webers vor Augen hatte. Drews' Vorstellung vom Auffinden sozialer Gesetzmäßigkeiten verdankt sich folglich anderen Entstehungszusammenhängen. Die Vorstellung, dass dem kirchlichen wie dem gesellschaftlichen Leben überhaupt Gesetze zugrunde liegen, entstammt der allgemeinen zeitgenössischen philosophischen und soziologischen Debatte.[558]

Der Gesetzesbegriff *per se* ist allerdings nicht ganz unproblematisch, was daran liegt, »dass im 19. Jahrhundert selbst der Begriff Gesetz von Historikern und Sozialwissenschaftlern tatsächlich sehr flexibel benutzt wurde und dabei meistens nicht streng zwischen Tendenz, Generalisierungsbehauptung oder Regel unterschieden wurde.«[559] An der Entstehung eines geisteswissenschaftlichen Gesetzesbegriffs sind zwei Traditionen maßgeblich beteiligt: die sozialistische Gesetzesauffassung nach Karl Marx (1818–1883) und der Positivismus nach Auguste Comte (1798–1857). Die Ausführungen zum gesellschaftlichen Gesetz bietet Karl Marx in seinem Opus *Das Kapital*. Seinen Gesetzesbegriff gewinnt Marx in Anlehnung und Abgrenzung zu den Naturgesetzen. Demnach besteht für Marx der entscheidende Unterschied zwischen Naturgesetzen und gesellschaftlichen Gesetzen darin, dass gesellschaftliche Gesetze durch die Tätigkeit des Menschen überhaupt erst produziert werden. Dennoch treten gesellschaftliche Gesetze den Menschen ähnlich wie Naturgesetze entgegen, da menschliches Handeln durch sie immer schon präfiguriert ist. Die Ähnlichkeit zwischen Naturgesetzen und gesellschaftlichen Gesetzen ist eine relative und bedeutet nicht, dass gesellschaftliche Gesetze universell gelten. Mit den Naturgesetzen haben sie gemein, dass sie objektiv feststellbar sind. Im Gegensatz zu den Gesetzen der Natur beschreiben gesellschaftliche Gesetze gesetzesmäßige Bewegungen als natur-historische Prozesse und nicht als Naturprozesse. Gesellschaftliche Gesetzmäßigkeiten haben *per se* einen historischen Charakter.[560]

Die philosophische Geistesströmung des Positivismus' partizipiert auch in eigentümlicher Weise an der Vorstellung, dass die aus ihr hervorgehende Wissenschaft der Soziologie die Erforschung von Gesetzen zur Aufgabe habe. Die positivistische Tradition geht auf Augste Comte, der von der heutigen Sozialwissenschaft als Begründer der Soziologie gesehen wird, zurück. Ihren positiven Charakter erhält diese Wissenschaft dadurch, dass für sie »keine Behauptung, die nicht genau auf die einfache Aussage einer besonderen oder allgemeinen Tatsache zurückführbar ist, einen wirklichen und verständlichen

---

558 Vgl. NORBERT HEROLD, Art. Gesetz, in: HWPh 3 (1974), 506–514, hier 508f.

559 CHRIS LORENZ, Geschichtswissenschaft und Gesetze. Eine zwiespältige Geschichte, in: WOLFGANG BOCK [Hrsg.], Gesetz und Gesetzlichkeit in den Wissenschaften, Darmstadt 2006, 185–198, hier 187.

560 Vgl. PETER BOLLHAGEN, Gesetzmäßigkeit und Gesellschaft. Zur Theorie gesellschaftlicher Gesetze, Berlin 1967, 31–42.

Sinn enthalten kann.«[561] Damit erteilt Comte der Metaphysik eine klare Absage und führt eine Hinwendung zur Empirie herbei. In letzter Konsequenz geht es aber nicht um die bloße Anhäufung von Detailwissen, sondern um das Auffinden der darin enthaltenen Gesetze. »So besteht der wahre positive Geist vor allem darin *zu sehen um vorauszusehen*, zu erforschen was ist, um daraus auf Grund des allgemeinen Lehrsatzes von der Unwandelbarkeit der Naturgesetze – das zu erschließen, was sein wird.«[562] Diese Ideen Comtes werden vom deutschen Positivismus des 19. Jahrhunderts weitergeführt.[563]

3.3.2 Der Gesetzesbegriff bei Drews

Die zeitgenössische Debatte zum geisteswissenschaftlichen Gesetzesbegriff wurde nun schlaglichtartig beleuchtet. Hieraus ergeben sich auch veränderte Sichtweisen auf den Gesetzesbegriff bei Drews. Dass Drews' Untersuchungen zur Auffindung von Gesetzen führen müssen, kann mit der allgemeinen zeitgenössischen Hochschätzung von Gesetzen als Quintessenz wissenschaftlichen Arbeitens begründet werden. Zugegebenermaßen mag diese nomologische Ausrichtung heute etwas befremden und die zu Tage geförderten ›Gesetze‹ mögen konstruiert und wenig gesichert erscheinen. Drews bewegte sich damit aber wieder einmal auf der Höhe seiner Zeit. Nur darf der Gesetzesbegriff allerdings nicht zu enggefasst werden. Auch wenn das gesellschaftliche Gesetz sich in seiner Entstehungsgeschichte immer mit den Gesetzen der Natur messen lassen musste, gibt es doch wesentliche Unterschiede. Das gesellschaftliche Gesetz ist nicht immerwährend gültig und in letzter Konsequenz ein Produkt menschlichen Handelns, das in einem historischen Prozess entstanden und deshalb auch wandelbar ist. Ähnlich wie Naturgesetze determinieren die Gesetze der Gesellschaft das soziale Leben. Die Betrachtung historischer Entstehungszusammenhänge als Erklärungsmodell und die Faktorenanalyse empirischer Gegebenheiten entspringt zum einem sicherlich auch dem Forschungsrepertoire des Kirchenhistorikers Paul Drews, zum anderen aber ist es nach damaliger Ansicht das probate Mittel, um den gesellschaftlichen Gesetzen auf die Spur zu kommen und daraus zukünftige Entwicklungen ableiten zu können. Diesen Umstand konkretisiert Drews folgendermaßen:

> »Es ist doch unzweifelhaft, daß wie etwa das volkswirtschaftliche Leben, so auch das religiöse von ganz besonderen, mit ihm unmittelbar gar nicht in Beziehung stehenden Faktoren mit beeinflußt und bestimmt wird. Diese Faktoren aufzuweisen und ihre Wirkung abzumessen, die Gesetze des religiös-kirchlichen Lebens, die im Verborgenen in Kraft sind, zu erforschen und festzustellen, die gegenwärtigen Erscheinungen richtig zu deuten und von ihnen aus Linien in die Zukunft zu

---

[561] Auguste Comte; Iring Fetscher [Hrsg.], Rede über den Geist des Positivismus, Hamburg 1994, 16.

[562] Comte; Fetscher [Hrsg.], a.a.O., 20.

[563] Vgl. Herold, a.a.O., 509f.

ziehen, dies muß – niemand wird es leugnen – für den Theologen der unser Volksleben wirklich verstehen will, von großer Bedeutung sein.«[564]

Nach Drews ist die Ermöglichung von kontrollierten Zukunftsprognosen Ziel und Zweck gesellschaftlicher ›Gesetze‹. ›Gesetze‹ sind als Regelzusammenhänge, die die Voraussetzung für solche Zukunftsprognosen bilden, zu verstehen. Mit dem zeitgenössischen Bedeutungsspektrum des Begriffs hat diese Auffassung des Gesetzesbegriffs eine gemeinsame Schnittmenge und ist dem modernen wissenschaftlichen Sprachduktus auch näher. Der Gesetzesbegriff selbst, insoweit ist der Literatur Recht zu geben, ist etwas ungünstig gewählt, da er mit verschiedenen Konnotationen behaftet ist. Diese Begriffsauffassung kann an einem Beispiel verifiziert werden. In seiner Studie *Zur Psychologie des Kirchenbesuchs* kommt Drews zu folgendem Ergebnis: »Was aber so fragen wir weiter, folgt aus diesen Tatsachen für die Gestaltung unseres kirchlichen Lebens? Dies, daß die Kirche mit seinem Empfinden dem Volks-empfinden nachgehen und ihren kirchlichen Kalender dadurch bestimmen lassen soll.«[565] Diesem Urteil war die Beobachtung vorausgegangen, »daß diejenigen kirchlichen Gottesdienste sich der lebhaftesten Teilnahme erfreuen oder sie wecken, die an ein rein menschliches Empfinden anknüpfen.«[566] Die hier angedeutete Prognose besagt, dass eine kasuelle Grundausrichtung von Kirche und Gottesdienst mehr Menschen zur Teilhabe am kirchlichen Leben bewegen dürfte. Der dahinter stehende Regelzusammenhang kann folgendermaßen formuliert werden: Immer dann, wenn kirchliche Gottesdienstkultur an ›rein menschliches Empfinden‹ anknüpft, wird sie größeren numerischen Erfolg haben als eine solche, die das nicht tut, sofern nicht andere Faktoren überwiegen. Zudem wurde deutlich, dass Drews in diesem Fall eben nicht nur auf historisch-genetische Erklärungsmodelle zurückgreift, sondern hier psychologisch und biografiebezogen urteilt. Auffällig daran ist, dass diese Anleitung zum gelingenden kirchlichen Wirken bei Drews keinesfalls in der Struktur eines klassischen Gesetzes formuliert ist und bemerkenswerterweise heute noch durchaus Plausibilität besitzt.[567]

Im Rahmen der EKD Erhebung zur Kirchenmitgliedschaft und anderen empirischen Studien von 2006 behauptet Michael Wohlers zwar nicht Gesetze aufgefunden zu haben, die Weisungen in die Zukunft geben, sondern überschreibt seine Erkenntnisse schlicht als »Praktische Folgerungen«.[568] Dort heißt es: »Wenn Kasualien ein wichtiges Motiv für Kirchenzugehörigkeit sind, müssen sie mit größtmöglicher Sorgfalt gestaltet werden. Hilfreich ist eine integrative Kasualpraxis, die um den Einzelfall herum biographische ›An-

564 EK, 872.
565 ZPK, 40.
566 ZPK, 38.
567 Zum Kasualchristentum vgl. Albrecht, Kasualtheorie, 168f.
568 MICHAEL WOHLERS, Kircheneintritt: Motive, Anlässe, Auswirkungen, in: JAN HERMELINK/THORSTEN LATZEL [Hrsg.], Kirche empirisch. Ein Werkbuch, 117–132, hier 129.

dockpunkte‹ bietet.«[569] Jedes Urteil, demnach dem Drews'schen Erkenntnisgewinn etwas Antiquarisches anhaften möge, kann somit widerlegt werden.

Auch wenn die Forderung nach dem Auffinden von sozialen Gesetzen durchaus den damaligen wissenschaftlichen Vorstellungen entspricht und den heutigen eher widerstrebt, sollte man unter dem Begriff eher eine Darstellungskategorie sehen, durch welche die Ergebnisse empirischen Arbeitens prononciert wiedergegeben werden. Von ihrem Erkenntnisgehalt her stehen diese ›Gesetze‹ den heutigen Erkenntnissen jedenfalls in nichts nach.

3.4 Drittes Zwischenfazit: Zum epistemologischen Status der Darstellungstypologie

Drews' Darstellungstypologien *Tatsache*, *Typus* und *Gesetz* wurden nun erörtert. Dabei ist aufgefallen, dass alle diese Termini von Drews nicht klar bestimmt wurden. Zur Klärung des Tatsachenbegriffes wurde Émile Durkheims Konzeption der *soziologischen Tatsachen* herangezogen. Mithilfe dieser Theorie gelang es, den Drews'schen Tatsachenbegriff im Sinne der damaligen Soziologie zu konstruieren und somit theoretisch zu untermauern. *Tatsache* meint also nicht ein unumstößliches Faktum, sondern ist eine Aussage über ein soziales Phänomen.

Ähnlich wurde mit der von Drews geforderten Typenbildung verfahren. Hierbei wurde davon ausgegangen, dass Drews nicht unmittelbar die Idealtypenlehre Webers vor Augen hat, wenn er eine Frömmigkeitstypologie proklamiert. Diese Verknüpfung kann über die Drews Rekonstruktion von Niebergall zwar hergestellt werden, entspricht aber nicht ausdrücklich den Vorstellungen Drews'. Der Typus ist demnach eine Darstellungsform für mehrheitlich auftretende empirische Phänomene.

Zuletzt wurde der Gesetzesbegriff bei Drews traktiert. Dabei wurde festgestellt, dass sich Drews' Vorstellung von Gesetzen des kirchlichen Lebens dem damaligen Wissenschaftsdiskurs verdankt. Der Gesetzesbegriff kann demnach eher als der einer Prognose oder Tendenz zugrunde liegende Regelzusammenhang beschrieben werden.

Tatsache, Typus und Gesetz sind als Verarbeitungskategorien anzusehen und somit nicht selbst als Wissen aufzufassen. Dabei sind sie aber die unverzichtbaren Instrumente, um überhaupt Wissen erzielen zu können. Sie stellen den Versuch dar, im Rahmen der damaligen Möglichkeiten der Gesellschaftswissenschaften, empirisches Wissen in einen sinnvollen Strukturzusammenhang zu bringen. Die Tatsache beschreibt ein Phänomen, durch typische Betrachtungen wird ein beobachteter Sachverhalt als Mehrheitsphänomen herausgestellt, sodass eine Tendenz erkennbar wird und Weisungen für die Zukunft daraus abgeleitet werden können.

Summieren wir die nun errungenen Ergebnisse. Die Betrachtung von Drews' Methodenapparat, der in der heutigen Forschung unter Verdacht steht, streng genommen kein wissenschaftlich-systematischer zu sein, hat ergeben,

---

[569] Ebd.

dass viele methodische Standards bei Drews eher implizit geäußert werden. Nachdem diese textimmanent aufgefunden werden konnten, schloss sich eine Beurteilung dieser im Spiegel der damaligen sozialwissenschaftlichen Möglichkeiten an. Nach eingehender Sichtung der Methoden der zeitgenössischen empirischen Sozialforschung wurde deutlich, dass sich Drews' Methodik durchaus auf der Höhe seiner Zeit bewegte. Drews' kann im weitesten Sinne als Gesinnungsgenosse Göhres, Rades und auch Levensteins eingeordnet werden, deren empirische Innovationen selbst die wissenschaftliche empirische Sozialforschung bereichern konnten. Auf Grundlage dieser Erkenntnisse ist zu dem Schluss zugelangen, dass Drews' Methodik keinesfalls ›naiv‹, sondern im Gegenteil als höchst innovativ und respektabel zu beurteilen ist. Um den epistemologischen Status der Drews'schen Ergebnisse bewerten zu können, wurden seine Darstellungstypologien *Tatsache, Typus* und *Gesetz* abschließend beleuchtet.

Die von Drews verwendeten empirischen Methoden und Verarbeitungstypologien sind in letzter Konsequenz immer seinem hermeneutischen Erkenntnisinteresse verpflichtet und streng auf ihre praktische Verwertbarkeit festgelegt. Nachdem nun Drews' Methodik einer erneuten Beurteilung zugeführt werden konnte, stellt sich anschließend die Frage, wie Drews sein Programm der empirischen Theologie weiter in den wissenschaftlichen Betrieb der Praktischen Theologie integrieren wollte.

VI. Drews' empirische Theologie als Implikat einer Studienreform

Die Forderung nach einer empirischen Arbeitsweise der Praktischen Theologie zieht notwendigerweise weitreichende Konsequenzen nach sich. Wenn die Gegenwartserkenntnis zum Proprium praktisch-theologischen Arbeitens wird, drängt sich unmittelbar die Frage auf, inwiefern diese Forderung mit dem alltäglichen Lehrbetrieb an den Fakultäten abgegolten werden kann. Eine wissensorganisatorische Neuordnung ist dem Eindruck verpflichtet, dass die zukünftigen Akteure eigentlich nicht angemessen ausgebildet würden, weshalb eine generelle Studienreform notwendig wird. Diese Zusammenhänge hat Drews erkannt und mit einem umfangreichen Studienreformprogramm darauf reagiert.

Durch die Untersuchungen der vorherigen Kapitel wurde deutlich, dass Drews' empirische Grundlagen – Religiöse Volkskunde, Religiöse Psychologie und Evangelische Kirchenkunde – ihre Erkenntnisse mittels eines wissenschaftlich fundierten empirischen Methodenapparates gewinnen. Es schließt sich nun die Frage an, wie sich Drews die Überführung dieser empirischen Verfahrensweise in den wissenschaftlichen Lehrbetrieb der damaligen Praktischen Theologie gedacht hat. Welche Hindernisse des bisherigen Lehrbetriebs galt es zu überwinden? Welche konkrete Gestalt sollte das Studium der Praktischen Theologie nun laut Drews annehmen? Über diese Fragen gibt Drews' 1910 erschienene Schrift *Das Problem der praktischen Theologie – Zugleich ein Beitrag zur Reform des theologischen Studiums* Auskunft.[570]

Um die Forschungsfragen, von denen dieses Kapitel geleitet wird, zu schärfen, wird sich eine eingehende Betrachtung der bisher errungenen Einsichten in Hinblick auf Drews' Neukonzeption der Praktischen Theologie als günstig erweisen.

Karl Egers Schrift *Paul Drews' theologische Arbeit* (1917) bietet eine sorgfältige Auseinandersetzung mit Drews' Reformprogramm, wobei seine Darstellung mit seinem eigenen Anliegen zur Sache interferiert, schließlich war Eger

570 Paul Drews, Das Problem der praktischen Theologie. Zugleich ein Beitrag zur Reform des theologischen Studiums, Tübingen 1910.

selbst am zeitgenössischen Diskurs zum wissenschaftlichen Betrieb der Praktischen Theologie aktiv beteiligt.[571]

Eger empfiehlt, für die Betrachtung von Drews' Reformgedanken die Entstehungsbedingungen dieser Schrift nicht auszuklammern. Schließlich speise sich die Schrift aus den persönlichen Erfahrungen Drews' als wissenschaftlicher Forscher *und* akademischer Lehrer, wobei die besonnene Betrachtung des Themas einer temperamentvollen Kritik gewichen sei.[572] Deshalb kommt er zu dem Schluss, dass Drews bei der Formulierung seiner Kritik zu wenig darauf geachtet habe, dass die kritisierten Zustände historisch gewachsen seien und somit erst problematisch wurden, als an den Universitäten im Allgemeinen und an den theologischen Fakultäten im Besonderen ein Paradigmenwechsel längst vollzogen war. Drews habe harsch von der Praktischen Theologie gefordert, dass sie sich der kirchlichen Gegenwart als Objekt ihres Wirkens anzunehmen und sich somit der bisher geltenden Verfahrensweisen zu entledigen habe. Mit dieser Forderung rannte Drews nicht nur ohnehin offen stehende Türen ein, sondern verprellte diejenigen Fachvertreter, die einst der Praktischen Theologie ihre Form gegeben und sie mit wertvollen, für ihre Zeit geltenden wissenschaftlichen Errungenschaften ausgestattet hatten.[573]

Auch Wolfgang Rudolph nimmt in seiner Arbeit zu Drews Bezug auf *Das Problem der praktischen Theologie*. Dabei kontextualisiert er das Wort *Problem* und findet stattdessen den Begriff *Aufgabe* für Drews' Vorhaben zutreffender. Der Praktischen Theologie müsse eine neue Aufgabe zukommen, damit sie die allgemein anerkannte Mangelhaftigkeit ihres Betriebes, welche besonders in der Unzulänglichkeit praktisch-theologischer Methoden zu sehen sei, überwinden könne.[574] Dabei geht Rudolph davon aus »daß wir in diesem Werk von Paul Drews die komplexeste Darstellung aller seiner Gedanken vor uns haben und daß damit die Systembildung im Wesentlichen abgeschloßen ist.«[575]

Auch bei Volker Drehsens *Neuzeitliche Konstitutionsbedingungen der Praktischen Theologie* (1988) wird Drews' Reformprogramm im Kontext der »antispekulativen Wende der Theologie zur geschichtlich-greifbaren Erfahrungs-welt der christlichen Religion«[576] verhandelt. Der Impuls hierzu, so macht Drehsen glaubhaft, wurde bereits mit Albrecht Ritschl und Adolf v. Harnack gesetzt und durch die Schule Ritschls weitergetragen. In diese Tradition bettet Drehsen auch Drews ein, der die antispekulative Grundausrichtung begrüßte und konsequent darin umgesetzt sah, indem sie in einen besonderen

---

571 Karl Eger, Die Vorbildung zum Pfarramt der Volkskirche, Besteht die derzeitige theologisch-wissenschaftliche Vorbildung zum volkskirchlichen Pfarramt grundsätzlich zu Recht und ist sie ausreichend?, Gießen 1907.

572 Vgl. EGER, Paul Drews', 16.

573 Vgl. EGER (1917), a.a.O., 18f.

574 Vgl. RUDOLPH, Paul Drews, 37.

575 RUDOLPH, a.a.O., 43.

576 DREHSEN, Neuzeitliche Konstitutionsbedingungen, Bd. 1, 383.

Aufbau der Praktischen Theologie münden würde. Die Praktische Theologie könne ihre Eigenständigkeit belegen, indem sie sich auf ein eigenes Gebiet, die empirische religiöse Wirklichkeit, bezieht. Drehsen verdeutlicht daraufhin, dass Drews und seine Mitstreiter einen Wechsel des praktisch-theologischen Theorieprogramms forderten. Drews' Kritik am herkömmlichen Betrieb der Praktischen Theologie rührte demnach daher, dass ein alternatives Theoriedesign den Gegenstand der Praktischen Theologie nicht zu deduzieren, sondern induktiv aus der empirischen Wirklichkeit zu gewinnen habe. Indem Drews zuerst die systematische Grundlegung der Praktischen Theologie in Gestalt des Historismus' und Deduktionismus' kritisierte, knüpfte er an einen bereits bestehenden praktisch-theologischen Diskurs an.

Christian Grethlein nimmt *Das Problem der praktischen Theologie* sogar als Ausgangspunkt für seine Abhandlung, die er im Untertitel als *Eine praktisch-theologische Erinnerung an PAUL DREWS* kennzeichnet. Für ihn besitzt Drews' programmatische Schrift auch im Jahre 1994 die Aktualität, praktisch-theologische Theoriebildung in Hinblick auf Fragen und Probleme der Gegenwart zu bereichern. Die von Drews vorgelegte Neukonzeption der Praktischen Theologie, so Grethlein, sei motiviert von Problemen der Studienorganisation und des Pfarrberufs. Die Forderung nach einem konsequenten Gegenwartsbezug der Praktischen Theologie sei in den 1990er Jahren noch nicht abgegolten.[577]

Die Erwähnung der vier Drews'schen Kritikpunkte am herkömmlichen Studienbetrieb ist für die meisten Ausführungen der Sekundärliteratur zentral. Auch findet man hier den Hinweis auf einen damals florierenden Diskurs zur Reform des theologischen Studiums und das Verwobensein desselben mit dem Verwissenschaftlichungsprozess der Praktischen Theologie. Die Kritikpunkte Drews' werden dabei lediglich referiert, aber nicht weiter ausgeführt, sodass der konkrete Gegenstand der Kritik doch recht unklar bleibt. Des Weiteren sind die Beziehungen zwischen Drews' Reformprogramm und der Reformdebatte seiner Zeit noch nicht transparent gemacht worden. Diese Erkenntnisse gilt es zu gewinnen, um einerseits die Bedeutung des Drews'schen Reformprogramms für die praktisch-theologische Fachentwicklung – Stichwort: liberal-theologische Öffnung für Tatsachen[578] – abzuschätzen. Anderseits wird die Untersuchung auch Aussagen über den Status des Reformprogramms als vermeintlich konzeptioneller Abschluss der empirischen Theologie Drews' ermöglichen.

Über den ›richtigen‹ Betrieb der Praktischen Theologie bestand zu Beginn des 20. Jahrhunderts kein genereller Konsens. Stattdessen waren Fragen zur praktisch-theologischen Wissensorganisation und den Bezugswissenschaften der Praktischen Theologie zu einer hitzigen Reformdebatte entbrannt. Vor diesem Hintergrund muss Drews' Reformschrift zunächst betrachtet werden.

---

577 Vgl. Grethlein, Tatsachen, 380.

578 Christian Grethlein/Michael Meyer-Blanck [Hrsg.], Geschichte der Praktischen Theologie, Dargestellt anhand ihrer Klassiker, Leipzig 2000, 24.

Ferner soll das Drews'sche Reformanliegen in ein zuvor erarbeitetes Spektrum praktisch-theologischer Reformansätze eingeordnet werden. Dabei wird sich herausstellen, ob Drews' Reformprogramm lediglich die notwendige Konsequenz seines empirischen Programms ist und demzufolge also auch ohne Anreiz und Anregungen des damaligen Reformdiskurses hätte entstehen können. Wenn dies nicht der Fall ist, wäre es aber auch denkbar, dass es dem ambitionierten akademischen Lehrer Drews ein inneres Bedürfnis war, die im Reformdiskurs feststeckende krisengeplagte Praktische Theologie mit einem eigenen Beitrag zur Sache auf den Boden des gegenwärtigen Lebens zurückzuholen. Abschließend sollen Drews' Ausführungen zur Sache inhaltlich beleuchtet werden, um zu klären, welche wissens- und studienorganisatorischen Veränderungen die Umsetzung einer empirischen Öffnung der Praktischen Theologie hätten bewirken können.

1. Die Diskurslandschaft zur Reform des theologischen Studiums

Drews' Schrift zur Reform des theologischen Studiums kann als Gesamtkomposition seiner empirischen Theologie und als Entwurf einer empirisch ausgerichteten Praktischen Theologie verstanden werden.

Man kann diesen Reformruf Drews' jedoch auch in einen größeren Zusammenhang einordnen. So ist diese Schrift auch eine Momentaufnahme des bewegten Entwicklungsprozesses der Praktischen Theologie, ein Teilstück, welches Aufschluss darüber gibt, wie die einzelnen Zwischenschritte aussahen, die sie durchlaufen musste, um bei ihrer jetzigen Gestalt anzugelangen. Bei der Entwicklung und Darstellung seiner eigenen Ansichten operiert Drews mit diversen Namen und Schriften, die dem Verwissenschaftlichungs- und dem damit verbundenen Modifikationsprozess der Praktischen Theologie vorgearbeitet haben und gibt dabei Einblicke in den vielschichtigen praktisch-theologischen Reformdiskurs seiner Zeit.

Der Ausgangspunkt dieser fluktuierenden Reformdebatte ist dabei die Gestalt der damaligen Praktischen Theologie. Sie soll hier knapp und strikt sachbezogen zur Darstellung gebracht werden. Schließlich evozieren ihr Lehrbetrieb und ihre Maßstäbe der Wissensorganisation ein Nachdenken über die Effektivität der praktisch-theologischen Ausbildung. Zweifel daran wurden bereits 1886 mit Wilhelm Bornemanns Schrift *Die Unzulänglichkeit des theologischen Studiums der Gegenwart*[579] laut. In den Folgejahren wurde die Praktische Theologie von einer regelrechten Welle an Kleinliteratur[580] zu »Ausbau«

[579] Wilhelm Bornemann, Die Unzulänglichkeit des theologischen Studiums, Leipzig 1886.

[580] Drews' Entwurf stellte einen verhältnismäßig materialreichen und langen Beitrag dar. Äußerungen zur Sache sind größtenteils Rektoratsreden, nur ein kleiner Teil wird als Broschüre eigenständig veröffentlicht, vgl. Walter Birnbaum, Theologische Wand-

und »Reform«[581] des theologischen Studiums überrollt. Diese Diskurslandschaft soll anschließend sondiert und in Form eines Ordnungsschemas, welches die verschiedenen Positionen berücksichtigt, veranschaulicht werden.[582] In diesen extrem breiten Reformdiskurs um 1900[583] fügt sich Drews' Reformprogramm ein. In welcher Weise diese Verzahnung gedacht werden kann, gilt es abschließend zu untersuchen.

1.1 Die Ausgangssituation: Die Praktische Theologie des 19. Jahrhunderts

Aus der Geschichte praktisch-theologischer Fachentwicklung heraus wird verständlich, wie die Praktische Theologie beschaffen war, die in ihrer Gestalt als reformbedürftig empfunden wurde und eine Debatte zur Reform des Theologiestudiums auslöste.[584]

---

lungen von Schleiermacher bis Karl Barth. Eine enzyklopädische Studie zur praktischen Theologie, Tübingen 1963, 120f. Diese Beiträge werden hier inhaltlich mit der Intensität zu betrachten sein, wie sie für das Forschungsinteresse verhältnismäßig ist.

581 Birnbaum, a.a.O., 120.

582 Beim Lesen der Drews'schen Reformschrift fällt auf, dass die darin entwickelten Thesen auf besondere Weise geschärft werden. Sie gewinnen Kontur in Abgrenzung von oder Anlehnung an bestimmte praktisch-theologische Positionen oder bauen gar auf älteren Beiträgen zum Diskurs auf. Die Fülle der in diesem Prozess genannten Namen erscheint als diskursives Dickicht, in welches es erste Schneisen zu schlagen gilt. Bei diesen ersten Schneisen muss man es auch bewenden lassen, da die lückenlose Aufarbeitung der praktisch-theologischen Diskurslandschaft des 19. und 20. Jahrhunderts eine bisher unzulänglich erfüllte Forschungsaufgabe darstellt, deren Inangriffnahme den Rahmen dieser Arbeit sprengen würde. Einen guten Anknüpfungspunkt hierfür bietet aber die Textsammlung Krauses, a.a.O. Knappe Ausführungen zur Sache finden sich bei Birnbaum, a.a.O., 120–141. Eckhard Lessing behandelt zwar auch die Theologen, die am Diskurs beteiligt waren. Er tut dies jedoch unter dem Aspekt ihrer theologischen Herkunft, die nicht immer eindeutige Aussagen über ihre Haltung zur Reform der praktischen Theologie ermöglicht, vgl. Eckhard Lessing, Geschichte der deutsch-sprachigen evangelischen Theologie von Albrecht Ritschl bis zur Gegenwart, Bd. 1, 1870–1918, Göttingen 2000, 249–272; 425–446. Leider unterläuft Lessing auch hin und wieder der Fehler von Arthur Drews zu sprechen, obwohl er doch Paul Drews meint, vgl. Lessing, a.a.O., 429.

583 Auf die Lage der florierenden Debatte weisen Martin Schian und Georg Rietschel hin, die ihren Ausführungen zur Sache eine Publikationsliste voranstellen, vgl. Georg Rietschel, Der Betrieb der praktischen Theologie auf der Universität, in: Festschrift zum fünfzigjährigen Stiftungsfest des theologischen Studentenvereins Erlangen, Erlangen 1910, 191–234, 191f. sowie Martin Schian, Das Problem der praktischen Theologie, in: ThR 13, 1910, 329–347, 329.

584 Neben den Ausführungen von Grethlein und Meyer-Blanck (Grethlein/Meyer-Blanck, a.a.O., 5–40) ist auch Dietrich Rösslers Darstellung der Geschichte der praktischen Theologie zu nennen, vgl. Dietrich Rössler, Grundriß der Praktischen Theologie, Berlin/New York 1994², hier 41–52. Weiterführende Literaturhinweise zur Forschungsliteratur der Geschichte der praktischen Theologie sowie eine Einschätzung der jeweiligen Beiträge bis 1972 bietet Rössler auf Seite 41. Eine umfangreiche Darstellung der Geschichte der evangelischen Theologie findet sich auch bei Horst Ste-

Christian Grethlein und Michael Meyer-Blanck verwenden für ihre Ausführungen zur Wissenschaftsgeschichte der Praktischen Theologie ein dreigliedriges Phasenmodell, um die Fachentwicklung zu beschreiben.[585] Die erste Phase ist geprägt durch die Herausbildung der wissenschaftlichen Praktischen Theologie aus der Pastoraltheologie zu Beginn des 19. Jahrhunderts. Die allgemeine Hochschätzung systematisch-philosophischer und historischer Disziplinen bestimmt den Wissenschaftsbetrieb des beginnenden 19. Jahrhunderts. Die Praktische Theologie wird in ihrem Bedürfnis nach wissenschaftlicher Etablierung von dieser allgemeinen Strömung unterstützt. Mit Schleiermacher, Marheineke und Nitzsch wird eine historische und systematische Ausrichtung der Praktischen Theologie personell vertreten.

Zu Beginn der zweiten Phase, die Mitte des 19. Jahrhunderts einsetzt, ist die Praktische Theologie in den meisten Fakultäten an den deutschen Universitäten vertreten. Nachdem die wissenschaftliche Eigenständigkeit der Praktischen Theologie also mehrheitlich und wirksam eingefordert werden kann, geraten weitere Interessen in den Fokus der praktischen Theologen.

Der Auslöser für einen wissenschaftsorganisatorischen Transformationsprozess ist das spannungsreiche Verhältnis von Kirche und Moderne, wobei die Kirche ihren bisherigen gesellschaftlichen Geltungsanspruch einbüßt. Die Praktische Theologie reagiert auf diese veränderten gesellschaftlichen Bedingungen und den daraus erwachsenen Herausforderungen mit einer umfassenden Professionalisierung ihres Faches. Indem die moderne Gesellschaft zunehmend auch ohne kirchliche Bezugnahme auszukommen scheint, wird die Ausbildung geschulten kirchlichen Personals von den staatlichen Kirchenregierungen als besonders dringlich empfunden. Das Ergebnis ist der Ausbau von Predigerseminaren und Lehrvikariat.[586]

Die Akteure der ersten Phase vertreten weiterhin ihr Anliegen, die Praktische Theologie wissenschaftlich zu fundieren und machen hierfür reichlich Anleihen bei ihrer Heimatdisziplin, der systematischen Theologie. Die neue Generation praktischer Theologen vertritt nun ausschließlich den Fachbereich der Praktischen Theologie. Diese Ausdifferenzierung findet ihren Ausdruck in einer Fülle praktisch-theologischer Arbeiten, hiervon zeugen insbesondere

---

PHAN/MARTIN SCHMIDT, Geschichte der deutschen evangelischen Theologie seit dem deutschen Idealismus, von Martin Schmidt, Berlin²1960, 202–315. Über die praktisch-theologische Wende zur Lebenswelt informiert auch DREHSEN, a.a.O., Bd. 1, 382–447. Im Rahmen seiner Forschungsgeschichte der Theologie behandelt Lessing auch eigens die praktisch Theologie, vgl. LESSING, a.a.O., 248–272. In pointierter Weise und unter Berücksichtigung des zeitgeschichtlichen Hintergrunds zeichnet auch Christian Grethlein in seiner Praktischen Theologie die Fachentwicklung nach, vgl. GRETHLEIN, Praktische Theologie, 22–48.

585 Zum Phasenmodell der praktischen Theologie, vgl. GRETHLEIN/MEYER-BLANCK, a.a.O., 5–14.

586 Vgl. RÖSSLER, 41–46.

drei mehrbändige Lehrbücher[587] sowie die 1879 gegründete *Zeitschrift für Praktische Theologie.* Materialreiche Arbeiten von Zezschwitz, Achelis und Krauss folgen.[588] Inhaltlich ähneln sich diese Lehrbücher stark, da normative Darstellungen der Kirchentheorie und umfangreiche historische Betrachtungen darin viel Raum einnehmen. Hinsichtlich dieser Lehrbücher und ihrer ausgeprägten Neigung zum Historisieren kommen Grethlein und Meyer-Blanck zu folgendem Urteil:

> »Für an der Geschichte praktisch-theologisch relevanter Handlungsfelder Interessierte stellen diese Bände bis heute eine Fundgrube dar. Demgegenüber ist der Ertrag für das Verständnis des Faches gering. [...] Die Konzentration auf ein normatives Kirchenverständnis als Maßstab und die Anhäufung historischen Stoffs führen nach einigen Jahrzehnten zu einer tiefen Krise Praktischer Theologie, die eine neue Selbstbesinnung, konkret die Hinwendung zu den ›Thatsachen‹ (in der dritten Phase) erzwingt.«[589]

Die dritte Phase, die von Grethlein und Meyer-Blanck mit den Worten *Liberaltheologische Öffnung der Praktischen Theologie für Tatsachen* überschrieben wird, setzt mit dem Anfang des 20. Jahrhunderts ein. Baumgarten, Drews und Niebergall können als Vertreter dieser liberalen Phase genannt werden, was im Folgenden noch thematisiert werden wird.

Bilanzieren wir. Die noch recht junge Disziplin befindet sich, in einem kaum auszuhaltenden Spannungsverhältnis. Einerseits empfindet sie es als Pflicht, ihre Wissenschaftlichkeit permanent auszuweisen, andererseits sollte sie aber ihre Aufgaben von der stetig im Wandel begriffenen modernen Kultur im Angesicht wachsender Entkirchlichung empfangen. Diese Konstitution der Praktischen Theologie wird durch einen neuen Impetus, der von der Schrift Wilhelm Bornemanns (1858–1846) auszugehen scheint, in Frage gestellt. Ein Aufschrei, der Theologen der unterschiedlichsten Richtungen dazu ermutigt, den herkömmlichen Betrieb der Praktischen Theologie zu überdenken.

1.2 Wilhelm Bornemann und die Reform des theologischen Studiums

Der spätere Professor der Kirchengeschichte und Praktischen Theologie Wilhelm Bornemann (1858–1946) wurde in Lüneburg geboren. Durch sein Theologiestudium und die Teilnahme am kirchengeschichtlichen Kreis von Adolf Harnack in Leipzig lernten sich Drews und Bornemann kennen. Zudem war

---

[587] Wilhelm Otto, Evangelische Praktische Theologie, 2 Bde., Gotha 1869/1870; Theodosius v. Harnack, Praktische Theologie, 2 Bde., Erlangen 1877/1878 und Johannes Jacobus van Oosterzee, Praktische Theologie, 2 Bde, Heilbronn 1878/1879. Peter Bloth beschreibt diese Phase der praktischen Theologie als »Die Zeit der großen Lehrbücher«, Peter C. Bloth, Praktische Theologie, Stuttgart 1994, 48.

[588] Carl Adolf Gerhard v. Zezschwitz, System der Praktischen Theologie. Paragraphen für academische Vorlesungen, Leipzig 1876; Ernst Christian Achelis, Praktische Theologie, 2 Bde., Freiburg 1890/1891 und Alfred Krauss, Lehrbuch der Praktischen Theologie, 2 Bde., Freiburg/Leipzig 1890/1893.

[589] Grethlein/Meyer-Blanck, a.a.O., 17.

Bornemann an der Gründung der *Christlichen Welt* beteiligt.[590] Seine Schrift *Die Unzulänglichkeit des theologischen Studiums der Gegenwart* (1886) hat seinerzeit einen Nerv getroffen und ist damit zum Meilenstein ganz neuer praktisch-theologischer Reformkonzepte avanciert. Die Inhalte dieser Schrift sollen im Folgenden betrachtet werden, damit deutlich wird, welche Anknüpfungspunkte für spätere Reformentwürfe bereits gegeben waren.

Bornemann setzt bei seinen Ausführungen zum Pfarrstand an. Zunächst erörtert er die gängige Polemik, die viele Pastoren berechtigter- und unberechtigterweise betrifft. Hinter den Klagen über den Mangel an moralischer Integrität der Pastoren, ihrem zu starken politischem Engagement, Klagen über Predigten, die zu dogmatisch, zu biblizistisch oder gar als weichgespülte »Damenpredigten«[591] empfunden werden – um nur einige Beispiele zu nennen – erkennt Bornemann ein grundsätzliches Problem: »Als die Hauptschwäche ist die Unklarheit und Unsicherheit gegenüber den mannigfaltigen Formen, Fragen und Aufgaben der modernen Kultur bezeichnet.«[592] Diesen Mangel, der sich in der Praxis zu Ungunsten und zum Teil auch unrechtmäßig auf das Ansehen des Pfarrstandes auswirke, adressiert Bornemann an die Stelle der pfarramtlichen Ausbildung, nämlich die Theologie im Allgemeinen und die praktische im Besonderen. Bevor er zuletzt bei der Praktischen Theologie angelangt, kennzeichnet er die Lapsus aller anderen theologischen Disziplinen. Der Fachbereich des Alten und Neuen Testaments vermag es seines Erachtens nicht, die historisch-kritisch gewonnenen Erkenntnisse für das Pfarramt in Form der praktischen Exegese fruchtbar zu machen.[593]

Eine ähnlich gelagerte Kritik trifft auch die Kirchengeschichte. Die Kenntnis der Geschichte hat für Bornemann den Wert, dass sie zum gegenwärtigen und zukünftigen Handeln und Urteilen anleiten kann. Dabei sollte die Hauptaufgabe der Kirchengeschichte darin bestehen – stärker als es bisher der Fall war – Hilfreiches von Nebensächlichem zu scheiden. Eine Schwerpunktverlagerung hin zur Kultur- und Sittengeschichte ist für Bornemann erstrebenswert.[594]

Den Fachbereich der Dogmatik überzieht Bornemann ebenfalls mit Kritik, wie aus folgender Äußerung hervorgeht: »Es ist aber leider Thatsache, daß heutzutage von den meisten Theologen die dogmatischen Resultate überschätzt werden, die dogmatische Arbeit hingegen unterschätzt wird.«[595] Das Adaptieren von dogmatischen Urteilen würde dazu führen, dass eine eigentliche dogmatische Herangehensweise, die das Abwägen, Bezweifeln und Hinterfragen beinhaltet, obsolet werde und noch dazu verteufelt werden müsste. Als

---

590 Vgl. FRIEDRICH WILHELM BAUTZ, Art. Wilhelm Bornemann, in: Biographisch-Bibliographisches Kirchenlexikon 1 (1990), 704.

591 BORNEMANN, a.a.O., 12.

592 BORNEMANN, a.a.O., 22.

593 Vgl. BORNEMANN, a.a.O., 61–68.

594 Vgl. BORNEMANN, a.a.O., 73–75.

595 BORNEMANN, a.a.O., 80.

Ergebnis dessen kann es gesehen werden, dass innerhalb der Dogmatik nur herkömmliche Lehrmeinungen tradiert wurden, diese Resultate aber keinen Aufschluss über gegenwärtige dogmatische Problemlagen lieferten.[596]

Wenn die Hauptaufgabe des Theologiestudiums die Ausbildung zukünftiger Pfarrer ist, dann erhält die Praktische Theologie innerhalb des Fächerkanons die höchste Wertigkeit. Ihre konkrete Aufgabe besteht darin, die gewonnenen Erkenntnisse der anderen Fächer für die pfarramtliche Tätigkeit aufzuarbeiten. So die Theorie, die Praxis stellt sich für Bornemann anders dar: Die Studierenden schätzten die Praktische Theologie gering und glaubten, ihr pfarramtliches Handeln spätestens in der konkreten Berufspraxis zu erlernen. »Die praktische Theologie ist zur unpraktischen Theologie geworden.«[597] Zu diesem Urteil gelangt Bornemann und sieht die Ursache hierfür darin, dass sich die Praktische Theologie zu sehr »mit nutzlosem Schematisieren und Systematisieren und sehr zweifelhaftem Definieren und Disponieren«[598] aufhalte. Neben der Kritik an unzweckmäßigen Systematisierungen erkennt aber auch Bornemann an, dass die Praktische Theologie zwischen Universität und Pfarramt vermitteln müsse. Diese Aufgabe müsse sie stärker wahrnehmen, damit die universitäre Bildung nicht in den Gegensatz zur pfarramtlichen Tätigkeit trete.[599] Um dieses überhaupt leisten zu können, muss die Praktische Theologie

> »die konkreten Züge aus der Arbeit der christlichen Kirche an der modernen Menschheit und Kultur, die praktischen und erprobten Mittel des Kampfes und der Arbeit, die faktischen Zustände, Gefahren, Schwächen, Vorzüge und Laster unsers Volkes [müßte sie] darstellen. Das Volksleben, wie es wirklich ist, müßte sie schildern und verstehen lehren und aus diesen gegebenen Verhältnissen heraus das Pfarramt mit seinen vielseitigen Aufgaben.«[600]

Summieren wir. Die allgemein empfundene Mangelhaftigkeit pastoraler Tätigkeit resultiert aus den Problemen, die das Theologiestudium mit sich bringt.[601] Das Primat der »unpraktischen praktischen Theologie«[602] liegt beim Vermitteln von Wissenschaftlichkeit garantierenden Auffassungen. Den als dringend notwendig empfundenen Gegenwartsbezug bleibt die Praktische Theologie ihren Studierenden dabei schuldig. Indem Bornemann dieses Metaproblem der Praktischen Theologie klar benennt, gibt er den Auftakt zum eigentlichen Reformdiskurs des theologischen Studiums, der die verschiedenen theologischen Richtungen zu ganz unterschiedlichen Reformvorschlägen motiviert.

---

596 Vgl. Bornemann, a.a.O., 79–83.
597 Bornemann, a.a.O., 85.
598 Ebd.
599 Vgl. Bornemann, a.a.O., 87.
600 Bornemann, a.a.O., 89.
601 Diese Auffassung teilt Bornemann mit Drews, vgl. Kap. III, 57–61.
602 Bornemann, a.a.O., 85.

Um diesen Diskurs überhaupt überblicken zu können, soll im Folgenden eine Übersicht der Positionen entworfen werden. Das Spektrum an Haltungen zur Studienreform kann dabei grob in drei Gruppen eingeteilt werden: *Neo-Systematiker, Pragmatiker* und *Empiriker.*

1.3 Die Neo-Systematiker

In der Fluchtlinie der ›etablierten‹ Konzepte der Praktischen Theologie agierte die Gruppe der *Neo-Systematiker*. Auch ihnen gab Bornemanns Schrift Anlass dazu, die Praktische Theologie neu zu konzipieren. Das darin verhandelte Problem, dass die Praktische Theologie von Schleiermacher als Krone der Theologie gesehen wurde, ihr gegenwärtiges Ansehen dieser exponierten Stellung aber nicht entspricht, evozierte bei ihnen Handlungsbedarf. Ihr Reformanliegen zeigt sich in neuen Entwürfen einer als System aufgefassten Praktischen Theologie.

Schon im Titel der Schriften, in denen sich diese Position ausdrückt, so beispielsweise in Eduard Simons Schrift *Das System der praktischen Theologie und die innere Mission* (1894)[603] oder Martin v. Nathusius' Beitrag *Der Ausbau der praktischen Theologie zur systematischen Wissenschaft - Ein Beitrag zur Reform des theologischen Studiums* (1899)[604] wird deutlich, dass sie geleitet ist von der Annahme, dass eine stimmige Systematisierung der Praktischen Theologie dieser Disziplin noch nicht entwickelt ist.[605]

Simons knüpft direkt an Bornemann und dessen Systematisierungskritik an. Gegen die Behauptung Bornemanns, dass die Praktische Theologie glaube, Systematisierung zu brauchen, damit sie ihren wissenschaftlichen Charakter legitimieren könne, erhebt Simons vehement Einspruch. Der Beweis für ihre Wissenschaftlichkeit sei bereits durch Schleiermacher und Nitzsch erbracht worden. Maßvolle Systematisierungen hätten laut Simons den Zweck, den Status der Praktischen Theologie als eigenständiges Wissensgebiet gegenüber den anderen Disziplinen weiterhin zu gewährleisten.[606] Dennoch sei das gegenwärtige System der Praktischen Theologie noch nicht vollkommen, da darin das wirkliche Leben keine Berücksichtigung fände. Deshalb konnte die Praktische Theologie zu dem damaligen Zeitpunkt nicht angemessen auf die veränderten Vorzeichen der modernen Kultur reagieren, mit dem Ergebnis, dass die Kirche die Fühlung zum wirklichen Leben und den Nöten der Menschen kontinuierlich verlor.

---

603 Eduard Simons, Das System der praktischen Theologie und die Innere Mission, in: ZprTh 16, 1894, 112–124.

604 Martin v. Nathusius, Der Ausbau der praktischen Theologie zur systematischen Wissenschaft, Ein Beitrag zur Reform des theologischen Studiums, Leipzig 1899.

605 Derartige Vorschläge für ein System der praktischen Theologie liefert nach Ansicht Drews' auch Carl Clemen, der dieser Gruppe der *Neo-Systematiker* zuzuordnen ist, vgl. Carl Clemen, Zur Reform der praktischen Theologie, Gießen 1907.

606 Vgl. Simons, a.a.O., 112f.

Diese von der Theologie evozierte und kirchlich zu verantwortende Leerstelle habe die Innere Mission mit ihren Hilfsangeboten ausgefüllt. Simons hielt es deshalb für unverzichtbar, die Innere Mission in sein System der Praktischen Theologie zu inhärieren.[607]

In Hinblick auf die Wissenschaftstheorie des Faches argumentiert Martin von Nathusius ganz anders: Die Praktische Theologie sei eine Wissenschaft, da sie sich durch einen systematischen Charakter auszeichnet. Sie sei die Theorie zur Praxis[608] und könne ihrer Aufgabe nur nicht gerecht werden, da das adäquate System der Praktischen Theologie noch nicht entwickelt worden wäre.[609]

Bilanzieren wir. Diverse neuere Reformvorschläge, die die Praktische Theologie als ein System auffassen wollten, sind auch ein Beleg dafür, dass die bereits bei Bornemann verhandelte Systematisierungskritik keinesfalls antiquiert zu sein schien. Auch wenn plurale Zugangsweisen zum Betrieb der Praktischen Theologie zur Verfügung standen, wurde von Systematisierungen und Deduktion durchaus noch Gebrauch gemacht. Das Neuartige daran ist die sich zunehmend anbahnende kulturtheologische Öffnung. Dabei glaubte man, die Systematisierungskritik sei nur aufgekommen, da ein geeignetes, die Empirie berücksichtigendes System noch nicht entwickelt worden sei.

Mit dieser Haltung treten die Neo-Systematiker in den direkten Gegensatz zu der zweiten Gruppe, die hier als *Pragmatiker* bezeichnet werden sollen.

1.4 Die Pragmatiker

Während die *Neo-Systematiker* den einen Pol des praktisch-theologischen Reformspektrums ausmachen, kennzeichnet die Position der *Pragmatiker* den Gegenpol. Das konstitutive Moment der Position der *Pragmatiker* ist darin zu sehen, dass der Betrieb der Praktischen Theologie strikt auf ihre praktische Nutzbarmachung ausgerichtet ist. Personell wird diese Position von Gustav Mix[610] und Walter Frühauf[611] vertreten. Mix geht in seinem Alarmruf ähnlich wie Bornemann, auf den er auch positiv Bezug nimmt, davon aus, dass junge Geistliche auf ihr späteres Amt durch das Theologiestudium unzulänglich vorbreitet würden. Obwohl zukünftige Pfarrer mit einer soliden theologischen Bildung betraut seien, wäre ihnen das Leben der Menschen ihrer Gemeinden doch grundsätzlich fremd. Daraus erwachsen Forderungen, die Mix an die Praktische Theologie adressiert: Das Theologiestudium müsse, indem es strikt einem pragmatischen Nützlichkeitsprinzip verpflichtet ist, notwendigerweise

---

607 Vgl. SIMONS, a.a.O., 112–124.

608 Hier bringt v. Nathusius Schleiermachers These zur praktischen Theologie, vgl. FRIEDRICH DANIEL ERNST SCHLEIERMACHER; DIRK SCHMID [Hrsg.], Kurze Darstellung des theologischen Studiums zum Behuf einleitender Vorlesungen (1811/1830), Berlin/New York 2002, §258, 231.

609 Vgl. v. NATHUSIUS, a.a.O., 3–13.

610 GUSTAV MIX, Zur Reform des theologischen Studiums. Ein Alarmruf, München 1908.

611 WALTER FRÜHAUF, Praktische Theologie!, Dresden 1906.

auch praxisnäher konzipiert werden. Neben ein gründliches Bibelstudium und systematische Ausführungen zum Seelenleben tritt bei Mix deshalb die Kenntnis der Gegenwart – Stichwort: Volks-, Landes- und Kirchenkunde. Dabei habe Empirie immer den Stellenwert, sie sodann pastoraltheologisch nutzbar zu machen. Kenntnisse über das Seelenleben eines Menschen dienten demzufolge der Entwicklung einer Arbeitstechnik, mittels derer man aktiv und effizient auf die religiöse Entwicklung Einfluss nehmen kann. Das Medizinstudium dient Mix dabei als Vorbild, da hier zunächst Anatomie und Physiologie gelehrt werden, damit diese Kenntnisse in dem sich anschließenden Praxisteil fruchtbar gemacht werden können.[612]

Mit seinen Äußerungen zum Betrieb der Praktischen Theologie kann Mix in unmittelbare Nähe zu Walter Frühauf gerückt werden. Auch Frühauf spricht sich, getrieben von dem Bedürfnis, den Mangel an Kenntnis vom Leben der Menschen zu beheben, für eine pragmatische Nutzbarmachung der Praktischen Theologie für die pfarramtliche Tätigkeit aus.[613]

Für die Neosystematiker wäre eine rein pragmatische Ausrichtung der Praktischen Theologie die traurige Gewissheit, dass ihre Befürchtung, Bornemann hätte den Anstoß dazu gegeben, die Praktische Theologie zu einer »Anweisung für den Geschäftsbetrieb der Pastoren«[614] zu degradieren, wahr geworden wäre.

Die dritte Position des Spektrums wird von der Gruppe der Empiriker ausgefüllt, die sich zwischen diesen beiden Polen einordnen lässt.

1.5 Die Empiriker

Den *Empirikern* ist gemein, dass sie einen empirischen Zuschnitt der Praktischen Theologie für unverzichtbar halten. In Abgrenzung zu den *Pragmatikern*, die der Empirie auch einen erheblichen Stellenwert beimessen, wird hier auf den wissenschaftlichen Status der Praktischen Theologie verwiesen. Empirie kann nicht losgelöst von geschichtlicher oder dogmatischer Fundamentierung betrieben werden, da sonst der Tatbestand des Empirismus vorliegt. Anderenfalls, hierin liegt die Abgrenzung von den *Neo-Systematikern*, müssen Geschichte und Dogmatik immer an die Empirie rückgebunden werden.[615] Vertreter dieser Bewegung sind Martin Rade, Fridrich Uhlhorn und Friedrich Niebergall, um hier nur einige zu nennen.

---

612 Vgl. Mix, a.a.O., 15.

613 Vgl. Frühauf, a.a.O., 1–13.

614 Simons, a.a.O., 113.

615 Vgl. Heinrich von Bassermann, Die praktische Theologie als eine selbstständige, wissenschaftliche, theologische Disziplin, Beiträge zur praktischen Theologie, Gesammelte Aufsätze und Vorträge, Leipzig 1896, 15–36 Wiederabdruck in: Gerhard Krause (Hrsg.), Praktische Theologie, Texte zum Werden und Selbstverständnis der praktischen Disziplin der evangelischen Theologie, Darmstadt 1972, 173–199, 195.

Ein eigenes Reformprogramm mit dem Titel *Zur Frage nach dem richtigen Betriebe der praktischen Theologie*[616] hat Martin Rade bereits 1895 vorgelegt. Auf das von Bornemann eingeführte Motiv des »doppelten Angesichts« der Praktischen Theologie kommt auch Rade zu sprechen. Die Praktische Theologie habe wissenschaftlich und zugleich praktisch zu sein[617], ein Umstand, der Chancen und Schwierigkeiten mit sich bringe.[618] Obwohl die Praktische Theologie von Schleiermacher und Nitzsch an die Spitze des theologischen Studiums gerückt wurde, konstatiert Rade auf der Grundlage seiner eigenen Erfahrungen als Student, dass die Praktische Theologie landläufig als unnütze Disziplin wahrgenommen werde. Als Grund dafür kann nach Rade die starke systematische Ausrichtung des Faches gesehen werden. Für Rade ist aber der Gesichtspunkt leitend, dass die Studierenden zunächst ihr Arbeitsfeld kennen müssen, um dann über ihr Amt belehrt werden zu können. Die Praktische Theologie müsse also die konkrete Wirklichkeit »aus eigener oder fremder Erfahrung« durch »beschreibende Arbeit«[619] gewinnen und sie in geordneter Form ihren Studenten zur Verfügung stellen.

Einen ähnlichen Tenor schlägt auch der Kirchenhistoriker Friedrich Uhlhorn (1860–1937) an, dessen Abhandlung mit dem Titel *Die wissenschaftliche Behandlung und Darstellung der praktischen Theologie* von 1898 auch in diesen Zusammenhang gehört.[620] Hierin spricht sich Uhlhorn vehement gegen eine Auffassung der Praktischen Theologie als System aus. Im Zuge dessen verhandelt er diverse Arbeiten zum Aufbau der Praktischen Theologie, beispielsweise die von Achelis, v. Zezschwitz und v. Nathusius. Diese Betrachtungen lassen Uhlhorn bei folgender Aussage ankommen:

> »Ziehen wir das Ergebnis aus dem Gesagten, so kommen wir zum Aufgeben aller Systematik. Man wird vielmehr den objektiven Verhältnissen nachgehen müssen, die einzelnen Thätigkeiten der Kirche historisch und nach den Grundsätzen der

---

616 MARTIN RADE, Zur Frage nach dem richtigen Betriebe der praktischen Theologie, in ZPrTh 17, 1895, 351–356; Ders., Thesen und Antithesen, in: ZThK 17, 1907, 67–69 sowie Ders., Thesen und Antithesen, Reform des theologischen Studiums?, in: ZThK 19, 1909, 76–80.

617 Otto Baumgarten hat sich in besonderer Weise dem Problem des Doppelcharakters der praktischen Theologie schon angenommen, Otto Baumgarten, Predigt-Probleme, Hauptfragen der heutigen Evangeliumsverkündigung, Tübingen 1905. Seine Abhandlung richtet sich ausschließlich an junge Geistliche. Aus dem Vorwort seines 1903 erschienenen religionspädagogischen Buches *Neue Bahnen* geht hervor, dass sich Baumgarten »besonders Lehrer und Lehrerinnen an Volksschulen und Lehrerseminaren wünsche« und nicht nur akademische Leser ansprechen wolle, Ders., Neue Bahnen, Der Unterricht in der christlichen Religion im Geiste der modernen Theologie, Tübingen 1903, Vorwort.

618 Vgl. RADE (1895), a.a.O., 351.

619 RADE (1895), a.a.O., 354.

620 FRIEDRICH UHLHORN, Die wissenschaftliche Behandlung und Darstellung der praktischen Theologie, in: ZprTh 20, 1898, 39–66.

evangelischen Kirche bearbeiten und darstellen und es ihrer jedesmaligen Natur überlassen müssen, welchen Zusammenhang sie aus sich erzeugen.«[621]

Niebergall trägt seinen Reformruf zur Sache als Antrittsvorlesung in Heidelberg 1903 vor.[622] Hierin bietet er einen Aufbau der Praktischen Theologie. Geschichte, Religiöse Volkskunde und Psychologie bilden dabei die Grundlagen, welche durch geschichtliche und prinzipielle Ausführungen ergänzt werden.[623] Bei der Religiösen Volkskunde beruft sich Niebergall ausdrücklich auf Drews, »[w]eil jeder, der Menschen beeinflussen will, sie in ihrer Natur verstehen muss.«[624] Die Religiöse Volkskunde sei dabei der Ort für anthropologische, ethnologische und psychologische Betrachtungen. Den Aufgabenbereich der Homiletik, Katechetik, Gemeindearbeit und Liturgik steckt Niebergall anschließend ab. Auch sie hätten den gegenwärtigen Menschen als Referenzpunkt ihres Wirkens in den Blick zu nehmen.[625]

Das Reformanliegen der Position der Empiriker wird mit Drews, der als *spiritus rector* dieser Gruppe angesehen werden kann, noch einmal in aller Deutlichkeit ausgesprochen. Inwiefern sich Drews' empirisches Programm mit den allgemeinen Kritikpunkten der Gruppe der *Empiriker* verschränkt, und worin ein Allgemeinstellungsmerkmal des Drews'schen Reformentwurfes zu sehen ist, wird eine eingehende Betrachtung des Programms zeigen.

2. Das Problem der Praktischen Theologie

Spätestens mit dem Erscheinen der ersten Kirchenkunde Sachsens 1902 ist Drews' empirisches Programm in seiner konkreten Gestalt konturiert. Die Erfolgsgeschichte der Evangelischen Kirchenkunde nimmt ihren Lauf.[626] Dabei

---

621 Uhlhorn, a.a.O., 66.

622 Friedrich Niebergall, Die wissenschaftlichen Grundlagen der praktischen Theologie, in: MkiPr 3, 1903, 268–281.

623 Vgl. Niebergall (1903), a.a.O., 269.

624 Niebergall (1903), a.a.O., 272.

625 Vgl. Niebergall (1903), a.a.O., 276–280.

626 Drews' Kirchenkunde Sachsens zieht zahlreiche weitere Bände zur Kirchenkunde der verschiedenen Landeskirchen Deutschlands nach sich, vgl. Martin Schian, Das kirchliche Leben der evangelischen Kirche der Provinz Schlesien, Tübingen 1903; Paul Glaue, Das kirchliche Leben der evangelischen Kirchen in Thüringen, Tübingen 1910; Hermann Beck, Das kirchliche Leben der evangelisch-lutherischen Kirche in Bayern, Tübingen 1909; A. Ludwig, Das kirchliche Leben der evangelisch-protestantischen Kirche des Großherzogtums Baden, Tübingen 1907. Es folgen weitere Veröffentlichungen zur Sache, vgl. Ernst Rolffs, Das kirchliche Leben der evangelischen Kirchen in Niedersachsen, Tübingen 1917 sowie Paul Wurster, Das kirchliche Leben der evangelischen Landeskirche in Württemberg, Tübingen 1919. Kirchenkundliche Betrachtungen werden aber auch über die Grenzen Deutschlands hinaus betrieben, vgl. hierzu Carl Stuckert, Die reformierte Schweiz, Gießen 1910; Marcus Gjessing, Norwegische Kirchenkunde, Gießen 1911; Otto Dibelius, Das kirchliche Leben Schottlands, Gießen 1911; Edvard Rodhe, Schwedische Kirchenkunde, Gießen

war die Forderung, dass Religiöse Volkskunde, Religiöse Psychologie und Evangelische Kirchenkunde in den Fachbereich der Praktischen Theologie zu inhärieren seien, bereits mit Drews' ersten konzeptionellen Äußerungen zur Sache ausgesprochen worden.[627] Mit dem Erscheinen der Drews'schen Reformschrift steht jedoch fest, dass diese Forderung bis 1910 keine für Drews zufriedenstellende Berücksichtigung fand.

Neben dem Wunsch, sein empirisches Programm in den Lehrbetrieb der Praktischen Theologie zu überführen, gibt die scheinbar missliche Lage der Theologiestudierenden dem ambitionierten Hochschullehrer Drews weiteren Anlass dazu, tätig zu werden. Seine Ausführungen über den theologischen Lehrbetrieb eröffnet Drews nämlich mit der Feststellung, dass die Belastung der Studierenden mit den Jahren unverhältnismäßig angewachsen sei.[628] Diesen Effekt wertet er als Ergebnis einer ungünstigen Wissensorganisation an den theologischen Fakultäten. Deshalb richteten viele Studierende, so die Wahrnehmung Drews', ihr Studium voll und ganz auf das Examen aus, wobei ihr eigenes wissenschaftliches Interesse und die Fähigkeit wissenschaftlich fundiert zu urteilen auf der Strecke blieben. Hinzutritt, dass das Vermitteln von Arbeitstechniken im Sinne von ›Ausbildung statt Studium‹ allgemein Konjunktur habe[629], ein Prozess, den Drews als *Amerikanisierung* wahrnimmt.[630] Dieses »Studenten- und Examenselend«[631] ist in den Augen Drews' darauf zurückzuführen, dass das theologische Studium in seiner augenblicklichen Form nicht konsequent genug auf das Gegenwärtige zugespitzt sei und sich stattdessen unzumutbar in der Fülle seiner Wissensbestände verliere. Daraus ergibt sich die Forderung, dass das theologische Curriculum eingekürzt werden müsse. Dass sich dabei vor allem die Fachbereiche des Alten Testaments und der Kirchengeschichte zurücknehmen sollen, ist dem Umstand geschuldet, dass in diesen Fächern der vorgesehene Umfang für Drews

---

1913. Angekündigt sind Arbeiten von KRAMER zu England, MÜLLER über Österreich, LACHENMANN zu Frankreich und SCHMIDT über Holland. Diese Arbeiten sind jedoch im Rahmen der anderen Bände zur *Kirchenkunde des evangelischen Auslands* wahrscheinlich nicht realisiert worden. Trotz der intensiven Recherche fanden sich keine weiteren Hinweise auf die Publikation dieser Kirchenkunden.

[627] Vgl. PAUL DREWS, Dogmatik oder religiöse Psychologie?, in: ZThK 8, 1898, 134–151, hier 145.

[628] Drews beklagt hierbei eine Studiendauer von neun Semestern und macht mit einer kurzen Statistik anschaulich, wie das Studium der Theologie in den letzten Jahren angewachsen ist, vgl. DPT, 2f.

[629] Dem entspricht die Position Mix' und Frühaufs, die im Rahmen des Ordnungsschemas als Pragmatiker aufgeführt wurden, vgl. Kapitel VI, 182f.

[630] »Es ist banausisch, den theologischen Bildungsfächern stets mit der Frage gegenüberzutreten: was habe ich davon für die und in der Praxis? Es ist banausisch, das praktische Nützlichkeitsprinzip und Bedürfnis zum obersten Grundsatz der Theologie zu machen. Wollten wir dem nachgeben, so würden wir uns selbst aufgeben als Wissenschaft, und wir würden unserer wahrlich schon genug geschlagenen Kirche einen neuen, vielleicht tödlichen Schlag versetzen«, DPT, 6.

[631] DPT, 4f.

in einem ungünstigen Verhältnis zu ihrer tatsächlichen Gegenwartsbedeutung steht. Jede theologische Disziplin müsse sich befragen lassen, inwiefern sie ihren Beitrag zur Erkenntnis des Gegenwärtigen leiste und sich dahingehend ausrichten. Welche Rolle zukünftig das Erlernen des Hebräischen spielen soll, lässt Drews, um die Problematik einer eventuellen Streichung wissend, bewusst außer Acht. Die leitende Maxime ist somit für den Lehrbetrieb an den theologischen Fakultäten ausgesprochen: »Aber nicht töricht ist es, von dem theologischen Studium zu verlangen, daß es sich auf das *Gegenwärtige* zuspitzt. Nicht das unmittelbar Praktische, aber das *Gegenwärtige* soll unser theologischer Lehrbetrieb fest und bestimmt ins Auge fassen.«[632]

Der Weg hin zu einer empirisch ausgerichteten Praktischen Theologie ist aber scheinbar verstellt. Die methodischen und inhaltlichen Mechanismen der Wissensorganisation, die der empirischen Öffnung der Praktischen Theologie entgegenstehen, sind seit Bornemanns Ausführungen zur Sache bekannt. Drews nimmt sie jedoch noch einmal in Form von vier Hauptkritikpunkten auf, um sein Reformanliegen zu verdeutlichen:

> »Dies also, so scheint mir, das Systematisieren, die deduktive Methode, der Biblizismus und der Historizismus sind die Ursachen, weshalb die Praktische Theologie ihrer eigentlichen Aufgabe nicht so gerecht geworden ist, wie sie hätte sollen, und wodurch sie in so vielfachen Mißkredit gekommen ist.«[633]

Was diese vier Punkte im Einzelnen beinhalten, soll im Folgenden geklärt werden.

A. Systematisierung

Um seiner Kritik hinsichtlich unzweckmäßiger Systematisierungsbestrebungen der Praktischen Theologie Ausdruck zu verleihen, zeichnet Drews die Genese dieses Gedankens nach. Für die Darstellung dieser Entwicklung wählt Drews exemplarisch Fachvertreter aus, die Vorschläge zu einem System der Praktischen Theologie vorgelegt haben. Der erste Name, der in diesem Zusammenhang von Drews genannt wird, ist Philipp Marheinekes.[634] Als einen

---

632 DPT, 7.

633 DPT, 41.

634 Zur Untermauerung seiner Ausführungen greift Drews auf Philipp Konrad Marheinekes (1770-1846), Carl Immanuel Nitzsch (1787-1868) und Carl Adolf von Zezschwitz (1825-1886) und ihre Arbeiten zur praktischen Theologie (PHILIPP KONRAD MARHEINEKE, Entwurf der practischen Theologie, Berlin 1837; CARL IMMANUEL NITZSCH, Praktische Theologie, 3 Bde, Bonn 1847-1867 sowie CARL ADOLF GERHARD V. ZEZSCHWITZ, System der praktischen Theologie. Paragraphen für academische Vorlesungen, Leipzig 1878) zurück. Über Marheineke informieren BIRNBAUM, a.a.O., 43-46, DIETRICH RÖSSLER, a.a.O., 38 sowie CHRISTIAN GRETHLEIN/MICHAEL MEYER-BLANCK, a.a.O., 10f. Einen ausführlichen Einblick in das Leben und Wirken Nitzschs bietet EBERHARD HAUSCHILDT, Das kirchliche Handeln des Christentums. Carl Immanuel Nitzsch, in: CHRISTIAN GRETHLEIN/MICHAEL MEYER-BLANCK [Hrsg.], Geschichte der

weiteren Kronzeugen für die Betrachtung der Praktischen Theologie als System erwähnt Drews Karl Immanuel Nitzsch. Da der wissenschaftliche Charakter der Praktischen Theologie in ihrer Konstituierungsphase stets angefragt wurde, hatten Systematisierungen wie die von Marheineke, Nitzsch und anderen Hochkonjunktur. Diese Tendenz beschreibt Drews mit den Worten: »Nur das System galt als Wissenschaft«[635] und kennzeichnet damit eine historische Entwicklung, die ihre Auswirkungen noch bis in seine Gegenwart zeitigt.[636] Dabei kommt Drews zu folgendem Urteil: »Vor allem aber ist dies der Schaden, der mit dieser Sucht und eigentümlichen Mode, die Praktische Theologie zu systematisieren, angerichtet worden ist: man baute Gedankenkonstruktionen auf, Theorien, die weit ab vom wirklichen Leben lagen.«[637]

Anschließend klärt Drews, worin das Systematisieren der Praktischen Theologie jedoch seine Berechtigung fände, nämlich darin, dass sie das Wesen der Kirche als *communio sanctorum* und die empirische Rechtskirche als deren Produkt verhandele.

> »Kurz, eine prinzipielle Erörterung über das Wesen der Kirche ist unumgänglich und dabei wird es auch nicht zu umgehen sein, von dem rechten Frömmigkeitsideal zu sprechen, von dem der Kirchenbegriff wieder abhängig ist. Aber alle diese Ausführungen [...] sind keine zwecklosen, vom wirklichen Leben abliegenden, sondern sie sind grundlegend, sicher orientierend und sachlich begründet.«[638]

Indem Drews für das berechtigte Systematisieren alternativ den Ausdruck *prinzipielle Erörterung* einführt, ist für hier Anlass gegeben, den Begriff des Systems an dieser Stelle einmal zu reflektieren.[639] Welche Implikationen verbinden sich zu Beginn des 20. Jahrhunderts mit dem Systembegriff und was folgt daraus für eine Praktische Theologie, die ausdrücklich als System aufgefasst werden will?

Der neuzeitliche Systembegriff ist durch die idealistische Philosophie präfiguriert und zeichnet sich dadurch aus, dass Systematizität eines Wissensgebietes zugleich dessen Wissenschaftlichkeit und Methodizität ausweist. In dieser Funktion ist das System durch metasystematische Aussagen determiniert. Die erste an ein System gestellte Bedingung ist die, dass seine Teile als Prinzipien klar ausgeschrieben sind. Systematizität ist ferner nur dann gegeben, wenn die Anordnung der einzelnen Teile des Systems sich notwendigerweise nur in dieser Form ergeben kann. Der Weg von den einzelnen Prinzipien zu den Systemteilen ist selbstevident und kann somit deduktiv entwickelt werden. Ein Gedankengebäude, welches für sich Systematizität

---

praktischen Theologie. Dargestellt anhand ihrer Klassiker, Leipzig 2000, 111-150; kurze Überblicke finden sich bei Birnbaum, a.a.O., 114 und Rössler, a.a.O., 46.

635 DPT, 23.

636 Drews bezieht sich hierbei auf Carl Clemen, a.a.O. und Eduard Simons, a.a.O.

637 DPT, 24.

638 DPT, 26.

639 Vgl. Christian Strub, Art. System, in: HWPh 10 (1998), 824-856.

beansprucht, muss zuletzt ein Gebiet in seiner Vollständigkeit abbilden. Daraus ergibt sich auch eine ganz wesentliche Negativbestimmung für Systematizität: Da ein empirisches System dem Anspruch auf Vollständigkeit in der Fülle des tatsächlichen Lebens nicht gerecht werden kann, ist es ein Widerspruch in sich.[640]

Die Reflexion des Systembegriffes vor dem Hintergrund seiner neuzeitlich-idealistischen Ausdeutung eröffnet neue Perspektiven auf den Systematisierungsvorwurf, wie er von Drews gegen die Praktische Theologie in Anschlag gebracht wird. Dass sich die Praktische Theologie in ihrer Konstituierungsphase also auf eine systematische Auffassung ihres Fachgebietes festlegt, scheint vor dem Hintergrund, dass Systematizität Wissenschaftlichkeit garantiert, plausibel. Nach Ansicht Drews' ist die Praktische Theologie nicht darauf angewiesen, ihren wissenschaftlichen Status über die Systematisierung ihres Wissensgebietes einzuholen. Wissenschaftlichkeit ist durch den sozialwissenschaftlichen Bezug einer an Empirie orientierten Praktischen Theologie gewährleistet. Hierin liegt auch die große Problematik einer systematisierenden Auffassung der Praktischen Theologie: Empirische Wissensbestände können *per se* nicht in ein System eingebunden werden.

Dennoch haben nach Drews prinzipielle Betrachtungen über das Wesen der Kirche oder Frömmigkeitsideale durchaus ihre Berechtigung. Hierbei geht es nämlich nicht um Systeme, sondern um Ordnungsschemata dogmatischer Prämissen für praktisch-theologisches Handeln, da sich das empirische Leben nicht systematisch erfassen lässt. Drews' zweiter Kritikpunkt hinsichtlich der Deduktionsmethode ist – wie sich noch zeigen wird – untrennbar verbunden mit dem ersten.

B. Die deduktive Methode

Drews richtet an die Praktische Theologie weitere Kritik, diesmal hinsichtlich einer deduktiven Methode, von der in praktisch-theologischen Lehrbüchern reichlich Gebrauch gemacht werde. Um diesen Vorwurf zu untermauern, wählt Drews exemplarisch einige Textbeispiele aus. So bietet er seinen Lesern Auszüge aus Carl Bernhard Molls *Das System der praktischen Theologie im Grundrisse dargestellt*[641] und aus Nitzschs *Lehrbuch der Praktischen Theologie*,[642] um seine Kritik an der deduktiven Methode zu verdeutlichen. Diese Kritik richtet sich in ihrem Kern darauf, dass die Empirie dabei nicht zu ihrem Eigenrecht komme, sondern immer nur zur Exemplifizierung anderweitig bereits feststehender theologischer Prinzipien diene. Die Praktische Theologie würde dadurch ihre konkreten Aufgaben nicht aus den Schwierigkeiten des gegenwärtigen religiösen Lebens empfangen und könne somit nicht angemes-

---

640 Vgl. Strub, a.a.O., 835–838.

641 Carl Bernhard Moll, Das System der praktischen Theologie im Grundrisse dargestellt, Halle 1853.

642 Nitzsch, a.a.O.

sen auf neuerwachsene Herausforderungen reagieren. Drews straft eine deduktive Arbeitsweise deshalb etwas polemisch mit folgenden Worten ab:

»Wer aber hat diesem Gedankengefüge gegenüber nicht den Eindruck des Willkürlichen, des Ueberflüssigen, des – Langweiligen? Was soll das in einer praktischen Theologie? Wo bleibt da das wirkliche Leben mit seinen konkreten Aufgaben und Schwierigkeiten? [...] Nun ist es gewiß, daß eine Praktische Theologie unserer Tage diese Sprache der Deduktion nicht mehr redet.«[643]

Auf der Grundlage der vorherigen Ausführungen zur Systematisierungskritik wird Drews' Haltung zur deduktiven Methode verständlich. Die Deduktion ist eine Verfahrensweise, die mit einer systematischen Auffassung der Praktischen Theologie notwendigerweise einhergeht. Auf dem Wege der Deduktion würden nämlich die einzelnen Systemteile aus den Prinzipien abgeleitet. Das von Drews in Anschlag gebrachte Argument, Deduktion könne das gegenwärtige empirische Leben der Sache nach gar nicht erfassen, trifft wieder den bereits verhandelten Punkt: Empirie kann nicht nach Regeln, die Systematizität legitimieren, eingefangen werden. Drews nimmt allerdings auch wahr, dass die Ablehnung einer systembezogenen Deduktionsmethode aus einer neuartigen Auffassung des praktisch-theologischen Gegenstandbereiches erwachse. Indem »das wirkliche Leben mit seinen konkreten Aufgaben und Schwierigkeiten«[644] zum Proprium der Praktischen Theologie wird, haben systematische Verfahrensweisen ausgedient. Damit ist die Frage nach den praktisch-theologischen Bezugswissenschaften aufgeworfen. Während eine systematische Auffassung der Praktischen Theologie der Dogmatik als Bezugswissenschaft nahe steht, muss sich eine empirische Praktische Theologie an den Humanwissenschaften und ihrem Methodenarsenal orientieren.

Ein weiterer Kritikpunkt Drews' richtet sich gegen einen einseitigen Biblizismus.

C. Der einseitige Biblizimus

»Ein weiteres Moment, das das Auge der Praktischen Theologie von der Wirklichkeit gegenwärtigen Lebens sich abwenden ließ, war der einseitige Biblizismus, der wie die ganze Theologie, so eben auch die Praktische Theologie beherrschte.«[645] Mit diesem »einseitigen Biblizismus« verbindet Drews die Annahme, dass die Praktische Theologie ihre wissenschaftliche Gestalt und jegliche kirchliche Tätigkeiten aus der Bibel gewinnt. Kirchliche Handlungen würden dabei mit einer Bibelstelle zur Sache belegt und somit zugleich legitimiert. Zur besseren Veranschaulichung zitiert Drews einige Zeilen aus Nitzsch' Lehrbuch, in welchem Nitzsch erklärt, dass das Handeln der Urgemeinde richtungweisend für die heutige Gemeinde ist und deshalb nachgebildet werden muss. Auch wenn Nitzsch anbringt, dass sich menschliche

643 DPT, 31.
644 Ebd.
645 Ebd.

Lebensbedingungen verändern können und auch kirchliche Prozesse davon betroffen sind, nimmt er das Prinzip der Kirche, wie es biblisch tradiert und in der Stiftungszeit gelebt wurde, davon aus.

Das Problem, was Drews in einer solchen Vorgehensweise sieht, thematisiert er folgendermaßen:

> »Schon aus diesen Ausführungen von Nitzsch wird es klar, daß gegen diesen Biblizismus die Berücksichtigung der Gegenwart gar nicht aufkommen kann, ja ihr Recht verliert. Nicht das wird zur ersten Frage: was fehlt dem gegenwärtigen Geschlecht? und wie ist an dasselbe heranzukommen mit dem Evangelium? Sondern: was sagt die Schrift?«[646]

Indem Nitzsch annimmt, dass die Aufgaben der Praktischen Theologie direkt in der Bibel verankert sind, weil dort die erste Kirchenleitung in idealer und realer Gestalt auftritt, werde der Bibel zu großer Raum gewährt. Grundsätzlich hält es Drews zwar für notwendig, dass sich die Handlungen der Kirche als christliche ausweisen lassen. In diesem Punkt bedürfe auch die Praktische Theologie der Rückbesinnung auf urchristliche Ideale, wie sie in der Bibel überliefert sind. Diese Verpflichtung finde allerdings ihre Grenze darin, dass die Bibel als Gesetzbuch verwendet würde, denn obwohl die Praktische Theologie auf den Boden des Evangeliums zu stellen sei, habe man den Stoff in Freiheit zu gestalten.[647] Die Engführung der Praktischen Theologie auf ihre biblische Grundlage habe zur Konsequenz, dass die Belange des gegenwärtigen Lebens wieder einmal mehr aus dem Blick gerieten. Dabei war einer gegenwartsorientierten Praktischen Theologie bereits durch die Theologie der Aufklärung – Drews führt Lorenz von Mosheim in diesem Zusammenhang als Wegbereiter an – vorgearbeitet worden. Diese Theologie hat in Drews' Augen einen großen Beitrag zur Homiletik und Katechetik geleistet, indem diesen Disziplinen eine psychologische und volkskundliche Öffnung ermöglicht wurde. Da die Praktische Theologie Nitzsch'scher Prägung sich aber stark von der Tradition der Aufklärungstheologie distanzierte, verschwanden gleichermaßen auch ihre pastoraltheologischen Theorien.[648]

Treten wir nun einmal einen Schritt zurück. Zunächst muss festgehalten werden, dass der Streit über die Zulässigkeit der historisch-kritischen Methode in den biblischen und dogmenhistorischen Fächern die theologischen Fakultäten zur Zeit Drews' in Atem hielt.[649] Vor diesem Hintergrund ist die Klage des liberalen Theologen Paul Drews über einen *einseitigen* Biblizismus auch

---

646 DPT, 34f.

647 DPT, 35.

648 Vgl. DPT, 31–35.

649 Vgl. Uwe Stenglein-Hektor, Religionsforschung als Wirklichkeitsgewinn. Hochschulpolitische Tendenzen, theologische Studienreformbemühungen und Enzyklopädiediskussionen im Kulturprotestantismus, in: Friedrich Wilhelm/Hans Martin Müller [Hrsg.], Der Deutsche Protestantismus um 1900, Gütersloh 1996, 19–41, hier 21f.

zu verstehen. Durch die Übernahme des biblischen Zeugnisses als Handlungsanweisung für gegenwärtige praktisch-theologische Problemlagen ohne historisch-kritische Reflexion wird jenem Biblizismus weiter Vorschub geleistet. Hinzu tritt, dass die Bibel allein als maßgebendes Prinzip für praktisch-theologisches Arbeiten nicht herhalten kann. Die Belange und Bedürfnisse der modernen gegenwärtigen Gemeinde werden mit der biblischen Tradition nicht abgedeckt. Eine vermittelnde Reflexion wiederum ist aber notwendig, um die biblischen Ideale für die Gegenwart fruchtbar zu machen. Die exegetischen Disziplinen sind nach Ansicht Drews' somit auch nicht die primären Bezugswissenschaften der Praktischen Theologie.

Drews letzter Kritikpunkt thematisiert die Stellung der Praktischen Theologie zur Historie und klingt aus in dem Vorwurf des Historizismus.

D. Historizismus

Drews' Auflistung derjenigen Gründe, aus denen die Praktische Theologie allgemein in Misskredit geraten ist, schließt er mit dem Vorwurf des Historizismus' ab. Hierfür untersucht er wieder historisch-genetisch, wie geschichtliche Betrachtungen praktisch-theologischer Inhalte zunehmend Einzug in den Betrieb dieser Disziplin halten konnten. Denn obwohl die Praktische Theologie bereits unter den Rationalisten eine Affinität zu historischen Überblicken zeigte, hat sich dieser Trend unter Schleiermacher und Marheineke nicht fortgesetzt. Es ist Nitzsch, der von historischen Darstellungen in seinem Lehrbuch der Praktischen Theologie erst wieder Gebrauch macht, allerdings in einem Maß, welches Drews als hilfreich und notwendig empfindet. Eine übersteigerte Wertschätzung historischer Betrachtungsweisen diagnostiziert Drews erst bei Zezschwitz,[650] dessen Praktische Theologie er als »Geschichtswerk« etikettiert. Als mildernde Umstände für diesen Historisierungsprozess innerhalb der gesamten Praktischen Theologie, wie er bei Zezschwitz in aller Deutlichkeit zu Tage tritt, lässt Drews die allgemeine Hochschätzung der Geschichte gelten:

> »Ist doch das 19. Jahrhundert ein Jahrhundert der Geschichtsforschung wie keins vor ihm. Daß die Praktischen Theologen an dieser Zeitrichtung Anteil nehmen, versteht sich fast von selbst. Zudem ließe sich für das Historische in der Praktischen Theologie der gute Grund anführen, daß die Gegenwart des kirchlichen Lebens nur verständlich werde durch die Vergangenheit und daß die Geschichte auch für den Träger des geistigen Amtes zur Lehrmeisterin werden müsse.«[651]

Geschichtliches Wissen in der Praktischen Theologie findet also seine Daseinsberechtigung darin, dass mittels dessen gegenwärtige Phänomene aus der Vergangenheit heraus erklärt werden können. Gleichzeitig laufe die Praktische Theologie jedoch Gefahr, die gegenwärtigen Belange aus dem Blick zu verlieren, da sie übermäßig mit historischen Forschungen befasst sei. Auf-

---

650 Vgl. Anm., 634, 187.
651 DPT, 38.

grund der allgemein wissenschaftlichen Hochschätzung der Historie gewänne auch die historische Spezialforschung an Stofffülle, wodurch sich die Praktische Theologie veranlasst sehe, die geschichtlichen Einzelerkenntnisse in ihren Lehrbetrieb aufzunehmen. Auch Achelis sei nach Ansicht Drews diesem Historizismus zum Opfer gefallen.[652] Dennoch befindet Drews, dass in seinem Lehrbuch[653] die wesentlichen Fragen des gegenwärtigen kirchlichen Lebens traktiert werden und dass damit ein achtenswerter Beitrag für die Praktische Theologie geleistet werden würde. Auch wenn historische Überblicke notwendig seien, um die Praktische Theologie in ihrem Gewordensein zu erfassen, müsse man sich hier jedoch nach Ansicht Drews' von der stetig anwachsenden historischen Stofffülle abgrenzen.[654]

Drews gesteht – wie auch schon beim Systematisieren, Deduzieren und beim Biblizismus – so auch dem Historizismus einen wertvollen Kern zu. Bibel oder Historie können aber nicht die maßgeblichen inhaltlichen Kriterien der Praktischen Theologie sein. Systematisierung und Deduktion wiederum sind für Drews nicht die leitenden methodischen Paradigmen. Dennoch ist der wissenschaftliche Charakter der Praktischen Theologie für Drews selbstverständlich: Die Hinwendung zum konkreten Leben der Gegenwart – als inhaltliches Paradigma – und die empirische Zugangsweise – als methodisches Kriterium – garantieren der Praktischen Theologie Wissenschaftlichkeit.

Der wissenschaftliche Charakter der noch recht jungen Disziplin war nach Meinung Drews' aufgrund ihrer Besonderheit zusätzlich seit jeher kritisch angefragt worden. Diese Besonderheit eines »sie lähmenden Doppelcharakter[s]«[655] thematisiert Drews anschließend.[656]

---

[652] Vgl. DPT, 39.

[653] ACHELIS (1890/1891), a.a.O. Einblicke in Leben und Werk Achelis' liefert MARTIN KUMLEHN, Praktische Theologie als Selbstvergewisserung kirchlichen Handelns. Ernst Christian Achelis, in: CHRISTIAN GRETHLEIN/MICHAEL MEYER-BLANCK [Hrsg.], Geschichte der Praktischen Theologie, Dargestellt anhand ihrer Klassiker, Leipzig 2000, 207–236.

[654] Hinter Drews Unterscheidung zwischen berechtigter und unverhältnismäßiger Darbietung historischen Materials für praktisch-theologische Arbeitsfelder deutet sich die Hintergrunddebatte über den Gegenstand des Historischen an. Die späteren Rezensionen zu Drews' *Das Problem der praktischen Theologie* greifen diesen Punkt nämlich konsequent auf. Dabei sind die Übergänge zwischen Historismus und Historizismus scheinbar fließend und liegen im Auge des Betrachters (vgl. OTTO BAUMGARTEN, Paul Drews' »Problem der praktischen Theologie«, in: EvFr 10, 1910, 179–191, 188f.; MARTIN SCHIAN (1910), a.a.O., 336f. sowie ERNST CHRISTIAN ACHELIS, Paul Drews Das Problem der praktischen Theologie, in Monatsschrift für Pastoraltheologie 7, 1910/1911, 115–117. Wiederabdruck in: GERHARD KRAUSE (Hrsg.), Praktische Theologie. Texte zum Werden und Selbstverständnis der praktischen Disziplin der evangelischen Theologie, Darmstadt 1972, 269–272, hier 270.

[655] DPT, 42.

[656] Im Rahmen ihrer Habilitationsschrift *Praktische Bildung zum Pfarrberuf* verhandelt Birgit Weyel auch Paul Drews' Reformschrift. Besondere Aufmerksamkeit kommt dabei dem Drews'schen Studienreformentwurf unter dem Aspekt des praktisch-

2.1 Der lähmende Doppelcharakter

Drews geht davon aus, dass der Praktischen Theologie ein grundsätzliches Problem immanent ist, nämlich, dass sie sich an zwei verschiedene Adressatenkreise richte. Praktische Theologie werde zum einen für Theologiestudierende betrieben und müsse andererseits Pfarramtsanwärter auf ihren zukünftigen Dienst vorbereiten. Dieser Spagat zwischen den verschiedenen Anforderungsprofilen von Theologie und Kirche gelänge ihr, so die Meinung Drews, nur unzureichend. Die akademischen Hörer würden auf Untiefen in Homiletik, Katechetik und Poimenik hingewiesen und könnten diese nicht ausreichend nachvollziehen, da sie sie selbst noch nicht am eigenen Leibe erfahren hätten. Pfarramtsanwärter hingegen empfänden die an der Universität gebotene Materialfülle als unbrauchbar, da darin auf die sie beschäftigenden Fragen und Probleme zu wenig eingegangen werde. Den unterschiedlichen Bedürfnissen beider Adressatenkreise könne die Praktische Theologie nicht gleichzeitig gerecht werden. Die Folge sei, dass sie sowohl von den Studierenden als auch von kirchlichen Amtsträgern für unzulänglich befunden würde.[657] Die Konsequenz, die Drews aus diesem Spezifikum der Praktischen Theologie zieht, beläuft sich darauf, dass die beiden Adressatenkreise getrennt voneinander bespielt werden müssen.

Zum einen hat sich nach Drews' Wahrnehmung diese Trennung ansatzweise bereits auf der Ebene praktisch-theologischer Fachliteratur vollzogen. Hiervon zeugen für Drews die Arbeiten Otto Baumgartens[658] und Friedrich Niebergalls Publikation *Wie predigen wir dem modernen Menschen.*[659] Beide Verfasser haben ihre Arbeiten ausschließlich den Bedürfnissen junger Pfarrer unterstellt. Ebenso begrüßt Drews die praktisch-theologische Zeitschriftenliteratur,[660] die sich ebenfalls den Fragen und Problemen der im Amt stehenden Geistlichen widmet.

Auf universitärer Ebene steht diese Trennung unter dem Aspekt der unterschiedlichen Bedürfnisse von Studierenden und im Amt stehenden Geistlichen noch aus. Die entscheidende Institution, mit deren Hilfe man dem Doppelcharakter der Praktischen Theologie gerecht werden könnte, ist nach

---

theologischen Doppelcharakters zu. Schließlich ist mit Drews' Beitrag zur Sache eine entscheidende Weichenstellung für die Entwicklung des Predigerseminars als zweiter Ausbildungsphase des theologischen Studiums geleistet worden (vgl. WEYEL, Pfarrberuf, besonders 200–211).

657 Drews tadelt es als »unpädagogisch«, Studierende mit Stoff zu betrauen, den sie gegenwärtig noch gar nicht in seiner Fülle durchdringen können und darauf zu hoffen, dass ihnen die darin enthaltenen Erkenntnisse zu gegebener Zeit aufgehen mögen, vgl. DPT, 46.

658 Siehe hierzu, BAUMGARTEN (1903, 1909²), a.a.O. sowie Ders. (1905), a.a.O.

659 Vgl. FRIEDRICH NIEBERGALL, Wie predigen wir dem modernen Menschen, Tübingen 1906.

660 Hierzu führt er unter anderen die *Monatsschrift für Pastoraltheologie, die Evangelische Freiheit* (ehemals *Monatsschrift für die kirchliche Praxis*), die *Monatsschrift für Gottesdienst und kirchliche Kunst und die Pastoralblätter* an.

Meinung Drews' das Predigerseminar. Durch die Auslagerung von Inhalten, die ausschließlich die im Amt stehenden Geistlichen betreffen, wäre die universitäre Praktische Theologie nicht mehr gezwungen, beide Adressatenkreise zu bedienen. Sie könnte sich nun ausschließlich und in befriedigender Art und Weise den Belangen der Studierenden widmen. Das Ergebnis einer Trennung wäre zum einen, dass den Studierenden eine breite theologische Bildung anheimfallen würde und zum anderen, dass die jungen Geistlichen auch durch das Predigerseminar mehr Unterstützung durch die Praktische Theologie erfahren könnten.[661]

Bevor die konkreten Vorschlägen Drews' für die beiden Phasen des Theologiestudiums erläutert werden, gilt es die bisherigen Erkenntnisse einmal zusammenzufassen. Indem Drews den »lähmenden Doppelcharakter« der Praktischen Theologie anspricht, betritt er etwas unverhofft pädagogisches Terrain. Es geht ihm darum, seine Hörerschaft zu erreichen, indem er sich auf ihre Bedürfnisse und Möglichkeiten einstellt. Wenn die Praktische Theologie um die Problematik ihres Doppelcharakters weiß, kann sie den Studierenden und auch den Pfarramtsanwärtern entgegenkommen. Durch eine Verbesserung der Lehre, die das didaktische Bedingungsfeld berücksichtigt, kann die Effizienz und Qualität der pfarramtlichen Ausbildung auch gesteigert werden. Die von Drews zuvor geäußerte Kritik am Betrieb der Praktischen Theologie betraf zunächst die Grundlage ihres wissenschaftlichen Selbstverständnisses und die daraus resultierende inhaltliche Schwerpunktsetzungen. Nun geht es darum, die Inhalte adressatenorientiert zu begrenzen und gegebenenfalls auszulagern. Durch die Auslagerung von Stoff, der erst in der praktischen Arbeit an Relevanz gewinnt, wird Raum frei für anderes. Wie dieser Raum zu füllen ist, eröffnet Drews final am Ende seiner Schrift.

2.2 Entwurf einer reformierten Praktischen Theologie

Seinen Aufriss einer verbesserten Praktischen Theologie leitet Drews mit einigen allgemeinen Aussagen über das Ziel theologischer Bildungsprozesse ein. Theologiestudierende hätten demnach eine umfangreiche theologische Bildung, wenn sie über ein breites Verständnis des Christentums verfügten. Dazu gehört, dass sie das Wesen der christlichen Religion durchdringen und auf der Grundlage dieses Verständnisses schließlich fähig sind, über Fragen der christlichen Religion zu urteilen.

Dieser Zielsetzung ist die akademische Theologie streng verpflichtet. Das Theologiestudium im Allgemeinen stützt sich nach Drews auf vier Grundpfeiler: Kirchengeschichte, systematische Theologie, Altes- und Neues Testament und einer praktisch-theologischen Innovation namens *Kirchenkunde.*[662] Dieses Herzstück der Praktischen Theologie bereitet die »Kenntnis des gegenwärti-

---

[661] Vgl. DPT, 43–53.

[662] Die Bezeichnung Kirchenkunde fungiert in diesem Fall als Oberbegriff. Religiöse Volkskunde und Religiöse Psychologie sind darin mit inbegriffen. Zur Verhältnisbestimmung der empirischen Grundlage siehe, Kapitel IV, 116–119.

gen Standes des kirchlichen Lebens und der Aufgaben, die die Kirche um ihres Fortbestandes und um ihrer Bestimmung willen an dem gegenwärtigen und zukünftigen Geschlechte zu erfüllen hat«[663] auf.

Im Folgenden entfaltet Drews' nun den Aufbau einer Praktischen Theologie, deren Gegenwartsorientierung sich in Stoff, Methode und Bildungsziel widerspiegelt. Allen Überlegungen voran geht die Voraussetzung, dass das akademische Studium der Praktischen Theologie durch ein obligatorisches Predigerseminar ergänzt wird. Daraus ergeben sich – wie wir noch sehen werden – Konsequenzen für die Wissensorganisation im akademischen Lehrbetrieb.

2.2.1 Das akademische Studium der Praktischen Theologie – Die Erste Phase

Ausgangspunkt einer empirisch-orientierten Praktischen Theologie an der Universität ist für Drews nicht die Kirchenkunde selbst, sondern die *Prinzipienlehre*. Hierzu erklärt er:

> »Es hieße freilich auf Sand bauen, wenn man in der praktischen Theologie Kirchenkunde, religiöse Volkskunde, religiöse Psychologie und Geschichte triebe, ohne daß es gründlich zur Erörterung käme, welche Maßstäbe und Normen für das kirchliche Leben zu gelten haben, wie die Tätigkeiten der Kirche nicht nur empirisch hinzunehmen, sondern im Wesen der evangelischen Kirche, d.h. zuletzt im Wesen der evangelischen Frömmigkeit begründet sind.«[664]

Die Prinzipienlehre konzipiert gewissermaßen das Idealbild der Kirche aus der evangelischen Frömmigkeit heraus. Sie nimmt somit den Stellenwert eines Prolegomenons ein und ist im organischen Aufbau der Praktischen Theologie deshalb an die Spitze zu setzen.

Sodann folgt die Evangelische Kirchenkunde mit dem klaren Aufgabenprofil: »Wirklichkeitssinn schaffen, die Wirklichkeit zeigen.«[665] Dabei ist sie auf die Abteilungen Religiöse Volkskunde und Religiöse Psychologie angewiesen.[666]

Ein weiterer Pfeiler der Praktischen Theologie ist die *Geschichte*. »Geschichte der Predigt,[667] Geschichte der kirchlichen Unterweisung, Geschichte des Gottesdienstes und Geschichte der Seelsorge, Geschichte des Kirchenlieds

---

663 DPT, 54.

664 DPT, 76.

665 DPT, 57.

666 Vgl. oben Kapitel IV, 103–116.

667 Am Beispiel der Predigtgeschichte macht Drews deutlich, dass aus historischen Betrachtungen für die praktischen Theologen die Aufgabe erwächst, zu erkennen, welche Entwicklungen die Predigtgeschichte positiv oder negativ beeinflusst haben. Dabei können Maßstäbe entwickelt werden, denen sich eine gelungene Predigt verpflichten muss oder auch Faktoren offensichtlich werden, anhand derer eine Predigt beurteilt werden kann, vgl. DPT, 71. Eine in Drews Augen respektable Geschichte der Predigt hat Hermann Hering vorgelegt, vgl. HERMANN HERING, Die Lehre von der Predigt, Berlin 1905.

und Geschichte der Inneren und Äußeren Mission«[668] sind für Drews Themen, die eine *geschichtlich* orientierte Abteilung der Praktischen Theologie bearbeiten müsste.

Das Hauptargument dafür, dass die historische Betrachtung praktisch-theologischer Phänomene nicht allein durch die Kirchengeschichte bestritten werden kann, sieht Drews darin, dass die Kirchengeschichte ein anderes Erkenntnisinteresse habe. Während die Kirchgeschichte die Ausprägung des Christlichen zu einem bestimmten historischen Zeitpunkt verdeutlichen wolle, sei das Interesse der praktischen Theologen etwas anders gelagert. Ihnen gehe es darum, das Gewordensein gegenwärtiger Erscheinungen nachzuvollziehen. Das entscheidende Moment sei das Gegenwartsinteresse, welches besonders der Praktischen Theologie immanent ist.[669] Zuletzt muss der Praktischen Theologie noch ein Gebiet unterstellt werden, welches von Drews mit dem Begriff *Grundlinien* der kirchlichen Handlungsfelder überschrieben wird. Diese Grundlinien sind das für die akademische Praktische Theologie zugeschnittene Format der praktisch-theologischen Paradedisziplinen Homiletik, Katechetik, Liturgik und Seelsorge. Zur inhaltlichen Profilierung dieses Gebietes erklärt Drews:

> »Vor allem alles Prinzipielle, Urteilbildende, Richtung weisende hat hier seinen Platz, dagegen werden wir soviel als möglich, vor allem alles Technische und Formale, in die seminaristischen Uebungen verlegen müssen.«[670]

Die Vermittlung konkreter Arbeitstechniken, etwa der Homiletik – Sprechtempo, Stimmlage, Rhetorik können hier beispielsweise als solche Themen gedacht werden – gehörten nach Meinung Drews nicht in den akademischen Lehrbetrieb der theologischen Fakultäten, sondern müssten im Predigerseminar eingeübt werden. Auf das Notwendigste beschränkte Vorlesungen zu diesen Fächern, dürfen – so das Zugeständnis Drews' – gehalten werden.[671]

Bevor nun zum Predigerseminar als zweiter Ausbildungsphase des Theologiestudiums übergegangen werden soll, wird es sich als lohnend erweisen, zu sehen, wie dieser theoretische Aufriss der akademischen Praktischen Theologie sich in Drews Lehrtätigkeit wiedergefunden hat. Erfreulicherweise ist es Rudolph gelungen, durch Vorlesungsnachschriften das Inhaltsverzeichnis der Vorlesung *Praktische Theologie I (Kirchenkunde, Religiöse Volkskunde, Gemein-*

---

[668] DPT, 68.

[669] Am Beispiel der Liturgiegeschichte bringt Drews sein Anliegen noch einmal auf den Punkt: »Die Fragen: was ist an den reformatorischen Ordnungen für uns heute noch brauchbar, was nicht? worin liegt ihr liturgischer Fortschritt über das Mittelalter hinaus? warum werden sie dem nicht gerecht, was wir von einem evangelischen Gottesdienst fordern müssen? – alle diese Fragen setzen eine Bildung des liturgischen Urteils voraus, die man berufsmäßig vom Vertreter der praktischen Theologie, nicht von dem der Kirchengeschichte oder der Symbolik erwarten kann«, DPT, 74.

[670] DPT, 80.

[671] Vgl. DPT, 79f.

delehre) des Sommersemesters 1908 von Drews zu rekonstruieren. Dieses stellt sich wie folgt dar:

Prolegomena, S. 1–20

Entstehung der Praktischen Theologie

Entwicklung der Praktischen Theologie seit Schleiermacher

Aufgabe der Praktischen Theologie

Norm und Ziel der Praktischen Theologie

Evangelische Kirchenkunde, S. 21...138

1.) Die kirchliche Verfassung

Geschichtlicher Rückblick

Gegenwärtige Lage

2.) Stand der Kirchlichkeit im allgemeinen

Religion und Kirche

Wertung und Feststellung der Kirchlichkeit

Kirchenbesuch

Beteiligung am Heiligen Abendmahl

Beteiligung an sonstigen kirchlichen Handlungen

Kirchliche Opfergaben und kirchliche Wahlen

Ergebnis: Stand und Beurteilung der heutigen kirchlichen Sitte

Numerisches Verhältnis der evangelischen Landeskirchen zu anderen Religionsgemeinschaften

3.) Das religiöse und sittliche Leben in den einzelnen Ständen (Religiöse Volkskunde)

Der Bauernstand

Die bäuerliche Religion

Die bäuerliche Frömmigkeit

Die sittlichen Anschauungen

Die Scheidung der Gebildeten in ihrer Stellung zur Kirche

Die Laienorthodoxie

Rationalistische Laienfrömmigkeit

4.) Der Stand der Industriearbeiter

Die Stellung der Industriearbeiter

Erklärungsgründe der Stellung der Arbeiter zu Christentum und Kirche

Die Lehre von der christlichen Gemeinde, S. 139–292

Die Aufgabe

Das Wesen der christlichen Gemeinde

Die Einzelgemeinde in der Geschichte

Organe des Gemeindelebens

Das geistige Amt

Weitere Ämter

Lebensäußerungen der Gemeinde

Das Gottesdienstliche Leben

(Nicht fertig durchgeführt)[672]

Diese Gliederung zeigt exemplarisch, wie geschichtliche und prinzipielle Ausführungen in der Vorlesung die empirischen Inhalte der Kirchen- und Religiösen Volkskunde umrahmen. Aus dem Titel der Lehrveranstaltung *Praktische Theologie I* geht auch hervor, dass hier der Erstkontakt für die Studierenden zum Gebiet der Praktischen Theologie hergestellt wurde. Dabei liegt der inhaltliche Schwerpunkt auf der Vermittlung empirischer Wissensbestände. Bemerkenswerterweise findet sich in dieser Vorlesungsnachschrift der relativ umfängliche Komplex zur Gemeindelehre. In Drews vorherigen Ausführungen ist davon allerdings keine Rede. Es kann aber vermutet werden, dass hierin entweder die Vermittlung von Grundlagenwissen zur Kybernetik zu sehen ist oder es Drews dabei insbesondere um einen prinzipiellen Kirchenbegriff im Kontext des Sulze'schen Gemeindeideals ging.[673]

---

672 Vorlesungsnachschrift aus der Feder von Pfarrer i. R. Oswald Roeneke in Halle, 1. Band, Sommersemester 1908, Praktische Theologie I (Kirchenkunde, Religiöse Volkskunde, Gemeindelehre), 297 zit. n. Rudolph, a.a.O., 34–36.

673 Vgl. Christian Möller, Lehre vom Gemeindeaufbau, Bd. 1, Konzepte-Programme-Wege, Göttingen 1987, 138–159.

Die sich im Wintersemester 1908/1909 anschließende *Vorlesung Praktische Theologie II (Liturgik, Homilotik, Katechetik)* dürfte das Grundlagenwissen zu den genannten Disziplinen nachgeliefert haben

2.2.2 Das Predigerseminar – Die zweite Phase

Im Predigerseminar, das sich an das Universitätsstudium als zweiter, praktischer Ausbildungsteil anschließt, könnten wiederum die *Techniken* der Homiletik, Katechetik, Poimenik und Liturgik erlernt werden. Hierzu würde das Anfertigen von Unterrichtsentwürfen, das Halten einer Predigt oder das Führen eines Seelsorgegespräches zählen. Aufgrund einer bisher unzulänglichen Verbreitung der Predigerseminare war die praktische Ausbildung der zukünftigen Pfarrer auch an der Universität erfolgt. Diese universitätspädagogisch ungünstige Verteilung ging auf Kosten der Studierenden. Den flächendeckenden Ausbau solcher als obligatorisch gesetzter Predigerseminare erachtet Drews als unbedingt erstrebenswert. Da diese Entwicklung erst ihren Anfang genommen hat, plädiert Drews dafür, dass die Lehrenden an den Universitäten ihre Inhalte darauf prüfen, ob sie wirklich für den Studierenden von Wichtigkeit sind. Gegebenenfalls könnten sie dann nämlich den praktischen Übungen des Predigerseminars oder dem Selbststudium überlassen werden.

Einen Platz im Predigerseminar findet auch die *praktische Exegese*. Diese auf ihre praktische Verwendung hin zugespitzte Form der Exegese tritt nicht in den Gegensatz zu der wissenschaftlichen Exegese, sondern profitiert von deren Erkenntnissen. Hierbei übernimmt sie eine Brückenschlagsfunktion zwischen theologischer Bibelwissenschaft und praktischer Verwertbarkeit, indem sie auf hermeneutischem Weg die biblischen Texte für die Gegenwart fruchtbar macht.[674]

2.3 Drews' empirisches Programm im Kontext der Reformdebatte

Nachdem Drews' Reformprogramm *en detail* betrachtet wurde, fällt folgendes auf: Die Kritik an Systematisierungen und der damit verbundenen deduktiven Herangehensweise, Biblizismus und starkem Tendieren zum Historischen hin sowie die Klage über den Doppelcharakter und den fehlenden Gegenwartsbezug der Praktischen Theologie findet sich gleichermaßen in den Konzeptionen seiner Mitstreiter. Im Grunde genommen lagen diese Kritikpunkte, erstmals in aller Deutlichkeit durch Bornemann benannt, seit etwa 25 Jahren bereit. Tradiert wurden sie durch die mannigfache Reformliteratur des ausgehenden 19. Jahrhunderts und gelangten so auch zu Drews. Sie trafen den Nerv des ambitionierten Hochschullehrers, dem es ein Bedürfnis war, diese noch schreiend aktuellen Kritikpunkte 1910 erneut bekräftigend auszuführen und zu aktualisieren.

Dennoch kann Drews' Reformansatz auch ein Alleinstellungsmerkmal für sich in Anspruch nehmen. Was sein Konzept von anderen unterscheidet ist sein empirisches Instrumentarium der Religiösen Volkskunde, Religiösen

---

[674] Vgl. DPT, 81.

Psychologie und Evangelischen Kirchenkunde. Dabei hat Drews diese nicht nur konzeptionell dargelegt, sondern auch praktisch erprobt. Indem er seine empirischen Grundlagen und ihre Ergebnisse bereits seit 1898 einer praktisch-theologischen Leserschaft präsentierte, wird deutlich, dass Drews diesen Diskurs, in den er sich erst 1910 einschaltete, maßgeblich geprägt hat. Rade, Uhlhorn und Niebergall beziehen sich aus diesem Grund ausdrücklich auf Drews, der in der Religiösen Volkskunde, der Religiösen Psychologie und der Evangelischen Kirchenkunde eine Form gefunden hat, die theologische Erfassung des gegenwärtigen Lebens, wie sie seit Bornemann gefordert wird, auf ein wissenschaftliches Reflexionsniveau zu bringen. Der Liturgiewissenschaftler Georg Rietschel (1842–1914) legt 1910 auch Ausführungen mit dem Titel *Der Betrieb der praktischen Theologie auf der Universität* vor.[675] Die von Drews konzipierte Kirchenkunde schätzt Rietschel in diesem Zusammenhang sehr. In seinem Nachwort erklärt Rietschel, dass sein Manuskript bereits in Druck war, als ihm Drews' *Das Problem der praktischen Theologie* vorlag. Nach dem er über erste Zweifel an seiner Abhandlung, die jene neue Schrift Drews' noch nicht berücksichtigen konnte, erhaben war, stellte er fest, dass er mit Drews in allen gemeinsam verhandelten Punkten übereinstimmte.[676] Aufgrund dieser ausdrücklichen Bezugnahmen auf Drews im Angesicht einer blühenden Diskurslandschaft kann somit festgehalten werden: Noch keiner vor ihm vermochte es, ein derart ausgearbeitetes und erprobtes empirisches Programm als Theoriedesign der Praktischen Theologie vorzulegen. Drews wird aufgrund seiner empirischen Grundlagen zu einem Referenzpunkt, auch über die Grenzen der *Empiriker* hinaus.[677]

Das Reformprogramm Drews' erwächst also einerseits aus dem Bedürfnis des Hochschullehrers, der dem Diskurs zur Verbesserung der Studiensituation und der pfarramtlichen Ausbildung seine Stimme leiht. Anderseits ist sein empirisches Programm von Anfang an als Prämisse praktisch-theologischen Arbeitens, welches die gegenwärtigen Lebensbedingungen einer sich verändernden modernen Kultur verstehen will, gedacht.[678] Dieses Wissen wiederum kommt den im Amt stehenden Geistlichen zugute und rechtfertigt die Veran-

---

[675] Rietschel, a.a.O.

[676] Vgl. Rietschel, a.a.O., 233f.

[677] Vgl. Clemen, a.a.O., 18; Johannes Steinbeck, System der Praktischen Theologie, 2. Bde, Leipzig 1928/1932, Bd. 1, 6f.

[678] Diese Erkenntnis passt sich in das Urteil Karl Egers über Drews' Reformprogramm an. Hier heißt es: »Was die praktische Theologie D. verdankt, sind ja nicht so sehr seine Reformpläne für den akademischen Hochschulunterricht, als vielmehr – neben dem, was er als akademischer Lehrer der praktischen Theologie gewesen ist, dessen hunderte von Schülern von den verschiedenen Stätten seiner Wirksamkeit ihr Leben lang dankbar gedenken – das, was er für die wissenschaftliche Arbeit der praktischen Theologie geleistet hat.« Drews' eigentliche Leistung würde also weniger in seinem Reformprogramm zu sehen sein als vielmehr in seiner grundsätzlichen empirischen Konzeption einer auf das Gegenwärtige ausgerichteten Praktischen Theologie, vgl. Eger (1917), a.a.O., 30.

kerung der Religiösen Volkskunde im praktisch-theologischen Lehrbetrieb. Drews' empirisches Grundanliegen und die damalige Reformdebatte sind miteinander verzahnt, wobei Drews' empirische Theologie den Diskurs unterschwellig begleitet und 1910, mit dem direkten Eingreifen in den Diskurs, dynamisiert.

2.4 Zwischenfazit: Die Reform des theologischen Studiums

Die gesamte Theologie wird dem Paradigma eines konsequenten Gegenwartsbezugs unterstellt, was sich besonders in Inhalt und Aufbau der Praktischen Theologie manifestiert. Dass die gesamte Theologie dieser Bestimmung noch nicht gerecht werde, zeigt sich für Drews darin, dass hinsichtlich der theologischen Stofffülle keine Prioritäten gesetzt seien. Examenskandidaten drohten von der riesigen Welle so genannten examensrelevanten Materials überrollt zu werden. Die Praktische Theologie hingegen sinke im Ansehen der Studierenden stetig, da ihre Inhalte als wenig praktisch relevant und zu allgemein empfunden würden. Systematisierungs-, Deduktions-, Biblizismus- und Historizismuskritik stehen dabei *pars pro toto* für die Frage nach den Referenzdisziplinen der Praktischen Theologie, die eben nicht in erster Linie durch Dogmatik und Historie gesetzt sind.

Die Praktische Theologie muss sich stattdessen auch auf die Psychologie und die Sozialwissenschaften stützen, und zwar in Gestalt der Evangelischen Kirchenkunde. Diese Disziplin, die der Religiösen Volkskunde und der Religiösen Psychologie als akademischer Überbau dient, ist konstitutiv für die Praktische Theologie. Für die Evangelische Kirchenkunde sind die in der Prinzipienlehre entfalteten Ideale maßgebend. Neben der Evangelischen Kirchenkunde finden auch geschichtliche Überblicke und die Grundlinien von Homiletik, Katechetik, Poimenik und Liturgik ihren Platz. Somit sind auch die gegenwartsorientierten Ausläufer von Historie und Systematik berücksichtigt. Die technische Seite der in den Grundlinien kirchlicher Handlungsfelder verhandelten Disziplinen sowie die praktische Exegese sollen möglichst ins Predigerseminar ausgelagert werden. Auf diese Weise kann die Praktische Theologie ihren unterschiedlichen Adressatenkreisen, Theologiestudierende und im Amt stehende Geistliche, besser gerecht werden. Eine dergestalt reformierte Praktische Theologie werde – so die Hoffnung Drews' – kompetentere Geistliche hervorbringen, die umfangreich theologisch gebildet und somit fähig sind, auf der Grundlage dieses Wissens zu urteilen. Sie würde Kandidaten in den Dienst entlassen, die vorbereitet sind auf die soziokulturellen und wirtschaftlichen Gegebenheiten ihrer neuen Arbeitsfelder. Eine Verbesserung der pfarramtlichen Ausbildung werde nach Ansicht Drews' gute Früchte tragen:

> »Wir stellen diese Forderungen nicht in einem falschen Ehrgeiz oder in einer Unterschätzung des wissenschaftlichen Geistes, sondern um der Heranbildung uns-

rer künftigen Geistlichen, d.h. aber um unsrer Kirche selbst willen. Denn die Zukunft unsrer Kirche hängt an ihrem Pfarrstand.«[679]

3. RESÜMEE UND AUSBLICK

Die von Walter Birnbaum mit den Worten »Ausbau und Reform«[680] beschriebene Lage der Praktischen Theologie am Ende des 19. Jahrhunderts stellte sich als blühende Diskurslandschaft heraus. Im Rahmen einer Übersicht der verschiedenen Positionen ließen sich *Pragmatiker, Neo-Systematiker* und *Empiriker* als Teile dieses Spektrums generieren und konzeptionell untermauern. Drews' Anliegen zur Sache konnte mit dem der *Empiriker,* denen die Auffassung von einer hauptsächlich auf Empirie bezogenen Praktischen Theologie gemein ist, in Übereinstimmung gebracht werden. Durch den Abgleich der Schriften, die dasselbe Grundanliegen wie Drews teilen, war es möglich zu erkennen, in welchen Punkten Drews an frühere Kritiken anknüpft, diese akzentuiert, aktualisiert und in Verbesserungen überführt. In diesem Arbeitsgang wurde ersichtlich, dass Drews' origineller Beitrag innerhalb dessen die Grundlegung seines empirischen Instrumentariums – Religiöse Volkskunde, Religiöse Psychologie und Evangelische Kirchenkunde – ist. In den Augen der Empiriker ist seine Idee einer Evangelischen Kirchenkunde das maßgebende Theoriedesign, welches eine empirisch orientierte Theologie fundamentiert. Mit der Evangelischen Kirchenkunde und der Adressaten orientierten Auslagerung praktischer Arbeitstechniken ist der Praktischen Theologie eine konkrete Gestalt vorgegeben. Hierzu konstatiert Christian Grethlein:

> »Insgesamt setzte sich davon die Forderung durch, dass der Besuch des Predigerseminars für alle Pastoren verbindlich wurde. Die damit verbundene Anregung Drews', die praktische Theologie in einen empirisch-analytischen an der Universität und einen direkt berufsvorbereitenden Teil im Predigerseminar aufzuteilen, wurde dagegen nicht umgesetzt.«[681]

So votiert auch Birgit Weyel:

> »Der Gedanke, die universitäre Praktische Theologie enzyklopädisch neu zu orientieren, indem ihr Empiriebezug durch religionssoziologische und religionsphänomenologische Methoden gestärkt würde und zugleich der Praktischen Theologie im Rahmen der gesamten theologischen Ausbildung eine größere Bedeutung einzuräumen, ist freilich ausbildungspolitisch nicht realisiert worden.«[682]

Ein Blick in die gegenwärtigen Studienordnungen bekräftigt dieses Urteil. Seminare der Homiletik, Katechetik, Liturgik, Poimenik, Kybernetik und Reli-

---

679 DPT, 82.
680 BIRNBAUM, a.a.O., 120f.
681 GRETHLEIN (2012), a.a.O., 44.
682 WEYEL, a.a.O., 267.

gionspädagogik finden scheinbar selbstverständlich im Curriculum Berücksichtigung.[683] Religionspsychologie, Religionssoziologie, empirisches Arbeiten oder Kirchenmitgliedschaftsuntersuchungen gewinnen zwar aus praktisch-theologischer Perspektive – 100 Jahre nach Drews – enorm an Relevanz, sind als reguläre Studieninhalte jedoch noch nicht aufgenommen. Dieses gegenwartsorientierte Interesse der Praktischen Theologie auch auf der Ebene der Studienordnungen ankommen zu lassen – hierin kann die heutige Praktische Theologie ihre Aufgabe sehen[684]. Drews' Programm einer empirischen Theologie kann dafür den Weg weisen. Was spricht gegen eine Evangelische Kirchenkunde als Fixpunkt der universitären pfarramtlichen Ausbildung? Was spricht gegen eine Religiöse Psychologie respektive ›Sozialpsychologie der Religion‹ im Lehrprogramm?

Drews' empirisches Programm ist – gerade weil es noch heute so aktuell ist[685] – bedauernswerterweise nicht eingelöst worden. Die Frage nach der Breitenwirkung der seit 1898 kontinuierlich aufgebauten Forderungen an die Praktische Theologie schließt sich deshalb an.

Auf der Lehrbuchebene war die empirische Theologie vom Typ Drews' seinerzeit angekommen.[686] Hiervon zeugen unter anderem die Arbeiten seiner Mitstreiter Friedrich Niebergall und Martin Schian. In Niebergalls zweibändiger praktischer Theologie finden sich die Abteilungen »Religiöse Seelen- und Volkskunde«, »sittliche Volkskunde« und »kirchliche Volkskunde«.[687] Nach eigener Aussage Niebergalls ist sie die partielle Einlösung von Drews' empirischem Programm.[688] Ganz im Sinne Drews' entwickelt auch Schian, zehn Jahre

---

683 Nach dem auslaufenden Diplomstudiengang Theologie der Universität Rostock beispielsweise umfasste das Studium der praktischen Theologie hauptsächlich Vorlesungen, Pro- oder Hauptseminare der Homiletik, Katechetik, Liturgik, Poimenik und Kybernetik. Der 2012 in Kraft getretene modularisierte Magister-Studiengang berücksichtigt in einem eigenen interdisziplinären Basismodul das Verhältnis von Religion und Kultur. Diese Änderung entspricht ansatzweise dem, was Drews vor Augen gestanden haben dürfte. Die Übung *Liturgisches Singen* würde nach Drews allerdings ins Predigerseminar gehören. Der modularisierte Studiengang Evangelische Theologie an der Universität Tübingen – um ein weiteres Beispiel zu nennen – sieht im Basismodul praktische Theologie die Themenfelder Homiletik/Liturgik, Seelsorgelehre und Religionspädagogik vor. Ein Qualifikationsziel ist dabei das Vorbereiten und Beurteilen einer Predigt respektive Unterrichtsstunde. Das interdisziplinäre Basismodul stellt auch hier die Verbindung zwischen kirchlicher Gegenwart und pastoralem Handeln her. Diese Studienordnungen sind u.a. nach Vorgaben der EKD Rahmenrichtlinien gestaltet worden und entsprechen nur bedingt den Vorstellungen der Fakultäten.

684 Das Verhältnis von heutiger Praktischer Theologie zu Drews' empirischer Theologie wird im Schlusskapitel verhandelt, siehe 210–223.

685 »Insgesamt repräsentiert Drews einen Typus Praktischer Theologie, der bis heute begegnet: eine primär perspektivische, am Wirklichkeitsbezug interessierte Form von Theologie.«, GRETHLEIN (2012), a.a.O., 44.

686 Vgl. RÖSSLER, a.a.O., 49.

687 NIEBERGALL (1918), Bd. 1, Vf.

688 NIEBERGALL (1918), Bd. 1, 10.

nach dessen Tod, seinen *Grundriß der Praktischen Theologie.* »Evangelische Kirchenkunde« sowie »religiöse und sittliche Volkskunde« stehen für Schian »in vorderster Linie«,[689] wenn es darum geht, den Gegenwartsbezug der Praktischen Theologie zu gewährleisten. Drews' empirische Grundlagen, die er in seiner Reformschrift auf die Debatte zur Studienreformschrift noch einmal zuspitzt, blieben aber auch nicht ohne Eindruck auf die anderen Positionen. Systematisierungsbestrebungen der Praktischen Theologie reißen zwar nicht vollständig ab, arbeiten sich aber auch 1928 noch an Drews' *Problem der praktischen Theologie* ab.[690] Psychologische Betrachtungen und milieuspezifische Beschreibungen finden auch hier ihren Niederschlag.[691] In den praktisch-theologischen Gesamtdarstellungen der Jahre 1913 bis 1938 ist Drews' Reformentwurf der Praktischen Theologie ein selbstverständlicher Bezugspunkt. Hierzu schreibt Rössler:

> »Diese Epoche der Praktischen Theologie ist deutlich von gemeinsamen Grundlagen und Zielen geprägt. Die Praktische Theologie begründet ihr Selbstverständnis nicht aus einem allgemeinen Begriff von Theologie oder theologischer Wissenschaft, sondern aus den Aufgaben der kirchlichen Praxis und des Pfarrberufs. Ihr Programm ist die Ausbildung in dem Sinn, daß aus dem Verständnis des kirchlichen Lebens in seinen sozialen und psychologischen Gründen und Hintergründen eine sachgemäße und wirklichkeitsentsprechende Praxis des kirchlichen Handelns hervorgebracht werden soll.«[692]

Paul Drews wird also zu Recht neben anderen als Wegbereiter der »Liberaltheologischen Öffnung der Praktischen Theologie für Tatsachen«[693] angesehen. Nach dem jetzigen Erkenntnisstand setzt Drews mit seiner empirischen Theologie, ihrer materialreichen Umsetzung und ihrem Implikat für den praktisch-theologischen Lehrbetrieb die Epochensignatur einer *ersten empirischen Wende* der Praktischen Theologie.

Der Begriff *empirische Wendung* wird von Klaus Wegenast in den 1960er Jahren im Kontext der damaligen Religionspädagogik geprägt.[694] Aufgrund der Großwetterlage der 1960er Jahre wird dieser Begriff auch auf die Praktische Theologie ausgeweitet, um die Abwendung von der dogmatisch dominierten

---

689 Martin Schian, Grundriß der Praktischen Theologie, Gießen 1922, 16.

690 Johannes Steinbeck betitelt seine Abhandlung zwar noch als System der praktischen Theologie, mildert den Systembegriff im Sinne eines Ordnungsschemas bereits im Vorwort aber ab: »Es will außerdem den inneren Zusammenhang der kirchlichen Handlungen gegenüber einer bloßen Nebeneinanderstellung derselben zur Anschauung bringen, weshalb es den Namen eines ›Systems‹ der praktischen Theologie trägt.« (Steinbeck, a.a.O., Bd.1, Vorwort)

691 Steinbeck, a.a.O., Bd., VI.

692 Rössler, a.a.O., 49f.

693 Grethlein/Meyer-Blanck, a.a.O., 24.

694 Vgl. Klaus Wegenast, Die empirische Wendung, 111–125. Wegenasts Krisenwahrnehmung hinsichtlich des damaligen Religionsunterrichts führt zu einer Öffnung des Religionsunterrichtes für empirische Tatsachen, vgl. Wegenast, a.a.O., 115.

Disziplin hin zu einer humanwissenschaftlich geprägten Praktischen Theologie zu kennzeichnen.[695] Dabei ist die wissenschaftsgeschichtliche Verbindung zwischen der empirischen Wendung der 1960er Jahre und dem empirischen Anliegen Drews', Niebergalls und Baumgartens um 1900 zumindest teilweise von der Forschungsgeschichte anerkannt worden. Krisenwahrnehmung und empirische Tatsachenforschung sind hierfür jeweils konstitutiv.[696]

Dennoch riss diese empirische Tradition der ›modernen Theologie‹ mit dem Siegeszug der dialektischen Theologie ab.[697] Unter den veränderten Vorzeichen der von Karl Barth (1886–1968) initiierten Wort-Gottes-Theologie galt es, sich von der illegitimen Synthese von Kultur und Religion abzuwenden. Unter dem Eindruck des ersten Weltkrieges und der Folgejahre erschien gerade jungen Theologen und Pastoren die Ausrichtung auf das gegenwärtige menschliche Leben als korrumpiert. Die Wort-Gottes-Theologie und Gottes Fremdheit im Gegenüber zur Welt als Prämisse theologischen Denkens verlangten nach einer dogmatischen Ausrichtung der gesamten Theologie. Drews und Niebergall gerieten im Zuge dessen unter scharfe Kritik.[698] Hierzu schreibt Christian Grethlein: »Mit der *dogmatischen Kritik an der programmatischen Zuwendung zu den konkreten Menschen* wurde ein konstitutives Merkmal der bisherigen Praktischen Theologie in Frage gestellt.«[699] Im Zuge dieses theologischen Paradigmenwechsels gerieten Drews und sein empirisches Programm weitgehend in Vergessenheit.[700] Wie man heute weiß, ist die dialektische Theologie als »theologische Reaktion auf die manifeste Krise der Moderne am Beginn des 20. Jh.«[701] Episode geblieben. Das die empirische Theologie Paul Drews' nicht nur in forschungsgeschichtlicher Hinsicht ein

---

695 Vgl. MICHAEL MEYER-BLANCK/BIRGIT WEYEL, Studien- und Arbeitsbuch, 52.

696 Vgl. MEYERBLANCK/WEYEL, a.a.O., 46 sowie E. LESSING, a.a.O., 426.

697 Hierzu schreibt Rudolph: »So wird man abschließend das Fazit ziehen müssen, daß wieder einmal in der Kirchengeschichte an sich fruchtbare Gedanken unter verändertem theologischen Vorzeichen mitsamt der alten Epoche, aus der sie noch stammen, über Bord geworfen werden oder allenfalls noch ein bescheidenes Dasein fristen. Wie einst der theologische Rationalismus unterging, so ist es auch der theologische Liberalismus, ist der Ritschlianismus untergegangen. Die spätere Zeit hatte viel zu viel mit sich selbst zu tun, so daß sie ihren Blick nicht rückwärts richten und nicht fragen konnte, was vom Alten noch hätte in den Neubau hineingenommen werden können.« (RUDOLPH, a.a.O., 67).

698 REINHARD SCHMIDT-ROST, Zwischen den Zeiten. Praktische Theologie im Umfeld der dialektischen Theologie, in: CHRISTIAN GRETHLEIN/MICHEAL MEYER-BLANCK [Hrsg.], Geschichte der Praktischen Theologie. Dargestellt anhand ihrer Klassiker, Leipzig 2000, 501–530, 511f.

699 GRETHLEIN (2012), a.a.O., 48.

700 In dem aktuellen Werk zum Thema empirische Theologie (ASTRID DINTER/HANS-GÜNTHER HEIMBROCK/ KERSTIN SÖDERBLOM [Hrsg.], Einführung in die empirische Theologie, Göttingen 2007) versuchen die Autoren, die Anfänge dieses Kontaktes zwischen Theologie und Empirie zu ergründen, gehen aber gar nicht auf Drews ein, sondern beginnen ihre Ausführungen erst bei Werner Gruehn (1887–1961).

701 DIETRICH KORSCH, Art. Dialektische Theologie, in: RGG 2 (1999^4), 809–815, 814.

lohnendes Forschungsobjekt ist, dürfte am Ende dieser Untersuchungen feststehen.

VII. Schluss

Die praktisch-theologische Forschung ist weitergegangen. Die Notwendigkeit einer empirischen Zugangsweise wird als erwiesen angesehen und auch ein sozial-wissenschaftlich respektables, modernes Methodeninventar steht zur Verfügung, um ihrem empirischen Anspruch gerecht zu werden. Von daher wäre es übers Ziel hinausgeschossen, zu glauben, die Praktische Theologie könne ganz neue, wesentliche Arbeitsanweisungen aus dem Drews'schen Konzept empfangen. Im Gegenzug wäre das zeitlose Potenzial der empirischen Position Drews' aber auch verschenkt, wenn man sie lediglich der Forschungsgeschichte zur Verwahrung übergeben wollte. Die vorliegende Untersuchung wurde von der Annahme geleitet, dass die Beschäftigung mit Drews' empirischer Theologie einerseits der wissenschaftsgeschichtlichen Erhellung dient, darüber hinaus aber auch wertvolle Impulse für die heutige empirisch arbeitende Praktische Theologie bereithält. Deshalb soll hier nach einer kurzen Zusammenfassung der Arbeitsergebnisse eine zeitgemäße Fruchtbarmachung der empirischen Theologie vom Typ Drews skizziert werden. Die Aktualisierung der Drews'schen empirischen Theologie kann dabei der Sache nach nur in Ansätzen und in relativ allgemeiner Form erfolgen. Von hier aus könnten diese Anregungen dann aber auf konkrete empirisch-theologische Sachverhalte und Studien angewendet werden. Dieser Arbeitsgang muss jedoch sich anschließenden Forschungen überlassen werden, da das eigentliche Erkenntnisinteresse dieser Arbeit damit überschritten wäre, das darin bestand, die interne Struktur von Drews' empirischer Theologie zu erhellen.

1. Zusammenfassung – Programm einer empirischen Theologie

Drews' empirische Theologie wird durch seine Beschäftigung mit der *sozialen Frage* eingeleitet und ist dabei das Ergebnis einer erweiterten Fragestellung seiner ›sozialen Phase‹. Die soziale Frage wird von Drews als religiöse Frage entfaltet, woraus neue Herausforderungen für Kirche und Theologie erwachsen. Diese zeigen sich als Phänomen der Entkirchlichung und der sozialdemokratisch proklamierten Unkirchlichkeit, wodurch dem Prozess des Auseinanderdriftens verschiedener gesellschaftlicher Gruppen als Folge des Frühkapitalismus' und der schwindenden sozial-integrativen Kraft des Christentums weiter Vorschub geleistet wird. Die Kirche steht jenen Entwicklungen machtlos gegenüber, hinsichtlich der Arbeiter ergeht sie sich in bloßer Polemik und zieht sich auf die ihr verbleibenden Bezugsgruppen – die traditionell eingestellte Landbevölkerung und das Bürgertum – zurück.

Den kirchlichen Leitungsorganen – namentlich dem Pfarrstand – lastet Drews deshalb *pastorale Insuffizienz* an, die sich vor allem darin zeige, dass die Kirche an den Menschen vorbei agiere, wobei dieser Vorwurf am schwersten bei den Arbeitern wiegt. Ihre Ursache ist für Drews ein generelles *Verstehens*problem, welches daraus erwachse, dass eine gemeinsame kulturelle Sphäre zwischen den Pastoren und den Menschen ihrer Gemeinden nicht mehr selbstverständlich gegeben ist. An diesem gesellschaftlichen Differenzierungsprozess habe der Pfarrstand, der zunehmend von der Lebenswelt der Menschen abgekoppelt wird, keine direkte Schuld. Es werde aber unumgänglich, hierfür ein Substitut zu schaffen, um nicht mit dogmatischen Vorurteilen konkrete Verstehensprobleme lösen zu wollen. Hierfür bedarf es empirischen Wissens. Es kann diese gemeinsame Sphäre nachträglich konstruieren, wodurch es Pastoren möglich wird, die religiöse Lage und die daraus erwachsenden religiösen Bedürfnisse, auch der kirchenfernen und kirchenfeindlichen Kreise, zu *verstehen*. Im Rahmen der Religiösen Volkskunde, Religiösen Psychologie und Evangelischen Kirchenkunde kann empirisches Material erhoben und dargestellt werden, welches dazu dient, ein Bild der modernen Lebensbedingungen zu konstruieren. Die Religiöse Volkskunde stellt hierbei ein religionssoziologisches Programm dar und ist mit der Religiösen Psychologie als sozialpsychologischer Erweiterung dessen verwachsen. Die Evangelische Kirchenkunde nimmt dabei die Ergebnisse dieser beiden Abteilungen in Hinblick auf ein begrenztes Kirchengebiet oder eine Landeskirche auf.

Die empirischen Grundlagen sollen im Wissenschaftsbetrieb der Praktischen Theologie, als Ort der pfarramtlichen Ausbildung, angesiedelt werden. Bei der Erhebung empirischer Daten rekurriert Drews auf einen, wenn auch nicht ausgeführten, so aber implizit vorhandenen Methodenapparat. Dieser Methodenapparat befindet sich auf der Höhe der damaligen empirischen Sozialforschung. Drews' Verarbeitungstypologien *Tatsache, Typus* und *Gesetz* unterstreichen zudem den wissenschaftlichen Charakter dieses Methodenarsenals. Die Tatsache kann in Anlehnung an das Konzept der soziologischen Tatbestände von Emile Durkheim als Aussage über ein beobachtetes Phänomen angesehen werden. Der Typus hingegen, der vom Weber'schen Idealtypus zu unterscheiden ist, ist das Produkt einer strukturierenden Durchschnittsbildung. Für einen Regelzusammenhang, auf dessen Grundlage kontrollierte Prognosen möglich werden, verwendet Drews den Begriff Gesetz.

Die Frage nach der Verwendung dieses wissenschaftlichen Methodenapparats im universitären Lehrbetrieb wird von Drews in Form eines Studienreformprogramms der Praktischen Theologie beantwortet. Sein Reformentwurf folgt der Annahme, dass die Praktische Theologie unter dem Paradigma des Gegenwartsbezugs auch eines empirischen Zuschnitts in Form der Evangelischen Kirchenkunde bedarf. Die Evangelische Kirchenkunde bildet neben

Prinzipienlehre, Geschichte der kirchlichen Handlungsfelder und pastoraltheologischen Grundlinien das Herzstück der Praktischen Theologie. Homiletik, Katechetik, Liturgik und Seelsorge sollen in Hinblick auf ihre praktische Umsetzung dagegen ihren Platz im sich anschließenden Predigerseminar finden. Mit diesem Reformruf fügt sich Drews in einen extrem breiten zeitgenössischen Reformdiskurs ein. Innerhalb dieses Diskurses steuert Drews' seine konzeptionell dargelegte und theoretisch erprobte Religiöse Volkskunde und Evangelische Kirchenkunde als originellen Beitrag bei.

Mit den veränderten theologischen Vorzeichen im Rahmen des Siegeszuges der dialektischen Theologie in den 1920er/1930er Jahren wird die liberaltheologische Öffnung der Praktischen Theologie für empirische Tatbestände kritisiert und verworfen. Im Zuge dessen verschwindet die Tradition dieser *ersten empirischen Wende* weitgehend aus dem Bewusstsein praktischtheologischer Forschungsgeschichte.

2. Paul Drews – Ein würdiger Gesprächspartner?

Der Frage, der sich eine forschungsgeschichtliche Untersuchung letztendlich immer zu stellen hat, ist die nach Nutzen und Verwertbarkeit ihrer errungenen Erkenntnisse. Um diesen forschungsökonomischen Fragen den Wind aus den Segeln zu nehmen, ist diese Arbeit bereits mit dem ambitionierten Ziel angetreten Paul Drews' Konzept der heutigen Praktischen Theologie als würdigen Gesprächspartner zu präsentieren und darüber hinaus einen gewinnbringenden Dialog zwischen beiden zu initiieren. Dem ersten Teil dieses Anspruches ist dann Genüge getan, wenn Drews' Konzeption von religiöser Volkskunde und Evangelischer Kirchenkunde als empirische Theologie nach heute geltenden Standards ausgewiesen werden kann. Der zweite Teil dieser Forderung kann erst erfüllt werden, wenn deutlich ist, welchen Ansätzen die heutige empirisch arbeitende Praktische Theologie folgt und inwiefern sie bei der Umsetzung der daraus resultierenden Aufgaben Entwicklungsbedarf hat. Abschließend gilt es dann Bilanz zu ziehen und kritisch zu fragen, wo Drews' Vorstellungen überholt sind und in welchen Punkten die heutige Praktische Theologie vielleicht sogar von ihm lernen kann.

2.1 Paul Drews – Programm einer *empirischen* Theologie?

Zugegebenermaßen ist schon der Titel dieser Arbeit streitbar oder zumindest eine Vorwegnahme, zumal der gelernte Kirchenhistoriker und spätere Praktische Theologe Paul Drews sein Programm an keiner Stelle selbst als *empirische* Theologie etikettiert hat. Dass es sich bei dem von Drews um 1900 entwickelten Programm aber um eine solche handelt, kann mit den hier gewonnenen Erkenntnissen belegt werden. Diese sollen im Folgenden nun so entfaltet werden, dass deutlich wird, inwiefern Drews' Programm der Religiösen Volkskunde und Evangelischen Kirchenkunde als empirische Theologie bezeichnet werden kann und muss.

Diesen Überlegungen geht die Frage voran, welchen Kriterien eine empirische Theologie überhaupt zu folgen hat, da der Begriff *empirische Theologie* in der heutigen Praktischen Theologie ein gängiger Terminus ist.

In seinem einschlägigen Lehrbuch schlägt Hans-Günther Heimbrock und die sogenannte Frankfurter Richtung hierfür folgende Definition vor:

> »Empirische Theologie ist ein (1) theologischer Forschungsansatz, der (2) Erkenntnis Gelebter Religion im (3a) methodisch gesicherten Rückgriff auf (3b) Erfahrung zu erlangen versucht.«[702]

(1) Ist Drews' Programm der Evangelischen Kirchenkunde nun ein ausdrücklich *theologischer Forschungsansatz*? Diese Frage kann formal gesehen bejaht werden, da die Kirchenkunde ein explizit praktisch-theologisches Programm ist. Diese Argumentation kann aber auch sachlogisch belegt werden. Die soziale Frage als ›religiöse Frage‹ bedarf einer theologischen Antwort. Sie führt zur Entwicklung eines praktisch-*theologischen* Forschungsdesigns. Dieses ermöglicht es *pastoralen* Handlungsträgern, verhältnismäßig agieren zu können.

Darüber hinaus vertritt Drews mit seinem empirischen Programm ein eigenes theologisches Wahrheitsanliegen: Kulturhermeneutik ermöglicht den angemessenen Umgang der Theologie mit den Fragen und Phänomenen ihrer Zeit. So muss das Evangelium unter Berücksichtigung von Zweifel und Infragestellungen der Glaubensgewissheit von der gesamten Theologie immer wieder aktualisiert werden.[703]

Vor diesem Hintergrund wird deutlich, dass es sich bei Religiöser Volkskunde und Evangelischer Kirchenkunde um einen ausdrücklich theologischen Forschungsansatz handelt. Empirische Religionsforschung aus religionswissenschaftlicher Perspektive – als Blick von außen – wäre im Rahmen der Evangelischen Kirchenkunde nicht denkbar. Drews' empirisches Programm verfolgt also ein theologisches Anliegen, indem es pastoral-theologische Prozesse hermeneutisch optimieren will und darüber hinaus auch das Potenzial besitzt, die religiösen Fragen der Gegenwart an die gesamte Theologie zu vermitteln.

(2) Geht es der Religiösen Volkskunde und Evangelischen Kirchenkunde um die *Erforschung gelebter Religion*? Gelebte Religion, wie sie Heimbrock verstanden wissen will, zeigt sich im offenen Erfahrungsprozess des Alltags und umschließt nicht nur institutionalisierte Frömmigkeit oder religiöse Terminologie.[704] Obwohl Drews den Begriff *gelebte Religion*, der dem Sprachduk-

---

[702] HANS-GÜNTER HEIMBROCK/PETER MEYER, Einleitung. Im Anfang ist das Staunen, in: Dinter/Heimbrock/Söderblom [Hrsg.], a.a.O., 11–16, hier 15. Die Nummerierung ist an dieser Stelle zum Zweck der besseren Veranschaulichung nachträglich eingefügt worden.

[703] Vgl. Kapitel II, 51–61.

[704] Vgl, HANS-GÜNTER HEIMBROCK, Empirische Theologie als Erforschung gelebter Religion, in: DINTER/HEIMBROCK/SÖDERBLOM [Hrsg.] a.a.O., 72 –100, hier 72f.

tus der heutigen Zeit entlehnt ist, natürlich nicht verwendet, fallen die von ihm beschrieben Phänomene jedoch darunter. Es geht ihm um »das ganze weite Gebiet der Surrogate der christlichen Religion«[705]; verschiedene Arten von Frömmigkeit und Glaubenspraxis – in seiner Sprache heißt das Volksfrömmigkeit, Sektenwesen, Mystizismus u.ä. – kommen so in seinen Blick. Das geschieht natürlich in »gründlicher, unparteiischer und leidenschaftsloser Behandlung«[706], »Denn wir Menschen sind, sowohl was die einzelnen Individuen, als auch was die gesonderten Gesellschaftsgruppen anlangt, durchaus nicht in ein und derselben Weise fromm.«[707] Es kann also festgehalten werden, dass die Religiöse Volkskunde an gelebter Religion orientiert ist, denn sie erforscht nicht nur Phänomene kirchlicher Provenienz, sondern das gesamte religiöse Alltagsleben innerhalb und außerhalb der Landeskirchen.[708]

(3a) Abschließend stellt sich noch die Frage, ob die Gewinnung von empirischen Erkenntnissen bei Drews in einem *methodisch gesicherten Rückgriff* erfolgt. Mit den vorangehenden Erwägungen zum methodischen Vorgehen Drews' kann belegt werden, dass der von ihm verwendete Methodenapparat zeitgemäß ist und auf wissenschaftliche Standards rekurriert. Seine Verarbeitungstypologien Tatsache, Typus und Gesetz ordnen und strukturieren empirische Ergebnisse in – nach damaliger Auffassung – epistemologisch gesicherter Weise. Die Theologie transformiert sich zu einer empirischen, indem sie selbst mit den Methoden der Sozialwissenschaft arbeitet und ihre Ergebnisse theologisch reflektiert. Drews Zugriff auf Empirie ist somit methodisch gesichert und erfolgt intradisziplinär.

Wie aber verhält es sich mit dem als (3b) bezeichneten Zusatz: dem methodisch gesicherten Rückgriff auf *Erfahrung*?

In diesem Punkt hebt Heimbrock auf den phänomenologischen Zugriff der von ihm vertretenen empirischen Theologie ab. »Sie sucht vielmehr Erkenntnis, die aus menschlicher Erfahrung gewonnen wird, aus dem, was uns die fünf Sinne vermitteln.«[709]

Durch Erfahrung, deren Grundlage Wahrnehmung ist, wird Wirklichkeit also induktiv erschlossen. Drews' Programm präsentiert sich zwar nicht als eine solche ausdrücklich phänomenologische Zugriffsweise auf Empirie, dennoch spielt Erfahrung auch bei ihm eine zentrale Rolle:

> »So dann bleibt freilich die persönliche Erfahrung zuletzt für jeden das Unersetzliche. Aber dazu will die ›religiöse Volkskunde‹ anleiten, erziehen, dass der Geistliche fähig wird, Erfahrung zu sammeln; das Auge will sie ihm schärfen für das

---

705 RVAT, 5.
706 RVAT, 4.
707 RAVT, 2.
708 Vgl. Kapitel IV, 103–105.
709 Heimbrock/Meyer a.a.O., 19.

konkrete Leben; den Sinn ausrüsten, menschliche Art im Reiche der Religion zu verstehen.«[710]

Drews misst Pastoren als Feldforscher erster Ordnung hohe Bedeutung zu. Ihre geschärfte Wahrnehmung ist eine Grundvoraussetzung pastoralen Handelns und gereicht der religiösen Volkskunde und Evangelischen Kirchenkunde auch zum Vorteil. Es kann also festgestellt werden, dass ›Erfahrung‹ auch bei Drews' eine prominente Stellung einnimmt, auch wenn sein empirisches Programm nicht ausdrücklich phänomenologisch orientiert ist.[711]

Nach diesen Betrachtungen steht fest, dass es keinen triftigen Grund gibt die empirisch arbeitende Theologie vom Typ Drews nicht auch als eine Art *empirische Theologie,* zu bezeichnen. Trotzdem muss eingeräumt werden, dass die empirische Theologie, wie sie heute proklamiert wird, eine andere methodische und terminologische Qualität besitzt. Diesen methodischen Quantensprung verdankt sie aber nicht nur sich selbst[712], sondern den fortschreitenden methodischen Entwicklungen in der Sozialwissenschaft. Neben quantitativen Methoden – wie sie Drews ausschließlich bekannt waren – greift man hier vor allem auch einträglich auf qualitative Methoden zurück. Ebenso operiert die moderne Praktische Theologie mit einem ausgereiften Begriffsapparat, der mit Termini wie *gelebte Religion* und *Erfahrung* viel klarer das zu bezeichnen weiß, was Drews erspürt hat und teilweise nur vage zu beschreiben vermochte.

Dennoch ist Drews auf konzeptioneller Ebene – wie sich noch zeigen wird – der heutigen Praktischen Theologie erstaunlich nahe. Dabei stellt sich zunächst die Frage, worin die heutige Praktische Theologie ihre Aufgabe sieht, welche konzeptionellen Ansätze sich daraus ergeben.

2.2 Aufgaben und Entwicklungstendenzen der heutigen Praktischen Theologie

Eine Funktionsbestimmung der Praktischen Theologie nimmt Wilfried Engemann vor, indem er schreibt: »Sie entwickelt (1.) Theorien für die Kommunikation des Evangeliums (2.) durch Personen (3.) auf der Basis von Zeichen (4.) in bestimmten Situationen (5.) zur Gestaltung von Kirche (6.) um der Zu- und Aneignung der Freiheit willen.«[713]

---

710 RVAT, 4.

711 Vgl. Kapitel V, 151–171.

712 Vgl. Hans-Günter Heimbrock, Von der Lebensnähe zur Lebenswelt. Forschungsgeschichtliche Durchblicke zur Empirischen Theologie, in: Birgit Weyel/Wilhelm Gräb/ Hans-Günter Heimbrock [Hrsg.]: Praktische Theologie und empirische Religionsforschung, Leipzig 2013, 100–117.

713 Wilfried Engemann, Kommunikation des Evangeliums als interdisziplinäres Projekt. Praktische Theologie im Dialog mit außertheologischen Wissenschaften, in: Christian Grethlein/Helmut Schwier: Praktische Theologie, Eine Theorie- und Problemgeschichte, Leipzig 2007, 137–232, hier 140.

(1) Die »Kommunikation des Evangeliums« stellt sich mit Engemann als das Hauptgeschäft der Praktischen Theologie dar. Da menschliche Verständigungsprozesse äußerst krisenanfällig sind, müsse die Praktische Theologie aufkommende Verstehensprobleme erkennen, erfassen und Lösungsansätze entwickeln. Dabei sei es unerlässlich, nicht nur die Kommunikationsbedingungen zu kennen, sondern auch Konzepte und Modelle der Kommunikationswissenschaft zu Rate zu ziehen, um problemorientiert agieren zu können. Da die Kommunikation des Evangeliums von den allgemein menschlichen Kommunikationsbedingungen nicht loszulösen sei, müsse auch die Praktische Theologie hier den Dialog mit der Kommunikationswissenschaft pflegen. Dieser Forderung sei die Praktische Theologie in der Vergangenheit bereits nachgekommen und habe dabei die Theoriebildung vorangetrieben. Die Medien-Medienwissenschaften – so Engemann – müssen jedoch noch stärker in den Blick genommen werden, da sie als Medienkompetenz eine wichtige Komponente von Kommunikation darstellen. Bereits auf der Ausbildungsebene müsse der Umgang mit apersonalen Medien vermittelt werden.[714]

Veränderte Kommunikationsbedingungen, unbekannte Einflussfaktoren und das daraus resultierende Verstehensproblem bilden die Ausgangssituation, die auch Drews dazu veranlasst, die Rolle von Kirche und Theologie neu zu denken. Drews konnte damals noch nicht auf die moderne Kommunikationswissenschaft zurückgreifen. Er musste die äußeren Faktoren der Verständigung und ihre Wirkung auf Kommunikationsprozesse erst eigenständig generieren und analysieren. Dabei sollte die Frage, inwiefern das nach heutigen Vorstellungen und Standards gelungen sein mag, zweitrangig sein.[715] In erster Linie hat Drews hier ausgehend von gesellschaftlichen Phänomenen seismographisch Probleme der Kommunikation des Evangeliums wahrgenommen. Damit geht er von einer Problemlage aus, die bis heute für die Praktische Theologie nicht an Relevanz verloren hat.[716]

(2) Die von Engemann angesprochene personale Dimension der Kommunikation des Evangeliums orientiert sich beispielsweise an der Persönlichkeit des Predigers oder an anderen Subjekten, die an der Kommunikation des Evangeliums beteiligt sind. Da diese Persönlichkeit im Laufe ihres Lebens individuell entwickelt (psychologisch) und ausgebildet (praktisch-theologisch) wurde, sei es umso wichtiger, ihr auf der Ebene der Selbstwahrnehmung und Selbstreflexion zu begegnen. Eben weil die Kommunikation des Evangeliums nicht von ihrer personalen Komponente – das Evangelium kann nur durch Personen kommuniziert werden – loszulösen sei, komme die Praktische Theologie nicht ohne psychologisches Basiswissen aus. Diese interdisziplinäre Perspektive ist von der Seelsorge besonders in den 60er Jahren stark rezipiert worden. Dem Impetus folgten sodann auch die Homiletik und andere theologi-

---

714 ENGEMANN, a.a.O., 140–149.

715 Damit ist Drews Forschung eben mehr, als die »naive Sammlung lebensnaher Phänomene« (HEIMBROCK (2013), a.a.O., 111.

716 Vgl. Kapitel III, 56–61.

sche Disziplinen.[717] Hierzu resümiert Engemann: »Inzwischen ist ›personale Kompetenz‹ zu einer zentralen praktisch-theologischen Kategorie geworden, auf die man nicht mehr verzichten kann, wenn man theologisch vom Zeugnischarakter der Predigt, von der Glaubwürdigkeit des Predigers oder von der Authentizität im seelsorgerischen Gespräch reden will, um damit bestimmte Facetten der sich zwischen Personen vollziehenden Kommunikation des Evangeliums hervorzuheben.«[718]

Diese Forderung nach psychologisch geleiteter Selbstreflexion des Pfarrers findet ihre Anfänge um die Jahrhundertwende und klingt auch bereits bei Drews an – deutlich zu spüren etwa in seinem Appell, dass die Zeiten vorbei seien, wo der liberale Pfarrer alle liberal und der orthodoxe Pfarrer alle orthodox zu machen habe.[719] Drews zielt hier zwar in erster Linie auf die Achtung der individuellen Frömmigkeit der Gemeindeglieder ab, in zweiter Linie deutet sich aber auch der Anspruch an, dass sich der Pfarrer über seine eigene Frömmigkeit klar zu werden habe. Noch deutlicher wird die personale Dimension der Kommunikation des Evangeliums bei Drews in Hinblick auf den Religionsunterricht. Hier mahnt er an, dass die Schüler durchaus die religiöse Haltung des Religionslehrers abspüren können und in seine Betrachtungsweise hineingezogen werden würden.[720]

Auch wenn Drews eine Anleitung zur Selbstreflexion der Pfarrerpersönlichkeit nicht offeriert oder konzeptionell begründet – zumindest nicht in dem Maße, wie es bei Oskar Pfister der Fall war[721] –, hat er die immense Bedeutung der personalen Dimension erkannt.

(3) Die Kommunikation des Evangeliums vollzieht sich nach Engemann »auf der Basis von Zeichen.«[722] Hierfür stehe das gesamte Ausdrucksrepertoire einer Kultur zur Verfügung. Aufgabe der Praktischen Theologie sei es, diejenigen kulturellen Phänomene zu deuten, die für die Kommunikation des Evangeliums konstitutiv sind. Dabei ist sie immer wieder vor Veränderungen gestellt, die das Verstehen der Phänomene verkomplizieren. Das Verstehen müsse deshalb mit dem Vorgang der Dekodierung verbunden werden. Da Zeichen im Modus von Form und Inhalt, Ausdruck und Bedeutung die Wirklichkeit konstruieren, müsse auch auf Umstände Rücksicht genommen werden, die auf die Interpretation der Zeichen Einfluss nehmen. Die Semiotik als Gesprächspartner der Praktischen Theologie kann an dieser Stelle vermitteln. Als Unterpfand für einen gelingenden Austausch der Disziplinen müsse die Praktische Theologie die Wahrung der Tradition als *status quo* überschreiten

---

717 Vgl. ENGEMANN, a.a.O., 150–155.

718 ENGEMANN, a.a.O.,156.

719 RVAT, 7.

720 Vgl. PAUL DREWS, Professor Paulsen über den evangelischen Religionsunterricht, in: CW 21, 1907, 84-87, hier 85.

721 Vgl. OSKAR PFISTER, Die psychoanalytische Methode, eine erfahrungswissenschaftliche-systematische Darstellung, Leipzig 1913.

722 ENGEMANN, a.a.O., 157.

und sich auf Neu- und Umdeutungen von Welt und Selbst durch das Evangelium einlassen. Implikationen der Semiotik hätten sich besonders auf dem Gebiet der Homiletik ausgezahlt, dabei sei die Literaturwissenschaft als ein weiterer Gesprächspartner in den Dialog eingetreten, um das Vermittlungsgeschehen der Predigt mit geeigneten Modellen und Theorien zu beschreiben und zu unterstützen.[723]

Ohne den Kontakt zu der sich ohnehin noch in den Anfängen befindenden Semiotik[724] hat Drews seinerzeit die sinnstiftende Bedeutung der Kulturgüter und die Notwendigkeit des Verstehens anerkannt. Ausgehend von der allgemeinen Volkskunde lernte er den Wert von literarischen Quellen, Sitten und Bräuchen für hermeneutische Prozesse zu schätzen – vermutlich auch aus der Not heraus, da ihm weder quantitative noch qualitative empirische Aussagen über seine sich stetig wandelnde Gegenwart vorlagen. Die daraus generierten Faktoren können daher als Versuch gesehen werden, den Umgang mit den Gütern der modernen Kultur zu systematisieren. Selbstredend konnte er damit nicht dasselbe Erkenntnisniveau erreichen, wie es der heutigen Praktischen Theologie vorbehalten ist.

(4) Indem Engemann die Kommunikation des Evangeliums als einen Prozess, der von bestimmten Situationen abhängig ist, herausstellt, zeigt sich das Ringen um die Einheit von Kommunikation des Evangeliums (Zeugnis) und dem kirchlichen Handeln (Dienst) als praktisch-theologische Aufgabe. Kirchliches Handeln habe sich an den Verhältnissen und Lebensumständen der Hörer zu orientieren. Damit betrete die Praktische Theologie ureigenes sozialwissenschaftliches Terrain. Der interdisziplinäre Dialog mit der Sozialwissenschaft könne deshalb wesentlich dazu beitragen, die sozialen Strukturen, die für die Kommunikation des Evangeliums unter dem Paradigma der Dienlichkeit konstitutiv sind, zu durchdringen. Wie dieser interdisziplinäre Dialog zu gestalten sei und welchen Stellenwert die Sozialwissenschaft für die Praktische Theologie einzunehmen habe, blieb lange Zeit umstritten. Neben verschiedenen Modellen von Theologie als Sozialwissenschaft und Sozialwissenschaft als Subdisziplin der Praktischen Theologie (z.B. als Pastoralsoziologie) habe eine sozialwissenschaftliche Reflexionsebene auf andere Weise Einzug in praktisch-theologische Arbeitsfelder gehalten. Es habe sich als hilfreich erwiesen, sozialwissenschaftliche Sichtweisen neben anderen Perspektiven in die Praktische Theologie zu integrieren. Für den Dialog mit der Sozialwissenschaft generiert Engemann drei Leitfragen:

1. Die Frage nach den sozialen Räumen im Kontext der Kommunikation des Evangeliums.

2. Die Frage nach der selbstkritischen Reflexion von Kirche, Theologie und Kommunikation des Evangeliums hinsichtlich ihrer ›sozialen Dienlichkeit‹.

---

[723] Vgl. ENGEMANN, a.a.O., 157–160.

[724] Vgl. THOMAS MACHO, Art. Semiotik, II. In Linguistik und Literaturwissenschaft, in RGG 7 (2004^4), 1193.

3. Die Frage nach Werten, Sinngebung und Zielsetzungen einer Kirche, die ihrer gesellschaftlichen Verantwortung gerecht wird.[725]

Diese drei Leitfragen können auch als Ausgangspunkt von Drews' praktisch-theologischen Bemühungen gesehen werden. Die Verantwortung der Kirche für die Gesellschaft wurde Drews in besonderer Weise in Gestalt der sozialen Frage und ihrer Folgeprobleme vor Augen geführt. Dabei nimmt er das Evangelium mit seiner Botschaft als Ressource der notleidenden Bevölkerung wahr. Die Kommunikation des heilsbringenden Evangeliums ist in seiner Wahrnehmung aber erheblich gestört. Daraus ergibt sich für ihn die Notwendigkeit der Erforschung ›sozialer Räume‹ um den Kommunikationsprozess von Störungen zu befreien. Die seinerzeit noch im Entstehen begriffene Sozialwissenschaft und ihre Urdisziplinen sind auch für Drews primärere Referenzpunkte.

Religiöse Volkskunde und Evangelische Kirchenkunde erforschen – modern gesprochen – soziale Räume und können in gewisser Weise als soziologische Subdisziplinen innerhalb der Praktischen Theologie gesehen werden. Dabei läuft die Religiöse Volkskunde mit ihrer Rückbindung an die Evangelische Kirchenkunde zu keiner Zeit Gefahr, ihre theologische Aufgabe zu vernachlässigen oder aus dem Gesamtbetrieb der Praktischen Theologie herauszubrechen.

(5) Wenn die Praktische Theologie *zur Gestaltung von Kirche* im Modus der Kommunikation des Evangeliums beitragen will, muss sie sich unter anderem auch auf die wechselhaften Beziehungen von Ökonomie und Recht verstehen. Ausgehend von Schleiermachers »Methodologie der Kirchenleitung«[726], hat die Praktische Theologie Fragen nach dem Kirchenregiment, dem Kirchendienst der Geistlichen und dem Einwirken des einzelnen Christen zu stellen. Dabei käme die Praktische Theologie – so Engemann – nicht umhin, eine unternehmerische Perspektive auf das kirchliche Gebiet zu entwickeln. Der Einsatz von materiellen und personellen Ressourcen stünde somit auf dem Prüfstand angesichts des zu erwartenden Erfolges. Kirchliche Produktivität unter ökonomischen Gesichtspunkten zeige sich in ihrer Kundenorientierung. Der Erfolg könne mittels der Kontrollfrage: »Findet Kirche im Leben des Einzelnen statt?« evaluiert werden. Problematischerweise wird der so definierte Erfolg von kirchlichen Prozessen nur vage messbar sein.[727]

In Hinblick auf diese Problemstellung besitzt die empirisch arbeitende Evangelische Kirchenkunde innovatives Potenzial. Die nach Drews' Vorstellungen konsequent umgesetzte Evangelische Kirchenkunde kann unter anderem als *kirchliche Inventur* aufgefasst werden. Indem das gesamte religiöse Leben einer Landeskirche in bestimmten Turnussen erhoben wird, schafft

[725] Vgl. ENGEMANN, a.a.O., 161–163.
[726] FRIEDRICH DANIEL ERNST SCHLEIERMACHER; WALTER SACHS [Hrsg.]: Theologische Enzyklopädie (1831/1832), Berlin/New York 1987, 252.
[727] Vgl. ENGEMANN, a.a.O., 171–178.

man eine kontinuierliche, unter Umständen sogar internationale Vergleichsgrundlage der Religiosität einer Landeskirche. Dieses religiöse Leben ist nach Drews als lebendiges Ganzen anzusehen, Verschiebungen in einem religiösen Teilgebiet ziehen Veränderungen in einem anderem Bereich nach sich. Dadurch wird angezeigt, in welchen Gebieten es scheinbar zu Mangelerscheinungen kommt oder wo ein besonders großer Zulauf zu verzeichnen ist. Dabei bleibt die Evangelische Kirchenkunde vom Typ Drews nicht bei den bloßen Zahlen stehen. Als universitäre Disziplin hat sie diese Zustände nicht nur zu ermitteln, sondern auch die Ursachen zu erforschen. In diesem Punkt könnte die Evangelische Kirchenkunde nach Drews den Ansprüchen der modernen Praktischen Theologie zum Vorteil gereichen.

(6) Die Zu- und Aneignung von Freiheit sieht Engemann durch den Dialog mit der Philosophie gewährleistet. Dabei bescheinigt er der Praktischen Theologie, dass sie den Kontakt zu einer ihrer wichtigsten Bezugsdisziplinen – in der Zeit der Vorherrschaft der dialektischen Theologie – verloren hätte. Dieser Umstand würde besonders schwer wiegen, da die Philosophie sich zum einen in den Folgejahren immens weiter entwickelt hätte und zum anderen seit jeher die wichtigste Gesprächspartnerin in Hinblick auf Fragen der Lebenskunst um der Freiheit willen gewesen wäre. Dieses Versäumnis hätte die gegenwärtige Praktische Theologie nun wieder aufzuholen.[728]

Nun könnte man Drews getrost die Gnade der frühen Geburt attestieren, da Theologen zu seiner Schaffenszeit noch einen offenen Blick auf die neben der Theologie sich entfaltende Philosophie hatten. Diese auf Zufall rekurrierende Zuschreibung wird Drews' Weitblick auf die Notwendigkeit eines interdisziplinären Dialoges aber nicht gerecht. Das kann an folgendem Beispiel erläutert werden: Die Aufgabe der Predigt in praktisch-theologischer Schwerpunktsetzung beschreibt Engemann folgendermaßen: »Predigten sollten Hörern eine Wahrnehmungshilfe dafür sein, was sie in ihrem Leben mit sich machen und Kriterien zur Gestaltung eines Lebens erörtern, das aus christlicher Sicht klug ist.«[729] Eine derartige Aufgabenbeschreibung von Predigt entspricht auch voll und ganz dem Anliegen Drews'. Hinter Drews' Forderung nach einem »sittlichen Leben« verbirgt sich nichts anderes als der Wunsch nach einem Handeln, »das aus christlicher Sicht klug ist«.

Schließlich nimmt er die Krisensymptome der sozialen Frage als Folge der Entkirchlichung, gewiss auch als Konsequenz des Verlustes von Freiheit, wahr. Um den Zugang zu den Ressourcen zur Freiheitsaneignung allen Menschen zu ermöglichen, muss nach Drews *verstanden* werden, warum diese nicht ausgeschöpft werden bzw. werden können. Auf Grundlage von Drews konzeptionellen Äußerungen müsste man bei dieser Erkenntnis stehen bleiben. Der daraus resultierende hermeneutische Impetus kommt nicht ohne eine Hilfestellung seitens der Philosophie aus. Ein Beweis für den gewinnbringenden Dialog zwischen Praktischer Theologie und Philosophie ist da-

---

728 Vgl. ENGEMANN, a.a.O., 180 – 185.

729 ENGEMANN, a.a.O.,185.

durch erbracht, dass der implizite Verstehensbegriff von Drews aus dem praktisch-theologischen Kontext mit dem konzeptionell dargelegten philosophisch beheimateten Verstehensbegriff von Dilthey erhellt werden kann.[730] Die Predigt dient ihren Hörern nur dann als Wahrnehmungshilfe, wenn sie um die religiösen Bedürfnisse und Ängste der Rezipienten weiß und es vermag, eine gemeinsame kulturelle Sphäre zu schaffen, in der Gestaltungsmöglichkeiten des Lebens auch verstanden werden können. In diesem Punkt kann die empirische Theologie Drews' auf Bedürfnisse der Praxis auch heute noch Antworten finden.

3. KONKLUSION - DREWS UND DIE HEUTIGE PRAKTISCHE THEOLOGIE

Wir haben nun gesehen, dass sich zwischen der modernen Praktischen Theologie (am Beispiel der Funktionsbestimmung Engemanns) und Drews' empirischen Anliegen ein Dialog auf Augenhöhe initiieren lässt. Von daher wird Rösslers Forderung aus dem Jahre 1965 durchaus nachvollziehbar: »Daß Paul Drews der Vergangenheit entrissen wird, das scheint mir denn schon eine der wichtigsten Aufgaben zu sein, die der Praktischen Theologie heute gestellt sind«[731] Dieser Forderung ist nun ein stückweit Genüge getan, wobei noch zu klären bleibt, in welchen Punkten Drews überholt zu sein scheint und in welchen die Praktische Theologie ganz konkret von ihm lernen kann.

Bei einem gut 100 Jahre alten Konzept ist es sehr wahrscheinlich, dass dieses durch die immer weiter voranschreitende Theoriebildung irgendwann eingeholt wird. In terminologischer, methodischer und zum Teil ideologischer Hinsicht ist das auch bei Drews geschehen. Wie bereits ausgeführt ist die Terminologie der Konzeption, die mit dem Begriff *Tatsache* operiert um das zu bezeichnen, was in der heutigen Praktischen Theologie als *Erfahrung* und *gelebte Religion* bezeichnet wird, veraltet. So aber nicht die Vorstellungen die Drews an diese Begriffe knüpft.

Das gleiche trifft auch in methodischer Hinsicht zu. Die moderne empirische Theologie setzt zur Gewinnung ihrer Erkenntnisse auf ein ausgewogenes Verhältnis von qualitativen und quantitativen Methoden. An die Stelle der (Ideal-) Typenlehre - wie sie Drews vorschlägt - ist das Format der Milieustudie getreten, auch trachtet die empirische Theologie mit Berufung auf die Sozialwissenschaft nicht mehr danach *Gesetze* des sozialen Lebens aufzufinden. Der wissenschaftliche und epistemologische Status von Drews Methoden wird von der heutigen Praktischen Theologie angezweifelt, da Drews keine explizierte methodische Reflexion seiner Ergebnisse vornimmt.

Das Fehlen der Methodendiskussion darf nicht zum Fehlschluss verleiten, dass Drews' Methode keine gesicherten Datensätze produzieren kann. Auch

730 Vgl. Kapitel III, 71-73.

731 zit. n. RUDOLPH, Paul Drews, 62.

wenn Drews aus einem zeitgenössischen Bewusstsein heraus derartige methodische Überlegungen nicht zur Darstellung brachte, bedeutet das nicht, dass sie scinem Handeln nicht vorausgegangen sind. Die Treffsicherheit seiner empirisch begründeten Einschätzungen und Prognosen belegt die wissenschaftliche Respektabilität seiner Methoden.[732]

Es steht nicht zur Debatte, dass empirische Methoden gründlich reflektiert werden müssen, um sich als wissenschaftlich auszuweisen. Es bliebe nur in aller Vorsicht zu fragen, inwiefern der bloße Nachweis des Vorhandenseins dieser Gedankengänge die wissenschaftliche Anerkennung ihrer Ergebnisse rechtfertigt. Diese Anerkennung seiner Methoden ist Drews zu Unrecht verwehrt worden. Die heutige Praktische Theologie muss sich deshalb kritisch danach befragen lassen, welche Maßstäbe sie zur Beurteilung empirischer Forschung und ihrer Ergebnisse anlegt. Inwiefern ist die ausführliche Methodendiskussion *per se* ein Garant für die Validität empirischer Daten? Bei der Beurteilung von empirischen Daten sollte es vielmehr darauf ankommen, ob die erhobenen Daten geeignet sind, die religiöse Wirklichkeit in adäquater Weise zu beschreiben. Auch eine detailliert dargelegte Methodik kann mitunter Daten ohne verwertbaren Aussagewert produzieren.

Letztendlich wird die heutige Praktische Theologie Drews Beweggrund für die Notwendigkeit einer empirischen Theologie nicht vollständig teilen. Während Drews einen direkten Zusammenhang zwischen Glaubensgewissheit, christlicher Charakterbildung und dem sozialen Verhalten der Bevölkerung gesehen hat, wird man diesen Zusammenhang hier etwas anders beurteilen. Aufgrund der geschichtswissenschaftlichen Sichtweisen auf die soziale Frage und ihre globalen und ökonomischen Ursachen, weiß man heute: »Ehre geht dem armen Manne eben *nicht* über Brot.« Drews ist neben aller Fortschrittlichkeit ein Kind seiner Zeit. »Die Kommunikation des Evangeliums um der Freiheit willen«[733] dürfte Drews aber trotzdem auch im Sinn gestanden haben.

Drews wurde nicht nur von der Theoriebildung eingeholt. Es finden sich in seiner empirischen Theologie immer noch Aspekte, die es zu durchdenken lohnt.

Das größte innovative Potenzial für ein interdisziplinäres Vorgehen bietet auch heute noch die Evangelische Kirchenkunde samt Religiöser Volkskunde und Religiöser Psychologie. In gewisser Hinsicht hat sich dieses von Drews initiierte Unterfangen mit den heutigen EKD-Mitgliedschaftsuntersuchungen[734] realisiert:

---

[732] Vgl. Kapitel V, 120–141.

[733] ENGEMANN, a.a.O.,180.

[734] JAN HERMELINK/THORSTEN LATZEL [Hrsg.], Kirche empirisch, Ein Werkbuch zur vierten EKD-Erhebung über Kirchenmitgliedschaft und zu anderen empirischen Studien, Gütersloh 2008. In diesem Zusammenhang verdient der Artikel von CLAUDIA SCHULZ (Zielgruppen-Orientierung und Milieu-Überschreitung kirchlicher Arbeit, in HERMELINK/LATZEL, a.a.O., 295–312) besondere Aufmerksamkeit.

»Das vorliegende Werkbuch ›Kirche empirisch‹ hat das Ziel, die vielfältigen Daten und Untersuchungen, die über die soziale Wirklichkeit der evangelischen Kirchen in Deutschland derzeit zur Verfügung stehen, für die kirchliche Praxis zu erschließen und nutzbar zu machen.«[735]

Diese empirische Studie zeichnet sich besonders durch ihre Milieusensibilität aus, eine Stärke, die sich auch bei Drews' Evangelischer Kirchenkunde zeigt. Darüber hinaus hat Drews der regionalen Komponente von Frömmigkeit eine große Bedeutung beigemessen. Regionale Aspekte, die im Rahmen der Evangelischen Kirchenkunde hervorgehoben werden, könnten auch heute noch als eine sinnvolle Erweiterung empirischer Forschungsperspektiven gesehen werden.

Vor dem Hintergrund der Auflösung des Landeskinderprinzips muss eine Evangelische Kirchenkunde als Chance und Möglichkeitsbedingung von Pastorenmigration und nicht als Ausdruck von ›Provinzialismus‹ gesehen werden. Eine Kirchenkunde, die regional über die vorhandenen kirchlichen oder privatreligiösen Formen informiert und diese frömmigkeitsgeschichtlich reflektiert, über Lebensbedingungen und Freizeitgestaltung der dort lebenden Menschen aufklärt, kann gerade Pfarramtsanwärtern und -anwärterinnen – der eigenen oder einer fremden Landeskirche – dazu verhelfen, ihr pastorales Handeln zielführender zu gestalten. In diesem Punkt wäre der Forderung nach größtmöglicher Ökonomie der Kirche nachgekommen.

Im Übrigen wäre es auch sinnvoll, die Religiöse Volkskunde für den Bereich der Religionspädagogik fruchtbar zu machen.[736] Auch wenn Drews' Programm in pastoraltheologischer Ausdeutung vorliegt, bedeutet das nicht, dass es nicht auch für die Religionspädagogik Aktualität besitzt. Die Entwicklungspsychologie des religiösen Bewusstseins ist ein wesentlicher Bezugspunkt religionspädagogischer Arbeitsfelder. Eine milieuspezifische Perspektive hingegen ist für die Religionspädagogik nicht selbstverständlich. Dabei kann ihr milieuorientiertes Arbeiten auf der Basis einer soliden Religiösen Volkskunde nur zum Vorteil gereichen. Gerade im Zuge der einheitsschulischen Bestrebungen könnte sie didaktische Prozesse, die sich an der Lebenswelt der Schüler orientieren, gewinnbringend begleiten.

Die hermeneutische Grundausrichtung von Drews' empirischem Programm konnte im Rahmen dieser Arbeit herausgestellt werden. Empirische

---

735 HERMELINK/LATZEL, a.a.O., 7.

736 Drews beschäftigt sich auch mit Fragen der Religionspädagogik (vgl. PAUL DREWS, Professor Paulsen über den evangelischen Religionsunterricht, in: CW 21, 1907, 84–87 sowie Ders., Religion und Schule, in: Schulblatt der Provinz Sachsen, Heft Nr. 44, 1909, 717–722). Wenn Christian Grethlein schreibt, dass die von Drews initiierte »ekklesiastisch domestizierte Ausweitung« der Evangelischen Kirchenkunde eine Öffnung für das schulische Lehramt verhinderte, kann ihm nur bedingt Recht gegeben werden (vgl. GRETHLEIN, Tatsachen, 393). Auf der reinen Textebene zeichnet sich diese Beschränkung zwar ab, dennoch kann die Religiöse Volkskunde ohne weiteres auch den Religionsunterricht bereichern.

Forschung erfüllt nach Drews den Zweck, Menschen mit ihren religiösen Bedürfnissen zu verstehen. Dabei spricht sich die hermeneutische Grundausrichtung von Drews' empirischer Theologie gegen eine Logik aus, nach der sich kirchliche Angebote unvermittelt an den Bedürfnissen ihrer ›Konsumenten‹ zu orientieren haben. Drews hat deutlich gemacht, dass Ergebnisse empirischer Forschung einen eigenen Reflexionsgang erfordern. Dabei werden sie daraufhin befragt, inwiefern die durch sie verstandenen Bedürfnisse von den kirchlichen Handlungsträgern überhaupt berücksichtigt werden können oder sollen. Als Maßstab diente ihm dabei das, was von der Dogmatik als christlich wesentlich bestimmt wurde. Die heutige Praktische Theologie könnte durch Drews angeregt werden, ihre Vermittlungsschritte zwischen empirischen Erkenntnissen und der daraus folgenden Handlungspraxis zu bedenken, um ein Handeln in Freiheit anzuleiten, »das aus christlicher Sicht klug ist.«[737]

Zuletzt lohnt es, die von Drews vorgeschlagene theologische Studienreform zu bedenken.[738] Wir haben gesehen, dass die Studienreform Drews' empirischem Anliegen notwendigerweise folgte. In pragmatischer Absicht sprach sich Drews dabei für eine Einkürzung des theologischen Studiums aus. Eine Studiendauer von neun Semestern und die *ad infinitum* steigende neue Fülle an Wissensbeständen verlangte nach derartigen Maßnahmen. Dieser sachlogische Zusammenhang scheint auch heute noch nicht hinlänglich berücksichtigt. Die Regelstudienzeit von neun Semestern wird sogar noch um die Anzahl der neu zu erlernenden Sprachen – selbst Latein gehört nicht mehr zum Standardsprachrepertoire der weiterführenden Schulen, ganz zu schweigen von Alt-griechisch oder Hebräisch – erweitert.[739]

Vor diesem Hintergrund sind die Drews'schen Forderungen nach Beschränkung der Stofffülle und der Sprachkenntnisse aktueller denn je. Drews' beachtenswerter Studienaufriss der Praktischen Theologie beschreibt dabei einen möglichen Weg, den diese Disziplin gehen könnte. Anlass zur Reform scheint auch heute noch gegeben zu sein, wenn Pastoren und Pastorinnen die Sachdominanz des theologischen Studiums auf Kosten von Praxisrelevanz beklagen.[740] Religionssoziologie und Religionsethnologie als zeit-gemäße Entsprechungen der Religiösen Volkskunde und Evangelischen Kirchenkunde, könnten als obligatorische Studieninhalte dem Studium zu der geforderten größeren Praxisnähe verhelfen.

Andererseits kann mit Drews kritisch bedacht werden, was das einmalige ›Durchspielen‹ einer Predigtsituation im universitären Lehrbetrieb überhaupt zur homiletischen Ausbildung beiträgt. Die von ihm vorgeschlagene Auslagerung aller praktischen und formalen Ausbildungsinhalte in das heute obligatorische Predigerseminar kann der Profilierung der Praktischen Theologie nur

---

737 ENGEMANN, a.a.O.,185.

738 Vgl. Kapitel VI, 195–200.

739 Vgl. FALK WAGNER, Metamorphosen des modernen Protestantismus, Tübingen 1999, 245. Einen eigenen Studienreformentwurf bietet Wagner auf Seite 239–246.

740 WAGNER, a.a.O., 193.

dienlich sein. Denn dann bliebe ihr mehr Raum, der komplexen lebensweltlichen Wirklichkeit zu begegnen.

Literaturverzeichnis

Verzeichnis der verwendeten Schriften von Paul Drews:

Drews, Paul: Willibald Pirkheimers Stellung zur Reformation. Ein Beitrag zur Beurteilung des Verhältnisses zwischen Humanismus und Reformation. Leipzig 1887.

Drews, Paul: Humanismus und Reformation. Vortrag auf der Meißner Konferenz in Zwickau, gehalten den 22. Juni 1887. Leipzig 1887.

Drews, Paul: Mehr Liebe unserm Volke!, in: CW 1 (1887), 36f.

Drews, Paul: Unser geselliger Verkehr, in CW 2 (1888), 324f.

Drews, Paul: Mehr Achtung unserm Volke!, in: CW 2 (1888), 142f.

Drews, Paul: »Ehre geht selbst dem armen Manne über Brot«. Besprechung von J. Post, Musterstätten persönlicher Fürsorge von Arbeitgebern für ihre Geschäftsangehörigen, Bd.1: Die Kinder und jugendlichen Arbeiter 1889, in: CW 4 (1890), 66–70.

Drews, Paul: Wie werde ich des Glaubens gewiß?, in: CW 4 (1890), 925f.; 949–951; 971–974; 996–999; 1020–1023.

Drews, Paul: Mehr Herz fürs Volk!. Leipzig 1891.

Drews, Paul: Zum sozialen Frieden. Zum gleichnamigen Buch von Schulze-Gävernitz, in: CW 5 (1891), 733–737, 762–765, 786–789, 812–815.

Drews, Paul: Petrus Canisius. Der erste deutsche Jesuit. Halle 1892.

Drews, Paul: Können soziale Zustände ein Hindernis christlicher Charakterentwicklung sein?, in: CW 8 (1894), 8–13.

Drews, Paul: Für und Wider Naumann, in: CW 8 (1894), 467–472.

Drews, Paul: Hermann Hering. Die Volkstümlichkeit der Predigt, in: ZprTh 16 (1894), 174–176.

Drews, Paul: Johann Hinrich Wichern und die christlich-soziale Bewegung, in: CW 10 (1896), 654–659.

Drews, Paul [Hrsg.]: Disputationen Martin Luthers 1535–1545 an der Universität Wittenberg gehalten. Göttingen 1895/1896.

Drews, Paul: Dogmatik oder religiöse Psychologie?, in: ZThK 8 (1898), 134–151.

Drews, Paul: Art. Epiklese, in: RE V (1898)³, 409–414.

Drews, Paul: Art. Eucharistie, in: RE V (1898)³, 560–572.

Drews, Paul: Art. Kirchenlied II., lateinisches im Mittelalter, in: RE X (1901)³, 409–419.

Drews, Paul: ›Religiöse Volkskunde‹, eine Aufgabe der praktischen Theologie, in: MkiPr 1 (1901), 1–8.

Drews, Paul: Ein Beitrag zur religiösen Psychologie und Volkskunde, (Über Johannes Jüngst, Kultus- und Geschichtsreligion, in: MkiPr 1(1901), 303-313.

Drews, Paul: Die freien religiösen Gemeinden der Gegenwart, in: ZThK 11 (1901), 484-527.

Drews, Paul: Studien zur Geschichte des Gottesdienstes und des gottesdienstlichen Lebens, 4 Bde. Tübingen 1902-1910.

Drews, Paul: Art. Litanei, in: RE XI (1902)[3], 524-536.

Drews, Paul: Art. Liturgische Formeln, in: RE XI (1902)[3], 545-557.

Drews, Paul: Friedrich Naumann als religiöser Schriftsteller, in: CW 16 (1902), 1131-1134.

Drews, Paul: Das kirchliche Leben der Evangelisch-Lutherischen Landeskirche des Königreichs Sachsen. Tübingen/Leipzig 1902.

Drews, Paul: Art. Messe, 2. Liturgisch, in: RE XII (1903)[3], 687-723.

Drews, Paul: Art. Mette, in: RE XIII (1903)[3], 33-35.

Drews, Paul: Art. Offene Schuld, in: RE XIV (1904)[3], 347-349.

Drews, Paul: Art. Ordo Romanus, in: RE XIV (1904)[3], 426-428.

Drews, Paul: Art. Passah, altkirchlich, liturgisch, in: RE XIV (1904)[3], 734-750.

Drews, Paul: Art. Plenarien, in: RE XV (1904)[3], 486.

Drews, Paul: Was lehrt uns die Geschichte des evangelischen Pfarrstandes?, in: MkiPr 5 (1905), 21-31.

Drews, Paul: Art. Reformoffizien, in: RE XVI (1905)[3], 558f.

Drews, Paul: Art. Rituale Romanum, in: RE XVII (1906)[3], 45f.

Drews, Paul: Zur Psychologie des Bauerntums, in MKiPr 6 (1906), 20- 30; 69-74.

Drews, Paul: Der Einfluß der gesellschaftlichen Zustände auf das kirchliche Leben, in: ZThK 16 (1906), 41-79.

Drews, Paul: Evangelische Kirchenkunde, in: Internationale Wochenschrift für Wissenschaft, Kunst und Technik 28 (1907), 871-876.

Drews, Paul: Professor Paulsen über den evangelischen Religionsunterricht, in: CW 21 (1907), 84-87.

Drews, Paul: Art. Taufe III. Liturgischer Vollzug, in: RE XIX (1907)[3], 414-428.

Drews, Paul:, Art. Trishagion, in: RE XX (1908)[3], 125-129.

Drews, Paul: Art. Woche, große, in: RE XXI (1908)[3], 414-428.

Drews, Paul: Die Kirche und der Arbeiterstand, in: Verhandlungen des 20. Evangelisch-sozialen Kongresses in Heilbronn. Göttingen 1909, 3-43.

Drews, Paul: Moderne Theologie und Reichgottesarbeit, Auseinandersetzung mit Karl Barth, in: ZThK 19 (1909), 475-479.

Drews, Paul: Religion und Schule, in: Schulblatt der Provinz Sachsen, Heft Nr. 44 (1909), 717-722.

Drews, Paul: Das Problem der praktischen Theologie, Zugleich ein Beitrag zur Reform des theologischen Studiums. Tübingen 1910.

Drews, Paul: Zur Psychologie des Kirchenbesuchs, Ein Kapitel aus der Evangelischen Kirchenkunde, in: Deutsch-Evangelisch 2 (1911), 27-42.

Drews, Paul: Art. Volkskunde, religiöse, in: RGG 5 (1913), 1746-1754.

Sonstige Literatur:

Achelis, Ernst Christian: Praktische Theologie. 2 Bde. Freiburg 1890/1891.

Achelis, Ernst Christian: Paul Drews' Das kirchliche Leben der Evangelisch-Lutherischen Landeskirche des Königreichs Sachsens. In: ThLZ 20. 1902, 553-555.

Achelis, Ernst Christian: Paul Drews, Das Problem der praktischen Theologie, in: Monatsschrift für Pastoraltheologie 7 (1910/1911), 115-117. Wiederabdruck in: Gerhard Krause [Hrsg.]: Praktische Theologie. Texte zum Werden und Selbstverständnis der praktischen Disziplin der evangelischen Theologie. Darmstadt 1972, 269-272.

Albrecht, Christian: Kasualtheorie. Geschichte, Bedeutung und Gestaltung kirchlicher Amtshandlungen. Tübingen 2006.

Apel, Karl Otto: Art. Verstehen, in: HWPh 11 (2001), 918-938.

Barth, Ulrich: Aufgeklärter Protestantismus. Tübingen 2004.

von Bassermann, Heinrich: Die praktische Theologie als eine selbstständige, wissenschaftliche, theologische Disziplin. Beiträge zur Praktischen Theologie. Gesammelte Aufsätze und Vorträge. Leipzig 1896. Wiederabdruck in: Krause, Gerhard [Hrsg.]: Praktische Theologie. Texte zum Werden und Selbstverständnis der praktischen Disziplin der evangelischen Theologie. Darmstadt 1972, 173-199.

von Bassi, Hasko : Otto Baumgarten. Ein ›moderner Theologe‹ im Kaiserreich und in der Weimarer Republik. Frankfurt/M/New York 1988.

Baumgarten, Otto: Neue Bahnen. Der Unterricht in der christlichen Religion im Geiste der modernen Theologie. Tübingen 1903.

Baumgarten, Otto: Predigt-Probleme. Hauptfragen der heutigen Evangeliumsverkündigung. Tübingen 1905.

Baumgarten, Otto: Paul Drews' ›Problem der praktischen Theologie‹, in: EvFr 10 (1910), 179-191.

Bautz, Friedrich Wilhelm: Art. Wilhelm Bornemann, in: Biographisch-Bibliographisches Kirchenlexikon 1 (1990)², 704.

Bautz, Friedrich Wilhelm: Art. Paul Drews, in: Biographisch-Bibliographisches Kirchenlexikon 1 (1990)², 1382.

Beck, Hermann: Das kirchliche Leben der evangelisch-lutherischen Kirche in Bayern. Tübingen 1909.

Berger, Peter L., u. Thomas Luckmann: Die gesellschaftliche Konstruktion der Wirklichkeit. Eine Theorie der Wissenssoziologie. Frankfurt/M 1999¹⁶.

Birnbaum, Walter: Theologische Wandlungen von Schleiermacher bis Karl Barth. Eine enzyklopädische Studie zur praktischen Theologie. Tübingen 1963.

Bloth, Peter C.: Praktische Theologie. Stuttgart 1994.

Bollhagen, Peter: Gesetzmäßigkeit und Gesellschaft. Zur Theorie gesellschaftlicher Gesetze. Berlin 1967.

Bollnow, Otto Friedrich: Der Ausdruck und das Verstehen, in: Friedjof Rodi u. Hans-Ulrich Lessing [Hrsg.]: Materialen zur Philosophie Wilhelm Diltheys. Frankfurt/M 1984, 236-271.

Bornemann, Wilhelm: Die Unzulänglichkeit des theologischen Studiums. Leipzig 1886.

Brakelmann, Günter, u. Klaus Peters: Kirche, soziale Frage und Sozialismus. Gütersloh 1977.

Brakelmann, Günter: Die soziale Frage des 19. Jahrhunderts. Bielefeld 1981[7].

Brederlow, Jörn: ›Lichtfreunde‹ und ›Freie Gemeinden‹. Religiöser Protest und Freiheitsbewegung im Vormärz und in der Revolution 1848/1849. München/Wien 1976.

Brentano, Lujo: Die christlich soziale Bewegung in England, in: Schmoller, Gustav [Hrsg.]: Jahrbuch für Gesetzgebung, Verwaltung und Volkswirtschaft 7 (1883)[3], 1-70.

Bromme, Moritz, u. Paul Göhre [Hrsg.]: Lebensgeschichte eines modernen Fabrikarbeiters. Jena 1905.

Burckhardt-Seebas, Christine: Art. Volkskunde, religiöse, in: TRE 35 (2003), 262-265.

Comte, Auguste, u. Iring Fetscher [Hrsg.]: Rede über den Geist des Positivismus. Hamburg 1994.

Clemen, Carl: Zur Reform der praktischen Theologie. Gießen 1907.

Deutscher Protestantenverein [Hrsg.]: Der allgemeine deutsche Protestantenverein in seinen Statuten, den Ansprachen seines engeren, weiteren und geschäftsführenden Ausschusses und den Thesen seiner Hauptversammlung 1865 – 1888. Berlin 1889.

Dibelius, Otto: Das kirchliche Leben Schottlands. Gießen 1911.

Dilthey, Wilhelm: Einleitung in die Geisteswissenschaften. Versuch einer Grundlegung für das Studium der Gesellschaft und der Geschichte. 1. Bd. Leipzig 1883.

Dilthey, Wilhem: Ideen über eine beschreibende und zergliedernde Psychologie (1894), in: Dilthey, GS V.

Dilthey, Wilhelm: Gesammelte Schriften. 26 Bde., in : Bernhard Groethuysen u.a. [Hrsg.]. Leipzig/Berlin 1914ff.; Stuttgart/Göttingen 1957ff.; Göttingen 1970ff.

Dilthey, Wilhelm: Die Geistige Welt. Einleitung in die Philosophie des Lebens, in: Dilthey, Wilhelm: Gesammelte Schriften V (1990).

Dilthey, Wilhelm: Der Aufbau der geschichtlichen Welt in den Geisteswissenschaften, in: Dilthey, Wilhelm: Gesammelte Schriften IIV (1992).

Dinter, Astrid, Hans-Günther Heimbrock, u. Kerstin Söderblom [Hrsg.]: Einführung in die empirische Theologie. Göttingen 2007.

von Dobschütz, Ernst: Paul Drews, in: Biographisches Jahrbuch und Deutscher Nekrolog XVII (1915), 64-69.

Drehsen, Volker: Bd. 1 : Neuzeitliche Konstitutionsbedingungen der Praktischen Theologie, Aspekte der theologischen Wende zur sozialkulturellen Lebenswelt christlicher Religion. Bd. 2 : Anmerkungen. Gütersloh 1988.

Drehsen, Volker: ›Evangelischer Glaube, brüderliche Wohlfahrt und wahre Bildung‹. Der Evangelisch-soziale Kongreß als sozialethisches und praktisch-theologisches Forum des Kulturprotestantismus' im Wilhelminischen Kaiserreich 1890-1914, in: Müller, Hans-Martin [Hrsg.]: Kulturprotestantismus. Gütersloh 1992, 190-229.

Durkheim, Émile: De la division du travail sociale. Paris 1893.

Durkheim, Émile: Les règles de la méthode sociologique. Paris 1895.

Durkheim, Émile: Le suicide, étude de sociologie. Paris 1897.

Durkheim, Émile, u. René König [Hrsg.]: Die Regeln der soziologischen Methode. Frankfurt/M 1991².

Eckardt, Georg [Hrsg.]: Völkerpsychologie. Versuch einer Neuentdeckung. Weinheim 1997.

Eckert, Alfred: Das Problem der praktischen Theologie, in: Dienet einander! Monatsschrift für praktische Theologie und Religionsunterricht der Schule (1910/1911), 3-6; 52-58; 75-89.

Eger, Karl: Die Vorbildung zum Pfarramt der Volkskirche. Besteht die derzeitige theologisch-wissenschaftliche Vorbildung zum volkskirchlichen Pfarramt grundsätzlich zu Recht und ist sie ausreichend?. Gießen 1907.

Eger, Karl: Paul Drews' theologische Arbeit, in: ThStKr 90 (1917), 1-30.

Embden, Gustav, Cohn, Gustav u. Stieda, Wilhelm [Hrsg.]: Das Verfahren bei Enqueten über sociale Verhältnisse. 3 Gutachten. Leipzig 1877.

Engemann, Wilfried: Kommunikation des Evangeliums als interdisziplinäres Projekt. Praktische Theologie im Dialog mit außertheologischen Wissenschaften, in: Grethlein, Christian, u. Schwier, Helmut: Praktische Theologie. Eine Theorie- und Problemgeschichte. Leipzig 2007, 137-232.

Faber, Hermann: Das Wesen der Religionspsychologie und ihre Bedeutung für die Dogmatik. Tübingen 1913.

Fetzer, Joachim: Art. Unternehmensethik, in: Honecker, Martin u.a. [Hrsg.]: Evangelisches Soziallexikon. Stuttgart/Berlin/Köln 2001, 1643-1647.

Fischer, Karl, u. Göhre, Paul [Hrsg.]: Denkwürdigkeiten und Erinnerungen eines Arbeiters. Leipzig 1903.

Foerster, Erich: Das Christentum der Zeitgenossen, in: ZThK 9 (1899), 1-96.

Freytag: Moderne Strömungen auf dem Gebiet der Praktischen Theologie, in: Die Studierstube 6 (1908), 207-218; 265-273; 329-339.

Freytag: Religiöse Volkskunde und Religionspsychologie vor hundert Jahren, in: MPrTh 6 (1909), 282-292.

Friedrich, Norbert: Art. Soziale Frage, in: Honecker, Martin u.a. [Hrsg.]: Evangelisches Soziallexikon. Stuttgart/Berlin/Köln 2001, 1428-1432.

Frühauf, Walter: Praktische Theologie!. Dresden 1906.

Fürstenberg, Friedrich, u. Mörth, Ingo: Religionssoziologie, in: Fürstenberg, Friedrich u.a. [Hrsg.]: Religion, Bildung, Medizin. Handbuch der empirischen Sozialforschung. Bd. 14. Stuttgart 19792, 1-84.

Fueter, Eduard: Geschichte der neueren Historiographie. München/Berlin 1911.

Gjessing, Marcus: Norwegische Kirchenkunde. Gießen 1911.

Glaue, Paul: Das kirchliche Leben der evangelischen Kirchen in Thüringen. Tübingen 1910.

Göhre, Paul: Drei Monate als Fabrikarbeiter und Handwerksbursche. Eine praktische Studie. Leipzig 1891.

Göhre, Paul: Die evangelisch-soziale Bewegung. Leipzig 1896.

Gooch, George Peabody: Geschichte und Geschichtsschreiber im 19. Jahrhundert. Frankfurt/M 1964.

Gräb, Wilhelm: Lebensgeschichten, Lebensentwürfe, Sinndeutungen. Eine Praktische Theologie gelebter Religion. Gütersloh 1998.

Graf, Friedrich Wilhelm: Die Politisierung des religiösen Bewusstseins. Die bürgerlichen Religionsparteien im deutschen Vormärz. Das Beispiel des Deutschkatholizismus. Stuttgart 1978.

Graf, Friedrich Wilhelm: Art. Kulturprotestantismus. In: TRE 20 (1990), 230–243.

Graf, Friedrich Wilhelm: Kulturprotestantismus. Zur Begriffsgeschichte einer theologischen Chiffre, in: Müller, Hans Martin [Hrsg.]: Kulturprotestantismus. Gütersloh 1992, 21–77.

Graf, Friedrich Wilhelm: Art. Konfessionskunde, in: RGG 4 (2001)[4], 1552f.

Grethlein, Christian: ›Die Praktische Theologie lechzt nach Tatsachen ...‹. Eine praktisch-theologische Erinnerung an Paul Drews, in: Schnelle, Udo [Hrsg.]: Reformation und Neuzeit. 300 Jahre Theologie in Halle. Berlin/New York 1994, 377–395.

Grethlein, Christian, u. Meyer-Blanck, Michael [Hrsg.]: Geschichte der Praktischen Theologie. Dargestellt anhand ihrer Klassiker. Leipzig 2000.

Grethlein, Christian: Art. Volkskunde, Praktisch-theologisch, in: RGG 8 (2005)[4], 1192f.

Grethlein, Christian, u. Helmut Schwier [Hrsg.]: Praktische Theologie. Eine Theorie und Problemgeschichte. Leipzig 2007.

Grethlein, Christian: Praktische Theologie. Berlin/Boston 2012.

Grimm, Jakob, u. Wilhelm Grimm: Kinder- und Hausmärchen. Göttingen 1837.

Grondin, Jean: Einführung in die philosophische Hermeneutik. Darmstadt 2011[3].

Groschopp, Horst: Dissidenten, Freidenker und Kultur in Deutschland. Marburg 2011[2].

Grunow, Friedrich Wilhelm [Hrsg.]: Unser Landvolk und die Kirche, in: Die Grenzboten 10 (1900), 465–474.

Günther, Richard: Evangelische Kirchenkunde und religiöse Volkskunde, in: ThR 11 (1908), 365–378.

Halbfass, Wilhelm: Art. Tatsache I, in: HWPh 10 (1998), 910–913.

Hanselmann, Johannes, u. Dietrich Rössler: Gelebte Religion. Fragen an wissenschaftliche Theologie und kirchenleitendes Handeln. München 1978.

Harms, Claus, u. Christian Harms [Hrsg.]: Claus Harms' akademische Vorlesungen über den Kirchen- und Schulstaat der drei Herzogtümer, in: Beiträge und Mitteilungen des Vereins für schleswig-holsteinische Kirchengeschichte. Kiel 1897, 46–87.

von Harnack, Theodosius: Praktische Theologie. 2 Bde. Erlangen 1877/1878.

Hauschildt, Eberhard: Das kirchliche Handeln des Christentums. Carl Immanuel Nitzsch, in: Grethlein, Christian, u. Michael Meyer-Blanck [Hrsg.]: Geschichte der praktischen Theologie. Dargestellt anhand ihrer Klassiker. Leipzig 2000, 111–150.

Heimbrock, Hans-Günter: Frömmigkeit als Problem der Praktischen Theologie, in: Pastoraltheologie 71 (1982), 18–32.

Heimbrock, Hans-Günter u. Peter Meyer : Einleitung. Im Anfang ist das Staunen, in: Dinter/Heimbrock/Söderblom [Hrsg.]: Einführung in die empirische Theologie. Göttingen 2007, 11-16.

Heimbrock, Hans-Günter : Empirische Theologie als Erforschung gelebter Religion, in: Dinter/Heimbrock/Söderblom [Hrsg.]: Einführung in die empirische Theologie. Göttingen 2007, 72 -100.

Heimbrock, Hans-Günter: Von der Lebensnähe zur Lebenswelt. Forschungsgeschichtliche Durchblicke zur Empirischen Theologie, in: Birgit Weyel, Wilhelm Gräb u. Hans-Günter Heimbrock [Hrsg.]: Praktische Theologie und empirische Religionsforschung. Leipzig 2013, 100-117.

Henning, Christian: Die Funktion der Religionspsychologie in der protestantischen Theologie um 1900, in: Henning, Christian, u. Erich Nestler [Hrsg.]: Religion und Religiosität zwischen Theologie und Psychologie. Frankfurt/M 1998, 27-78.

Henning, Christian u. a. [Hrsg.]: Einführung in die Religionspsychologie. Paderborn 2003.

Hering, Hermann: Die Lehre von der Predigt. Berlin 1905.

Hermelink, Jan: Organisation der volkskirchlichen Gemeinde. Martin Schian, in: Grethlein, Christian, u. Michael Meyer-Blanck [Hrsg.]: Geschichte der praktischen Theologie. Dargestellt anhand ihrer Klassiker. Leipzig 2000, 279-330.

Hermelink, Jan, u. Thorsten Latzel [Hrsg.]: Kirche empirisch. Ein Werkbuch zur vierten EKD-Erhebung über Kirchenmitgliedschaft und zu anderen empirischen Studien. Gütersloh 2008.

Herold, Norbert: Art. Gesetz, in: HWPh 3 (1974), 506-514.

Hoheisel, Karl: Art. Religionspsychologie I., in: TRE 29 (1998), 2-7.

Hübinger, Gangolf: Kulturprotestantismus und Politik. Zum Verhältnis von Liberalismus und Protestantismus im wilhelminischen Deutschland. Tübingen 1994.

Jähnichen, Traugott: Protestantismus und soziale Frage im 19. Jahrhundert, in: Gräb, Wilhelm, u. Birgit Weyel [Hrsg.]: Praktische Theologie und protestantische Kultur. Gütersloh 2002, 135-150.

James, William: The varieties of religious Experience. New York 1902.

James, William, u. Georg Wobbermin [Hrsg.]: Die Religiöse Erfahrung in ihrer Mannigfaltigkeit. Leipzig 1907.

Jung, Martin H.: Der Protestantismus in Deutschland 1870-1945. Leipzig 2002.

Jung, Matthias: Dilthey zur Einführung. Hamburg 1996.

Jung, Matthias: Émile Durkheim, in: Brock, Ditmar, Matthias Junge, u. Uwe Krähnke [Hrsg.]: Soziologische Theorien von Auguste Comte bis Talcott Parsons. Oldenburg 2002, 109 -131.

Jüngst, Johannes: Kultus- und Geschichtsreligion. Gießen 1901.

Kandel, Johannes: Evangelische Christen und sozialistische Arbeiterbewegung, in: von Auer, Frank, u. Franz Segbers [Hrsg.]: Sozialer Protestantismus und Gewerkschaftsbewegung. Köln 1994, 53-77.

Kern, Horst: Empirische Sozialforschung. Ursprünge, Ansätze, Entwicklungslinien. München 1982.

Knoblauch, Hubert: Qualitative Religionsforschung, Religionsethnographie in der eigenen Gesellschaft. Paderborn 2003.

Koepp, Wilhelm: Einführung in das Studium der Religionspsychologie. Tübingen 1920.

König, René: Émile Durkheim. Der Soziologe als Moralist, in: Käsler [Hrsg.]: Klassiker des soziologischen Denkens. Bd. I. : von Comte bis Durkheim. München 1976, 312–364.

Korsch, Dietrich: Art. Dialektische Theologie, in: RGG 2 (1999)[4], 809–815.

Körtner, Ulrich H. J.: Art. Feind/Feindesliebe, in: RGG 3 (2000)[4], 57–60.

Kouri, Erkki Ilmari: Der deutsche Protestantismus und die soziale Frage 1870–1919. Zur Sozialpolitik im Bildungsbürgertum. Berlin/New York 1984.

Krause, Gerhard [Hrsg.]: Praktische Theologie. Texte zum Werden und Selbstverständnis der praktischen Disziplin der evangelischen Theologie. Darmstadt 1972.

Krauss, Alfred: Lehrbuch der Praktischen Theologie. 2 Bde. Freiburg/Leipzig 1890/1893.

Kretzschmar, Gerald: Distanzierte Kirchlichkeit. Eine Analyse ihrer Wahrnehmung. Neukirchen-Vluyn 2001.

Kretschmar, Gottfried: Der Evangelisch-Soziale Kongreß. Stuttgart 1972.

Kumlehn, Martin: Praktische Theologie als Selbstvergewisserung kirchlichen Handelns. Ernst Christian Achelis. In: Grethlein, Christian, u. Michael Meyer-Blanck [Hrsg.]: Geschichte der Praktischen Theologie. Dargestellt anhand ihrer Klassiker. Leipzig 2000, 207–236.

Lau, Franz: Paul Drews, in: Neue Deutsche Biographie 4 (1959), 118f.

Lepp, Claudia: Protestantisch-Liberaler Aufbruch in die Moderne. Der deutsche Protestantenverein in der Zeit der Reichsgründung und des Kulturkampfes. Gütersloh 1996.

Lessing, Eckhard: Geschichte der deutschsprachigen evangelischen Theologie von Albrecht Ritschl bis zur Gegenwart. Bd. 1: 1870–1918. Göttingen 2000.

Lessing, Hans-Ulrich: Wilhelm Diltheys Einleitung in die Geisteswissenschaften. Darmstadt 2001.

Lessing, Hans-Ulrich: Wilhelm Dilthey, Eine Einführung. Stuttgart 2011.

Levenstein, Adolf [Hrsg.]: Aus der Tiefe (Arbeiterbriefe). Berlin 1908.

Levenstein, Adolf: Die Arbeiterfrage, mit besonderer Berücksichtigung der sozial-psychologischen Seite des modernen Großbetriebs und der psycho-physischen Einwirkungen auf die Arbeiter. München 1912.

Lipsius, Adelbert Richard: Lehrbuch der evangelisch-protestantischen Dogmatik. Braunschweig 1893[3].

Loofs, Friedrich: Paul Drews, in: Das Pfarrhaus 28 (1912), 163–165.

Lorenz, Chris: Geschichtswissenschaft und Gesetze. Eine zwiespältige Geschichte, in: Bock, Wolfgang [Hrsg.]: Gesetz und Gesetzlichkeit in den Wissenschaften. Darmstadt 2006, 185–198.

Ludwig, A.: Das kirchliche Leben der evangelisch-protestantischen Kirche des Großherzogtums Baden. Tübingen 1907.

Luther, Martin: Evangelium am S. Johannes-Tage (1522), in: WA. Bd. 10, I, 305–324.

Luther, Martin: De servo arbitrio (1525), in: WA. Bd. 18, 551–787.

Luther, Martin: Vom Abendmahl Christie, Bekenntnis (1528), in: WA. Bd. 26, 241–509.

Luther, Martin: An die Ratherren aller Städte deutsches Lands, daß sie christliche Schulen ausrichten und erhalten sollen (1524), in: WA. Bd. 15, 9–53.

Luther, Martin: Deudsch Catechismus. Der große Katechismus (1529), in: WA. Bd. 30, I, 123–238.

Macho, Thomas: Art. Semiotik. In Linguistik und Literaturwissenschaft, in RGG 7 (2004)[4], 1193.

Marheineke, Philipp Konrad: Entwurf der practischen Theologie. Berlin 1837.

Maus, Heinz: Zur Vorgeschichte der empirischen Sozialforschung, in: König, René [Hrsg.]: Geschichte und Grundprobleme der empirischen Sozialforschung, 21–56.

von Mayr, Georg: Statistik und Gesellschaftslehre. Bd. 1. Freiburg/Leipzig 1895.

Moll, Carl Bernhard: Das System der praktischen Theologie im Grundrisse dargestellt. Halle 1853.

Meyer-Blanck, Michael, u. Birgit Weyel: Studien- und Arbeitsbuch Praktische Theologie. Göttingen 2008.

Mirbt, Carl: Art. Deutschkatholizismus, in: RE 4 (1899)[3], 583–589.

Mix, Gustav: Zur Reform des theologischen Studiums. Ein Alarmruf. München 1908.

Möller, Christian: Lehre vom Gemeindeaufbau. Bd. 1: Konzepte-Programme-Wege. Göttingen 1987.

Müller, Hans Peter: Gesellschaft, Moral und Individualismus. Émile Durkheims Moraltheorie, in: Bertram, Hans [Hrsg.]: Gesellschaftlicher Zwang und moralische Autonomie. Frankfurt/M 1986, 71– 105.

von Nathusius, Martin: Der Ausbau der praktischen Theologie zur systematischen Wissenschaft. Ein Beitrag zur Reform des theologischen Studiums. Leipzig 1899.

Naumann, Friedrich: Was heißt christlich-sozial?. Leipzig 1894.

Neugebauer, Matthias: Lotze und Ritschl. Reich-Gottes-Theologie zwischen nachidealistischer Philosophie und neuzeitlichem Positivismus. Frankfurt/M 2002.

Nicol, Martin: Grundwissen Praktische Theologie. Ein Arbeitsbuch. Stuttgart 2000.

Niebergall, Friedrich: Die wissenschaftlichen Grundlagen der praktischen Theologie, in: MkiPr 3 (1903), 268–281.

Niebergall, Friedrich: Wie predigen wir dem modernen Menschen?. Tübingen 1906.

Niebergall, Friedrich: Die Bedeutung der Religionspsychologie für die Praxis in Kirche und Schule, in: ZThK 19 (1909), 411–479.

Niebergall, Friedrich: Lehrbuch Praktische Theologie. 2 Bde., Tübingen 1918–1919.

Niebergall, Friedrich: Art. Volkskunde. II. religiöse Volkskunde, in: RGG 5 (1931)[2], 1668–1669.

Nipperdey, Thomas: Religion und Gesellschaft, Deutschland um 1900, in: HZ 246 (1988), 591–615.

Nipperdey, Thomas: Deutsche Geschichte 1866–1918. 1. Bd.: Arbeitswelt und Bürgergeist. München 1994.

Nitzsch, Carl Immanuel: Praktische Theologie. 3 Bde. Bonn 1847–1867.

Oberschall, Anthony: Empirische Sozialforschung in Deutschland 1848–1914, übersetzt von Kurt Reumann. Freiburg 1997.

von Oettingen, Alexander: Die empirische Erforschung der protestantischen Kirchlichkeit, in: Fürstenberg, Friedrich [Hrsg.]: Religionssoziologie. Neuwied 1964, 157–178.

van Oosterzee, Johannes Jacobus: Praktische Theologie. 2 Bde. Heilbronn 1878/1879.

Otto, Wilhelm: Evangelische Praktische Theologie. 2 Bde. Gotha 1869/1870.

Pfister, Oskar: Die psychoanalytische Methode. Eine erfahrungswissenschaftliche-systematische Darstellung. Leipzig 1913.

Plagentz, Achim, u. Ulrich Schwab: Religionswissenschaftlich-empirische Praktische Theologie, Friedrich Niebergall, in: Grethlein, Christian, u. Michael Meyer-Blanck [Hrsg.]: Geschichte der Praktischen Theologie. Dargestellt anhand ihrer Klassiker. Leipzig 2000, 237–278.

Pollmann, Klaus Erich: Landesherrliches Kirchenregiment und soziale Frage. Berlin 1973.

Rade, Martin: Zur Frage nach dem richtigen Betriebe der praktischen Theologie, in: ZPrTh 17 (1895), 351–356.

Rade, Martin: Die religiös-sittliche Gedankenwelt unserer Industriearbeiter, in: Verhandlungen des Neunten Evangelisch-Sozialen Kongresses. Göttingen 1898, 66–132.

Rade, Martin: Thesen und Antithesen, in: ZThK 17 (1907), 67–69.

Rade, Martin Rade: Thesen und Antithesen. Reform des theologischen Studiums?, in: ZThK 19 (1909), 76–80.

Rathje, Johannes: Die Welt des freien Protestantismus. Ein Beitrag zur Deutsch-Evangelischen Geistesgeschichte dargestellt an Leben und Werk von Martin Rade. Stuttgart 1952.

von Reeken, Dietmar: Protestantische Kirche und Staat, Anmerkungen zum Stand und zu den Perspektiven der Forschung, in: Gräb, Wilhelm, u. Birgit Weyel [Hrsg.]: Praktische Theologie und protestantische Kultur. Gütersloh 2002, 128–134.

Reglitz, Astrid: Erklären und Deuten. Glaubenspraxis in diskursanalytischer und systematisch-theologischer Perspektive. Leipzig 2011.

Reischle, Max: Der Glaube an Jesus Christus und die geschichtliche Erforschung seines Lebens, in: Hefte zur christlichen Welt 11 (1893), 1–46.

Riedel, Manfred: Einleitung, in: Dilthey, Wilhelm: Aufbau der geschichtlichen Welt in den Geisteswissenschaften. Frankfurt/M 1970, 9–86.

Riehl, Wilhelm Heinrich: Die Pfälzer, Ein rheinisches Volksbild. Stuttgart/Augsburg 1858.

Riehl, Wilhelm Heinrich: Die Volkskunde als Wissenschaft. Ein Vortrag (1858). Berlin/Leipzig 1935, 9–22.

Rietschel, Georg: Der Betrieb der praktischen Theologie auf der Universität, in: Festschrift zum fünfzigjährigen Stiftungsfest des theologischen Studentenvereins Erlangen. Erlangen 1910, 191–234.

Ritschl, Albrecht: Unterricht in der christlichen Religion. Bonn 1875.

Ritschl, Albrecht: Die christliche Lehre von der Rechtfertigung und Versöhnung. Bd. 3: Die positive Entwicklung der Lehre. Bonn[4] 1895.

Rodhe, Edvard: Schwedische Kirchenkunde. Gießen 1913.

Rodi, Friedjof, u. Hans-Ulrich Lessing [Hrsg.]: Materialen zur Philosophie Wilhelm Diltheys. Frankfurt/M 1984.

Rolffs, Ernst: Das kirchliche Leben der evangelischen Kirchen in Niedersachsen. Tübingen 1917.

Rössler, Dietrich: Grundriß der praktischen Theologie. Berlin/New York[2] 1994.

Rudolph, Wolfgang: Paul Drews – der ›Vater der evangelischen Kirchenkunde und religiösen Volkskunde‹. Leipzig 1968.

Sandberger, Jörg Viktor: Pädagogische Theologie. Friedrich Niebergalls Praktische Theologie und Erziehungslehre. Göttingen 1972.

Schäfer, Ulla G.: Historische Nationalökonomie und Sozialstatistik als Gesellschaftswissenschaften. Marburg 1970.

Schäfers, Bernhard, u. Johannes Kopp: Grundbegriffe der Soziologie. Opladen[8] 2003.

Scheel, Otto: Die moderne Religionspsychologie, in: ZThK 18 (1908), 1–38.

Schian, Martin: Der Einfluß der Individualität auf Glaubensgewinnung und Glaubensgestaltung, in: ZThK 7 (1897), 513–543.

Schian, Martin: Das kirchliche Leben der evangelischen Kirche der Provinz Schlesien. Tübingen 1903.

Schian, Martin: Das Problem der praktischen Theologie, in: ThR 13 (1910), 329–347.

Schian, Martin: Der gegenwärtige Stand der Gemeindeorganisation in den größeren Orten Deutschlands. Auf Grund einer von P. Drews veranstalteten Umfrage bearbeitet von Martin Schian. Leipzig 1913.

Schian, Martin: Art. Kirchenkunde, einschließlich der religiösen Volkskunde, in: RE 23 (1913)[3], 756–763.

Schian, Martin: Grundriß der Praktischen Theologie. Gießen 1922.

Schilling, Johannes: Paul Drews und seine Konzeption einer Kirchenkunde, in: Mehlhausen, Joachim [Hrsg.]: Pluralismus und Identität. Gütersloh 1995, 413–425.

Schleiermacher, Friedrich Daniel Ernst, u. Dirk Schmid [Hrsg.]: Kurze Darstellung des theologischen Studiums zum Behuf einleitender Vorlesungen (1811/1830). Berlin/New York 2002.

Schleiermacher, Friedrich Daniel Ernst u. Simon Gerber [Hrsg.]: Vorlesungen über die kirchliche Geographie und Statistik. Berlin/New York 2005.

Schleiermacher, Friedrich, Daniel Ernst u. Walter Sachs [Hrsg.]: Theologische Enzyklopädie (1831/1832). Berlin/New York 1987.

Schmidt-Rost, Reinhard: Die Christliche Welt. Eine publizistische Gestalt des Kulturprotestantismus, in: Müller, Hans Martin [Hrsg.]: Kulturprotestantismus. Gütersloh 1992, 245–257.

Schmidt-Rost, Reinhard: Zwischen den Zeiten. Praktische Theologie im Umfeld der dialektischen Theologie, in: Grethlein, Christian, u. Micheal Meyer-Black [Hrsg.]: Die Geschichte der Praktischen Theologie. Dargestellt anhand ihrer Klassiker. Leipzig 2000, 501–530.

Schnell, Rainer, Paul B. Hill, u. Elke Esser [Hrsg.]: Methoden empirischer Sozialforschung. München[9] 2011.

Schriften des Vereins für Socialpolitik [Hrsg.]: Untersuchungen über Auslese und Anpassung (Berufswahl und Berufsschicksal) der Arbeiterschaft in verschiedenen Zweigen der Großindustrie. 3 Bde. Leipzig 1910–1912.

Schulz, Claudia: Zielgruppen-Orientierung und Milieu-Überschreitung kirchlicher Arbeit, in: Hermelink, Jan, u. Thorsten Latzel [Hrsg.]: Kirche empirisch, Ein Werkbuch zur vierten EKD-Erhebung über Kirchenmitgliedschaft und zu anderen empirischen Studien. Gütersloh 2008, 295–312.

Schwarz, Reinhard: Luthers Lehre von den drei Ständen und die drei Dimensionen der Ethik, in: Lutherjahrbuch 45 (1978), 15–34.

Schweitzer, Friedrich: Praktische Theologie und Hermeneutik. Paradigma – Wissenschaftstheorie – Methodologie, in: van der Veen, Johannes A., u. Hans-Georg Ziebertz [Hrsg.]: Paradigmenentwicklung in der Praktischen Theologie. Den Haag 1993, S. 19–47.

Sievers, Kai Detlev: Volkskundliche Fragestellungen im 19. Jahrhundert, in: Brednich, Rolf Wilhelm [Hrsg.]: Grundriss der Volkskunde. Einführung in die Forschungsfelder der europäischen Ethnologie. Berlin[3] 2001, 31–51.

Simons, Eduard: Das System der praktischen Theologie und die Innere Mission, in: ZprTh 16 (1894), 112–124.

Simons, Peter: Art. Tatsache II, in: HWPh 10 (1998), 913–916.

Steinbeck, Johannes: System der Praktischen Theologie. 2. Bde. Leipzig 1928/1932.

Stenglein-Hektor, Uwe: Religionsforschung als Wirklichkeitsgewinn. Hochschulpolitische Tendenzen, theologische Studienreformbemühungen und Enzyklopädiediskussionen im Kulturprotestantismus, in: Graf, Friedrich Wilhelm, u. Hans Martin Müller [Hrsg.]: Der Deutsche Protestantismus um 1900. Gütersloh 1996, 19–41.

Sturm, Stephan: Sozialstaat und christlich-sozialer Gedanke. Johann Hinrich Wicherns Sozialtheologie und ihre neuere Rezeption in systemtheoretischer Perspektive. Stuttgart 2007.

Strub, Christian: Art. System, in: HWPh 10 (1998), 824–856.

Stephan, Horst, u. Martin Schmidt: Geschichte der deutschen evangelischen Theologie seit dem deutschen Idealismus. Berlin 19602.

Stuckert, Carl: Die reformierte Schweiz. Gießen 1910.

Šuber, Daniel: Émile Durkheim. Konstanz 2012.

Suda, Max Josef: Die Ethik Martin Luthers. Göttingen 2006.

Sulze, Emil: Die evangelische Gemeinde. Gotha 1891.

Thiel, Franz Josef: Art. Ethnologie (Völkerkunde), in: RGG 2[4] (1999), 1635.

von Treitschke, Heinrich, u. Max Cornicelius [Hrsg.]: Politik. Vorlesungen gehalten an der Universität zu Berlin von Heinrich von Treitschke. Bd. 1. Leipzig[2] 1899.

Tworuschka, Udo: Religionswissenschaft. Wegbereiter und Klassiker. Köln/Weimar/Wien 2011.

Uhlhorn, Friedrich: Die wissenschaftliche Behandlung und Darstellung der praktischen Theologie, in: ZprTh 20 (1898), 39–66.

Wagner, Falk: Metamorphosen des modernen Protestantismus. Tübingen 1999.

Weber, Max: Die »Objektivität« sozialwissenschaftlicher und sozialpolitischer Erkenntnis (1904), in: Winckelmann, Johannes [Hrsg.]: Max Weber, Gesammelte Aufsätze zur Wissenschaftslehre. Tübingen[7] 1988, 146–214.

Weber, Alfred: Das Berufsschicksal der Industriearbeiter, in: Archiv für Sozialwissenschaft und Sozialpolitik. Tübingen 1912, 337–405.

Weber-Kellermann, Ingeborg, Andreas C. Bimmer, u. Siegfried Becker: Einführung in die Volkskunde/Europäische Ethnologie. Eine Wissenschaftsgeschichte. Stuttgart[3] 2003.

Wegenast, Klaus: Die empirische Wendung in der Religionspädagogik, in: EvErz 20 (1968), 111–125.

Wehler, Hans-Ulrich: Deutsche Gesellschaftsgeschichte. 3. Bd. : Von der »Deutschen Doppelrevolution« bis zum Beginn des Ersten Weltkriegs 1849–1914. München 1995.

Weinhardt, Joachim: Wilhelm Herrmanns Stellung in der Ritschlschen Schule. Tübingen 1996.

Weyel, Birgit: Praktische Bildung zum Pfarrberuf. Das Predigerseminar Wittenberg und die Entstehung einer zweiten Ausbildungsphase evangelischer Pfarrer in Preußen. Tübingen 2006.

Wichern, Johann Hinrich: Über Dillitantismus in der inneren Mission, in: Fliegende Blätter aus dem Rauhen Haus zu Horn bei Hamburg. Serie IV (1847), 17–21.

Wichern, Johann Hinrich: Die Innere Mission der deutschen evangelischen Kirche. Hamburg [3] 1898.

Wiggers, Julius: Kirchliche Statistik oder Darstellung der gesammten christlichen Kirche nach ihrem gegenwärtigen äußeren und inneren Zustande. Hamburg/Gotha 1842.

Wohlers, Michael: Kircheneintritt: Motive, Anlässe, Auswirkungen, in: Hermelink, Jan, u. Thorsten Latzel [Hrsg.]: Kirche empirisch, Ein Werkbuch, 117–132.

Wulff, David: Psychology of religion. New York[2] 1997.

Wundt, Wilhelm: Völkerpsychologie. Eine Untersuchung der Entwicklungsgesetze von Sprache, Mythus und Sitte. Bd. II: Mythus und Religion. 3. Teil. Leipzig 1909.

Wurster, Paul: Das kirchliche Leben der evangelischen Landeskirche in Württemberg, Tübingen 1919.

von Zezschwitz, Carl Adolf Gerhard: System der praktischen Theologie, Paragraphen für academische Vorlesungen. Leipzig 1878.

Abkürzungen

AV: Drews, Paul: Art. Volkskunde, religiöse, in: RGG 5 (1913), 1746–1754.

DGG: Drews, Paul: Die freien religiösen Gemeinden der Gegenwart, in: ZThK 11(1901), 484–527.

DKA: Drews, Paul: Die Kirche und der Arbeiterstand, in: Verhandlungen des 20. Evangelisch-sozialen Kongresses in Heilbronn, Göttingen 1909, 3–43.

DLLS: Drews, Paul: Das kirchliche Leben der Evangelisch-Lutherischen Landeskirche des Königreichs Sachsen, Tübingen/Leipzig 1902.

DP: Drews, Paul: Dogmatik oder religiöse Psychologie?, in: ZThK 8 (1898), 134–151.

DPT: Drews, Paul: Das Problem der praktischen Theologie. Zugleich ein Beitrag zur Reform des theologischen Studiums, Tübingen 1910.

EBPV: Drews, Paul: Ein Beitrag zur religiösen Psychologie und Volkskunde. Über Johannes Jüngst. Kultus- und Geschichtsreligion, in: MkiPr 1 (1901), 303–313.

EK: Drews, Paul: Evangelische Kirchenkunde, in: Internationale Wochenschrift für Wissenschaft, Kunst und Technik 28 (1907), 871–876.

EMB: Drews, Paul Drews: »Ehre geht selbst dem armen Manne über Brot«. Besprechung von J. Post. Musterstätten persönlicher Fürsorge von Arbeitgebern für ihre Geschäftsangehörigen. Bd.1: Die Kinder und jugendlichen Arbeiter 1889, in: CW4 (1890), 66–70.

FNS: Drews, Paul: Friedrich Naumann als religiöser Schriftsteller, in: CW 16 (1902), 1131–1134.

FWN: Drews, Paul: Für und Wider Naumann, in: CW 8 (1894), 467–472.

JHWB: Drews, Paul: Johann Hinrich Wichern und die christlich-soziale Bewegung, in: CW 10 (1896), 654–659.

KZHC: Drews, Paul: Können soziale Zustände ein Hindernis christlicher Charakterentwicklung sein?, in: CW 8 (1894), 813.

MAV: Drews, Paul: Mehr Achtung unserm Volke!, in: CW 2 (1888), 142f.

MHV: Drews, Paul: Mehr Herz fürs Volk!, Leipzig 1891.

MLV: Drews, Paul: Mehr Liebe unserm Volke!, in: CW 1 (1887), 36f.

UV: Drews, Paul: Unser geselliger Verkehr, in CW 2 (1888), 324f.

RVAT: Drews, Paul: »Religiöse Volkskunde«, eine Aufgabe der praktischen Theologie, in: MkiPr 1 (1901), 1–8.

ZF: Drews, Paul: Zum sozialen Frieden. Zum gleichnamigen Buch von Schulze-Gävernitz, in: CW 5 (1891), 733–737, 762–765, 786–789, 812–815.

ZPB: Drews, Paul: Zur Psychologie des Bauerntums, in MKiPr 6 (1906), 20- 30; 69-74.

ZPK: Drews, Paul: Zur Psychologie des Kirchenbesuchs. Ein Kapitel aus der Evangelischen Kirchenkunde, in: Deutsch-Evangelisch 2 (1911), 27-42.